31.1. — 1

W0095737

hänssler

Ernst Modersohn

Die Frauen
des Alten Testaments

hänssler

Neuhausen-Stuttgart

CIP-Kurztitelaufnahme der Deutschen Bibliothek

Modersohn, Ernst:
Die Frauen des Alten Testaments / Ernst Modersohn. – 2. Aufl. –
Neuhausen-Stuttgart: Hänssler, 1988.
   (TELOS-Bücher; Nr. 337: TELOS-Taschenbuch)
NE: GT
ISBN 3-7751-0671-5

2. Auflage 1988
TELOS-Taschenbuch 337
Bestell-Nr.: 70 337
© Copyright by Hänssler-Verlag, Neuhausen-Stuttgart
Überarbeitete Neuauflage
Umschlaggestaltung: Daniel Dolmetsch
Gesamtherstellung: Ebner Ulm

Inhalt

Eva 7
Ada und Zilla 27
Sara 35
Hagar 51
Lots Weib 57
Rebekka 65
Judith und Basmath, die Frauen Esaus 81
Lea und Rahel 90
Jochebed und Thermutis 103
Zippora 113
Mirjam 126
Rahab 139
Debora 157
Jephthahs Tochter 169
Manoahs Weib 180
Simsons Frauen 185
Michas Mutter 201
Naemi 206
Orpa 223
Ruth 228
Hanna 252
Michal 262
Abigail 268
Das Zauberweib von Endor 277
Bathseba 287
Das Weib von Thekoa 291
Die Königin von Reicharabien 296
Die Witwe von Zarpath 311
Isebel 319
Die verschuldete Witwe 329
Die Frau von Sunem 345

Die junge Dirne aus Israel 345
Die Kindesmörderin 355
Athalja. 359
Joseba 366
Jedida 370
Hulda 375
Esther 383

Eva

Die erste Frauengestalt, welche uns in der Bibel entgegentritt, ist Eva, die Ahnmutter des ganzen Menschengeschlechts. Gleich die ersten Blätter der Heiligen Schrift wissen uns von ihr zu erzählen. Sie berichten uns:

1. *Die Schöpfung des Weibes.* Gott hatte Sein großes Werk fast vollendet. Das Wort Seiner Allmacht hatte die Welt ins Dasein gerufen. Üppiger Pflanzenwuchs hatte die erst so kahle Erde in saftiges Grün gekleidet. Das Wasser war belebt von großem und kleinem Getier; die Luft erfüllte das muntere Gezwitscher der Vögel; auf dem Lande regte und bewegte sich's in den zahllosen Arten und Gattungen der Tierwelt. Nur *ein* Geschöpf fehlte noch, das den Gipfel und die Vollendung alles Geschaffenen ausmachte, das imstande war, die Herrschaft über diese wunderbare Schöpfung zu übernehmen.

Darum sprach Gott: »Laßt uns Menschen machen, ein Bild, das uns gleich sei, die da herrschen über die Fische im Meer und über die Vögel unter dem Himmel und über das Vieh und über die ganze Erde« (1. Mose 1, 26).

Und so geschah es. »Gott schuf den Menschen Ihm zum Bilde, zum Bilde Gottes schuf Er ihn; und schuf sie einen Mann und ein Weib« (1. Mose 1, 27).

Zwischen der Erschaffung des Mannes und der Schöpfung des Weibes liegt ein Zwischenraum. Gott führt dem Menschen die Tiere zu, daß er ihnen Namen gebe. Als alle Tiere paarweise vor den Menschen treten, da geht durch sein Herz das Gefühl des Sehnens nach einer Genossin, die ihn verstände, nach einer Gehilfin, die um ihn wäre, mit der er trauliche Gemeinschaft pflegen könnte.

Gott selbst hat dieses Sehnen in seinem Herzen erweckt, um den Wert der Gottesgabe, die Er ihm zugedacht hatte, zu erhöhen. Dann wird das Weib erschaffen. Und zwar in geheimnisvoller, bedeutsamer Weise.

»Da ließ Gott der Herr einen tiefen Schlaf fallen auf den Menschen, und er schlief ein. Und nahm seiner Rippen eine und schloß die Stätte zu mit Fleisch. Und Gott der Herr baute ein Weib aus der Rippe, die Er von dem Menschen nahm« (1. Mose 2, 21 und 22).

Wie weise doch Gott alles einzurichten gewußt hat! Zuerst wird der Mann erschaffen. Er soll der Beschützer und Führer des Lebens sein, das seiner Fürsorge anvertraut wird. Darum muß er die Welt bereits kennen, in der die Frau leben und wohnen soll.

Einen andern Grund, weshalb die Frau nach dem Manne erschaffen wurde, habe ich vorhin schon angedeutet. Adam sollte die Gabe recht schätzen, die Gott ihm geben wollte. Darum mußte er warten. Gewiß hat Jakob die Rahel um so lieber gehabt, weil er so lange auf sie warten mußte. Adam sollte erst seine Einsamkeit fühlen, um die nachfolgende Gemeinschaft um so höher zu achten und um so dankbarer dafür zu sein.

Um das Weib aus der Seite des Mannes nehmen zu können, ließ Gott einen tiefen Schlaf über ihn kommen. Und in diesem todesähnlichen Schlaf öffnet Gott Adams Seite und bildet das Weib. Dann weckt Er den Schläfer und gibt ihm seine Gefährtin.

Es war der sechste Tag, es war der erste Freitag in der Welt, da wurde das Weib geschaffen, während Adam im tiefsten Schlaf lag, aus seiner geöffneten Seite.

Und es war wieder ein Freitag, als ein tiefer Schlaf über den »andern Adam« kam, wie Paulus unsern Heiland Jesus Christus genannt hat. Und aus der Wunde Seiner Seite entstand, während Er im Todesschlafe lag, nach dem Rate Gottes Seine Braut, *die Gemeinde*.

So wie Eva eine Frucht der Leiden Adams war, so ist die Gemeinde, die Braut Christi, die Frucht Seiner Todesleiden. Er muß erst sterben, dann kann Ihm Gott die Braut ins Leben rufen.

Ist das unerlaubte Allegorie? Gewiß nicht; denn Jesus selbst hat gesagt: »Ihr suchet in der Schrift, und sie ist es, die von Mir zeuget«. Wir sind von alters her gewohnt, vielen Stellen und Geschichten des Alten Testaments eine messianische Deutung zu geben und sie als Vorbilder und Hinweise auf den Herrn anzusehen, so z. B. die Geschichte von dem Passahblut in Ägypten, von der Schlangenerhöhung in der Wüste, von der Opferung Isaaks u. a. Aber wenn das Licht des Heiligen Geistes ins Alte Testament scheint, dann begegnen wir überall schon dem Sohn Gottes. Und es ist köstlich, Seine Spuren auch da zu finden, wo man sie beim oberflächlichen Hinschauen übersehen hatte.

2. *Die Ehe.* Die Frau wurde nicht, wie Adam, aus Erde gebildet. Viel weniger wurde sie, wie die Tiere, durch ein Wort der Macht ins Leben gerufen, sondern sie wurde vom Manne genommen, Bein von seinem Bein, Fleisch von seinem Fleisch. Sie war sein anderes Ich, seine ergänzende Hälfte.

Jemand hat dazu bemerkt: »Eva wurde nicht aus dem Haupte Adams geschaffen, als solle sie über ihn herrschen. Ebensowenig ward sie aus seinen Füßen geschaffen, als solle sie von ihm unterdrückt werden; sondern sie ward aus der Stätte zunächst seinem Herzen geschaffen, um auszudrücken, daß er sie und sie ihn innig lieben solle.«

In der Tat, das war Gottes Wille, daß zwischen Mann und Frau die herzlichste und innigste Gemeinschaft herrschen sollte, daß Mann und Frau sich ergänzen und eigentlich beide zusammen den Menschen in seiner Vollendung ausmachen sollten.

Diese göttlich angeordnete, enge Zusammengehörigkeit ist auch in dem Wort ausgesprochen: »Darum wird ein Mann seinen Vater und seine Mutter verlassen und an seinem Weibe hangen, und sie werden *ein Fleisch* sein« (1. Mose 2, 24).

Es ist beobachtet worden, daß Ehegatten, die lange miteinander gelebt haben, ganz ähnliche Gesichtszüge bekamen, daß sie sich je länger je ähnlicher wurden. Das kommt daher, daß sie im Laufe der Zeit immer mehr übereinstimmen, und diese Übereinstimmung der Gedanken, Ansichten, Meinungen tritt nachher auch äußerlich in Erscheinung. Ein Herz und eine Seele, wie man sagt. Oder, wie der Dichter sagt: »Zwei Seelen und ein Gedanke, zwei Herzen und ein Schlag.« Ich denke auch an den schönen Geibelschen Vers:

> Das ist die rechte Ehe,
> wo zweie sind gemeint,
> des Lebens Lust und Wehe
> zu tragen treu vereint.
> Der eine Stab des andern
> und liebe Last zugleich,
> gemeinsam Rast und Wandern
> und Ziel – das Himmelreich!

Und was hat die Sünde der Menschen aus dieser uralten heiligen Ordnung Gottes gemacht? Wie wird in Romanen und Theaterstücken der Bruch der Ehe verherrlicht und gefeiert! Wie mehren sich die frechen Stimmen, welche die Ehe für veraltet und überwunden erklären und statt derselben »freie Liebe« fordern! Aber man verläßt Gottes Anordnung niemals ungestraft. Wir sehen es im alten Römerreich, wir sehen es heutzutage auch bei uns, wie furchtbar es ist, wenn man an der alten Gottesordnung der Ehe rüttelt. Wo die Ehe nicht mehr hoch- und heiliggehalten wird, da geht es abwärts, da nehmen die Zucht- und Schamlosigkeit erschreckend zu.

Aber, um wieder auf Eva zu kommen, wieviel Liebe

schuldete Eva dem Adam! Wieviel verdankte sie ihm! Wie innig war die Gemeinschaft, die sie mit ihm hatte! »An all seinen Gedanken nahm sie teil; in all seiner Würde, in all seiner Herrlichkeit war sie völlig eins mit ihm. Er herrschte nicht *über* sie, sondern *mit* ihr.«

Das ist auch ein Vorbild für den herrlichsten Bund: Christus und die Gemeinde! Auch Jesus, unser Haupt und Herr, will Seine Ehre und Herrlichkeit nicht allein haben; Er will sie mit den Seinigen teilen. »Vater, Ich will, daß, wo Ich bin, auch die bei Mir seien, die Du Mir gegeben hast.« In inniger Gemeinschaft darf die Braut schon hier mit ihrem Seelenbräutigam verkehren; sie darf Ihm leben, auf Ihn warten; sie darf sich zubereiten und schmücken für den Tag Seiner Zukunft, wenn der Bräutigam kommt, sie heimzuholen und einzuführen in den Hochzeitssaal.

Es ist Herrlichkeit, zu dieser Brautgemeinde zu gehören. Es ist Herrlichkeit, Sein Wort zu hören: »Ich will Mich mit dir verloben in Ewigkeit.«

Wenn der Heilige Geist dich fragt, ob du Jesu Braut werden willst, dann gib Ihm dein Jawort.

3. *Die Sünde.* Wie manchmal erlebt man es, wenn im Frühjahr alles so lieblich keimt und treibt, daß dann eine kalte Nacht kommt – und mit der ganzen Lenzesherrlichkeit ist es aus und vorbei. Alles verdorben, gestorben im Rauhreif einer einzigen Nacht!

So geschah es auch im Garten des Paradieses, in den die Geschichte der Eva uns führt. Über den lieblichen Welt- und Menschheitsfrühling ging ein rauher Frosthauch, der alles verdarb: *die Sünde.*

Sie lag nicht in den Menschen; denn Gott hatte sie gut und nach Seinem Ebenbilde geschaffen, das heißt: in rechtschaffener Gerechtigkeit und Heiligkeit. Die Sünde kam *von außen her* an die Menschen heran und leider auch in sie hinein.

Gott hatte den ersten Menschen ein einziges Gebot

gegeben, um ihre Liebe und ihren Gehorsam daran zu erproben. Wenn sie dieses Gebot hielten, dann hatten sie sich bewußt für Gott entschieden und zugleich für ein ewiges Leben mit Gott hier auf Erden. Denn der Tod lag ursprünglich nicht im Plan Gottes. Wenn alles »sehr gut« war, was Gott gemacht hatte, so war der Tod noch nicht da; denn der ist nichts Gutes, sondern an und für sich etwas sehr Böses. Erst nachher wurde es den Menschen »gesetzt«, einmal zu sterben. Er ist der Sünde Sold und Folge.

Wenn die Menschen dieses Gebot Gottes jedoch übertraten, dann hatten sie sich damit auch von Gott losgesagt, und Mühe und Arbeit, Dornen und Disteln, Leiden und Tod wurden ihr Teil.

Und sie entschieden sich – gegen Gott! Wie kam das?

Es ist eine traurige Geschichte, die sich da abgespielt hat – und die sich tausendmal wiederholt hat in der Welt: die Geschichte vom Sündenfall.

Der Teufel tritt auf den Plan, der gefallene Geisterfürst, aber nicht in seiner wahren Gestalt, sondern in Verkleidung. Er weiß, wenn er sich in seiner wirklichen Gestalt zeigte, daß er dann nicht viel ausrichten würde. Gerade die »viele List« ist ein Hauptkennzeichen dieses Feindes des Menschengeschlechts. Es fällt ihm nicht ein zu sagen: »Ich bin der Teufel, der Feind Gottes, und bin gekommen, Ihn zu verleumden und euch zu verderben«, sondern er wählt eine unschuldig und harmlos aussehende Verkleidung.

Bald ist es »irgendein guter Kamerad«, dessen er sich bedient, bald »eine liebe Freundin«. Darum ist es so wichtig, auf der Hut zu sein, daß man nicht in seine Netze gerate.

So kommt der alte böse Feind an unsere Eva heran als schillernde Schlange, an deren Farbenspiel sie ein kindliches Vergnügen gehabt haben mag. Und sein erstes ist, Zweifel an dem Wort Gottes im Herzen des Weibes zu erwecken. »Sollte Gott gesagt haben?« Ihr habt euch gewiß nur verhört. Das ist sicherlich gar nicht verboten!

So macht er es noch heute. Sollte das Sünde sein, wenn du einmal nicht die Wahrheit sagst? Sollte es verboten sein, Erlebnisse etwas auszuschmücken? Sollte das Sünde sein, mit diesem achtbaren jungen Manne ein Verhältnis anzufangen, wenn auch die Eltern nichts davon wissen wollen?

Und so geht es in tausend Variationen über dieselbe uralte Melodie: »Sollte Gott gesagt haben?«

Es ist darum gut, wenn man sicher und fest weiß, was Gott gesagt hat, wenn man zu Hause ist in Gottes Wort. Nur dann kann man den listigen Anläufen des Teufels widerstehen, wenn man sich nahe ans Wort hält!

Das hat Eva nicht getan. Auf den ersten Blick zwar scheint es so. Aber sieh genauer hin, vergleiche Kapitel 3, 2 und 3 mit Kapitel 2, 16 und 17. Da siehst du: *Eva übertreibt.* Gott hat nur das Essen von dem einen Baume verboten; Eva sagt aber: essen und *anrühren* sei verboten. Sie hält sich nicht eng und genau ans Wort, vielleicht aus Unwissenheit oder aus dem Wunsch, Gott in gewissem Sinne als einen Tyrannen hinzustellen, der solche harmlosen Dinge verbiete. Es ist niemals geraten, etwas vom Wort Gottes wegzulassen, ebensowenig aber, etwas dazuzutun. Man soll nicht übertreiben.

Gleichwohl sind die Übertreibungen heute an der Tagesordnung. Achte einmal auf deine Worte, wieviel Übertreibungen kommen darin vor! Und Übertreibungen sind – *Lügen!*

Besonders gefährlich sind solche Übertreibungen, wenn dadurch Gottes Wort entstellt wird. Die Pharisäer waren bekannt dafür, daß sie zu den Geboten Gottes noch zahllose menschliche Satzungen hinzufügten. Und in der römischen Kirche ist es nicht anders. Neben das Wort Gottes stellt man da noch die Überlieferung, die »Tradition«.

Laß dir kein menschliches Joch auf den Hals legen! Halt dich allein ans Wort! Das kannst du von Jesus lernen. Im Anfang des Neuen Testaments steht auch, wie im Anfang des Alten, eine Versuchungsgeschichte. Aber es kommt nicht zu einem Sündenfall, weil Jesus sich ans Wort hielt und die feurigen Pfeile des Bösewichts dadurch abwehrte, daß Er den Schild vorhielt: »Es steht geschrieben.«

Lies im Wort, lebe im Wort, dann wird der Arge keine Macht gewinnen können. Aber vernachlässige die fleißige, tägliche Beschäftigung mit Gottes Wort – und du gehst ohne Wehr und Waffe in den Kampf des Lebens. Darum lerne. Halte dich ans Wort!

Der Teufel läßt sich so leicht nicht aus dem Felde schlagen. Er ist ein unermüdlicher Feind. Er macht niemals Ferien. Er ist immer auf dem Posten. Und ist das eine Tor der Festung uneinnehmbar, dann sind bei dem andern Tor vielleicht die Wächter eingeschlafen. Er ist auf jede Art von Fallenstellerei und Seelenfang eingerichtet. Die Eva packt er beim Ehrgeiz, bei der Eitelkeit. Gott muß es sich gefallen lassen, zum Lügner gemacht zu werden.

Der Teufel nimmt Evas Antwort auf. Wohl möglich, sagt er, daß Gott so gesagt hat, aber wenn schon, dann doch nur aus Eifersucht, daß ihr Ihm gleich werden könntet, daß Er euch dann nichts mehr voraus habe. »Gott weiß, daß, welches Tages ihr davon esset, so werden eure Augen aufgetan, und ihr werdet sein wie Gott und wissen, was gut und böse ist.«

Da ist Eva verwundbar. Sie möchte gern höher hinaus. Sein wie Gott, das ist ihr ein Ideal, das sie gern erreichen möchte.

Mir scheint, daß noch heutzutage jedermann dieser Versuchung unterliegt. Weil man mehr *scheinen* möchte, als man ist, weil man gern höher hinaus möchte. Wieviel Streit unter Nachbarinnen und Freundinnen kommt daher, daß jede glaubt: »Mein Mann ist doch mehr als dein Mann.«

14

Und der beste und tapferste Kampf gegen die Sünde ist sehr oft – schleunige Flucht. In manchen Fällen ist das »Hasenpanier« das beste, welches ergriffen werden kann. Ich erinnere an Joseph in Potiphars Hause.

Aber Eva floh nicht. Sie brach die Unterhaltung nicht ab, obwohl ihr Gegenüber sich dazu verstieg, Gottes Wahrhaftigkeit und Heiligkeit anzutasten. Es war ihr »interessant«, mit der Schlange über die verbotene Frucht zu reden. Es war ihr so interessant, daß sie bei den schweren Anklagen gegen Gott gar nicht mal erschrak.

Sage mir, mit wem du umgehst, und ich will dir sagen, wer du bist! Wenn du die Kameradschaft mit solchen Leuten, die schlecht über Gott sprechen, nicht abbrichst – dann wirst du bald selbst schlecht über Ihn sprechen.

Das eben angeführte Sprichwort könnte man auch dahin abändern: »Sage mir, *was du liest,* und ich sage dir, wer du bist.« Es hängt unendlich viel davon ab, was du durch's Lesen in dich aufnimmst. Wenn du Bücher, Zeitungen, Witzblätter liest, in denen über Gott und göttliche Dinge nicht gut gesprochen wird, so wirst du einen Schaden für deine Seele haben, und zwar, ehe du es merkst.

»Und das Weib schaute an.« Wäre sie doch fortgegangen, um sich in Adams Gemeinschaft Kraft und Rat zu holen! Hätte sie jetzt der listigen Schlange den Rücken gekehrt! Aber nein, sie schaute sie an. O dieses Anschauen, wie gefährlich ist das doch!

Von *Lot* lesen wir auch (1. Mose 13, 10): »Da hob Lot seine Augen auf und besah die ganze Gegend am Jordan.« Es sieht so selbstverständlich und unschuldig aus, und es ist doch so gefährlich. Dieses »Besehen« hat Lot ins Unglück gestürzt. Er sah die scheinbaren Vorzüge der Jordanebene mit den fruchtbaren Auen, und er zog *nach Sodom.* Hätte er, statt seine Augen aufzuheben, sie lieber ein Viertelstündchen geschlossen und über die Sache gebetet, es wäre besser gewesen. Und er hätte sich viel Tränen und Herzeleid erspart.

So auch Eva. Sie *schaute an*. Und was sie da sah, das gefiel ihr ungemein. Sie kann sich gar nicht satt sehen. Sie »schaute an, daß von dem Baume gut zu essen wäre und *lieblich* anzusehen, daß es ein *lustiger* Baum wäre, weil er klug machte«.

Das ist das Schlimme, daß die Versuchung, die von außen her kommt, einen Haken in unserm Herzen findet, an dem sie sich festhaken kann. »Ein jeglicher wird verflucht, wenn er von seiner eigenen Lust gereizt und gelockt wird« (Jak. 1, 14). Wenn die Festung nur eine tapfere Besatzung hat und Mauern, die den Sturm aushalten, dann rennen sich die Belagerer umsonst die Köpfe blutig. Aber wenn ein Verräter in der Burg ist, der den Feinden bei Nacht und Nebel ein Pförtchen öffnet, dann ist die starke Burg verloren. Und dieser Verräter steckt in uns allen; er heißt: *das eigene Ich*. Darum ist es eine so notwendige Bitte, gerade für Kinder Gottes: Herr, erlöse mich *von mir selber!*

Sieh zu, ob bei dir das eigene Ich noch ungebrochen und ungebeugt ist. Ans Kreuz damit und – laß es gekreuzigt *bleiben!* Denn die Christus angehören, die *haben* ihr Fleisch gekreuzigt und *halten* es gekreuzigt.

Von dem lüsternen, begehrlichen Blick bis zur Tat ist es nicht mehr weit. Sie schaut an, sie bricht ab, sie kostet, sie ißt, sie gibt dem Manne auch davon, und er ißt auch. Ist erst der Stein auf abschüssiger Bahn ins Rollen gekommen, dann ist kein Halten mehr. Eins folgt aufs andere – *der Sündenfall* ist geschehen; der Teufel hat sein Ziel erreicht. Die Menschen haben sich von Gott losgesagt. Nun sind sie unter die Obrigkeit des Fürsten dieser Welt geraten. Nun sind sie an die Sünde verkauft.

4. *Die Furcht.* Kaum ist die Sünde getan, da meldet sich – das böse Gewissen. Welch ein grausamer Betrug des Teufels! Erst verspricht er goldene Berge *vor* der Sünde, und nachher sind es nur Haufen von Schutt.

Am Toten Meer wächst eine merkwürdige Frucht. »Sodomsäpfel« nennt sie das Volk. Lachend und lieblich schauen sie dem Wanderer entgegen, der sich auf die Erquickung freut. Aber bricht er sie ab, so zischt ein widriger Staub aus ihrem Innern hervor.

So macht es der Teufel. Erst verspricht er: »Ihr werdet sein wie Gott« – und nachher zeigt er ihnen die Schande ihrer Blöße. Welch ein Betrug!

Vor einiger Zeit ging durch die Zeitungen die Nachricht von einem Bauernsohn, der, um den väterlichen Bauernhof in seinen Besitz zu bekommen, fünf Menschen umbrachte, darunter auch Vater und Mutter! Statt in den Besitz des Bauernhofes – kam er lebenslang ins Gefängnis.

Das bringt der Teufel fertig. Vor der Tat macht er die angeblichen Vorteile groß und die Sünde selber ganz klein; aber nachher schrumpfen die vermeintlichen Vorteile in ein Nichts zusammen, und riesengroß steht das Gespenst der geschehenen Tat vor dem geängsteten Gewissen.

Wir sehen es bei Adam und Eva, wie die erste Folge der Sünde *die Furcht vor Gott* ist. Ach, wie sind sie sonst ihrem Schöpfer und Vater entgegengeeilt und haben sich jubelnd an Ihn geschmiegt, wenn Sein Schritt durch den Garten kam! Heute ist es anders geworden. »Und Adam versteckte sich mit seinem Weibe vor dem Angesichte Gottes des Herrn unter die Bäume im Garten.« Und als dann die Frage aus dem Munde Gottes ertönte: »Wo bist du?« – da lautete die Antwort: »Ich hörte Deine Stimme im Garten *und fürchtete mich.*«

Wo ist das friedvolle Geborgensein? Das Ruhen in Seiner Liebe? Verscherzt, verloren! An seine Stelle tritt das schuldbeladene, böse Gewissen. Ja, ihre Augen wurden aufgetan, wie der Teufel gesagt hatte, aber nur, um den eigenen traurigen Zustand zu erkennen: »elend, jämmerlich, arm, blind und bloß«. Sie hatten keine neue

Erkenntnis bekommen über Gottes Wesen und Eigenschaften, sondern nur die schmerzliche Erkenntnis der eigenen Blöße.

Sie versuchen, mit eigenen Bemühungen diesem Mangel abzuhelfen, aber umsonst. Ihre Feigenblätter genügen nicht einmal ihren eigenen Anforderungen. Siehe da, das erste Mal, daß in der Schrift von den eigenen Anstrengungen und Bemühungen die Rede ist – und gleich erscheinen sie in ihrer völligen Zweck- und Wertlosigkeit. Die Feigenblätter sind nicht imstande, sie selber zufrieden zu machen, viel weniger ihnen die Nähe Gottes darin wünschenswert erscheinen zu lassen.

So geht es mit den eigenen Bemühungen. Wenn du dich selber bessern willst, wenn du anfängst, religiös zu werden, so sind all deine tugendhaften Anstrengungen doch nicht geeignet, dich selbst zufrieden zu machen. Zu einem *fröhlichen* Glauben, zu einer Gewißheit deines Heils bringst du es auf dem Weg der eigenen Anstrengungen niemals. Und wenn du schon selber nicht befriedigt wirst, da sollte der heilige und gerechte Gott befriedigt werden von deinen Feigenblättern? Nimmermehr!

»Adam, wo bist du?« Zum erstenmal begegnen sich Gott und der sündige Mensch. Und das Gefühl des Menschen vor dem Auge Gottes ist dies: »Wo soll ich hinfliehen vor Deinem Angesicht?«

Ich weiß einen Baum, da kannst du dich bergen – und bist geborgen. Da kann dich Gottes Zorn und Gericht nicht treffen! Das ist der Baum des Kreuzes von Golgatha. Da bist du gerettet. Da hat sich das Gewitter des göttlichen Zornes bereits entladen; da hast du nichts zu fürchten.

> Am Kreuze meines Heilands,
> da ist mein sichrer Stand.

Das Kreuz von Golgatha ist der Blitzableiter des

göttlichen Zornes. Wenn du unter den Schutz dieses Kreuzes kommst, dann wirst du los vom bösen Gewissen (Hebr. 10, 22).

Klagt dich dein Gewissen an, daß du gesündigt hast; fürchtest du dich vor Gott und Seiner Nähe; zitterst du im tiefen Bewußtsein deiner schändlichen Blöße, dann gibt es nur einen Rat:

> Seele, komm eilend zum Kreuze,
> zum Kreuze nur eile hinzu!

5. *Entschuldigungen.* Der Sündenfall ist geschehen. Zum erstenmal stehen sündige Menschen vor dem heiligen Gott – und zum erstenmal greifen die sündigen Menschen zu dem Mittel, das auch heute noch modern ist: *sie entschuldigen sich.*

Adam sprach: »Das Weib, das Du mir zugesellt hast, gab mir von dem Baume, und ich aß.«

Also er ist nicht schuld, sondern die Frau. Ja, in letzter Linie ist Gott selber schuld daran! »Warum hast Du mir das Weib zugesellt? Hättest Du das nicht getan, dann wäre ich auch nicht in die Sünde gefallen!«

Und die Frau sprach: »Die Schlange betrog mich also, daß ich aß.«

So will jeder die Schuld von sich selber abwälzen. Statt ehrlich und reuig zu bekennen: »Wir haben gesündigt«, gehen sie um die Sache herum und wollen sich herausreden. Ach, dieses Verfahren ist noch immer sehr beliebt in der Welt!

Spurgeon erzählt in seinem interessanten Buch »Die Kunst der Illustration« eine geradezu klassische Geschichte, die er in der Zeitung gelesen hat. Ein Wildhüter findet im Wald einen Mann mit einer Flinte und einem Hund. Als er ihn fragte, was er hier auf diesem Jagdgrund zu tun habe, erwiderte er ganz unschuldig, er suche nur Pilze. Mit Flinte und Hund auf der Suche nach Pilzen! Der Wildhüter fühlte alsdann etwas Weiches in

der Tasche des Mannes und fragte: »Was ist denn das?«
»Oh«, sagte der Wilddieb, »das ist nur ein Kaninchen!«
Als ihm bedeutet wurde, die Ohren des Tieres seien aber
für ein Kaninchen zu lang, da meinte er, es wäre nur ein
kleines Häschen; aber das kleine Häschen erwies sich
nachher als ein schöner fetter Hase. Da sagte der Mann,
er hätte den Hasen nahe bei einigen Pilzen liegen gefunden, aber seine Absicht wäre nur gewesen, Pilze zu
sammeln.

Das ist ein ganz schlagendes Gleichnis. Sobald man
einen Menschen vornimmt und ihn der Sünde beschul-
digt, so sagt er: »Sünde? Ich bitte sehr! Ich tat etwas ganz
Erlaubtes, wozu ich durchaus berechtigt war. Ich stahl
kein Wild, bewahre! Ich suchte nur Pilze.«

Rückt man ihm dann etwas näher auf den Leib, um ihn
der Sünde zu überführen, dann gibt er etwas zu: »Nun ja,
es war vielleicht nicht ganz in Ordnung; es mag ein wenig
unrecht gewesen sein; aber es war nur ein Kaninchen.«

Wenn der Mensch die Sünde dann endlich nicht mehr
leugnen kann, dann sagt er, es sei aber nur eine ganz
kleine Sünde gewesen; und es dauert lange, bis er dahin
kommt, einzuräumen, daß die Sünde überaus groß sei.

Nicht wahr, so machen es die Leute? So suchen wir
nach Entschuldigungen und Ausreden. Ach, ich bitte
dich, wenn der Heilige Geist dir deine Sünde zeigt und
aufdeckt, dann sei doch ehrlich! Dann gib doch zu, daß
du gesündigt hast! Es steht ja geschrieben: »So wir unsere
Sünden *bekennen,* so ist Er treu und gerecht, daß Er uns
die Sünden vergibt und reinigt uns von aller Untugend«
(1. Joh. 1, 9).

Aber was heißt das: seine Sünden bekennen? Viele
meinen, das wäre schon ein Bekennen der Sünde, wenn
sie zugeben: »Ja, wir sind alle arme Sünder.« Aber an
solch oberflächlichem Gerede ist gar nichts gelegen.

Es handelt sich darum, dem Herrn die *einzelnen*
Sünden einzugestehen. Unter Umständen verlangt der

Heilige Geist auch von uns, daß wir unsere Sünde vor Menschen bekennen, wenn wir etwa gegen Menschen gesündigt haben. Aber *dem Herrn* mußt du in jedem Falle deine Sünden bekennen, wenn du wirlich davon loskommen willst. Und zwar muß das geschehen, sobald dir deine Sünde zum Bewußtsein gekommen ist.

Der Weg der Entschuldigungen und der Ausflüchte ist kein guter Weg. Ich bitte dich, geh ihn nicht mehr! Komm und bekenne fortan deine Sünde, daß du Vergebung erlangst und damit auch die Kraft, frei zu werden von ihrer Herrschaft.

Es ist oft nicht leicht; denn das Bekennen schließt ein Selbstgericht und eine Selbstverurteilung in sich. Wir sehen es an unsern Kindern, wie sie sich vor dem Bekennen sträuben. Aber verständige Eltern vergeben nicht eher, als bis die Kinder ihren Ungehorsam *bekannt* haben. Ohne Bekennen keine Vergebung!

6. *Der Fluch.* Die Welt versucht sich mit dem Spruch herauszureden: »Einmal ist keinmal.« Aber bei Gott gilt: »Einmal ist allemal.« Die *eine* Sünde hat das Band zwischen Gott und Menschen zerschnitten; durch die *eine* Sünde ist der Abfall von Gott vollzogen. Denn Sünde ist »Feindschaft wider Gott«, wie der Apostel sagt. Und Gott ist nicht ein schwacher, nachsichtiger Vater wie Eli, sondern Er macht Seine Drohungen ebensogut wahr wie Seine Verheißungen.

Jetzt trifft den Menschen um seiner Sünde willen *der Fluch.* Aber auch hier wieder sehen wir die anbetungswürdige Liebe Gottes. Wenn Gott sofort den Fluch ausgesprochen hätte, wären die Menschen vergangen in ihrer Verzweiflung, ohne Trost und ohne Hoffnung.

Darum, ehe Gott von Schmerz und Not, Mühsal und Tod redet, spricht Er von dem künftigen Retter und Erlöser, der den Fluch aufheben und Leben und unvergängliches Wesen ans Licht bringen wird. Welche Gnade Gottes! Eine Sündenerkenntnis ohne Erkenntnis des

Sünderheilands führt zur Verzweiflung. Darum läßt Gott die Menschen zunächst einen Blick in den Liebesrat der Erlösung tun.

»Derselbe (der Menschensohn) soll dir den Kopf zertreten, und du wirst Ihn in die Ferse stechen« (1. Mose 3, 15).

Dann aber, nachdem die erbarmende Liebe gesprochen hat, tritt die göttliche Gerechtigkeit in ihr Recht. Weil die Frau sich zuerst verleiten ließ, wird ihr auch zuerst ihr Verhängnis angekündigt. Schmerzen und Nöte, Leiden und Trübsale werden ihr in Aussicht gestellt. Und an die Stelle des Herrschens *mit* dem Manne tritt jetzt eine Abhängigkeit von dem Manne. »Dein Wille soll deinem Manne unterworfen sein, und er soll dein Herr sein.«

Dies Fluchwort hat sich erfüllt – bis auf diesen Tag! Die Geschichte des weiblichen Geschlechts ist eine Geschichte des Jammers und der Tränen. Und wenn auch das Christentum Befreiung gebracht hat, so ist die Frau doch nur da wirklich frei, wo das Christentum auch Macht gewonnen hat über den Mann. O, es gibt auch heute noch in sogenannten christlichen Häusern viel schweigend getragenes Märtyrertum schlecht behandelter Frauen. Ich werde später noch einmal Gelegenheit haben, darauf zurückzukommen.

Und das einschneidendste Wort bekommt dann Adam zu hören. Es sind nur drei Buchstaben, die das Wort »*Tod*« ausmachen. Aber was für eine Fülle von Weh und Leid birgt dieses Wort! Was für ein Meer von Tränen, was für ein Heer von Seufzern und Sorgen!

»*Der Tod* ist der Sünde Sold.« Das ist der kurze Inhalt der Worte, die Gott an Adam richtet; sie gelten ihm, sie gelten seiner Frau, sie gelten dem ganzen Geschlecht der Menschen. »Im Schweiße deines Angesichts sollst du dein Brot essen, bis daß du wieder zu Erde werdest, davon du genommen bist. *Denn du bist Erde und sollst zu Erde werden.*«

Wie herrlich weit hat es der Mensch gebracht! Eine Erfindung überbietet die andere, eine Entdeckung drängt die andere. Aber eine Entdeckung wird noch immer nicht gemacht, und sie wird auch nicht gemacht werden: wie man am Tod vorbeikommt. Die gerühmte Wissenschaft muß die Achseln zucken. Noch immer ist gegen den Tod kein Kraut gewachsen. Und es wird so bleiben, bis der Herr kommt und das Wort erfüllt: »Der *letzte* Feind, der aufgehoben wird, ist der Tod« (1. Kor. 15, 26).

Gott sei Dank, daß der Menschensohn auch gekommen ist, uns von der Todesfurcht zu befreien. Wenn wir uns in der Hand des Lebensfürsten geborgen wissen, dann können wir auch fröhlich bekennen:

Jesus lebt, nun ist der Tod
mir der Eingang in das Leben.

Dem Herrn sei Dank, daß auch dieser »König der Schrecken« Kindern Gottes nicht mehr furchtbar ist. Wenn er auch oft mit rauher Hand zufaßt, er ist *doch* gewissermaßen ein *Freund*, der uns in die Heimat geleitet.

»Wie geht das zu, wenn man heimgeht?« fragte mich vor dem Sterben meine selige Frau. Und ich sagte ihr: »Kind, weißt du das nicht? Die Engel aber trugen Lazarus in Abrahams Schoß – das ist Heimgehen.« Und sosehr auch eine frische Wunde schmerzt, die der Tod geschlagen hat – so ein »Heimgehen« ist doch köstlich!

Aber – wie ist es um *dein* Sterben, du Menschenkind, bestellt? Weißt du dich für Leben und Sterben sicher in Jesu Armen, sicher an Seiner Brust?

Ich habe den Tod in seiner Furchtbarkeit kennengelernt. Sterben ist fürwahr kein Kinderspiel. Das Sterben, dessen Zeuge ich war, war ein seliges Heimgehen im Frieden Gottes – und doch, wie namenlos schwer war es!

23

Und nun erst gar sterben ohne Heiland – wie entsetzlich muß das sein! Ach, laß es nicht dahin kommen! Komm zu Jesus! Daß du doch mit Paulus bekennen mögest: »Christus ist mein Leben, und Sterben ist mein Gewinn!«

7. *Abels Tod.* Noch ein Tag aus Evas Leben! Abel, ihr Sohn, ist nicht heimgekommen. Wenn sie Kain, den älteren, fragt. »Weißt du nicht, wo dein Bruder ist?« – dann lautet seine mürrische Antwort: »Soll ich meines Bruders Hüter sein?« Endlich läßt es ihr keine Ruhe mehr; sie macht sich mit ihrem Manne auf, den Vermißten zu suchen. Und da finden sie ihn, draußen auf der Heide liegend, erschlagen. Und Kains Keule daneben, besudelt mit dem Blut des Bruders.

Welch eine Stunde für eine Mutter, wenn sie ein Kind verliert, das sie genährt und geliebt, gehegt und gepflegt hat! Und wieviel furchtbarer, wenn es der eigene Sohn ist, der den Bruder mordet! Das hat Eva erlitten. Ja, nichts, nichts, was eine Mutter zu leiden hat, ist Eva erspart geblieben. Die Ahnmutter des Menschengeschlechts hat es nicht besser gehabt als eine Frau unserer Tage. Und wenn du an einem Kindersarg und -grab stehst, und du meinst, ganz unerträglich sei diese Last; nie sei ein Herz so verwundet worden, wie jetzt das deine – bedenke: das erste Weib, die erste Mutter, die gelebt hat auf der Welt, die hat schon deinen Schmerz gekannt. Doch du darfst aufblicken zum Herrn und darfst sagen: »Der Herr hat's gegeben, der Herr hat's genommen, der Name des Herrn sei gelobt!« Du hast es doch viel leichter, als Eva es hatte.

Aber Eva hatte auch einen Halt, an den sie sich klammern konnte in diesem Leid. Damit will ich ihr Bild beschließen. Schon das Wort: »Derselbe soll dir den Kopf zertreten« hatte ihr Hoffnung gegeben auf ihren fernen Enkel, den Heiland der Welt. Aber noch bei einer andern Gelegenheit war davon die Rede, nämlich als das erste Blut in der Welt floß.

Ich habe früher öfter gedacht, Gott habe Sein Wort doch nicht buchstäblich erfüllt. Erst sagte Er: »*Welches Tages* du davon issest, wirst du des Todes sterben.« Und dann sehen wir, daß Jahrhunderte vergehen, ehe dies Wort sich wirklich erfüllt, ehe Adam und Eva sterben. Wie sollen wir uns das erklären?

Die eine Erklärung ist diese: Wenn sie auch nicht sofort starben, so kamen sie doch von diesem Tag an in die Gewalt des Todes. Sie waren seiner Macht ausgeliefert. Von diesem Tag an begann ihr Sterben.

Man könnte es auch so auslegen: Wenn auch Adam und Eva an diesem Tage nicht starben, so ist der Tod doch erlitten worden, nämlich von den Tieren, die Gott schlachtete, um aus ihren Fellen für die Menschen Röcke zu machen.

Das erste stellvertretende blutige Opfer! Und gewiß hat Gott dabei gesagt: »Siehe, den Tod, den diese Tiere jetzt leiden, den habt ihr verdient! Aber nun treten sie an eure Stelle. So wird einst der Menschensohn ein Opfer darbringen, sich selbst opfern zur Erlösung der sündigen Welt.«

Wir sehen es in der Geschichte Abels, daß er etwas von diesem Sinne der blutigen Opfer wußte. Wie sollte er darauf gekommen sein, ein Tier zu schlachten, wenn beim ersten Opfer in der Welt nicht der große Grundsatz ausgesprochen wäre: »Ohne Blutvergießen geschieht keine Vergebung!«

Auf dies künftige Gotteslamm hat Eva geblickt. Das gab ihr Trost und Kraft, Frieden und Ruhe ins Herz bei dem Schweren, das sie durchzumachen hatte, als sie Kain und seine Nachkommen auf dem Weg der Sünde und des Verderbens gehen sah, als sie um diesen verlorenen Sohn trauerte und weinte.

Das möchte dich Eva lehren, so aufzublicken zu dem Lamm Gottes, das auch um deiner Sünde willen geopfert worden ist.

Blicke nur auf Jesus,
Seele, eil Ihm zu!
der für dich gelitten,
gibt dir Fried und Ruh.

Ada und Zilla

1. *Gegensätze*. Das zweite Frauenbild in der Heiligen Schrift ist eigentlich ein Doppelbildnis. Wir finden es in 1. Mose 4, 19–24: »Lamech aber nahm zwei Weiber: eine hieß Ada, die andere Zilla. Und Ada gebar Jabal; von dem sind hergekommen, die in Hütten wohnten und Vieh zogen. Und sein Bruder hieß Jubal; von dem sind hergekommen die Geiger und Pfeifer. Die Zilla aber gebar auch, nämlich den Thubalkain, den Meister in allerlei Erz- und Eisenwerk. Und die Schwester des Thubalkain war Naema. Und Lamech sprach zu seinen Weibern Ada und Zilla:

»Ihr Weiber Lamechs, höret meine Rede, und merkt, was ich sage: Ich habe einen Mann erschlagen für meine Wunde und einen Jüngling für meine Beule; Kain soll siebenmal gerächt werden, aber Lamech siebenundsiebzigmal.«

Bereits von den Kindern des ersten Elternpaares an sind die Wege der Menschen auseinandergegangen. Immer weiter haben sie sich im Laufe der Zeit voneinander getrennt. Während *Seth* und seine Nachkommen in den Wegen des »gerechten« Abel weiterwandelten, ist die Nachkommenschaft Kains ihrem Stammvater auf den Wegen der Sünde gefolgt.

So bilden sich bereits am Anfang des Menschengeschlechts krasse Gegensätze aus. Der fünfte Nachkomme Seths – also die siebte Generation – ist *Henoch,* von dem die Schrift in wenigen Worten das Größte sagt, was von einem Menschen gesagt werden kann: »*Er blieb in einem göttlichen Leben dreihundert Jahre.*«

Und der fünfte Nachkomme Kains – also auch die siebte Generation – ist *Lamech*, dessen Frauen unser heutiges Bild uns zeigt.

Was für Gegensätze! Henoch, der inmitten seines großen Hauswesens ein Leben der ungestörten und ungetrübten Gemeinschaft mit Gott führte, der nicht nur dann und wann, sondern dauernd mit Gott wandelte – und Lamech; wild, gewalttätig, zügellos seinen Lüsten und Launen lebend. Und das waren Zeitgenossen.

Diese Gegensätze hat es zu allen Zeiten gegeben. Auch heute finden wir sie. Denn es gibt, wie Jesus gesagt hat, nur zwei Wege: einen schmalen, den Weg des Lebens, und einen breiten, den Weg des Verderbens. Auf einem dieser beiden Wege wandelst du. Auf welchem? Ich bitte dich, werde dir darüber klar. Bist du schon auf den schmalen, den rechten Weg gekommen? Oder bist du *noch* auf dem breiten? Denn von Natur aus sind *alle* Menschen auf dem breiten Weg. Und zwar kommt das, wie der Heidelberger Katechismus sagt, »aus dem Fall und Ungehorsam unserer ersten Eltern Adam und Eva im Paradiese, da unsere Natur also vergiftet worden ist, daß wir alle in Sünden empfangen und geboren werden«.

Sieh zu, daß du den breiten Weg mit dem schmalen vertauschst! Denn von dem breiten Wege heißt es, daß er zur Verdammnis führt.

2. *Vielweiberei*. Von Lamech wird nun erzählt, daß er der erste war, der *zwei* Weiber nahm. Welch eine Quelle des Unfriedens und Unglücks hat er damit erschlossen!

Es ist Gottes Ordnung, daß Mann und Frau zusammengehören und sich gegenseitig ergänzen sollen. Keinesfalls aber hat Gott die Frau dazu erschaffen, daß der Mann sie erniedrige zur Befriedigung seiner Gelüste. Und das hat Lamech getan. Er hat zuerst die Ordnung Gottes durchbrochen. Nicht der Wille Gottes, sondern seine eigene Willkür war sein oberstes Gesetz.

Es bedarf keines Beweises, daß ein geordnetes Familienleben, eine geregelte Kindererziehung, nicht möglich sind, wo die Vielweiberei herrscht. Eifersucht und Mißgunst, Empfindlichkeit und Gehässigkeit sind an der Tagesordnung, wo der Mann sich zwei Frauen zuwendet. Was hat es für Herzeleid in das Haus Abrahams gebracht, daß er zu Sara noch die Hagar nahm! Wieviel Unfriede hat die Doppelehe Jakobs im Gefolge gehabt!

Erst das Neue Testament stellt wieder die alte Forderung ins Licht: *Eines* Weibes Mann! Wenn jemand Grund hat, den Herrn Jesus als Erretter und Befreier zu preisen, dann haben es die Frauen, denen Er zu einer menschenwürdigen, geachteten Stellung verholfen hat.

Aber wo das Kreuz Christi noch nicht zur Geltung gekommen ist, wo der trübe Halbmond Mohammeds scheint, oder wo die Nacht des Heidentums herrscht – da ist die Vielweiberei noch heute üblich. Und wer wollte ihr Elend ermessen?

Nun, bei uns ist die Doppelehe unter Androhung von Strafen verboten. Und doch gibt es der Lamechs genug. Nicht nur in den großen Städten, wo die Zuchtlosigkeit und Sittenlosigkeit aller Beschreibung spottet, auch auf dem Lande. Nach Gottes Geboten wird nicht gefragt. »Was ich will, das ist erlaubt; was mir gefällt, das ist gut.« Nach diesem Grundsatz wird in allen Kreisen unseres Volkes gehandelt. *Aber das Ende trägt die Last.*

3. *Bange Stunden.* Kein Wunder, wenn Lamech in seinem Hause sich keinerlei Zwang auferlegte, daß er auch draußen im Verkehr mit andern Männern ein Mensch war, der sich nichts gefallen ließ. Wehe dem, der ihn reizte! »Ich habe einen Mann erschlagen – für meine Wunde; und einen Jüngling – für meine Beule.«

Ob Ada und Zilla bei einem solchen Manne wohl viele gute Tage gehabt haben? Ich bezweifle es. Nicht nur, daß sie selber unter seiner Willkür zu leiden hatten – wie oft werden sie auch um ihren Mann gezittert haben, wenn er länger ausblieb, als sie es gewohnt waren! Immer mußten sie fürchten, daß er ihnen eines Tages tot ins Haus getragen würde – im Streit erschlagen.

Wie viele Adas und Zillas gibt es heutzutage, die mit Angst und Sorge der Heimkehr des Gatten entgegenharren – die lange, bange Nacht! Und wenn er kommt, dann brüstet er sich wie Lamech seiner Taten – oder das arme Weib muß sich selber seine Mißhandlungen gefallen lassen, weil der Alkohol sein Gehirn benebelt hat.

Liebe Frau, wenn dein Mann so ein Lamech ist – dein Los ist wohl schwer. Aber es gibt auch für dich einen Retter und Helfer: Jesus. Sage es Jesus, was du zu leiden hast. Befiel Ihm deinen Mann an in täglicher Fürbitte. Und bitte Jesus auch, dir die Gnade zu schenken, *stille zu sein,* daß du nicht zankst und keifst, wenn dein Mann in solch traurigem Zustand heimkommt. Bei vielen Trinkern sind die Frauen schuld an dem Laster des Mannes, weil sie durch ihr Zanken und Keifen dem Mann das Haus zu einer wahren Hölle machen!

Diese Sache ist unendlich wichtig; denn es gibt so viele Frauen, die mit einem Lamech verheiratet sind, daß ich noch einen Augenblick dabei verweilen und eine Geschichte erzählen möchte:

Da saßen etliche Männer zusammen im Wirtshaus; schließlich kamen sie auch auf ihre Frauen zu sprechen. Sie hatten alle viel zu klagen und zu räsonnieren; nur einer schwieg stille. Als sie sich satt geschimpft hatten, fragten sie ihn, wie er es denn zu Hause habe. »Gar nicht so wie ihr«, sagte er. »Mir gibt meine Frau kein böses Wort. Ich kann verlangen, was ich will, sie tut es. Wenn ich mitten in der Nacht ihr befehlen würde, sie sollte aufstehen und was zu essen kochen, ich bin sicher, sie würde es tun.« Das glaubten die andern nun natürlich nicht. Aber er ließ sich mit ihnen auf eine Wette ein; sie könnten es probieren. Es wurde beschlossen, sofort den Versuch zu machen. Als man ankam, war die Frau schon zu Bett gegangen; denn es war längst Mitternacht vorüber. Aber der Mann kommandierte: »Geschwind, Frau, steh auf und koch uns einen guten Kaffee!« Die Gäste dachten nicht anders, als daß sie jetzt eine Flut von Schimpfworten zu hören bekämen, wie sie das zu Hause gewöhnt waren. Aber nein. Stattdessen hörte man nach einer kleinen Weile, wie die Frau Feuer in der Küche anmachte; dann klapperten die Tassen – und mit freundlichem Gesicht brachte sie den Kaffee herein. Der Anblick der müden Frau ernüchterte die Männer, so daß sie anfingen, sich vor ihr zu schämen. Endlich sagte ihr einer von der Wette, die sie hierhergeführt hätte. Und dann fragte er sie: »Wie können Sie so gut sein zu so elenden Menschen, wie wir es sind? Wie bringen Sie das fertig?« Da sagte sie: »Ich sehe mit Schmerzen, daß mein Mann tut, was er kann, um sich zu ruinieren; denn lange kann er dieses Leben nicht aushalten. Und er hat nur *ein* Leben. Ein ewiges Leben gibt es ja für ihn nicht. Da möchte ich ihm wenigstens dieses irdische Leben so angenehm und freundlich machen, wie ich kann.« – Die späten Gäste gingen bald heim; sie waren sehr still geworden. Der Mann aber sagte zu seiner Frau, als sie allein waren: »Liegt dir wirklich noch etwas an mir?« Und als er ihr in die nassen Augen sah – denn so weich sprach er sonst nie mit ihr –, da brach auch er in Tränen aus, und er bereute seine Schuld. Sie knieten zusammen nieder, und der Herr half ihm, daß er ein anderer wurde.

War es nicht seines Weibes Freundlichkeit und Sanftmut, wodurch er gewonnen wurde? Gehe hin und tue desgleichen!

4. *Etwas von der Erziehung* zum Schluß. Ada und Zilla haben jede zwei Kinder gehabt. Und es waren alle vier aufgeweckte und begabte Kinder. Sie hatten etwas von

ihrem Vater geerbt. Vielleicht war Lamech der erste Dichter. Wenigstens ist dies das erste Gedicht, das uns überliefert ist. Es gab ja bei den Gedichten der alten Zeit keinen Reim wie heutzutage. Vielmehr bestand das Wesen der alten Poesie darin, daß derselbe Gedanke in verschiedener Weise wiederholt wurde.

Ebenso zeichneten sich seine Kinder vor andern durch ihren erfinderischen Geist und ihre Kunstfertigkeit aus.

Jabal erfand den Bau von Zelten, die heute hier und morgen dort aufgeschlagen werden können, je nachdem, wo das Vieh geeignete Weideplätze findet.

Jubal, sein Bruder, verstand sich auf die Herstellung von Musikinstrumenten. Wenn wir uns dieselben auch in den einfachsten Formen zu denken haben, so haben wir hier doch die ersten Anfänge der Musik, die das Leben verschönt und das Herz bewegt.

Thubalkain, der Sohn der Zilla, verfertigte allerlei Werkzeuge und Geräte, Waffen, Haushaltsgegenstände u. dergl. Manche Arbeit wurde wesentlich erleichtert und vereinfacht dadurch, daß er die dazu dienlichen Werkzeuge erfand. Er ist der Stammvater der heute so gefeierten Industrie.

Von *Naema* erzählt uns die Bibel zwar nichts; aber eine alte Überlieferung berichtet, daß sie die Erfinderin des weiblichen Putzes sei. Und das erscheint mir ganz glaubhaft.

Warum? Weil alle Kinder Lamechs ihre Fähigkeiten und Fertigkeiten dazu gebraucht haben, das irdische Leben angenehm und behaglich zu machen. Ihr Denken und Sinnen galt dem Diesseits. Darüber hinaus gingen ihre Gedanken nicht.

Und das war das Schlimme, das Kainitische. Statt daß ihre Kunst, ihre Industrie, ihre Fähigkeit sie in herzlicher Dankbarkeit Gott nähergebracht hätte, welcher doch der Geber aller Gaben ist, wurden sie Ihm immer mehr entfremdet. In ihrem Selbstvertrauen und ihrer Ichbezogenheit glaubten sie, Gott nicht nötig zu haben.

So geht es noch heute. Die herrliche *Gottesgabe* der Kunst macht die meisten Künstler nicht demütig und dankbar, sondern stolz und hochmütig. Und das ist kainitisch. Ebenso finden wir es bei den Vertretern der Industrie, daß nur sehr wenige von ihnen Gott die Ehre geben. Gar nicht zu reden von dem Götzendienst der Mode, mit dem Naema, der Überlieferung nach, den Anfang gemacht hat!

Gewiß haben die Verwandten und Bekannten Ada und Zilla zu ihren Kindern beglückwünscht. Nach dem gewöhnlichen Urteil der Welt hatten sie es ja alle zu etwas gebracht. So verschieden die Gebiete auch waren, auf denen sie arbeiteten, sie leisteten jeder in seinem Fache etwas Ausgezeichnetes und Hervorragendes.

Und doch haben Ada und Zilla den Glückwunsch nicht verdient. Sie hatten ihre Kinder wohl zu brauchbaren und nützlichen Gliedern der menschlichen Gemeinschaft erzogen, aber zu Gotteskindern und Gotteserben hatten sie sie nicht erzogen. Und darauf kommt es doch zuletzt an.

Alles Irdische ist vergänglich. Dem größten Maler fällt einmal der Pinsel aus der erstarrenden Hand. Dem gefeiertsten Musiker vergeht einmal das Gehör. Der geschäftigste Industrielle muß seine Fabrik einmal andern Händen übergeben. Die neueste und eleganteste Mode verliert einmal ihren Reiz – wenn der Tod anklopft und ein Ende macht.

Wer dann nur für dieses Leben gesorgt und gearbeitet hat, der ist übel dran! Gottes Wort benennt ihn mit keinem feinen Titel; es sagt: »Du Narr!«

Aber wohl dem, der nicht nur an diese kurze Spanne Erdenleben gedacht hat und sich vorbereitet hat für das Leben, das ewig ist!

Du Mutter, wofür erziehst du deine Kinder? Für die Erde oder für den Himmel? Du Mutter, du trägst eine große und schwere Verantwortung für deine Kinder! Wehe, wenn du eins von ihnen verlierst!

Ich bitte dich, mach es nicht wie Ada und Zilla, sondern höre das Wort des Herrn Jesu und handle danach:

»Lasset die Kindlein *zu Mir* kommen und wehret ihnen nicht; *denn solcher ist das Reich Gottes!*«

Sara

Während Ada und Zilla, die beiden Frauen, deren Bild wir zuletzt betrachteten, in sehr schweren Verhältnissen lebten an der Seite eines gewalttätigen Mannes wie Lamech, so kommen wir heute zu einer Frau, der es sehr viel besser ging, weil sie mit einem Mann verbunden war, der Gott fürchtete und liebte. Es ist Sara, die treue Gefährtin Abrahams, des Vaters der Gläubigen. Sie ist nicht nur die Gattin eines Großen im Reiche Gottes gewesen, sie war auch selbst eine Heldin des Glaubens, so daß sie auch einen Platz gefunden hat in der Ruhmeshalle der Glaubenshelden, die wir im elften Kapitel des Hebräerbriefes haben.

Aber wo viel Licht ist, da ist auch viel Schatten. So war es auch im Leben der Sara. Auch ihr Lebensbild hat seine dunklen Flecken, wie wir sehen werden. Doch, so traurig diese Flecken sind, so haben sie etwas Tröstliches für uns. Wir sehen, daß die heiligen Männer und Frauen aus demselben Holz geschnitten waren wie wir. Und wenn Gott dennoch aus ihnen etwas machen konnte, so wollen wir Mut fassen und uns der Gnade ausliefern; sie wird auch aus uns Zeugen des göttlichen Erbarmens machen, wenn wir uns nur völlig der Gnade zur Verfügung stellen.

Laßt uns denn sehen, was wir von Sara lernen können.

1. *Der Auszug.* Eine schwere Forderung stellt Gott an Abraham. Er soll ausziehen aus seinem Vaterland und seinem Vaterhaus in ein unbekanntes Land. Das war keine Kleinigkeit. Er war 75 Jahre alt, seine Frau 65; er hatte einen großen Besitz, und nun sollte er im Alter noch zum Wanderstab greifen und in die ungewisse Fremde ziehen? Ich stelle mir vor, wie seine Verwandten ihn zurückzuhalten suchten, wie sie ihn bestürmten, sich

diese abenteuerlichen Pläne aus dem Sinn zu schlagen. »Was du hast, das weißt du; aber was du kriegst, das weißt du nicht! Du wirst doch das Gewisse nicht mit dem Ungewissen vertauschen wollen! Und wenn dir in der Fremde etwas zustößt, dann ist niemand da, der sich um dich kümmert; hier hast du deine Familie, auf die du dich verlassen kannst. Bleibe im Lande, und nähre dich redlich!«

Aber Abraham ließ sich durch solche Stimmen nicht beirren. Er war gehorsam und machte alles zum Auszug fertig.

»Also nahm Abraham sein Weib Sarai und Lot, seines Bruders Sohn, mit aller ihrer Habe, die sie gewonnen hatten, und die Seelen, die sie erworben hatten in Haran, und zogen aus, zu reisen in das Land Kanaan« (1. Mose 12, 5).

Es war für Sara vielleicht noch schwerer als für Abraham, die gewohnten heimischen Verhältnisse aufzugeben und sie mit ganz neuen und schwankenden zu vertauschen. Es war ein Abschied von allen Verwandten auf Nimmerwiedersehen, das war ihr sicher klar. Aber dennoch war sie gehorsam, *weil Gott sie rief.*

Dieser Auszug Abrahams ist ein Gleichnis und Vorbild der Bekehrung. So wie Abraham und Sara ihre heidnische Heimat und Verwandtschaft aufgaben, so müssen wir auch einmal die Welt mit ihrer Sünde zurück lassen und uns der Führung des Herrn anvertrauen. Diese bewußte Entscheidung für den Herrn muß einmal im Leben getroffen werden; sie wird nur schwerer, wenn man sie aufschiebt. Je länger wir mit der Welt verwachsen, um so schwerer ist es, all diese Fäden zu lösen, um so schmerzlicher wird der Bruch, den ein solches Losreißen von alten Gewohnheiten kostet.

Bist du schon dem Rufe Gottes gehorsam geworden und ausgezogen aus der heidnischen Welt? Wenn es doch einmal geschehen muß – warum willst du auf morgen verschieben, was du heute tun kannst?

Ja, sagst du, wer es so leicht hätte wie Sara! Die hatte einen gläubigen Mann! Es läßt sich leicht fromm leben, wenn man einen frommen Mann hat! Aber ich habe es ganz anders!

Das ist traurig, doch so steht es in manchem Hause, wo Mann und Weib nicht *auf einem* Wege miteinander gehen. Das ist schon schlimm, wenn es sich um irdische Dinge handelt, wie etwa um die Erziehung der Kinder. Was kann dabei herauskommen, wenn in dieser wichtigen Sache die Eltern sich nicht einig sind! Ich war in einem Hause einmal Zeuge, wie der Vater dem Kleinen ein paar wohlverdiente Klapse gab; aber die Mutter nahm das schreiende Kind alsbald auf den Schoß und herzte und streichelte es, daß man es kaum mit ansehen konnte. Was wird aus dem Jungen wohl für ein Mann werden, wenn die Eltern sich so uneins sind in der Erziehung?

Aber viel schlimmer ist diese Uneinigkeit, wenn es sich um die Hauptsache handelt. Und es gibt leider so viele gemischte Ehen. Ich denke nicht nur an Mischehen, wo ein Teil evangelisch und der andere katholisch ist, sondern wo ein Teil gläubig ist und der andere ungläubig. Schon eine konfessionell gemischte Ehe ist ein gefährlich Ding und hat meist nur so lange leidlichen Frieden, als beide Teile gegen die Religion gleichgültig sind. Fangen sie aber an, etwas auf ihren Glauben zu halten, dann ist für gewöhnlich der Hausfriede gestört.

Noch trauriger aber, meine ich, sieht es in solchen Mischehen aus, wo der eine Ehegatte bekehrt ist und der andere nicht. Es gibt da Märtyrer, von denen die Welt nichts weiß, weil solches Martyrium in der Stille und Verborgenheit getragen wird; aber Gott weiß um das Seufzen der Einsamen und Verlassenen.

Es gibt nicht nur Frauen, die unendlich viel zu leiden haben unter ihren weltlichen Männern, es gibt auch Männer, die zu leiden haben unter ihren Frauen! Und gerade solche Häuser, in denen die Frauen nichts von göttlichen Dingen wissen wollen, sind die wahre Hölle auf Erden!

In einem Gebet der Agende bei der Trauung heißt es so schön, die beiden Ehegatten möchten darauf bedacht sein, »wie eins das andere mit sich in den Himmel bringe«. Wenn es doch so wäre in den Häusern!

Und wenn diese Einigkeit fehlt, tust du, was du kannst? Von deinen Bekehrungsversuchen und Gardinenpredigten rate ich dir entschieden ab; die verbittern meist nur. Aber mit deinem stillen Wandel sollst du predigen; mit der Macht des Gebets und der Fürbitte sollst du deinen Mann ändern. Das ist deine Lebensaufgabe, deine Arbeit, die Gott dir gegeben hat, daß du deinen Mann von seinen Irrwegen wegholst. Gott helfe dir, diese Aufgabe zur Ehre des Herrn zu erfüllen.

Aber du, die du einen gläubigen Mann hast, der dich bittet, das Heil deiner Seele zu bedenken – wie willst *du* dich entschuldigen? Deine Verantwortung wird zentnerschwer wiegen am Tage der Abrechnung!

Siehe zu, daß du mit deinem Manne auf *einen* Weg kommst, auf den Weg ins himmlische Kanaan!

2. *Die Lüge.* Haran hatten Abraham und Sara zwar hinter sich gelassen, aber darum waren sie noch nicht über alle Berge. Es gab auch in Kanaan Schwierigkeiten, durch welche ihr Glaube erprobt werden sollte. So ist auch mit der Bekehrung der Christ nicht fertig, ach nein! Jetzt kommen erst die Proben.

Abraham und Sara haben die erste Probe nicht bestanden. Kaum sind sie einige Zeit in Kanaan, da beginnt eine Teuerung. Was? Eine Teuerung in dem gelobten Lande? In dem Lande, in das *Gott* sie geführt hatte? Ja, es gibt Teuerungen auch im Lande Gottes. Sie haben ihren Zweck.

Aber statt daß Abraham seine Zuflucht zu Gott

genommen hätte, um Seine wunderbare Durchhilfe zu erfahren – floh er nach Ägypten. Das war nicht der rechte Weg! Das zeigte sich bald. Auf der ganzen Reise ist kein Glück gewesen. Vorher und nachher lesen wir, wie Abraham dem Herrn Altäre baute und von dem Namen des Herrn predigte – aber solange er in Ägypten weilte, war diese gesegnete Verbindung mit Gott unterbrochen. Und da kann es uns nicht wundern, daß wir Abraham und Sara straucheln sehen. Wenn die treue Gotteshand uns nicht hält, dann kommen wir natürlich zu Fall.

Aus Furcht, daß man ihm das Leben nehmen möchte, um Sara, sein noch immer schönes Weib, in Besitz nehmen zu können, gibt er sie für seine Schwester aus. Und Sara willigt ein. Abraham lügt! Sara lügt! So weit kommt es, wenn wir eigene Wege gehen, wenn wir uns nicht bewahren lassen! »Mit unsrer Macht ist nichts getan; wir sind gar bald verloren.«

Darum wollen wir zögern, Steine auf Abraham und Sara zu werfen. Vielleicht fällt einer auf uns selbst zurück, weil wir uns gleicher Sünde schuldig gemacht haben.

Soviel ist gewiß, daß das Lügen heutzutage furchtbar verbreitet ist, und daß es den meisten gar nicht als Sünde erscheint, wenn sie eine Unwahrheit sprechen. Oder ist es nicht eine allbekannte Tatsache, daß viele sich nicht scheuen, ihre Bediensteten zum Lügen zu verführen, wenn unerwarteter und ungebetener Besuch kommt? »Herr oder Frau Sowieso sind nicht da!« Nicht nur, daß man selber lügt, nein, man macht auch andere zu Lügnern! Tust du das auch?

Es klopft. »Wer mag denn jetzt kommen zu einer *so ungelegenen Stunde?* Ich habe doch jetzt durchaus keine Zeit! Herein!«

Der Besuch tritt ein. »Ich störe doch nicht?«

»O, ich bitte Sie, *nicht im geringsten!* Sehr angenehm!«

Was mag das Kind wohl denken über diesen schnellen Wechsel in den Worten der Mutter?

Noch ein anderer Griff ins Menschenleben. In der Eisenbahn. »Wie alt ist denn der Kleine?« fragt der Schaffner. »Er wird nächsten Monat vier Jahre.«

Kaum ist der Mann weg, da erklärt der kleine Bursche: »Aber Mama, ich bin doch gestern fünf geworden!«

Nicht nur, daß die Eisenbahn um das Fahrgeld betrogen ist, nicht nur, daß die Mutter sich an Gott versündigt hat: wie unberechenbar ist der Schaden, den sie ihrem Knaben zufügt! Kein Wunder, wenn das Kind der eigenen Mutter nicht mehr so fest vertraut wie früher – die Mutter lügt! Die heilige Ehrfurcht, die das Kind sonst vor der Mutter hegte, kommt ins Schwinden – die Mutter lügt! Und wenn aus dem Jungen ein Lügner wird, und die Eltern können sich das gar nicht erklären, dann will ich dir das Rätsel lösen: die Mutter lügt!

Liebe Mütter, ich beschwöre euch: seid ehrlich! Nehmt euren Kindern das Ideal nicht, das sie in euch suchen! Ich bitte euch: Nehmt diese Sache nicht so leicht! Ein Kinderherz ist wie weiches Wachs, das jeden Eindruck annimmt.

Lügen und Betrügen, das sind eigene Werke des Teufels. Der Teufel ist ein Lügner von Anfang. Er ist auch der Vater der Lüge. Wer lügt, der pflegt mit dem Teufel Gemeinschaft.

Jesus sagt: »Ich bin die Wahrheit.« Laßt uns Gemeinschaft mit Jesus halten, daß wir wahr werden und aufrichtig. Er allein kann uns lauter machen. Übergib dich Ihm! Er wird es tun.

3. *Frau und Magd.* Das ist ein viel erörtertes Thema.

Leider kann Sara in dieser Beziehung nicht als ein Vorbild, sondern nur als ein warnendes Exempel hingestellt werden. »Sie hatte aber eine ägyptische Magd, die hieß Hagar« (1. Mose 16, 1). Und diese Hagar war der Gegenstand jahrelangen Ärgers für Sara.

Weil Sara selbst kinderlos blieb, räumte sie ihrer Magd

die Stellung einer Nebenfrau ein. Diese Stellung aber stieg der Sklavin zu Kopf, so daß sie sich ihrer Herrin gleich dünkte, ja sogar verächtlich auf sie herabblickte.

Das ließ sich Sara nun natürlich nicht gefallen; sie suchte die Hagar auf alle mögliche Weise zu demütigen, bis es Hagar endlich nicht mehr aushalten konnte. Sie ging auf und davon.

Wenn sich Sara und Hagar nicht vertragen konnten, sondern wie Katze und Hund miteinander lebten, so führt uns Abraham das gerade Gegenteil vor. Wie vorbildlich ist das Verhältnis, in dem er zu seinem Knecht Elieser steht! Der ist sein Freund, sein Vertrauter, und als er später seinem Sohn Isaak eine Braut werben will, da weiß er keinen besseren und zuverlässigeren Boten als seinen treuen Elieser. Ja, so groß war seine Liebe zu diesem treuen Knecht, daß er – lange vor Ismaels und Isaaks Geburt – sagte: »Ich gehe dahin ohne Kinder, und dieser Elieser von Damaskus wird mein Haus besitzen« (1. Mose 15, 2). Also wollte er ihn sogar zu seinem Universalerben einsetzen.

Oder – um ein anderes Haus zu nennen, das vorbildlich ist in dieser Beziehung –: das Haus des Feldmarschalls Naeman in Damaskus. Man sollte meinen, Seine Exzellenz würde sich für zu gut achten, mit seinen Knechten zu reden, und Ihre Exzellenz würde es unter ihrer Würde halten, sich mit ihren Mägden abzugeben. Aber im Gegenteil! Es ist ein liebliches Bild, das dieses Haus uns bietet. Das ganze Gesinde trauert mit der Herrschaft, als der Hausherr krank wird! Und »die kleine Dirne aus Israel« spricht zu ihrer Frau: »Ach, daß mein Herr wäre bei dem Propheten zu Samaria! Der würde ihn von seinem Aussatz losmachen!« – Und die Knechte stehen hinter dem jungen Dienstmädchen nicht zurück. Als Naeman unmutig heimkehren will, weil er sich an dem Auftrag Elisas geärgert hat, da bitten ihn seine Knechte: »*Lieber Vater,* wenn dich der Prophet etwas Großes hätte geheißen, solltest du es nicht tun? Wieviel mehr, so er zu dir sagt: Wasche dich, so wirst du rein!« (2. Kön. 5).

Wem verdankt der General seine Rettung? Neben Gott seinen *Knechten* und seiner *Magd!* Und das war ein heidnisches Haus! Sollte nicht in christlichen Häusern viel mehr Liebe und Friede gefunden werden? Wer ist schuld, wenn es in deinem Haus daran fehlt?

4. *Der Erbe.* Gott hatte Abraham einen Sohn und Erben verheißen. Aber Jahr um Jahr verging und die Verheißung erfüllte sich nicht. Es waren schon zehn Jahre vergangen. Da fing Saras Glaube an zu wanken. Sie wurde immer älter, und immer mehr schwand ihre Hoffnung, jemals selber einen Sohn zu bekommen.

Da dachte Sara, sie müßte Gott helfen. Sie dachte, Er könne ohne ihre Hilfe Sein Wort nicht wahr machen.

Ist das nicht furchtbar töricht, Gott helfen zu wollen?

»Sie nahm ihre ägyptische Magd Hagar und gab sie Abram, ihrem Manne, zum Weibe, nachdem sie zehn Jahre im Lande Kanaan gewohnt hatten« (1. Mose 16, 3).

Und Abram gehorchte ihr.

So wird Ismael geboren. Aber 13 Jahre lang schweigt Gott für Abraham. Er mißbilligt alle eigenen Wege. Er verachtet die törichte und sündhafte Hilfe, die Sara Ihm leisten wollte.

So kann man die beste Absicht haben – und doch in Sünde geraten, wenn man Gott nicht versteht und es noch nicht gelernt hat, auf Ihn zu warten. Du brauchst Gott nicht zu helfen; Er kann Sein Wort ohne dich zur Ausführung bringen!

Aber doch kommt es sehr häufig vor, daß man zu weltlichen, irdischen Mitteln greift, um Gott behilflich zu sein. Die ägyptische Magd ist ein Bild der Welt. So wie Sara mit Hilfe Hagars einen Erben bekommen wollte, so will man mit nichtchristlichen Mitteln Gottes Verheißungen nachhelfen.

Man sieht, wie schwer die Leute dazu zu bringen sind,

Gaben für irgendeinen wohltätigen Zweck zu geben. Aber man weiß auch, daß für Konzerte und Theatervorstellungen immer Geld genug vorhanden ist. Was tut man? Man veranstaltet einfach ein Konzert für den Bau des neuen Kindergartens, eine Verlosung zugunsten des Gemeindehauses, eine Theatervorstellung für die Abgebrannten, einen Basar für die Hungerhilfe, eine Lotterie für den Kirchbau.

Was kommt dabei heraus? Ein Ismael, an dem Gott keine Freude hat.

Ismael ist nicht der Träger der Verheißung. Er hat auch seine Bedeutung gehabt. Noch heute lebt das Volk der Araber. Noch heute lebt Ismaels Sinn in den Verehrern Mohammeds.

Aber Isaak ist der wirkliche Erbe, der von Gott Verheißene. Warum läßt Gott Abraham und Sara so lange warten, bis Isaak geboren wird? Es soll ganz klar und deutlich werden, daß Isaak von *Gott* ins Leben gerufen ist, darum wartet Gott, bis jede Hoffnung auf Nachkommenschaft bei Abraham und Sara völlig ausgeschlossen ist. Und dann tritt Gott ein und gibt Leben aus dem Tode.

Daß wir doch lernen möchten in der Schule Gottes zu warten! Warten auf Gott!

Lauf nicht mehr voran, wenn Gott dir zu langsam ist. Er hat dich nicht vergessen. Er weiß die rechte Stunde. Laß dein Sorgen und Fragen, ob Gott auch wohl fertig wird und zum Ziel kommt. Ja, Er kommt zum Ziel, verlaß dich darauf. Du brauchst die Bundeslade nicht zu stützen! (2. Sam. 6, 6).

5. *Ein neuer Name.* »Und Gott sprach abermal zu Abraham: Du sollst dein Weib Sarai nicht mehr Sarai heißen, sondern Sara soll ihr Name sein« (1. Mose 17, 15).

Sara bedeutet »Fürstin«; denn Gott sprach: »Ich will sie segnen, und auch von ihr will Ich dir einen Sohn geben; denn Ich will sie segnen, und Völker sollen aus ihr werden und Könige über viele Völker.«

Wir begegnen öfter in der Schrift der eigentümlichen Tatsache, daß Gott an einem wichtigen Wendepunkt des Lebens einem Menschen einen neuen Namen gibt. Hier ist es auch ein Wendepunkt im Leben der Sara. Es wird ihr der Sohn verheißen, welcher der Träger der göttlichen Verheißung sein soll, der Stammvater vieler Völker und großer Könige.

So hat auch Abraham einen neuen Namen bekommen. Das kurze »Abram«, hoher Vater, wird in »Abraham« verwandelt, Vater der Menge, um auf die große Nachkommenschaft hinzuweisen, die so zahlreich sein sollte wie die Sterne am Himmel und der Sand am Ufer des Meeres.

Ähnlich wird aus dem listigen Ränkeschmied Jakob der Gottesstreiter Israel, aus Simon der Petrus oder Felsen, aus Saulus ein Paulus, »der Kleine«.

So einen »neuen Namen« müssen wir auch haben. So einen wichtigen Wendepunkt muß es auch in unserm Leben geben.

Am Tage der Hochzeit gibt die Braut ihren bisherigen alten Namen auf und bekommt einen neuen Namen, den des Mannes. Und wenn der bisherige Name auch vortrefflich klang, sie muß ihn gegen den Namen des Mannes ihrer Wahl vertauschen.

Wenn wir uns Jesus als unserm Bräutigam anverloben und anvertrauen, dann bekommen wir diesen neuen Namen, den Namen eines Kindes Gottes. Das ist der beste Name. Wie du auch heißt, wer du auch bist, diesen Namen wünsche ich dir!

6. *Sünden der Gläubigen.* Wir haben oben schon von Isaak gesprochen; wir müssen aber noch einmal zurückkehren zu dem Tag, an dem Gott zum letztenmal Isaaks Geburt verkündigt und verheißt. Bereits bei Eva sind wir den Entschuldigungen begegnet, mit denen sie sich, als

ihre Sünde offenbar geworden war, herauszureden trachtete. Wenn wir bei Sara wieder derselben Unart begegnen, so sehen wir, wie allgemein verbreitet, wie menschlich, solche Ausreden sind.

Gott hat Abraham wiederholt die Geburt Isaaks verheißen. So auch, als Er ihn besuchte in Mamre (1. Mose 18). Als Sara, die hinter der Tür der Hütte oder des Zeltes stand, das hörte, da »lachte sie bei sich selbst«. In Vers 13 ff. heißt es: »Da sprach der Herr zu Abraham: Warum lachet Sara? Sollte dem Herrn etwas unmöglich sein? Um diese Zeit will Ich wieder zu dir kommen über ein Jahr, so soll Sara einen Sohn haben. Da leugnete Sara und sprach: Ich habe nicht gelacht; denn sie fürchtete sich. Aber Er sprach: Es ist nicht also, du hast gelacht.«

Sara will ihr Lachen, ihren Unglauben nicht eingestehen; sie *lügt* wieder.

Ist denn das möglich? Sara, die Heldin des Glaubens, die Gefährtin Abrahams, ein Kind Gottes – lügt? Auch wer den Vergnügungen der Welt den Rücken gekehrt hat, wer sich bekehrt hat, der ist damit nicht gegen alle Versuchungen und Anfechtungen des Teufels gefeit; im Gegenteil, auf Gläubige schießt der alte böse Feind ganz besonders seine feurigen Pfeile. Es ist seine höchste Freude, wenn er ein Kind Gottes zu Fall gebracht hat. Denn dann klatscht die Welt in die Hände und frohlockt: »Seht ihr, was es mit den ›Frommen‹, den ›Feinen‹, den ›Heiligen‹ auf sich hat! Da könnt ihr's sehen! So sind sie alle!«

Es ist ein schwerer Schade für die Sache Jesu, daß die Kinder Gottes so oft durch ihr Verhalten Anstoß geben! Wie oft mahnt der Herr die Seinen, zu wachen und zu beten! Und doch gibt es immer noch Christen, die meinen, mit der Bekehrung wäre alles gut und in Ordnung. Aber da fängt es erst recht an!

Es ist wohl wahr, wir dürfen auch »wiederkommen mit

derselben Schuld«. Auch Sara mußte »wiederkommen mit derselben Schuld«. Aber ist das nicht eine überaus traurige Sache? *Ist denn keine Kraft da, uns zu bewahren? Ist denn kein Heiland da, uns zu halten?* Sicher! Er ist bereit, dich in *jedem* Augenblick zu bewahren; aber du mußt dich bewahren *lassen!* Es ist so, wie es in jenem Liede heißt:

> Stark ist meines Jesu Hand,
> und Er wird mich *ewig* fassen,
> hat zuviel an mich gewandt,
> um mich wieder loszulassen.
> *Mein Erbarmer läßt mich nicht,*
> das ist meine Zuversicht!

Laß dich nur von dieser starken und treuen Heilandshand fassen und halten: Er bringt dich durch. Wenn doch alle Kinder Gottes nicht mehr auf ihre eigene Kraft trauen und bauen würden und sich den starken Armen dessen anvertrauten, der gesagt hat: »Ich will euch heben und tragen und erretten. Ich will euch tragen bis ins Alter und bis ihr grau werdet« (Jes. 46, 4).

Bedenke, welch ein Zeugnis kannst du sein für den Herrn, wenn du dich bewahren läßt! Dein ungläubiger Mann wird bald Respekt bekommen vor deinem Heiland, der dich in den Stand setzt, die bösen Widerworte hinunterzuschlucken, Böses mit Gutem zu vergelten und eine Sanftmut und Freundlichkeit zu zeigen, die früher nicht dein eigen war. So wird sich's erfüllen, was der Apostel Petrus schreibt (1. Petr. 3, 1): »Desgleichen sollen die Weiber ihren Männern untertan sein, auf daß auch die, *so nicht glauben an das Wort, durch der Weiber Wandel ohne Wort gewonnen werden.*«

Aber wenn du dich doch, wie Sara, von der Sünde hast übereilen lassen, dann entschuldige sie nicht, dann beschönige sie nicht, sondern wende dich an Jesus damit! Gott sei Dank, es bleibt wahr, *auch für Rückfällige:* »Wer zu Mir kommt, den werde Ich nicht hinausstoßen« (Joh. 6, 37).

Aber *mehr Ehre* machen wir dem Herrn, wenn wir uns Ihm zur Bewahrung anvertrauen! Willst du das nicht?

7. *Schlechter Umgang.* Jahre sind vergangen. Die Verheißung hat sich erfüllt: Isaak ist geboren. Aber es ist nicht gut, daß die beiden Knaben zusammen aufwachsen. »Und Sara sah den Sohn Hagars, daß er ein Spötter war, und sprach zu Abraham: Treibe diese Magd aus mit ihrem Sohne; denn dieser Magd Sohn soll nicht erben mit meinem Sohne Isaak. Das Wort gefiel Abraham sehr übel um seines Sohnes willen. Aber Gott sprach zu ihm: Laß dir's nicht übel gefallen des Knaben und der Magd halben. Alles, was Sara dir gesagt hat, dem gehorche« (1. Mose 21, 9–12).

Gott gibt Sara in diesem Falle recht. Der Sohn der Magd und der Sohn der Freien passen nicht zusammen. Es kann keinen Frieden geben, solange Isaak und Ismael zusammen im Hause sind.

Um ein kurzes Wort über diese Stelle zu sagen, so bedeutet nach Galater 4 die Hagar den Bund des Gesetzes, und ihr Sohn steht für alle diejenigen, welche »aus Gesetzeswerken« sind oder auf diesem Boden stehen. Das Gesetz kann keine Freiheit geben. Das kann nur der Sohn Gottes (Joh. 8, 36).

Solange ich die Magd im Hause behalte, d. h. solange ich mich mit den Werken des Gesetzes abmühe, um eine eigene Gerechtigkeit aufzurichten, so lange komme ich nicht zum Frieden und nicht zur wahren Freiheit. Wir sollen uns nicht mehr mit des Gesetzes Werken abgeben; denn wer das tut, der ist unter dem Fluch (Gal. 3, 10). Wir können, wir dürfen frei sein.

Aber es ist nicht meine Absicht, mich weiter darüber auszulassen, ich möchte nur für die lieben Frauen ganz einfache Nutzanwendungen aus Gottes Wort ziehen. Vielleicht kann diese oder jene etwas davon gebrauchen.

Sara hat ganz recht, wenn sie Isaak von Ismael zu trennen sucht; denn Ismael ist ein wilder Bursche, dazu ein Spötter. Wenn er mit Isaak zusammenbleibt, so wird er einen schlechten Einfluß auf ihn ausüben, und »böse Beispiele verderben gute Sitten«.

Ihr lieben Mütter, ich möchte euch auf die Pflicht hinweisen, euch um den Verkehr eurer Söhne und Töchter zu kümmern. Was sind das für Jungen, die am Sonntagnachmittag draußen stehen und deinem Sohn pfeifen? Wohin werden sie mit ihm gehen? Was werden sie zusammen treiben?

Du kannst doch nicht wie Kain sagen: »Soll ich meines Sohnes Hüter sein?« Ganz gewiß sollst du das sein!

Wenn heutzutage soviel über die Verwahrlosung der Jugend geklagt wird, kommt sie nicht auch zu einem guten Teil daher, daß die Söhne sich so oft selbst überlassen bleiben? Daß sie ohne Aufsicht sind und allen verderblichen Einflüssen eines schlechten Verkehrs preisgegeben? Es ist fast, als ob manche Eltern blind wären, als ob sie gar keine Augen hätten für die unheilvollen Beziehungen, die ihre Söhne und Töchter anknüpfen.

Ihr Väter und Mütter, wenn ihr euch viel Kummer und Herzeleid ersparen wollt, dann habt acht auf eure heranwachsenden Kinder und auf ihren Umgang! »Wohl dem, der nicht wandelt im Rate der Gottlosen, noch tritt auf den Weg der Sünder, noch sitzt, da die Spötter sitzen!« »Sage mir, mit wem du umgehst, und ich will dir sagen, wer du bist.«

8. *Erbbegräbnis*. Wir nehmen Abschied von Sara. Wir treten an ihr Grab. »Sara ward 127 Jahre alt und starb in Kirjath-Arba. Da kam Abraham, daß er um sie klagte und sie beweinte. Danach stand er auf von seiner Leiche und redete mit den Kindern Heth und sprach: Ich bin ein Fremder und Einwohner bei euch; gebt mir ein Erbbegräbnis bei euch, daß ich meinen Toten begrabe, der vor mir liegt« (1. Mose 23, 1–4).

48

Das ist das letzte in jedem Leben: »ward soundso alt – *und starb*.« Wir hören in der letzten Zeit nichts mehr von Sara. Aber gewiß ist die Prüfung, in die Gott den Abraham führte, als er seinen Sohn Isaak opfern sollte, auch für Sara nicht ungesegnet gewesen. Nach mancherlei Stürmen landete ihr Lebensschifflein in dem Friedenshafen seliger Ewigkeit. Nun lesen wir ihren Namen unter den Helden des Glaubens in der Ruhmeshalle von Hebräer 11.

Sie starb. Was für ein Weh mag durch das Herz des greisen Abraham gegangen sein, als seine treue Gefährtin die Augen schloß. Jahrzehnte war er gewohnt, sich mit ihr in allem zu beraten und auszusprechen – nun war der Mund stumm, der ihm so manches liebe und freundliche Wort gesagt. Es kam ihm so einsam und leer vor, als sie von ihm ging.

Aber eine große Freude blieb ihm in seinem Leid. Er brauchte nicht zu trauern wie solche, die keine Hoffnung haben, sondern »er wartete auf eine Stadt, die einen Grund hat, deren Baumeister und Schöpfer Gott ist« (Hebr. 11, 10). Und in dieser ewigen Stadt wußte er seine vorangegangene Sara, seiner wartend.

Wohl ist es schwer, wenn ein Eheband durch die Hand des Todes gelöst wird; aber doch ist dem Schmerz die Bitterkeit genommen, wenn man in Wahrheit auf den Grabstein schreiben darf: »Hier schlummert einer fröhlichen Auferstehung entgegen . . .«

Ein Erbgrab kaufte Abraham seiner Gattin. Wie oft mag er sinnend vor der Höhle gestanden haben, die den müden Leib seiner Frau barg.

Was für Gedanken bewegen *dich*, wenn du an das Grab denkst, das auf dich wartet? Geht dann ein Zittern und Schaudern durch Mark und Bein, oder bist du einer von denen, auf die man das Wort Jung-Stillings anwenden kann: »Selig sind, die das Heimweh haben; denn sie sollen nach Hause kommen«?

Es ist doch seltsam, wenn man sich sagt: Hier wird man mich einmal zur Ruhe bringen; hier werde ich schlafen. Diese selbe Erde wird sich einst wölben über meinem Sarg.

Doch du kannst ruhig schlafen gehen, wenn du dich versöhnt weißt mit Gott. Wenn du in Jesu Blut Vergebung deiner Sünden gefunden hast, dann kannst du sprechen: »Trotz, Tod, komm her, ich fürcht dich nit!«

Aber hast du dein Haus und dein Herz noch nicht bestellt, dann – eile und errette deine Seele!

Hagar

Schon bei der Betrachtung des Bildes der Sara ist von Hagar die Rede gewesen. Aber wir müssen noch einmal zu ihr zurückkehren und eingehender bei ihr verweilen.

1. *Ihr Hochmut*. Hagar stammte aus Ägypten. Abraham hatte sie von dort mitgebracht, als er vor der Teurung floh, die in Kanaan herrschte. Diese Reise nach Ägypten hat Abraham ohne Auftrag von Gott gemacht. Und so war auch Hagar ohne Auftrag von Gott in Abrahams Haus gekommen. Manche schwere Stunde wäre Abraham erspart geblieben, wenn Hagar nie zu ihm gekommen wäre.

Es ist nicht nebensächlich und gleichgültig, welche Mitarbeiter man hat. Da sollte man vorsichtig prüfen und wählen. Böse Menschen können viel Schaden anrichten. Wenn es auch heute anders ist als zu Abrahams Zeiten, wo eine Magd, eine Sklavin, Eigentum des Hauses war, der man nicht kündigen, die man nicht einfach wieder fortschicken konnte, so ist es doch auch heute bedeutsam und wichtig, was für ein Geist in einem Haushalt, in einem Büro oder Betrieb herrscht.

Eine gute, treue Angestellte ist Goldes wert. Aber eine, die hinter dem Rücken der andern schlecht über sie spricht und böse Gerüchte in Umlauf bringt, kann großes Unheil stiften und einen Menschen geradezu in Verruf bringen.

Wir sahen schon bei dem Bild der Sara, in was für eine Stellung die Hagar hineingedrängt wurde. Sie wurde Abrahams Nebenfrau, weil die kinderlose Sara auf diese Weise Gott helfen wollte, die Verheißung eines Erben zu erfüllen.

Aber diese Stellung machte sie hochmütig. Als sie

Mutter wurde, verachtete sie ihre Herrin und sah mit Geringschätzung auf sie herab. Und doch war es Sara gewesen, welche sie in ihre Stellung hineingebracht hatte! Wie undankbar und unrecht war das!

Aber so geht es heute noch. Gerade solche Leute, die aus anfänglicher Niedrigkeit aufsteigen und zu Ansehen und Geltung kommen, neigen dazu, sich über andere zu erheben. Die empfangenen Wohltaten sind dann nur zu schnell vergessen.

Wie oft warnt die Bibel vor Hochmut und Überhebung! »Gott widersteht den Hoffärtigen; aber den Demütigen gibt Er Gnade« (1. Petr. 5 und Jak. 4). »Er übt Gewalt mit Seinem Arm und zerstreut, die hoffärtig sind in ihres Herzens Sinn. Er stößt die Gewaltigen vom Stuhl und erhebt die Niedrigen« (Lk. 1). »Wer sich selbst erhöht, der wird erniedrigt, und wer sich selbst erniedrigt, der wird erhöht« (Mt. 23).

Das Sprichwort hat recht, wenn es sagt: »Hochmut kommt vor dem Fall.«

Da steht der König Nebukadnezar auf der Zinne seines Palastes und spricht selbstgefällig, im Blick auf die Weltstadt Babylon, die zu seinen Füßen liegt: »Das ist das große Babel, das ich erbaut habe zum königlichen Hause durch meine große Macht, zu Ehren meiner Herrlichkeit.«

Und kaum hat er diese Worte ausgeredet, da verfällt er in die Nacht des Wahnsinns und bildet sich ein, er wäre ein Tier.

Darum, wenn Gott dich erhoben und besonderer Segnungen gewürdigt hat, dann überhebe dich nicht in Selbstgefälligkeit und Vermessenheit, sondern danke Gott für das, was Er an dir getan. Je höher du steigst, um so tiefer beuge dich vor Ihm!

Das hätte Hagar bedenken sollen; stattdessen brachte sie ihre Herrin gegen sich auf durch ihren Hochmut und ihre Geringschätzung.

Was war die Folge davon? Daß Sara sie schlecht behandelte. Und dann?

2. *Ihre Flucht.* Sara ließ es sie fühlen, daß sie die Herrin war und Hagar nur ihre Sklavin. Je mehr sie Sara verachtet hatte, um so mehr ließ nun Sara Hagar ihre Verachtung fühlen. Es war eine schwere Zeit für Hagar. Das ist gewiß. Es war eine Schule der Demütigung für sie. Sie sollte kuriert werden von ihrem Hochmut. Aber sie wollte sich nicht kurieren lassen. Als es ihr zu arg wurde, da – floh sie aus Abrahams Haus.

Das ist ein sehr bequemer Ausweg. Erst bringt sie sich durch eigene Schuld in eine schwierige Lage hinein – und dann läuft sie fort.

Ist es heute anders? Wie oft kommt es vor, daß man erst in leichtfertiger, sündhafter Weise eine Ehe eingeht, und dann kommt die Erkenntnis, daß man sich »nicht ausstehen« kann. Und was dann? Dann läuft die Frau einfach fort. Sie denkt nicht daran, die Suppe auszuessen, die sie sich eingebrockt hat. Sie entzieht sich ihrer Lage einfach durch die Flucht. Und es gibt Eltern, die das billigen. Ist das recht? Nie und nimmer!

Vielleicht bist du auch in einer Lage, daß du mit dir zu Rate gehst, ob du dich ihr nicht entziehen sollst. Ja, es gibt furchtbare Lagen! Es gibt sehr schwere Lebensverhältnisse. Es ist wirklich manchmal »fast nicht zum Aushalten«.

Und dennoch sage ich dir: Halte still! Halte aus! Du bist nicht zufällig in diese Lage hineingekommen. Sie gehört nun einmal mit zu den Mitteln, deren sich dein göttlicher Erzieher bedient, um dich für Seinen Himmel passend zu machen. Lauf Ihm nicht aus den Händen!

3. *Die Umkehr.* Kaum war Hagar auf und davon gegangen, da begegnete ihr der Engel des Herrn in der Wüste. Er sprach zu ihr: »Hagar, Saras Magd, wo kommst du her, und wo willst du hin?« Und als sie darauf die Antwort gab: »Ich bin von meiner Frau Sara geflo-

hen«, da gebietet er ihr: »Kehre wieder um zu deiner Frau, und demütige dich unter ihre Hand!«

Eine wichtige Frage, die der Engel ihr vorlegt. Sie hat auch für dich ihre Bedeutung. Bist du dir schon klargeworden, woher du kommst, und wohin du gehst?

> Halte still und überlege!
> Sünder, o wo willst du hin?

Bist du vielleicht auch auf der Flucht? Auf der Flucht vor Gott? Vergebliches Bemühen! Du entfliehst Ihm nicht. Er weiß dich zu finden.

Wo willst du hin? Bist du dir darüber klar, wohin dein Weg führt? Was ist das für ein Ziel, dem du zueilst? Und wenn es nicht das rechte, das selige Ziel ist, dann höre des Herrn Weisung: Kehre wieder um!

Und wohin schickt sie der Herr? In die alten Verhältnisse zurück. In die Demütigungsschule hinein, der sie hat entfliehen wollen. Aber sie kommt heim als eine, die etwas erlebt hat in der Wüste. Sie hat die Erfahrung gemacht: »Du, Gott, siehst mich!« Wenn sie diese Erfahrung verwertet, wenn sie daran denkt, sooft sie von Sara übel behandelt wird, dann wird es ihr leichter werden, ihre Last zu tragen. Wer allzeit eingedenk bleibt, daß die Augen Gottes auf ihm ruhen, daß Gott immer gegenwärtig ist, der wird viel leichter durch die Gefahren und Versuchungen des täglichen Lebens kommen. Wenn's ihm übel ergeht, dann rächt er sich nicht selber, sondern hebt sein Auge zum Himmel und spricht: »Du, Gott, siehst mich!« Und wenn er sich zum Zorn gereizt fühlt, dann geht mahnend und warnend der Gedanke durch seine Seele: Gott sieht mich!

Bist du schon umgekehrt wie Hagar? Wenn du noch nicht umgekehrt bist, dann tu es alsbald. Denn der Weg, auf dem jeder Mensch von Geburt an wandelt, ist ein Irrweg. Er endet im Abgrund.

Kehre um! Wer du auch bist, Umkehr tut not. Nicht

nur ganz schlimme und grobe Sünder müssen sich bekehren, sondern auch du. Oder hast du nie mit einer Sünde deinen Gott betrübt? Oder hast du nie eins Seiner Gebote übertreten? Sicherlich. Denn das Dichten des menschlichen Herzens ist böse von Jugend auf. Und was vom Fleisch geboren wird, das ist Fleisch.

Kehre um! Du sitzt im falschen Zuge. Du fährst in die verkehrte Richtung. Kehre um! –

Und demütige dich, sagt der Engel. Wer sich bekehrt, den schickt der Herr nicht in ganz andere Verhältnisse, den stellt Er nicht sofort auf irgendeinen Posten der Inneren Mission, sondern den heißt Er in seine vorige Arbeit zurückkehren. Da in seiner Werkstatt bei den alten Kollegen, da in seiner Familie und Nachbarschaft, da soll er es beweisen und bewähren, daß er umgekehrt ist, daß er jetzt dem richtigen Ziel zustrebt.

Jetzt möchte ich diejenigen fragen, die nach einem demütigen Bekenntnis ihrer Schuld umgekehrt sind: Beweist ihr euch an eurem Posten als Glaubende, deren Parole lautet: »Du, Gott, siehst mich!«?

Gott weiß es – und deine Kollegen wissen es auch.

4. *Die Gnadenfrist.* Es scheint, als ob nun eine Weile Friede eingekehrt wäre in Abrahams Haus. Durch 13 Jahre hören wir nichts mehr von Hagar. Aber allmählich schwand ihr das Bewußtsein der Gegenwart Gottes. Sie erzog ihren Sohn nicht in diesem Gedanken. Er wurde ein Spötter, ein wilder, ungestümer Mensch, der nach Gott nichts fragte.

Jahrelang hatte Hagar Gnadenzeit gehabt. Jahrelang hatte sie in Abrahams Haus sein dürfen. Aber die Gnadenzeit verstrich. Und endlich wurde sie hinausgestoßen.

Das ist sehr ernst. Da schickt Gott ein Mädchen in ein gläubiges Haus, um ihm Zeit zur Umkehr zu geben. Aber – die Zeit vergeht ungenutzt. Da klopft Gott an, während einer Krankheit – der Leib wird wieder heil; aber die Seele ist nicht genesen.

Nutze die Zeit, die Gott dir gibt! Bedenke, was zu deinem Frieden dient! Daß es nicht einmal heißt: »Treibe die Magd aus mit ihrem Sohne!«

So hieß es in Abrahams Haus. Und Gott war damit einverstanden.

Zum zweitenmal verläßt Hagar Abrahams Haus. Jetzt ruft Gott sie nicht zurück. Er gibt ihr aber auch jetzt noch einen Gnadenbeweis um Abrahams willen.

Es ist ein wunderbar Ding, wie Gott auch die segnet, die Seinen Kindern Freundlichkeiten erzeigt oder Liebes erwiesen haben. Gott hat gesagt: »Ich will segnen, die dich segnen.« Wie hat Er Lot gesegnet, solange er mit Abraham zog! Und auch Hagar wird gesegnet, weil sie eine Rolle gespielt hat im Leben Seines Knechtes und Freundes Abraham.

Als sie verzweifelnd in der Wüste schreit: »Ich kann nicht zusehen des Knaben Sterben!« – da läßt Gott einen Wasserbrunnen rauschen, um sie und den verschmachtenden Knaben zu erquicken. Ismael soll nicht sterben, ist er doch auch Abrahams Sohn.

Was für ein gnädiger Gott! Was für eine Geduld und Güte Er doch hat! Es ist nahezu unbegreiflich.

Darum komm und gib deine Flucht vor Ihm auf! Ergib dich Ihm für Zeit und Ewigkeit! Und Sein Segen wird dich überströmen. Nicht nur ein Wasserbrunnen wird dir sprudeln in der Wüste dieses Lebens, sondern ein Strom wird dein Leben durchfluten, ein Strom von Gnade und Segen.

Darum halte ein und gib Antwort: »Wo kommst du her, und wo willst du hin?« Und dann höre des Herrn Gebot: »Kehre wieder um!«

Ja, kehr um, so wie Hagar! Es ist noch Gnadenzeit!

Lots Weib

Wir wissen den Namen von Lots Frau nicht – nach einer jüdischen Überlieferung hieß sie Adith –, aber doch ist sie einer eingehenden und nachdenkenden Betrachtung wert; denn kein Geringerer als Jesus selbst hat gesagt: »*Gedenket an Lots Weib!*« (Lk. 17, 32.) Und wenn Er uns ein solches »Gedenket!« zuruft, dann wollen wir es auch tun. Es wird sich lohnen.

1. *Rücksichten.* Wir begegnen der Frau Lots zwar erst 1. Mose 19, wo die Engel kommen, um Lot und die Seinigen aus Sodom herauszuretten, ehe das Gericht über die Sündenstadt hereinbricht. Aber ich bin der Meinung, daß wir ihren Einfluß schon in 1. Mose 13 spüren, wenn sie an der Stelle auch nicht genannt ist.

Der Viehstand Abrahams und Lots war durch den Segen Gottes so angewachsen, daß die beiden nicht länger zusammenbleiben konnten. Es gab fortwährend Streit zwischen den Hirten um die Weideplätze. Da macht Abraham seinem Neffen Lot den Vorschlag: »Scheide dich von mir! Willst du zur Linken, so will ich zur Rechten; oder willst du zur Rechten, so will ich zur Linken.«

Was tut nun Lot? »Da hob Lot seine Augen auf und besah die ganze Gegend am Jordan. Denn ehe der Herr Sodom und Gomorra verderbte, war sie wasserreich, bis man gen Zoar kommt, als ein Garten des Herrn, gleichwie Ägyptenland. Da erwählte sich Lot die ganze Gegend am Jordan und zog gegen Morgen.«

»*Da hob Lot seine Augen auf.*« Das ist doch selbstverständlich, so möchte man denken, daß er bei einer so wichtigen Frage das Für und Wider gründlich überlegt und sich die Gegend erst einmal besieht. Dies Besehen ist an der Tagesordnung – und doch ist es so gefährlich. Von Eva lesen wir auch: »Und das Weib schaute an, daß von dem Baume gut zu essen wäre.« Wenn Lot, statt seine Augen *aufzuheben*, sie lieber ein Weilchen *geschlossen* und im Gebet die Sache mit Gott überlegt hätte! Ganz gewiß wäre er dann nicht nach Sodom gezogen!

Erschwerend kommt bei Lot hinzu, daß die Leute von Sodom einen sehr schlechten Ruf haben. Das wußte Lot auch. Aber er malt sich die Vorteile in den leuchtendsten Farben aus, während er sich die Nachteile möglichst klein vorstellt.

»Frau«, fragte Lot, »was denkst denn du nun von der Sache? Ich kann nicht anders, als eine göttliche Fügung darin sehen, daß die Sache zwischen Abraham und mir gerade hier zum Austrag kommt, im Anblick dieser herrlichen Gegend.«

Es gibt Leute, die sehr leicht sagen: »Das ist vom Herrn«, solange es mit ihrem eigenen Willen und ihren eigenen Wünschen übereinstimmt.

Lots Weib war nicht nur ganz seiner Meinung, sie wußte auch noch andere Gründe anzuführen, die für das Sodomtal sprachen.

»Das fortwährende Umherziehen ist doch so unbequem. Wir werden älter, da sehnt man sich nach Ruhe und Bequemlichkeit. Es wäre viel angenehmer, wir siedelten uns drunten im Tale an. Dann könnten wir auch unsern Töchtern mehr bieten. Die haben doch eigentlich nichts von ihrem Leben. Sie sind doch jetzt die reinsten Viehmägde! Abraham bedenkt nicht, daß die neue Zeit auch neue Anforderungen stellt. Gewiß gibt es in Sodom ein paar nette Familien, mit denen man einen angenehmen Verkehr haben kann. Man muß doch auch an die Zukunft denken. Freilich, etwas vorsichtig müssen wir ja sein; denn die Stadt hat keinen guten Namen. Aber wer weiß, ob das alles wahr ist, was die Leute sagen! Es wird ja soviel gelogen in der Welt! Es ist doch auch nicht recht, immer das Schlimmste zu glauben! Und dann, lieber Lot, bedenke die hohe Aufgabe, daß wir den Leuten dort zum Segen werden können!«

Dieser letzte Grund mag den Ausschlag gegeben haben. Nun war es ja geradezu ein gutes Werk, daß Lot nach Sodom zog. Er wollte den Leuten von Sodom »zum Segen« sein.

Wie viele junge gläubige Mädchen haben schon so gedacht, wenn sie einem unbekehrten jungen Manne ihre Hand reichten! »Ich kann ihm ja zum Segen sein!« Ich weiß mich auf keinen Fall zu besinnen, wo wirklich ein Segen dabei herausgekommen wäre; aber solche Fälle, wo der ungläubige Gatte den gläubigen zu sich herunterzog, kenne ich eine ganze Reihe. Jenes russische Sprichwort hat sehr recht, wenn es sagt: »Wenn man in den Krieg zieht, so muß man einmal beten; wenn man zur See geht, muß man zweimal beten; aber wenn man heiratet, muß man dreimal beten.«

Aber ob es geschieht? Werden wirklich alle Ehen »im Himmel geschlossen«?

Ein Prediger erzählte ein kleines Erlebnis, das er in der Eisenbahn gehabt hatte. Ihm gegenüber saß ein junges Ehepaar auf der Hochzeitsreise. Da hörte der Prediger, wie der Ehemann seiner jungen Frau zuflüsterte: »Du, ich war bange, daß der Pastor bei seiner Traurede auf die Religion zu sprechen käme. Glücklicherweise hat er es nicht getan.«

Ein trauriger Pastor, der eine Traurede halten kann, ohne »auf die Religion zu sprechen zu kommen«! Und armselige Eltern, die ihre Tochter einem Manne geben können, der »bange« ist, wenn die Rede »auf die Religion« kommt! Armes junges Ehepaar – trotz der schönen Hochzeitsreise!

Liebe Eltern, wenn eure Töchter heiraten: »*Gedenket an Lots Weib!*« O liebes junges Mädchen, wenn ein Mann um dich wirbt, der den Herrn nicht kennt. »*Gedenke an Lots Weib!*«

2. *In Sodom*. Nun, wie ging es dem Lot und seiner Familie in Sodom? Haben sich ihre Hoffnungen erfüllt?

Du kennst ja die Geschichte Lots. Der König Kedor-Laomor kommt und nimmt ihn gefangen mit. Da ist es Abraham, der ihn befreit. Aber noch ist Lot nicht gewarnt. Er kehrt wieder nach Sodom zurück, nur zieht er nicht wieder in sein zerstörtes Haus vor dem Tor; jetzt zieht er in die Stadt selbst und wird sogar Mitglied des Stadtrates, wie wir aus 1. Mose 19 sehen.

Es ist bekannt, daß Gott seinem Freunde Abraham Sein Vorhaben mitteilte, ehe Er das Verderben über Sodom und Gomorra kommen ließ. Abraham verlegte sich aufs Bitten: Wenn aber doch Gerechte in der Stadt sind, willst Du dann die Gerechten verderben mit den Ungerechten? Nein, sagt Gott, dann will Ich sie verschonen. Und Abraham geht herunter in seiner Fürbitte von fünfzig bis auf zehn. Und Gott sagt es zu: Ich will sie nicht verderben um der zehn willen. Da hört Abraham auf. Warum? Er denkt: Nun ist die Stadt gerettet. Denn Lot ist doch in der Stadt, der ist gläubig, sein Weib doch gewiß auch; seine zwei Töchter haben sich inzwischen jedenfalls auch für Gott entschieden, ferner die beiden jungen Leute, mit denen sie sich verlobt haben – das sind sechs Personen. Nun, vier von seinem Gesinde oder von den Nachbarn oder aus der Familie der Schwiegersöhne werden doch gewiß von Lot auf einen andern Weg gebracht worden sein. Das muß einfach reichen!

Aber es war kein Mensch durch Lot gewonnen worden! Und die Seinigen selber hatten in Sodom Schiffbruch erlitten. Wie eine verheerende Seuche sich ausbreitet und um sich frißt, so hatte das Sündengift Sodoms die Töchter Lots verdorben und nicht minder seine Frau!

Siehe, das war die »wasserreiche Gegend«! Das war der »Garten des Herrn«!

Ja, wer nach Sodom geht im *Auftrage des Herrn*, wie

Jona nach Ninive, der kann den Sündern zum Segen sein; aber wer ihre Gemeinschaft sucht aus menschlichen, persönlichen Rücksichten, der ist ein Kind des Verderbens.

Viele christlich gesinnte Leute sagen heutzutage: Wenn man die Welt christlich beeinflussen will, dann muß man mit der Welt mitmachen. Wenn man sich von ihr absondert, verliert man allen Einfluß.

Das ist ein Betrug Satans.

Man kann keinen Menschen dadurch aus dem Sumpf ziehen, daß man zu ihm in den Sumpf hineingeht. Das kann man nur, wenn man selber festen Boden außerhalb des Sumpfes unter den Füßen hat.

Wer Sodom beeinflussen will, der muß außerhalb Sodoms stehen!

Vielleicht bist du in einem Verein, in dem der Herr nicht der Mittelpunkt ist. Du beruhigst dein Gewissen immer damit: »Ich kann den Freundinnen ja zum Segen sein. Wenn ich nicht da bin, wer weiß, da wird am Ende noch leichtfertiger geredet!« Ich glaube, daß du am besten tust, wenn du deinen Austritt anmeldest. Dann schadest du deiner Seele nicht länger, und du legst dadurch ein klares Zeugnis ab gegen deine weltlichen Freundinnen! »*Gedenke an Lots Weib!*«

Und wie mancher Mann denkt: Ich muß um des Geschäftes willen dies und das mitmachen. Ich kann mich nicht von allem zurückziehen; das geht nun einmal nicht. Aber wenn die Freunde über die Kirche und die Pastoren, über Gott und Bibel räsonieren, dann bin ich doch da, um sie zu verteidigen! Das lautet ganz nett, aber: *Denkt er auch an Lots Weib?*

3. Beinahe gerettet und doch verloren! Das ist die erschütternde Unterschrift unter dem Bild von Lots Weib! Und gerade darum hat der Herr diese Warnungstafel errichtet: »Gedenket an Lots Weib!«

Sie war die Frau eines »gerechten« Mannes (2. Petr. 2,

7); sie hatte lange Jahre zugebracht in der Nähe Abrahams, des Freundes Gottes. Sie hatte ihn predigen hören von dem Namen des Herrn. Sie wußte von Jehova. Er schickt ihr Seine Engel ins Haus, um sie herauszuretten aus dem Verderben; sie wird freundlich aufgefordert und gebeten, den Ort zu verlassen; sie wird, da sie sich nicht entschließen kann, von den Engeln am Arm ergriffen und mit Gewalt aus Sodom fortgeführt.

Konnte Gott mehr für sie tun? Nein, Gott hat alles getan! Er hat sich wahrlich Mühe um sie gegeben. Aber sie hat nicht gewollt. Alle Bemühungen Gottes waren umsonst.

Hat Gott nicht auch alles an dir getan, was Er konnte? Fürwahr, du hast Ihm Arbeit gemacht mit deinen Sünden und Mühe mit deinen Missetaten! Er hat dich eingeladen – in so mancher Predigt. Er hat dich gelockt auf so manche Weise. Bald mit Freuden, bald mit Leiden ist Er zu dir gekommen. Was hat es genutzt?

Das Herz von Lots Weib hängt an ihrem irdischen Besitz, an ihrem Hab und Gut, von dem sie sich nicht losreißen kann. Sie glaubt nicht, daß wirklich die Gerichte kommen. Sie wendet sich um, um zurückzukehren oder um wenigstens noch einen Blick auf ihre verlassene Heimat zu werfen. Und – da ereilt sie das Gericht!

So nahe liegt Zoar! Nur ein halbes Stündchen noch, dann ist der Bergungsort erreicht. Und im Angesicht des Städtchens ereilt sie der Tod. Sie schaut zurück und wird zur Salzsäule. Und bis auf diesen Tag ist an den Ufern des Toten Meeres die Erinnerung an Lots Weib lebendig; und noch heute ragt eine Salzsäule dort empor, die im Volksmunde »Lots Weib« genannt wird.

Beinahe gerettet und doch verloren!

Es ist anzunehmen, daß sie beim Zurückblicken in einen Bodenspalt fiel, in dem – durch Sonnenhitze verdunstet – hochkonzentriertes Salzwasser des Toten Meeres war. Bis zum heutigen Tage kommt es vor, daß auf diese Weise Verunglückte denselben Tod sterben, die mit Salz total verkrustet, als »Säule« geborgen werden.

Laß dich fragen: Bist du gerettet? Nicht nur beinahe, sondern ganz gerettet? Nicht wahr, wenn einer beinahe vom Ertrinken gerettet wäre, dann ist er ertrunken! Wenn einer beinahe aus dem brennenden Hause herausgekommen wäre, dann ist er verbrannt. Wer nur beinahe gerettet ist, der ist ganz verloren! Der Herr bewahre dich vor dem Schicksal, das Lots Frau hatte! Darum: *Gedenket an Lots Weib!*«

4. *Errettung.* Noch eine wichtige Lektion haben wir zu lernen aus unserer Geschichte. In Lukas 17 spricht der Herr von Seiner Wiederkunft und sagt: »Wie es geschah zu den Zeiten Lots: sie aßen, sie tranken, sie kauften, sie verkauften, sie pflanzten, sie bauten; an dem Tage aber, da Lot aus Sodom ging, da regnete es Feuer und Schwefel vom Himmel und brachte sie alle um. *Auf diese Weise wird's auch gehen an dem Tage, wenn des Menschen Sohn soll offenbart werden.*«

So wie Gott den Noah und seine Familie in der Arche errettete, als die Sintflut kam, so wie Er den Lot und die Seinigen rettete, als das Gericht über Sodom erging, so wird der Herr auch die Seinen erretten, wenn das Verderben der letzten Zeit hereinbricht, wenn die große Trübsal über die Gemeinde des Herrn kommt.

Dieser Tag ist nicht mehr fern. Das sagen uns die Zeichen der Zeit. Darum ergeht auch in besonderer Dringlichkeit die Aufforderung wie zu den Zeiten Lots: »Eile und errette deine Seele!« Darum geschieht es auch, daß ein Mensch, wie damals, am Arme ergriffen wird, um gerettet zu werden. Aber es geht auch heute, wie bei Lots Schwiegersöhnen, als er dieselben einlud, sich mit ihnen in Sicherheit zu bringen: »Es war ihnen lächerlich.« Wenn man heutzutage von dem wiederkommenden Heiland redet, dann ist es für aufgeklärte Leute auch nur lächerlich oder »lachhaft«, wie sie selber sagen. Aber auch Christen haben oft kein Verständnis dafür, daß sie sich rüsten und bereithalten müssen für den kommenden Herrn.

Wer dann sein Herz an irdische Dinge gehängt hat, der kann nicht auffahren mit Flügeln wie Adler! Wenn die Kinder im Herbstwind ihren Papierdrachen steigen lassen, so darf keine schwere Last unten dran hängen, sonst kann der Windvogel nicht himmelwärts fliegen.

Möchten wir doch alle rechte Glaubende sein oder werden, die mit sehnsüchtigem Verlangen sprechen: »Ach, komme bald, Herr Jesus!« Möchten wir doch alle den fünf klugen Jungfrauen gleichen, die bereit waren und mit Ihm eingehen durften in den Hochzeitssaal!

Rebekka

Das Bild der Rebekka zeigt viel Licht, aber auch viel Schatten. Was wir von Rebekkas Mädchen- und Brautzeit in 1. Mose 24 lesen, das ist schön und anziehend. Aber nachher bekommt ihr Bild allerlei häßliche Flekken, die es sehr entstellen. Aber auch sie gehören mit dazu. Und darum wollen wir sie nicht »wegretuschieren«, wie es die Fotografen machen.

Zunächst aber möchte ich dich bitten, das 24. Kapitel im ersten Buch Mose aufzuschlagen und die köstliche Geschichte wieder einmal durchzulesen, wie Abraham seinen treuen alten Elieser nach Mesopotamien schickt, um von dort, aus seiner Verwandtschaft, seinem Sohne Isaak eine Braut zu holen. Elieser geht auf die Reise mit der Bitte im Herzen:

1. *Herr, wähle Du statt meiner!* Ich möchte nur kurz darüber sprechen, weil, strenggenommen, Eliesers Gebet nicht mit zu dem Bilde der *Rebekka* gehört; aber man kann doch nicht an Rebekka denken, ohne an Elieser erinnert zu werden. Und die Art und Weise, wie er den Zweck seiner Reise zu einem Gebetsanliegen vor dem Herrn macht, ist so vorbildlich auch für das so andersgeartete Geschlecht unserer Tage, daß ich doch einen Augenblick dabei verweilen möchte.

Elieser soll eine fromme, für Isaak passende Braut ausfindig machen. Er weiß sich nicht besser zu helfen, als daß er im Gebet sein Anliegen auf den Herrn wirft. Gott selbst soll ihm die rechte Frau zuführen.

Wenn man bedenkt, wie es heute »gemacht« wird, dann blutet einem das Herz. Es werden nicht mehr viele Ehen »im Himmel geschlossen«; viele, vielleicht die meisten, nehmen ihren Anfang auf dem Tanzboden.

Und wenn nicht dort, so doch auf irgendeine oberflächliche Weise. Sehr viele werden auch »auf dem nicht mehr ungewöhnlichen Wege« durch Heiratsanzeigen in der Zeitung eingeleitet. Und worauf kommt es den heiratslustigen Männern an? Auf eine gute Mitgift, deren Mindestbetrag angegeben wird, auf eine hübsche Figur und »angenehmes Wesen«. Aber in erster Linie steht das Geld! Und die heiratslustigen Mädchen wünschen womöglich einen Titel, aber in jedem Falle eine »stattliche Erscheinung«.

Schlimmer kann auf einem Sklavenmarkt auch nicht um »Menschenware« gehandelt und gefeilscht werden, als es in den Heiratsgesuchen der Zeitungen geschieht!

Wem fällt es ein, diese so unendlich wichtige Sache zu einem Gebetsgegenstand zu machen? Auch in christlichen Kreisen gibt es viele in jugendlicher Übereilung und Leichtfertigkeit eingegangene Bündnisse. Das ist ein großer Schade. Wo er eingerissen ist oder einzureißen droht, wie vielerorts in gemischten Chören oder Jugendgruppen, da sollte man liebevoll, aber auch ernst und entschieden Zucht üben. »*So das geschieht am grünen Holz, was will am dürren werden?*«

Wer wirklich ein Christ ist, der hat die Folgen seines Eigenwillens mit Schmerzen erfahren, so daß er sich vor allen *eigenen* Wegen hütet und sich der Leitung von oben überläßt. In *keiner* Sache aber ist diese Leitung von oben so notwendig wie bei der Wahl eines Gatten. »Der Mensch sieht, was vor Augen ist; der Herr aber sieht das Herz an.« Darum ist nur *der* wohlberaten, der sich von Gott selbst beraten läßt.

Wieviel Unglück in so manchen friedlosen Ehen kommt daher, daß man beim Eingehen dieses Bundes nicht nach Gott und Seinem Willen fragte, daß man zusammenkam in gedankenlosem Leichtsinn. Und nachher sieht man dann ein, daß man gar nicht zusammenpaßt. Man ist enttäuscht; man geht zum Gericht und läuft wieder auseinander!

Wer diesen Schritt tut im betenden Aufblicken zum Herrn, der wird niemals über eine unglückliche Ehe zu klagen haben; wer sich seinen Gatten, seine Gattin von Gott zuführen läßt, der wird zufrieden sein mit der von Gott getroffenen Wahl.

Willst du nicht dem Vorbild Eliesers folgen, wenn du einen Hausstand gründen kannst und willst? Willst du nicht in dieser Frage dich lieber von Gott leiten lassen, anstatt dich selber zu leiten?

2. *Die Schönheit und ihre Gefahren.* Der erste Eindruck, den Elieser von Rebekka bekommt, als sie am Abend ihm am Brunnen begegnet, ist: »Und sie war eine sehr schöne Dirne von Angesicht.«

Äußere Schönheit ist eine Gabe von Gott. Wer sie hat, der soll dafür dankbar sein, weil es eben eine *Gabe* ist. Und auf eine Gabe, die man *geschenkt* bekommen hat, kann man sich doch nichts einbilden! Damit kann man sich doch nicht brüsten, als wäre dabei irgendein eigenes Verdienst!

Und doch, wie viele machen es wie jene Königin im Märchen: »Spieglein, Spieglein an der Wand, wer ist die Schönste im ganzen Land?« Und wie entstellt sich das hübsche Gesicht, wenn die Antwort lautet: »Frau Königin, Ihr seid die Schönste hier; aber Schneewittchen über den Bergen, bei den sieben Zwergen ist noch tausendmal schöner als Ihr!«

Was für ein Götzendienst wird mit der eigenen werten Person getrieben, um das armselige Ich möglichst vorteilhaft herauszuputzen! Wie ist *die Mode* zum Götzen unserer Tage geworden! Unmodern sein, das gilt geradezu als Schande in unserem verkehrten Geschlecht.

Die Eitelkeit gesellt sich so gern der Schönheit zu, oftmals zur Putz- und Gefallsucht gesteigert; und damit halten Neid und Eifersucht Einkehr in dem Herzen.

Wie heißt es doch in den Sprüchen Salomos? »Lieblich

und schön sein ist nichts; *ein Weib, das den Herrn fürchtet,* soll man loben.«

Ein schönes Weib – ohne ein frommes Herz, das ist eine taube Nuß, eine Schale ohne Kern.

Und vollends ein eitler *Mann,* der die Hälfte seiner Zeit vor dem Spiegel steht und seinen Bart pflegt, der sein Hauptaugenmerk richtet auf moderne Krawatten und modische Schnitte – wie leer muß es in seinem Kopfe sein, daß er ihn mit solchen Nichtigkeiten füllen muß!

3. *Dienstwilligkeit.* Rebekka ist nicht nur schön. Sie ist auch dienstbereit. Und daran erkennt Elieser erst, daß sie die rechte ist. Er stellt sie auf die Probe. Er bittet sie: »Gib mir zu trinken!« Da läßt sie nicht nur eilends den Wasserkrug von der Achsel niedergleiten auf ihre Hand, um ihn trinken zu lassen, sondern sie sagt unaufgefordert: »Ich will deinen Kamelen auch schöpfen.«

Wie oft tun wir schon die Arbeit, die wir tun *müssen,* mit Murren und Knurren; aber über das Maß der Pflicht hinauszugehen – nein, nein, das ist eine zu starke Zumutung! Und doch stehn Dienstwilligkeit und Gefälligkeit jedem Menschen wohl an, und einer Frau, einem Mädchen besonders. Goethe sagt: »Dienen lerne beizeiten das Weib; das ist ihre Bestimmung.« Das Herrschen brauchen wir nicht erst zu *lernen;* die Herrschgelüste sind uns angeboren. Wir möchten alle so gern hoch hinaus; aber *dienen* müssen wir erst *lernen.*

Am besten lernt man das Dienen in der Schule Jesu. Sein ganzes Leben war ein Dienen. Er ist ja nicht gekommen, daß Er sich dienen lasse, sondern daß Er diene und gebe Sein Leben zur Bezahlung für viele. Er hat sich heruntergelassen zu den Niedrigen, um ihnen zu dienen.

Und an jenem denkwürdigen Abend, als Er zum letztenmal im Kreise Seiner Jünger saß, nahm Er einen Schurz und gürtete sich und fing an, Seinen Jüngern die Füße zu waschen. Und als Er Seinen Dienst beendet hatte, sprach Er zu ihnen: »Ein Beispiel habe Ich euch gegeben, daß ihr tut, wie Ich euch getan habe.«

Ehe man andern dienen kann, muß man sich erst selber dienen lassen. Hast du dir schon dienen lassen von deinem Heiland? Eher kannst du nicht in dienender Liebe andern die Füße waschen. Den »Kopf waschen«, das kannst du wohl; darauf verstehst du dich ausgezeichnet; aber kannst du dich auch bücken und die Füße waschen?

»Lernet von Mir«, sagt Jesus; »Ich bin sanftmütig und von Herzen demütig.« Komm zu Jesus und laß dir dienen; dann wirst du auch das Dienen lernen!

Ich las von einem frommen Mönch, Filippo Neri, der um die Mitte des 16. Jahrhunderts in Rom lebte. Er war nicht nur wegen seiner Gelehrsamkeit, sondern auch um seiner Demut und Bescheidenheit willen weit und breit geliebt und geehrt. Filippo bekam einst vom Papst den Auftrag, ein Kloster zu besuchen, dessen Äbtissin in dem Rufe stand, eine Heilige zu sein und Wunder tun zu können; Neri sollte sehen, was Wahres an dem Gerücht sei. Bestaubt und schmutzig langte er nach längerer Reise im Kloster an, wo er als Abgesandter des Papstes freudig empfangen wurde. Als er Platz genommen hatte, näherte sich ihm die Äbtissin und erwartete ein Wort des Lobes für ihre Verdienste. Filippo aber deutete auf seine beschmutzten Schuhe und sagte: »Ich bitte dich, zieh deinem Gaste die Schuhe aus und reinige sie.« Empört wandte die Äbtissin sich ab. Filippo aber, ohne ein Wort weiter zu sagen, verließ das Zimmer, bestieg sein Maultier und kehrte zum Papst zurück. Sein Bescheid lautete: »Sie ist keine Heilige.« – »Aber wie konntest du das so schnell herausfinden?« fragte der Papst. – *»Sie ist nicht demütig und kann nicht dienen«*, lautete Neris Antwort.

Ob er wohl unrecht hatte?

Wie verpönt ist das Dienen; der Sinn zum Dienen ist uns verlorengegangen!

Rebekka hätte solche Mägdearbeit nicht nötig gehabt; war sie doch eines reichen Mannes Tochter. Aber sie dient mit Lust und Liebe.

Ich kannte irgendwo eine alte Mutter, deren Hände waren hart und zerarbeitet; ihr Kleid war alt und geflickt, ihr Gesicht welk und faltig; sie kam gerade aus dem Keller und holte Kohlen; das Fräulein Tochter aber saß in feiner Toilette auf dem Sofa und »ordnete Briefe«. Sie klagte mir bitterlich ihr Leid, daß sie von keinem »verstanden« werde, und als ich ihr dann eine Lektion hielt über das Thema: »Ehre Vater und Mutter«, da bekam sie Weinkrämpfe; ich hatte sie auch »nicht verstanden«!

Nun, ganz so schlimm bist du wohl nicht. Aber dienst du? Dienst du gern und mit Lust? *Dienst du, weil Jesus dir gedient hat?* Weil du nicht anders kannst? Weil dein Dienst aus *Dank* und aus *Liebe* geschehen *muß?*

4. *Das Jawort.* Elieser kehrt, von Laban geholt, im Hause Bethuels ein. Er geht sofort auf sein Ziel los und erzählt, was ihn hergeführt hat, und was ihm draußen am Brunnen passiert ist. Da sagen sie wie aus einem Munde: »Das kommt vom Herrn.« Aber als Elieser am andern Morgen zum Aufbruch drängt, da geht es den Eltern doch ein wenig zu schnell. »Laß doch die Dirne einen Tag oder zehn bei uns bleiben; danach sollst du ziehen.« Aber Elieser ist kein Freund des Aufschiebens: »Haltet mich nicht auf; denn der Herr hat Gnade zu meiner Reise gegeben. Laßt mich, daß ich zu meinem Herrn ziehe.« Da gaben sie die Entscheidung in die Hand der Rebekka und sprachen zu ihr: »Willst du mit diesem Manne ziehen?« Sie antwortete: »Ja, ich will mit ihm ziehen.«

5. *Die Reise.* Rebekka hat ihr Jawort gegeben und sich bereiterklärt, mit Elieser zu ziehen, um Isaaks Frau zu werden. Nun gilt es, Abschied zu nehmen von der Heimat und vom Elternhaus, von Vater und Mutter, von ihrem Bruder Laban und von ihren Freundinnen. Gewiß war ihr diese Trennung nicht leicht. Es ist sicherlich nicht

ohne Tränen abgegangen. Aber Rebekka bringt dies große Opfer aus Liebe zu dem Mann, dem Gott sie zur Gefährtin bestimmt hat.

Auch wenn ein Mensch sich für Jesus entscheidet, gilt es, Abschied zu nehmen. Und der ist oft sehr schwer und schmerzlich. Wie oft kommt es vor, daß sich jemand von seinen Angehörigen, wenigstens innerlich, trennen muß, wenn er dem Heiland das Jawort gibt. Es gehört ohne Zweifel mit zu den allerschwersten Wegen im Leben, wenn man die Wahrheit des Wortes Jesu zu erfahren bekommt: »Ich bin nicht gekommen, Frieden zu senden, sondern das Schwert. Denn Ich bin gekommen, den Menschen zu erregen wider seinen Vater und die Tochter wider ihre Mutter und die Schwiegertochter wider ihre Schwiegermutter. *Und des Menschen Feinde werden seine eigenen Hausgenossen sein*« (Mt. 10, 34–36).

Wenn du auch in solchen Familienverhältnissen stehst, daß deine Bekehrung einen Bruch mit deinen Angehörigen bedeuten mag: *Er ist es alles wert!*

Das war das wunderbare Wort der frommen Gräfin Stolberg-Wernigerode, als die ersten Missionare von Zinzendorf abgeordnet worden waren, um den Schwarzen das Evangelium zu bringen. Alle Leute, auch fromme Leute, schüttelten den Kopf über dieses abenteuerliche Projekt. Nur die Gräfin Stolberg-Wernigerode sprach zu ihnen: »Gehet hin! *Und wenn sie euch totschlagen um des Heilands willen – Er ist es alles wert!*«

Ja, auch wenn es etwas kostet, wenn du auch etwas aufgeben mußt um Jesu willen: schau Ihn nur einmal recht an, den Schmerzensmann von Gethsemane und Golgatha, »wie Er dürstend ringt um deine Seele, daß sie Ihm zu Seinem Lohn nicht fehle«! – *Er ist es alles wert! –*

Es war eine weite Reise, die Rebekka zu machen hatte; aber es war ein schönes Ziel, dem sie immer näher kam: die Vereinigung mit Isaak. Ich denke mir, daß sie unterwegs unablässig den alten Elieser gefragt haben wird, um aus seinen Worten Isaak, ihren Bräutigam, kennenzulernen. Und mit Freuden hat der treue Alte von Isaak erzählt und ihm ihr Herz immer mehr zugewendet.

6. *Die Begegnung.* Endlich geht Rebekkas Reise zu Ende. Sie trifft am ersehnten Ziel ein. »Isaak aber kam vom Brunnen des Lebendigen und Sehenden und war ausgegangen, zu beten auf dem Felde um den Abend; und hob seine Augen auf und sah, daß Kamele daherkamen. Und Rebekka hob ihre Augen auf und sah Isaak; da stieg sie eilend vom Kamel und sprach zu dem Knecht: Wer ist der Mann, der uns entgegenkommt auf dem Felde? Der Knecht sprach: Das ist mein Herr. Da nahm sie den Mantel und verhüllte sich. Und der Knecht erzählte Isaak alle Sachen, die er ausgerichtet hatte. Da führte sie Isaak in die Hütte seiner Mutter Sara und nahm die Rebekka und sie ward sein Weib, und er gewann sie lieb. Also ward Isaak getröstet über seine Mutter« (1. Mose 24, 62–67).

Isaak war ausgegangen, zu beten (wörtlich: zu sinnen oder nachzudenken) auf dem Felde um den Abend. Gewiß dachte er an die Braut, die Gott ihm zuführen werde: ihr galt sein Sinnen und Sehnen, auch sein Flehen und Beten. Vielleicht hat er schon manchen Abend so gewartet; endlich wird sein Hoffen und Harren gekrönt: sie kommt.

So wird auch – wer weiß, wann? – Jesus Seiner Braut entgegengehen, um sie heimzuholen. O wie selig wird das sein, wenn wir auf die Frage: »Wer ist der Mann?« die Antwort hören: »Er ist der Herr!« Wenn wir dann mit Ihm eingehen dürfen in das höhere Jerusalem, das »unser aller Mutter« ist! (Gal. 4, 26)

Und Jesus sehnt sich auch nach dieser Vereinigung mit Seiner Braut! Er wartet darauf. Er gedenkt ihrer betend und flehend. Er verlangt danach, Seine Herrlichkeit mit den Seinigen zu teilen: »Vater, Ich will, daß, wo Ich bin, auch die bei Mir seien, die Du Mir gegeben hast, auf daß sie Meine Herrlichkeit sehen, die Du Mir gegeben hast« (Joh. 17, 24).

Als Rebekka Isaak kommen sieht, da sagt es ihr schon das klopfende Herz: Das ist er! Und sie gleitet eilends von ihrem Kamel herab. Und als der Knecht es ihr bestätigt: »Es ist mein Herr«, da nimmt sie den Mantel nach morgenländischer Sitte und verhüllt sich, züchtig, ehrerbietig, bescheiden.

Wenn ich versuche, mir vorzustellen, wie es sein wird, wenn wir Jesus schauen dürfen, dann muß ich mit dem Sänger sprechen: »Herr, mein Gott, ich kann's nicht fassen, was *das* wird für Wonne sein!« – – –

7. *Getrocknete Tränen*. Es mag sein, daß dann und wann Heimweh das Herz der Rebekka erfaßte, Heimweh nach der verlassenen Heimat – solange sie auf der Reise war; daß sie sich an Vater und Mutter mit Sehnsucht erinnerte. Das hörte auf, als sie am Ziele angekommen war.

So wie Isaak getröstet wurde über den Tod seiner Mutter durch Rebekka, so wurde auch Rebekka reichlich entschädigt und belohnt für alles, was sie aufgegeben und verlassen hatte um Isaaks willen.

Vielleicht kommen wir auch einst zu Jesus mit nassen Augen. Die Schmerzen des Leibes haben sie feucht gemacht oder der Abschied von den Lieben auf Erden. Es können auch bittere Tränen sein über einen verlorenen Sohn, eine verlorene Tochter. Wie kann der Gram um ein verirrtes Kind ein Herz beschweren! Aber was es auch für Tränen sein mögen – »Gott wird abwischen *alle* Tränen von ihren Augen«. Die Sonne der Gnade im Himmel wird sich nicht in weinenden Augen spiegeln. »Da ist Freude!«

Und auch Jesus wird getröstet durch die Vereinigung mit Seiner Brautgemeinde. Einst hat Er schmerzliche Tränen geweint über Jerusalem: »Wie oft habe Ich deine

Kinder versammeln wollen, wie eine Henne versammelt ihre Küchlein unter ihre Flügel – und ihr habt *nicht* gewollt!« – Das ist dann vorbei: Der Schmerz über Israels Ungehorsam und Abfall wird dann wettgemacht durch die Freude an Seiner Gemeinde.

Ich frage dich noch einmal: Willst du diesem Jesus, der dich so unendlich liebhat, nicht dein Herz geben in dankbarer Gegenliebe? Er wartet auf dich; Er sehnt sich nach dir!

Und wenn du Ihm dein Herz und deine Liebe geschenkt hast, schmücke dich und sei bereit, wenn Er kommt! »Damit, wenn dann der Ruf erschallt: Der Bräutgam kommt! – es widerhallt: Ja, komme bald, Herr Jesus!« – –

8. *Frage und Antwort.* Haben wir mit Freuden bei dem Bild der Rebekka verweilt, solange sie noch Mädchen war, so ist ihr späteres Leben durch dunkle Schatten getrübt. Noch einmal können wir sie als Vorbild hinstellen, dem wir nacheifern können; zum Schluß ist sie nur noch ein warnendes Exempel.

Der eine schöne Zug, bei dem wir noch verweilen wollen, ist dieser: Nach langem, zwanzigjährigem Warten erhört Gott ihr Bitten; sie wird Mutter, und zwar von Zwillingen. Da lesen wir von ihr: »Und sie ging hin, den Herrn zu fragen« (1. Mose 25, 22). Und sie bekommt auf ihre Frage auch eine Antwort. In derselben heißt es von ihren beiden Söhnen: »Der Ältere wird dem Jüngeren dienen.«

Es ist nicht gesagt, *wie* sie den Herrn befragt hat. Die Art und Weise, wie man später in Israel den Herrn befragte durch Urim und Thummim, die beiden Lose des Hohenpriesters, gab es zu dieser Zeit noch nicht. Darum möchte ich glauben, daß sie den Herrn auf dieselbe Weise befragt hat, wie auch wir Ihn heute befragen können: durchs Gebet.

Wenn Gottes Weg in irgendeinem Fall dir nicht klar

ist, dann zerbrich dir nicht den Kopf darüber, sondern: befrage den Herrn. Es ist Ihm nichts zu klein und geringfügig, was Seine Erlösten angeht. Er wird dir eine Antwort geben. Ja, Er hat sogar gesagt: »*Ehe* sie rufen, will Ich antworten.« Nicht nur in großen, wichtigen Fragen darfst du dich dem Herrn nahen und Ihn um Aufschluß und um Fingerzeige bitten, sondern auch in den allerkleinsten und geringfügigsten Dingen.

Viele Kinder Gottes haben die Angewohnheit, wenn sie so einen Aufschluß wünschen, die Bibel an irgendeiner beliebigen Stelle aufzuschlagen, so wie es gerade kommt, und der Spruch, auf den sie dann treffen, der ist dann Gottes Antwort. Ich halte diese Art, Gott zu befragen, nicht für schriftgemäß. Wir sollen in Gottes Wort zu Hause sein und die Stellen, die für unser Anliegen von Bedeutung sind, unter Gebet lesen. Dann wird der Herr schon Klarheit geben.

Aber wir sollen nicht unbedingt *die* Antwort haben wollen, die uns paßt und gefällt. Sehr oft steht der Wille Gottes unserm eigenen Willen entgegen. Da müssen wir uns bescheiden und nicht unter allen Umständen recht behalten und unsere Wünsche durchsetzen wollen.

So war es ja auch in dem Falle der Rebekka. Es war gegen alles Herkommen, daß der Jüngere dem Älteren überlegen sein sollte. Aber es gilt, die Antwort Gottes dankbar und zufrieden anzunehmen, auch wenn sie anders ausfällt, als du gehofft hattest.

Dies ist ungemein wichtig für das Leben der Kinder Gottes. Es gibt nichts Wichtigeres. Wir müssen den Willen Gottes *erkennen* und dann gehorsam diesem erkannten Gotteswillen gemäß *handeln und wandeln*. Wir müssen abhängig sein vom Herrn, eingedenk Seines Wortes: »Ohne Mich könnt ihr *nichts* tun.« Aber zu dieser seligen Abhängigkeit bringen wir es nur, und in dieser gesegneten Abhängigkeit bleiben wir nur, wenn wir ohne Unterlaß hingehen, um den Herrn zu befragen.

Es muß unser fortwährendes Anliegen sein, zu erfahren: »Herr, was willst *Du*, daß ich tun soll?«

Willst du nicht damit anfangen, ein solches Leben der Abhängigkeit vom Herrn zu führen? Es ist Seligkeit!

9. *Lieblinge.* Jetzt kommen wir an einen Vers, der mir gar nicht gefällt. Es ist der Vers 28: »Und Isaak hatte Esau lieb und aß gern von seinem Weidwerk; Rebekka aber hatte Jakob lieb.«

Je älter sie werden, desto mehr zeigt sich, wie verschieden die beiden Söhne geartet sind. Esau wird ein Jäger und streift auf dem Felde umher; Jakob aber wird ein sanfter, ein »frommer« Mann und bleibt in den Hütten. Diese Verschiedenheit der natürlichen Anlagen ist an sich gar nicht bedenklich – in welchem Hause käme es vor, daß alle Kinder völlig gleichgeartet wären? Aber sehr bedenklich wird die Sache dann, wenn die Eltern für das eine oder andere Kind Partei ergreifen.

Der schwache Vater Isaak hat seine Freude an dem kräftigen, trotzigen Esau. Die Mutter hält es mit dem zarteren, weichlicheren Jakob.

Welch ein beklagenswerter Zustand, wenn Vater und Mutter ihre besonderen »Lieblinge« haben! Dabei kann nichts Gutes herauskommen!

Rebekka hatte – das müssen wir zugeben – nicht ganz unrecht mit ihrer Vorliebe für den Jakob. Er war ja nach Gottes Verheißung der Erbe des Segens. Und es zeigte sich auch, daß er es war. Während Esau draußen herumstreifte, saß Jakob daheim und lauschte mit Aufmerksamkeit, wenn die Mutter ihm von den Taten Gottes erzählte. Das war es, was ihn interessierte und bewegte. Esau aber hatte an diesen Geschichten nicht das mindeste Interesse.

So kam es, daß Mutter und Sohn froh waren, wenn Esau fort war. Dann konnten sie sich so recht ungestört am Erzählen und Hören erfreuen. Und immer mehr riß eine Kluft auf zwischen Esau und dem Herzen der Mutter. Kalt und fremd gingen sie aneinander vorüber.

Umgekehrt war es bei Isaak. Er hatte seine Freude daran, wenn der stattlich heranwachsende Sohn mit irgendeiner Jagdbeute heimkam, wenn er mit wohlgezieltem Pfeilschuß das Rebhuhn im Fluge getroffen oder in schlau gestellten Netzen gefangen hatte.

Wenn das so kurz und scharf hier gegenübergestellt wird: »Isaak hatte Esau lieb; Rebekka aber hatte Jakob lieb« – dann sind wir sehr geneigt, das unrecht zu finden. Aber machen es viele denn nicht geradeso?

Hast du nicht auch schon deinem Kind die höchst unweise Frage gestellt: »Bist du Papas Liebling oder Mamas Liebling?« War das recht?

Die Eltern dürfen keinen Unterschied machen zwischen den Kindern, dann werden die Kinder auch keinen Unterschied machen zwischen den Eltern!

Ich hörte oder las mal irgendwo eine merkwürdige Geschichte. Es war Frühling, und der Garten war bestellt. Ein Beet war noch übrig. Da dachte der Mann: Ich will meiner Frau eine Freude machen. Weil sie gern Bohnen aß, legte er heimlich Bohnen. Die Frau wollte aber ihrem Manne auch eine Freude machen: Sie säte heimlich auf dasselbe Beet Salat. Eine Zeitlang nachher sah der Mann allerlei aufgehen, was ihm Unkraut zu sein schien. Er riß es aus. Die Frau aber dachte: Wie kommen die dummen Bohnen denn hierher? Und sie zog sie aus. Und das Ende vom Lied? Sie hatten beide nichts!

Das klingt sehr lustig, und es ist doch sehr ernst, wenn man bedenkt, wie traurig es ist, wenn der eine Gatte das ausreißt, was der andere gepflanzt hat. Das Resultat einer solchen Erziehung ist gleich Null.

Ebenso verderblich ist es, wenn das Elternhaus das wieder ausreißt, was vielleicht die Schule oder die Kirche in die Herzen der Kinder pflanzt. Lehrer und Pastor werden beim allerbesten Willen nicht viel ausrichten, wenn das Elternhaus nicht den ausgestreuten Samen hegt und pflegt.

Ihr lieben Mütter, ihr seid sehr unzufrieden, wenn der Lehrer euren Thomas oder eure Elke gegen andere Kinder zurückgesetzt hat. Aber macht ihr es zu Hause nicht geradeso? Wird der Jüngste nicht verwöhnt? Sagen nicht die Älteren mit Unmut – und leider in Wahrheit: »Das hätten *wir* uns erlauben sollen, was *der* sich jetzt herausnimmt?«

Ein altes Wort sagt: »Bei der Erziehung muß auch Strafe sein; wenn die Kinder sie nicht von den Eltern bekommen, *bekommen die Eltern sie von den Kindern.*«

Und so erging es auch der Rebekka; das wollen wir hier gleich anschließen.

Hatte Rebekka sich nicht viel um Esau gekümmert, dann kümmerte sich Esau nicht viel um Rebekka. Er nahm ein paar Frauen von den Hethitern, ohne Vater und Mutter erst um ihre Einwilligung zu befragen. Und diese heidnischen Frauen haben, statt der alternden Rebekka eine Stütze zu sein, ihr das Leben zu einer fast unerträglichen Last gemacht.

Womit man sündigt, damit wird man sehr oft auch gestraft. Hat Rebekka es an der Liebe gegen ihren Sohn fehlen lassen, so muß sie sich nun über die Lieblosigkeit ihrer Schwiegertöchter grämen.

Möchtest du etwas Ähnliches erleben?

10. *List und Betrug.* Das Schlimmste aber kommt zuletzt. Der Vater will seinen Sohn Esau segnen. Seine Vorliebe für Esau ist stärker als sein Gehorsam gegen Gottes Wort. Gott hat den Jüngeren zum Erben und Träger des Segens bestimmt; Isaak aber hält an seiner sündhaften Vorliebe fest und will den Älteren segnen.

Da denkt Rebekka: Ich muß Gott zu Hilfe kommen, sonst kann Gott Seine Verheißung nicht erfüllen. Isaak segnet den falschen, wenn ich jetzt nicht eingreife.

Rebekka, *du* willst Gott helfen? Kann Er nicht mehr ohne dich auskommen? Das wäre ein armseliger Gott im

Himmel, der auf *deine* Hilfe angewiesen wäre! Der dauerte mich!

Und was macht nun Rebekka, damit Gottes Wort doch wahr bleibt? Sie betrügt und lügt, daß es zum Weinen ist, wie sie den Sohn verführt und den alten Mann hintergeht. Sie meint, der Zweck heiligt die Mittel. Aber ein guter Zweck macht niemals die schlechten Mittel gut.

Sie sündigt an ihrem Manne, sie sündigt an Jakob, sie sündigt an Gott, weil sie nicht gelernt hat, auf die Hilfe des Herrn zu hoffen und zu harren.

Wir machen es auch manchmal wie Rebekka! Wir meinen, wir müßten *Gott* helfen. Aber Er wird ganz gut ohne uns fertig. »Weg hat Er allerwegen, an Mitteln fehlt's Ihm nicht.«

Ich bin fest überzeugt, Er würde Mittel und Wege gefunden haben, Isaak diesen Segen, mit dem Gott nicht einverstanden war, zu verbieten und ihn zu verhindern. Auch ohne Rebekkas traurige Mithilfe hätte Gott Seine Zusage gehalten. Das ist ganz gewiß.

Wenn deine Uhr auch so oft vorgeht, in ungeduldiger Hast, geh zum Herrn, daß Er sie reguliere, daß Seine Stunde auch deine Stunde werde. »Sei stille dem Herrn und *warte auf Ihn;* Er wird dir geben, was dein Herz wünscht.«

Sieh, wie schwer hat Rebekka für ihren Betrug büßen müssen! Als Esau sich um den versprochenen Segen betrogen sieht, da entbrennt der Zorn gegen seinen Bruder Jakob: »Es wird die Zeit bald kommen, da man um meinen Vater Leid tragen muß; dann will ich meinen Bruder erwürgen.«

Als Rebekka das erfährt, nötigt sie ihren Liebling, die Heimat zu verlassen und bei ihren Verwandten in Mesopotamien Zuflucht zu suchen, bis der Grimm des Bruders sich wende. Jakob ging – und nie sah ihn die Mutter wieder! Diese Trennung von deinem Liebling, Rebekka, sie war deine eigene Schuld! Als Jakob heimkam nach langer Abwesenheit bei Laban, da fand er nur seiner geliebten Mutter Grab.

Von ihren alten Tagen hören wir nichts. Aber gewiß ist diese für ein liebendes Mutterherz so schwere Prüfung, von dem lieben Kinde getrennt zu sein, ihr durch Gottes Gnade zum Segen geworden, so daß ihr Alter war wie ihre Jugend, so daß sie nach allen Irrungen endlich landete im Hafen des Friedens, um selig daheim zu sein beim Herrn.

Judith und Basmath, die Frauen Esaus

Wir dürfen am Bild dieser beiden Frauen nicht vorübergehen, wenn auch nicht viel Gutes von ihnen zu sagen ist. Es ist nicht viel, was Gottes Wort von ihnen erzählt; aber es ist genug, um uns ein Bild von ihnen zu entwerfen. Die erste Stelle, die wir lesen, ist 1. Mose 26, 34.35: »Da Esau vierzig Jahre alt war, nahm er zum Weibe Judith, die Tochter Beeris, des Hethiters, und Basmath, die Tochter Elons, des Hethiters. Die machten beide Isaak und Rebekka eitel Herzeleid.«

Von den Heiden, die das Land bewohnten, hat Esau sich seine Frauen geholt. Wie wichtig war es dem alten Abraham gewesen, für seinen Sohn Isaak eine Frau ausfindig zu machen, die an Jehova glaubte! Hatte Isaak nicht denselben Wunsch für seinen Sohn Esau? Ich weiß es nicht; aber wenn er so einen Wunsch hatte, dann dachte Esau doch nicht im entferntesten daran, auf diesen Wunsch Rücksicht zu nehmen. Er handelte in dieser Beziehung ganz nach seinem eigenen Kopf. Was Vater und Mutter sagten, ob sie einverstanden waren oder nicht, das war ihm einerlei. Es ist doch eine ewige Wahrheit: »Des Vaters Segen bauet den Kindern Häuser, aber der Mutter Fluch reißt sie danieder.«

Wie viele gibt es, die auch heutzutage ganz gut ohne den Segen und die Einwilligung der Eltern auskommen zu können glauben! *Das Ende trägt die Last!* Es wird sich zeigen, ob es wohlgetan gewesen, daß du deinen Kopf durchgesetzt hast, auch ohne und gegen den Willen deiner Eltern! *Es ist noch nicht aller Tage Abend.*

1. *Der Götzendienst der Mode.* Daß Esau nur nach

dem Äußeren gesehen hatte, als er um die beiden warb, beweisen uns schon ihre Namen. Judith heißt etwa: die Gepriesene, die Gefeierte, und Basmath heißt: die Duftende. An einer andern Stelle (1. Mose 36) werden sie auch Ada, d. i. die Schmucke, und Oholibama, d. i. die Hohe, genannt. Jedenfalls sind das Beinamen gewesen, die man ihnen ihres Äußeren, ihrer Gestalt wegen gegeben hat.

Also eine Gepriesene, eine Gefeierte war es, die Esaus Augen auf sich zog, und eine Duftende war es, die sein Herz gewann.

Ist es nicht, als ob man von ganz modernen Verhältnissen hörte? Ist das nicht die Sehnsucht so vieler junger Mädchen, gepriesen und gefeiert zu werden? Es kann gar nicht früh genug anfangen. Viele Kinder gehen noch in die Schule, wohl gar in den Konfirmandenunterricht, da werden sie schon abgerichtet – ich kann wirklich keinen andern Ausdruck finden – für den richtigen Umgang mit Männern. Und wer veranlaßt das? Die eigenen Eltern. Die Mädchen – ich wollte sagen: die jungen Damen – müssen selbstverständlich Tanzunterricht nehmen; sie müssen einen ganzen Kometenschweif von jungen Herren auf dem »Schlußball« hinter sich haben. Und die Mutter weidet sich an den Triumphen ihrer Tochter. »Keinen Tanz hat sie ausgelassen!«

Ob wohl aus der Gepriesenen, der Gefeierten eine gute Hausfrau werden wird? Ob die verwöhnte Dame nachher wohl einen Mann glücklich machen wird? Es kann ja sein; aber für sehr wahrscheinlich halte ich es nicht. –

Und die andere Frau Esaus heißt: die Duftende. Gewiß hat auch sie allerlei Mittel angewandt, um aufzufallen und sich zur Geltung zu bringen. Genau so, wie man es heute macht!

Ich werde dabei an den Götzendienst der *Mode* erinnert. Wer die Moden mitmachen will, der hat seine liebe Not. Bald sind so weite Ärmel Mode, daß man bequem einen Schinken darin über die Grenze schmuggeln könnte; bald müssen sie wieder ganz eng anschließen. Bald sind Krinolinen Mode; bald ist der »Glockenrock« das Ideal. Bald müssen die Mäntel »Taillenschluß« haben und bald nicht. Bald gleichen die Hüte hohen Türmen; bald sieht es aus, als ob einer sich draufgesetzt und sie plattgedrückt hätte.

Und wer bestimmt das, was »Mode« ist? Vielleicht irgendein findiger Schneidermeister in Paris – und ganz Europa bis Wien und Petersburg beeilt sich, die Narrheiten schleunigst nachzumachen – ehe sie wieder »aus der Mode gekommen« sind! Ist das nicht ein unwürdiger Zustand?

Ganz besonders *Christen* sollten diesen Götzendienst nicht mitmachen. Christliche Frauen und Mädchen sollen bedenken, was geschrieben steht: »Ihr Schmuck soll nicht auswendig sein mit Haarflechten und Goldumhängen oder Kleideranlegen, sondern der verborgene Mensch des Herzens unverrückt mit sanftem und stillem Geiste; das ist köstlich vor Gott« (1. Petr. 3, 3.4).

Nun weiß ich wohl, bei der Herrschaft, die die Mode nun einmal ausübt, wird sich die einzelne nicht gut ganz davon ausschließen und zurückhalten können. So ist es jedenfalls am geratensten, sich so zu kleiden, daß man in keinerlei Weise auffällt. Christen dürfen in solchen Äußerlichkeiten nicht die Hauptsache des Lebens sehen; das Äußere darf ihre Zeit nicht so sehr in Anspruch nehmen und ausfüllen, wie es bei Nichtgläubigen tatsächlich geschieht.

»Ist nicht der Leib mehr denn die Kleidung?« Und ist nicht die Seele wertvoller als der Leib?

Wenn du doch für Kleidung sorgen willst, dann sorge dafür, daß es dir einst an dem hochzeitlichen Kleid nicht fehle, daß du das weiße Kleid bekommst, das in Jesu Blut

gewaschen ist! Alle andere Kleidung ist vergänglich und
wertlos.

> Christi Blut und Gerechtigkeit,
> das ist mein Schmuck und Ehrenkleid.
> Damit kann ich vor Gott bestehn,
> wenn ich zum Himmel werd eingehn.

Judith und Basmath legten hohen Wert auf ihr Äußeres; darüber verkümmerte ihr Inneres. Es waren herzlose Weiber. Esau war ihnen gerade recht. Seine stattliche Gestalt, der Ruf seiner Körperkraft und seines unerschrockenen Mutes, das alles nahm sie für ihn ein. Aber mit seinen Eltern konnten sie sich nicht verstehen. Die mit ihren altmodischen Ansichten! Darüber waren sie längst hinaus.

Kein Wunder, daß wir lesen: »Die machten beide Isaak und Rebekka eitel Herzeleid.« Was den beiden Alten die Hauptsache war, ihr Glaube an den lebendigen Gott, das fanden die heidnischen Schwiegertöchter lächerlich. Sie hatten ihren Spott über ihre »verrückten Ansichten«. Das war für die alten Leute schwer zu tragen.

Und sie waren Heidinnen. Sie kannten keinen Gott, dem sie Rechenschaft und Verantwortung schuldeten; sie taten und ließen, was ihnen beliebte.

Wie die Menschen sich doch zu allen Zeiten gleichen! Wer fragt heute in der Welt danach, was Gott gefällt, und was Er verboten hat? Der eigene Wille ist Gebot und Gesetz. Es handelt sich für die allermeisten Menschen gar nicht mehr darum, was recht und was unrecht ist, sondern: Was gefällt mir? Und was dem Menschen gefällt, das ist erlaubt und recht, und mag es hundertmal von Gott verboten sein!

2. *Schleifsteine.* Nun wollen wir noch einen Blick auf das Verhältnis der Schwiegertöchter zu Mutter Rebekka werfen und daraus eine wichtige Lehre ziehen für Kinder

Gottes. 1. Mose 27 heißt es im letzten Verse: »Und Rebekka sprach zu Isaak: Mich verdrießt, zu leben vor den Töchtern Heth. Wo Jakob ein Weib nimmt von den Töchtern Heth wie diese, von den Töchtern des Landes, was soll mir das Leben?«

Es ist schwer für die alte Rebekka, mit solchen Töchtern zusammenzuleben, das ist sicher. Statt ihr eine Stütze zu sein in den Tagen des Alters, sind sie ihr eine schwere Last. Statt mit kindlicher Anhänglichkeit und Dienstwilligkeit ihr nach den Augen zu sehen, wie Ruth der Naemi, fahren sie mit bösen Worten über sie her. Wir verstehen es vollkommen, wenn Rebekka sagt: »Mich verdrießt, zu leben!« und: »Was soll mir das Leben?«

Natürlich und menschlich ist eine solche Stimmung und Aussprache ganz gewiß; aber ob sie auch *recht,* ob sie auch *christlich* ist, das ist eine andere Sache.

Wir sind davon überzeugt, daß das Leben der Kinder Gottes bis ins kleinste hinein von Gott geleitet und bestimmt wird. Wir wissen: »Es kann mir *nichts* geschehen, als was Er hat ersehen, und was mir selig ist.« Wenn wir in Krankheitsnot oder Trübsal hineinkommen, dann trösten wir uns auch: das kommt von Gott. Aber wenn uns die Trübsal von *Menschen* zugefügt wird, wissen und bedenken wir dann, daß das *auch* von Gott kommt? Ich fürchte sehr, daß wir uns in solchem Falle entrüsten und ereifern, aber nicht daran denken, daß *gar nichts* in unserm Leben ohne Gottes Willen oder Zulassung geschieht.

Es ist eine sehr wichtige – und wohl auch eine uns beschämende – Geschichte, wie König David auf der Flucht vor Absalom von Simei mit Steinen geworfen und in gemeiner Weise beschimpft wird (2. Sam. 16). Abisai will hin, um ihm das Lästermaul zu stopfen, aber David spricht: *»Laß ihn fluchen; denn der Herr hat's ihm geheißen!«*

Auch ein Simei gehört nach Gottes Rat in Davids Leben hinein. Er soll ihm zur Demütigung dienen. Und David nimmt auch diese Beschimpfung an – aus Gottes Hand!

Müssen wir nicht bekennen, daß wir in dieser Beziehung von David noch viel lernen können? Es gibt ein schönes Gedicht von Dora Rappard, das heißt: »Geschliffene Steine.« Darin wird ausgesprochen, daß nicht nur schwierige Verhältnisse, sondern auch Menschen sich gegenseitig als Schleifsteine dienen sollen. Das Gedicht lautet:

Geschliffene Steine.

Sieh, die glatten Kieselbälle
liegen in dem weißen Sand;
frage sie, wie oft die Welle
sie geworfen an den Strand,
eh an Klippen und an Riffen
ihre Ecken abgeschliffen.

Willst, o Herz, du nicht begreifen,
wie dein Herr und Meister sucht
deine Ecken abzuschleifen?
Sag mir, sieht Er denn auch Frucht?
Gibt es nicht noch schroffe Ecken,
die du töricht suchst zu decken?

Nein, du sollst sie nicht verdecken,
abgeschliffen müssen sein
all die scharfen, schiefen Ecken,
und der Meister kann's allein.
Sturm und Wellen will Er brauchen;
alles kann zum Schleifstein taugen.

Laß dich werfen, laß dich schütteln,
laß dem Meister freie Hand,
laß das Innerste durchrütteln,

laß den tollen Widerstand!
Denk dich in des Meisters Händen;
laß dich ruhig drehn und wenden!

Ob sie hoch, die Prüfungswellen,
und du liegst am harten Strand;
ob die Wogen grausig schwellen –
endlich findst du dennoch Land.
Wer hat nicht nach Prüfungsstunden
doppelt süß die Ruh empfunden?

Doch die Ruhe eines Müden
ist der wahre Friede nicht;
Friede wird dir erst beschieden,
wenn das Herz nicht widerspricht,
wenn wir still dem Meister halten
und Ihn ruhig lassen walten.

Doch Er braucht nicht nur die Wellen
und den harten, scharfen Strand,
braucht zum Schleifstein auch Gesellen;
Menschen braucht oft Seine Hand
wohl noch öfter als die Wogen,
Schleifer, die für uns erzogen.

Schleif, mein Meister, schleif die Ecken
meines schroffen Wesens ab;
laß mich nicht zurücke schrecken
vor dem dunkeln Wellengrab.
Und willst Du die Menschen brauchen,
laß sie mir zum Schleifstein taugen.

Gib mir Gnade, stets zu blicken
auf des Meisters liebe Hand,
mich vor Menschen willig bücken,
bis ich, angelangt am Land,
darf als glatter Kiesel ruhn.
O wie wohl, wie wohl wird's tun!

So sollte es sein, daß wir dankbar auch für den Dienst wären, den solche »Schleifsteine« uns leisten; statt dessen sind wir so leicht geneigt, uns unbequeme Menschen wegzuwünschen, wohl gar aus unsern schwierigen Verhältnissen fortzulaufen. Das ist freilich bequemer, als in denselben zu bleiben und sich durch dieselben segnen zu lassen. Jede Schwierigkeit soll uns doch dem Herrn näherbringen, soll uns fester und enger mit Ihm verbinden; wir bringen uns um viel Segen, wenn wir diesen Verhältnissen einfach entlaufen.

Das ist aber nicht mißzuverstehen. Es gibt ungöttliche Verhältnisse, Vereine, Freundschaften, von denen das Wort gilt: »Gehet aus von ihnen und sondert euch ab.« Aber es gibt auch andere, die nicht ungestraft aufgegeben werden können. Da ist etwa eine Frau an einen Trunkenbold oder an einen Hitzkopf verheiratet; da einfach fortzulaufen, das ist freilich bequem, aber ob es *recht* ist?

Und es gibt nicht nur *Welt*kinder, die der Herr auf unsern Lebensweg stellt, daß sie uns als Schleifsteine dienen sollen; es gibt auch manche Kinder Gottes, die diesen Dienst an uns tun sollen. Das ist schwer. Wir sollen die Brüder lieben. Spurgeon sagt einmal: *Liebe zu allen* Heiligen sei etwas ganz anderes als *Sympathie* mit *einigen* Heiligen. Ich fürchte, daß gar oft an Stelle dieser göttlichen Liebe zu allen Heiligen, natürlich auch zu den wunderlichen Heiligen, diese Sympathie mit einigen Brüdern steht, die uns »sympathisch« sind.

Ich bitte den Herrn, daß Er mir und all Seinen Kindern von Seiner Liebe ins Herz gebe, damit wir es lernen, alle Heiligen zu lieben. Aus *uns* können wir das nicht; aber in *Jesus* haben wir alles, was wir brauchen.

Willst du dies nicht aus dieser Geschichte lernen, daß auch die Judiths und Basmaths dir zum Segen werden können, wenn sie dich näher zum Herrn hintreiben? Dann sprechen wir nicht mehr wie Rebekka: »Was soll mir das Leben?«, sondern mit David (Ps. 118, 21): »Ich danke Dir, daß Du mich demütigst – und hilfst mir.«

Lea und Rahel

Zuerst: *Äußerlichkeiten*. Die beiden Schwestern, deren Doppelbildnis wir jetzt betrachten wollen, waren sich sehr unähnlich. Man hätte sie nicht als Schwestern erkennen können. Rahel, die jüngere Tochter Labans, war von großer Schönheit, mit dunklen, lebhaften Augen, mit gewandten, anmutigen Bewegungen; Lea, die ältere, war mit äußeren Reizen und Vorzügen nicht versehen. Sie hatte »blöde Augen«, ohne Glanz und Feuer. Und mit diesen matten, blöden Augen hing gewiß ein schüchternes, unbeholfenes Wesen zusammen.

So unähnlich sie sich äußerlich waren, so verschieden waren sie auch innerlich. Lea war gutmütig. Auch Unrecht konnte sie mit Gelassenheit tragen und sich in schwierige Verhältnisse schicken. Dabei war sie dankbar und demütig. Rahel dagegen war nicht nur keck im Umgang mit Menschen, sondern auch Gott gegenüber. Wenn es ihr nicht nach dem Willen ging, dann haderte sie mit Gott; und wenn sie einen Wunsch erfüllt bekam, dann verlangte sie gleich noch mehr. Sehr häßlich betrug sie sich gegen ihre ältere Schwester, so daß die hübsche Rahel geradezu als ein warnendes Beispiel hingestellt werden kann. Man darf ihr nicht nachahmen.

Und doch tun es so viele. Wenn man eine Umfrage halten würde, welcher von den beiden Schwestern unsere jungen Mädchen gleichen möchten, dann fürchte ich sehr, daß die allermeisten ohne Zögern sagen würden: der Rahel. Und warum? Weil sie schön war, d. h. weil sie *äußerliche* Vorzüge besaß, und auf Äußerlichkeiten wird heutzutage so großes Gewicht gelegt. Weil man das tut, darum ist auch die Erziehung der Töchter in vielen Häusern eine grundverkehrte. Auf Herzensbildung wird wenig hingearbeitet. Das arme Herz bleibt leer, ganz leer. Und je geringer die eigentliche *Aus*bildung ist, um so größer ist zumeist die *Ein*bildung, so daß das Wort seine Berechtigung hat: »Einbildung ist nur ein Mangel an Ausbildung.«

Ganz besonders traurig aber ist es, wenn die faden Äußerlichkeiten in den Vordergrund gestellt werden in einer Zeit, die namentlich einen innerlichen Eindruck machen möchte; ich meine die Zeit der Konfirmation. Ich möchte glauben, daß viele Kinder, besonders Mädchen, vor der Konfirmation ernster gestimmt sind und sich wirklich vornehmen, Jesus treu zu sein. Wenn es aber doch – selbst im Unterricht eines entschiedenen Pfarrers – nicht zu einer wirklichen Übergabe an Christus kommt, dann liegt das sehr oft daran, daß die Eltern das Herz des Kindes dadurch von der Hauptsache ablenken, daß sie die Äußerlichkeiten der Konfirmation so sehr wichtig machen. Wie wichtig ist in vielen Häusern die Frage, wie das Konfirmationskleid gemacht wird und wie die Haare frisiert werden sollen! Wenn das Kind soviel davon hört, dann meint es schließlich auch, daß das Aussehen bei der Konfirmation die Hauptsache sei. Und dann die Konfirmationsgeschenke! Wird der Vater seinem Töchterchen eine Bibel schenken und die Worte hineinschreiben: »Zu eigenem und täglichem Gebrauch«? O nein! Die Eltern schenken dem Kinde eine niedliche goldene Uhr, und die Verwandten und Bekannten fügen dann noch Armbänder und Halsketten und Broschen hinzu. Und dann weidet das arme Herz sich an dem kalten Gold – und für den »Schönsten unter den Menschenkindern« hat es keinen Blick und keinen Gedanken mehr übrig.

Liebe Eltern, die ihr Töchter habt, seid doch barmherzig gegen sie! Durch solche Äußerlichkeiten wird doch das arme Herz nicht satt und zufrieden. Gott sieht nicht auf Äußerlichkeiten; Er sieht das Herz an.

2. *Abgötterei.* Kaum hat Jakob seine Kusine Rahel gesehen, da hat er auch schon sein Herz an sie verloren. So sehr gefällt ihm ihr hübsches Aussehen. Er sah auch auf Äußerlichkeiten. An dem treuen, demütigen Herzen der Lea ging er vorüber; er sah nur die Rahel.

Und obwohl es ihm sauer gemacht wurde, sie zu erringen, obwohl er sieben Jahre um sie dienen mußte, so kam ihm diese Zeit doch nicht zu lang vor. »Die sieben Jahre deuchten ihn, als wären es einzelne Tage, so lieb hatte er sie.«

Sie füllte sein Herz und seine Gedanken völlig aus. Daß er an den Gott seiner Väter in dieser ganzen Zeit gedacht hätte, davon lesen wir nichts.

Das ist das Gefährliche an solcher Liebe, daß sie so leicht zwischen Gott und Mensch tritt. Und dann kommt der Herr nicht zu Seinem Recht. Er wird vernachlässigt und vergessen.

Sehr oft kann man beobachten, wie junge Leute, die einen schönen Anfang gemacht hatten im Christentum, zurückgehen und innerlich erkalten, wenn sie ein solches Verhältnis anknüpfen.

Es sollte umgekehrt sein. Der eine sollte dem andern Stab und Stütze sein auf dem Weg; aber so oft sind sich die beiden gegenseitig nur hinderlich.

Sorgt doch dafür, daß niemand zwischen euch und den Herrn trete! Er will Seine Ehre nicht mit den *Götzen* teilen. Jedes Liebesverhältnis, das Gott die Ehre nimmt und sie einem Menschen gibt, ist *Abgötterei.*

Wie steht es bei dir? Hast du deine Lieben, als hättest du sie nicht? Oder liebst du sie »über alles«, wie man so oft sagen hört?

Ich kannte einen Mann, der am Bett seiner kranken Frau kniete und zu Gott schrie: »Du *mußt* mir meine Frau lassen! Ich kann nicht ohne sie leben!« Und Gott erhörte sein wildes Fordern nicht. Die Frau starb. Da warf der Mann seinen ganzen Glauben an Gott über Bord und haderte mit Ihm sein Leben lang.

War seine Liebe zu seiner Frau nicht Abgötterei?

Wieviel derartige Menschenvergötterung mag es wohl geben – auch unter Christen! Und wenn du dir sagen mußt: »Auch meine Liebe zu meinem Bräutigam, zu meinem Mann, zu meinen Kindern ist meiner Liebe zum Herrn hinderlich«, dann leg sie auf den Altar, daß sie geheiligt werde!

3. *Vielweiberei.* Es ist bekannt, wie Jakob von Laban hintergangen wurde. Wie schwer mag es der Lea gewesen sein, als ihr Vater sie dem Manne übergab, der nicht sie, sondern ihre Schwester liebte! Ohne es zu wissen und zu wollen, wurde Jakob durch diesen Betrug Labans in Vielweiberei verwickelt, und die ist immer und überall eine Quelle von viel Unglück und Herzeleid gewesen.

Das weibliche Geschlecht hat, wie wir schon bei Ada und Zilla, den Frauen Lamechs, gesehen haben, einen besonderen Grund Christus dankbar zu sein, weil Er die Frauen von dieser Schmach und Erniedrigung gerettet und befreit hat.

Würden doch die Frauen erkennen, wieviel sie ihrem Heiland auch in dieser Beziehung verdanken, damit sie sich Ihm zu eigen ergäben, der sie von der Sündenschuld und -macht, aber auch von entehrenden und unwürdigen Verhältnissen befreit!

Weil sich aber das weibliche Geschlecht noch in so vielen Ländern in einer so überaus traurigen Lage befindet, wollen wir nicht müde werden, zu bitten, daß der Herr Arbeiter und Arbeiterinnen in Seinen Weinberg sende. Männer haben meistens keinen Zutritt zu den heidnischen Frauengemächern; darum müssen wir auch Missionarinnen hinaussenden, welche sich dieser so notwendigen Arbeit an den heidnischen Frauen widmen.

Gott hat Aufträge für all die Seinen, und es ist Gnade, Ihm dienen zu dürfen. Wer dem Herrn wirklich zur Verfügung steht, der spricht getrost: »Hier bin ich, sende mich!« Ob dich der Herr als Hausfrau gebrauchen will oder als Missionarin in der Heidenwelt oder als Diakonisse in der Heimat, das ist nicht deine, sondern Seine Sache. Aber gebrauchen will Er uns als Seine Werkzeuge. Darum: Laß dir von Ihm den Platz anweisen, den Er für dich ausgesucht hat! Sei Ihm gehorsam!

Vor Jahren hat sich ein Frauen-Missions-Gebetsbund gebildet, der Frauen und Mädchen werben will für die Arbeit für Jesus. Wer nicht hinausgehen kann, um draußen dem Herrn zu dienen, der kann es daheim tun, an seinem Platze; aber betend Hände und Herzen aufheben können und sollen alle, die den Herrn liebhaben, damit Sein Reich komme.

4. *Demut.* Wir wollen uns nun der Betrachtung des Bildes der Lea zuwenden. Wenn sie auch äußerlich nichts Anziehendes hat, so gefällt uns ihr Herz um so besser, weil es *Gott* gefällt. Und wir sollen doch die Menschen nach dem beurteilen und werten, was sie in Gottes Augen gelten. Die Welt fragt nach äußerlichen Dingen; ob einer Vermögen hat, was die Frau für eine Geborene ist, ob der junge Mann sich zu benehmen versteht usw. Gott fragt nach andern Dingen. So soll es auch uns darauf ankommen, was ein Mensch in den Augen Gottes gilt und wert ist. Ob er ein Baron ist oder ein Bergmann – wenn er nur gläubiger Christ ist.

Während Rahel keck und anmaßend ist gegen Gott und Menschen, ist Lea ein Bild der Zurückgezogenheit und der *Demut.*

Wie schwer wird es ihr gewesen sein, von ihrem Mann so kalt und unfreundlich behandelt zu werden, weil die ganze Liebe seines Herzens ihrer Schwester gehörte! Aber sie schickt sich auch in dieses schwere Los. Als sie ihren ersten Sohn bekommt, nennt sie ihn Ruben; denn sie sprach: »Jehova hat angesehen mein Elend; denn nun wird mich mein Mann lieben.« Den zweiten Sohn nennt sie Simeon und sagt: »Jehova hat gehört, daß ich mißachtet bin.« Noch bei der Geburt des dritten Sohnes, Levi, hofft sie: »Endlich wird mein Mann mir anhänglich sein.« Aber den vierten, Juda, nennt sie kurzweg: »Gepriesen sei Jehova!« Aus diesen Namen und der Begründung derselben können wir sehen, wie Lea sich immer demütiger in die schmerzende Mißachtung ihres Mannes gefunden hat. J. P. Lange sagt dazu: »Nach der Geburt des ersten hofft sie durch ihren Sohn die Liebe Jakobs im engeren Sinne zu erobern. Nach der Geburt des zweiten hofft sie auf Gleichstellung, Befreiung von der Zurücksetzung. Nach der Geburt des dritten hofft sie wenigstens auf konstante Anhänglichkeit. Bei der Geburt des vierten sieht sie ganz von sich ab auf Jehova. Eben diese zunehmende Demut macht sie zu einem Menschen der besonderen Werthaltung Jehovas.«

Das ist ein Grundgesetz im Reich Gottes: Dem Hoffärtigen widerstehet Gott, aber dem Demütigen gibt Er Gnade.

Wenn du nun aber klagen mußt, daß du gar nicht demütig bist, dann versuche nicht, durch eigene Anstrengungen demütig zu werden. Dadurch erreichst du genau das Gegenteil: Du wirst stolz – auf deine Demut! Sondern wenn du wirkliche Demut lernen willst, so komm zu Jesus und bleibe bei Jesus. Er hat gesagt: »Lernet von Mir; denn Ich bin sanftmütig und von Herzen demütig, so werdet ihr Ruhe finden für eure Seelen.«

Zuerst hatte Lea noch irdische Wünsche. Sie war noch nicht frei von Furcht und von leidenschaftlicher irdischer Hoffnung. Aber in den Führungen ihres Lebens kommt sie dahin, ganz von sich abzusehen und allein auf den Herrn zu blicken. Und so wird sie die Mutter des Juda, des menschlichen Stammvaters Jesu. Solange sie noch unruhige, eigene Wünsche im Herzen hatte, konnte sie das nicht werden. Erst mußte das Herz stille geworden sein zu Gott, da wurde der Träger der Verheißung geboren.

Genauso geht es mit uns. Der Herr kann uns erst dann recht gebrauchen, wenn wir nichts mehr für uns selber wollen. Das gilt nicht nur den Arbeitern im Reiche Gottes, sondern allen Kindern Gottes. Nur wer dem Herrn ganz zur Verfügung steht, wird auch gewürdigt, Sein Werkzeug zu sein. Ob du große Gaben hast oder kleine, darauf kommt es nicht an. Es handelt sich nur darum, ob du dem Herrn zur Verfügung stehst. Es war ein armseliger Eselskinnbacken, mit dem Simson seine Feinde besiegte. Es war nur ein kleiner Knabe, der dem Herrn die Brote und Fische lieferte, um damit Tausende zu speisen.

Wenn dein Herz noch nicht zur völligen Ruhe in Jesus gekommen ist, dann leg es Ihm auf den Altar, dann gib es Ihm und sprich:

> Vor meines Herzens König
> leg eine Gab ich hin,
> und ist's auch arm und wenig,
> ich weiß, es freut doch Ihn:
> Es ist mein eigner Wille,
> den geb ich in den Tod,
> auf daß mich ganz erfülle
> Dein Wille, Herr, mein Gott.

5. *Trotziges Fordern.* Während Lea im Laufe der Zeit immer stiller und mit Gott und der Welt zufriedener wurde, wurde Rahel immer aufgeregter. Als sie sah, daß Gott ihre Schwester Lea so sichtbar segnete und ihr vier Söhne schenkte, da geriet sie ganz außer sich. Sie sprach zu ihrem Mann: »Schaffe mir Kinder, wo nicht, so sterbe ich« (1. Mose 30, 1). Als ob Kinder nicht eine Gabe *des Herrn* wären, wie die Schrift sagt. Statt demütig Gott zu bitten, fordert sie trotzig von ihrem Manne, was der ihr doch gar nicht geben kann.

Aber ist nicht unser Herz so ein trotziges Ding?

Wie undankbar ist Rahel! Hat sie nicht einen Mann,

der sie liebt? Hat sie nicht alles sonst, was ihr Herz sich wünschen kann? Und weil dieser *eine* Wunsch sich nicht erfüllt, darum hat das Leben für sie keinen Wert mehr? Wie unrecht ist das gesprochen, unrecht gegen Gott und Menschen! Aber so blind wird man für alles andere, wenn man sein Herz so ganz und gar an *eine* Sache hängt. Und wenn dieser *eine* leidenschaftliche Wunsch dann nicht erfüllt wird, dann bleibt nichts als völlige Verzweiflung.

Nicht wahr, da wollen wir es doch lieber mit Asaph halten. Der sagt in seinem wunderbaren 73. Psalm: »Wenn ich nur Dich habe, so frage ich nichts nach Himmel und Erde; und wenn mir gleich Leib und Seele verschmachtet, so bist Du doch, Gott, allezeit meines Herzens Trost und mein Teil.« Als er zu diesem Standpunkt gekommen, da war er mit den ungestümen eigenen Wünschen fertig, da konnte keine Trübsal und keine Traurigkeit ihn mehr aus dieser Festung der völligen Ruhe herausbringen.

Nun frage ich dich, wer gefällt dir besser, Lea mit ihrer stillen Demut oder Rahel mit ihrem trotzigen Fordern? Lea wurde gesegnet; Rahel konnte nicht gesegnet werden.

Und darum versuchte sie, sich selber zu helfen. Anstatt mit Jakob vereint um Kinder zu bitten, kam sie auf denselben unglückseligen Gedanken wie einst Sara. Sie gab nämlich ihre Magd Bilha ihrem Mann zur Nebenfrau, und die Söhne der Bilha betrachtete sie als ihre eigenen. Wie zerrissen sie innerlich war, geht aus dem Namen Naphthali hervor, den sie dem einen dieser Söhne gab. Es heißt »mein Kampf«, und sie begründete den Namen: »Kämpfe Gottes (d. h. überaus schwere Kämpfe) habe ich gerungen mit meiner Schwester, und ich habe sie übermocht« (1. Mose 30, 8). Wie töricht gesprochen! Was hatte ihr denn die stille Lea zuleide getan? Sie hatte gar nicht mit Lea zu kämpfen; sie hätte lieber gegen ihren schrecklichen Eigenwillen und ihren bösen Trotz kämpfen sollen. Das wäre ein wirklicher »Kampf Gottes« gewesen.

Aber es kam doch endlich anders. Als sie sah, daß ihr ungestümes Trotzen keinen Erfolg hatte, da legte sie sich endlich aufs Bitten. Und da lesen wir: »Gott gedachte aber an Rahel *und erhörte sie* und machte sie fruchtbar« (1. Mose 30, 22). So wird sie doch endlich gelernt haben, was Paul Gerhardt singt:

> Mit Sorgen und mit Grämen
> und mit selbsteigner Pein
> läßt Gott sich gar nichts nehmen:
> es muß *erbeten* sein!

6. *Aberglaube.* All die Sünden Rahels sind nur ein Beweis dafür, daß sie nicht im richtigen Verhältnis zu Gott steht. Ist unser *Verhältnis* zu Gott richtig, dann wird auch unser *Verhalten* richtig. Ein schlechter Baum kann nur arge Früchte bringen; aber ein guter Baum bringt mit Notwendigkeit auch gute Früchte.

Das ist der tiefste Grund des Sündenlebens der Rahel: Sie ist nicht los vom Götzendienst. Weil sie keinen wahren Glauben hat, darum bleibt sie im Aberglauben stecken.

Als Jakob mit seiner Familie Laban verläßt, da »stahl Rahel ihres Vaters Hausgötzen« (1. Mose 31, 19). Öffentlich diente Laban dem wahren Gott, aber insgeheim hing er an seinen Götzen. Und ebenso Rahel. Nun verstehen wir, weshalb Rahel nicht einfältig und kindlich beten konnte: sie vertraute auf ihre Götzen.

Es ist wie heutzutage! Man nennt sich Christ und hat dabei doch seine Götzen lieb. Bald ist es das Geld, bald die Ehre, bald ein über alles geliebter Mensch, bald das eigene liebe Ich – Götzen gibt es in der Christenheit in erschreckender Menge und Götzendiener auch.

Fort mit den Götzen! Als Jakob wieder in Kanaan war,

da räumte er als ein Israel, ein Gottesstreiter, mit allem Heidentum auf: »Tut von euch die Götter, die unter euch sind, und reinigt euch.« Und »sie gaben Jakob alle fremden Götter, die unter ihren Händen waren, und die Spangen an ihren Ohren; und er vergrub sie unter der Eiche, die neben Sichem stand« (1. Mose 35, 2–4). So wurde auch Rahel von ihren Götzen los und hoffentlich nicht nur äußerlich, sondern auch innerlich. –

Über den *Aberglauben* muß ich noch ein paar Worte hinzufügen. Es ist auch ein Zeichen der Zeit, daß der Aberglaube so furchtbar um sich greift. Aber es ist kein Wunder: Wer sich dem lebendigen Glauben verschließt, der verfällt dem Aberglauben. Das arme Menschenherz sucht nun einmal nach irgend etwas, wo es sich anklammern und anlehnen kann. Und wer nicht mehr an das treue Walten eines liebenden Vaters glaubt, der kommt in törichte Gespensterfurcht und in alberne Abhängigkeit von Vogelstimmen, von besonderen Zahlen, von Horoskopen und ähnlichen Dingen.

Ich war einst in einem Pfarrhaus zu Gaste, weil ich den verreisten Hausvater vertrat. Die Kinder waren zu einer befreundeten Familie zum Mittagessen eingeladen. Nun hatte aber der kleine Hans mit seinem neuen Anzug Schmetterlinge gefangen und ihn ganz schmutzig gemacht. Da hieß es: »Du mußt zur Strafe zu Hause bleiben.« Die kleinen Mädchen gingen allein fort. Es dauerte aber nicht lange, da wurden sie wieder zurückgebracht. Weil Hans nicht kommen dürfe, würden es gerade 13 zu Tische sein. Darum möge man entweder den Hans doch auch kommen lassen oder die Mädchen erst am Nachmittag schicken.

Ich wußte nicht, ob ich meinen Ohren trauen konnte. In ein Pfarrhaus eine solche Botschaft zu schicken, das hätte ich nie für möglich gehalten. Aber es ist ein Beweis, wie festgewurzelt der Aberglaube auch in solchen Häusern ist, die sich christlich nennen, daß man sich gar nicht scheut, seinen Aberglauben offen auszusprechen!

Man sagt, daß es in vielen Hotels keine Nummer 13 gebe, weil *niemand* in einem solchen Zimmer logieren würde; daß kein Taxi diese Nummer trage, weil niemand sein kostbares Leben einem solchen Unglückstaxi anvertrauen würde. Ist das nicht schrecklich?

Wie oft begegnet man auch in sogenannten christlichen Häusern, wenn man jemand nach seinem Befinden fragt, der abergläubischen Sitte, daß der Gefragte dreimal unter den Tisch klopft und sagt: »Unberufen! Es geht mir gut, unberufen!« Was heißt das? Ohne das Unglück berufen zu wollen! Es geht mir zwar jetzt ganz gut; aber wenn ich das so laut sage, dann könnte Gott mir mein Glück mißgönnen und es mir nehmen! Und um den Neid des *dreieinigen* Gottes nicht zu erregen, wird *dreimal* angeklopft! – Haben wir so einen Gott, der auf das Wohlergehen des Menschen mit mißgünstigen Blicken sieht? Ist das nicht eine ganz entsetzliche Vorstellung aus dem Heidentum? Unser Gott ist die Liebe. Und die guten Tage, die wir genießen dürfen, kommen von Ihm. Und die schweren Tage nicht minder, und alle beide sind uns Beweise, daß Er uns liebhat, daß Er uns erziehen und zubereiten will für Seine Herrlichkeit.

Möge Gott unser Volk aus den teuflischen Banden des Aberglaubens herausretten und es zum völligen, kindlichen, einfältigen Vertrauen auf unsern Gott und Vater bringen! Wer Gott vertraut, der fürchtet sich nicht, wenn die Eulen im Baum schreien, oder wenn 13 Personen am Tisch sitzen, sondern der weiß: Ich bin des Herrn, und meine Zeit steht in Seinen Händen!

Vor allen Dingen aber hüte man sich vor den »Besprechungs«kuren! Es klingt so fromm, wenn dabei die drei höchsten Namen »gebraucht« werden – und es ist doch Zaubereisünde! Dein Leib mag heil werden durch satanische Kräfte, wenn du es mit »Besprechen« versuchst, aber deine Seele leidet Schaden; um deine Seligkeit wirst du betrogen. Hüte dich vor diesen finstern Gewalten, die immer freier und frecher heutzutage ihr Wesen treiben! Gib dich nicht mit eigenen Werken des Teufels ab, sondern gib dich Jesus hin mit allem, was du hast und bist; du wirst es gut haben unter Seiner Führung. Er ist der beste und freundlichste Herr. Und wenn du dich Ihm anvertraust, dann brauchst du dich nicht mehr zu fürchten und zu ängstigen, dann bist du ganz sicher und geborgen. Ist Er dein Hirte – wird dir nichts mangeln.

7. *Ein schweres Opfer.* Wenn wir unser Herz an irgend etwas Irdisches gehängt haben, dann fordert Gott uns oft auf: Komm, gib mir das, was du so liebhast! Und dann blutet das Herz, und die Augen weinen, und das Herz schreit: Ach, Herr, nicht Dein, sondern *mein* Wille geschehe! Und der Herr kommt *doch* und nimmt ein liebes Kind vom Herzen der Mutter fort, oder Er nimmt dem Gatten die Gattin. Warum tut Gott denn solches? Weil Er uns liebhat! Weil Er will, daß unser Herz Ihm allein gehöre, weil Er allein Friede und Leben ist. Nur in der Abhängigkeit von Ihm liegt unser Glück. Darum nimmt Er uns das weg, was zwischen Ihm und uns steht, was uns um den Segen der Gemeinschaft mit Ihm bringen würde. Er will sich uns ganz mitteilen, da darf nichts im Weg stehen.

Jakob hing, wie wir schon sahen, mit einer geradezu abgöttischen Liebe an seiner Rahel. Da nahm Gott sie ihm weg. Kaum war ihm die Freude zuteil geworden, daß sie ihm einen zweiten Sohn schenkte, da folgte der bitterste Schmerz: sie starb bei der Geburt Benjamins. In Bethlehem liegt sie begraben.

Über ihr inneres Leben erfahren wir nichts mehr, auch nicht über Lea. Die scheint noch länger gelebt zu haben, bis sie in Kanaan, in dem alten Familiengrab, ihre Ruhestätte fand. Als es mit dem alten Jakob zu Ende ging, da war es sein letzter Wunsch, daß man seine Gebeine nach Kanaan bringen und dort beisetzen möge zur Seite Leas, seines ihm im Tode vorangegangenen Weibes (1. Mose 49, 31). Und so geschah es denn auch (1. Mose 50, 13). – –

Zum Schluß noch einmal meine Bitte: Laß nichts zwischen dir und deinem Gott stehen! Er will dich ganz.

Die Kinder fangen damit an, und gereifte Christen hören damit auf, daß sie für ihr Herz bitten und beten: »Soll niemand drin wohnen, als *Jesus allein*!«

Jochebed und Thermutis

Mit zwei ganz verschiedenen Frauen haben wir es heute zu tun. Die eine ist eine schlichte Frau aus dem Volke, die andere eine Prinzessin; die eine eine Tochter Israels, die andere eine Heidin. Aber so verschieden sie auch waren, so hat Gott sie doch zu *einem* Werk gebraucht: zur Erziehung Moses, den Er zum Befreier und Reformator Seines Volkes bestimmt hatte.

Ich möchte dieses Doppelbildnis mit der Unterschrift versehen: Mutter und Pflegemutter. Jochebed hat den Knaben geboren; Thermutis hat ihn erzogen. Und durch die Bemühungen beider ist er das geworden, was er nach Gottes Willen werden sollte.

1. *Die Mutter Moses.* Wir lesen in 2. Mose 2: »Und es ging hin ein Mann vom Hause Levi und nahm eine Tochter Levi.« (2. Mose 6, 20 hören wir die Namen: »Und Amram nahm seine Muhme Jochebed zum Weibe.«) »Und das Weib gebar einen Sohn. Und da sie sah, daß es ein feines Kind war, verbarg sie ihn drei Monate.«

Dazu schlagen wir das 11. Kapitel im Hebräerbrief auf und lesen da (Vers 23): »Durch den Glauben ward Mose, da er geboren war, drei Monate verborgen von seinen Eltern, darum, daß sie sahen, daß es ein schönes Kind war, und fürchteten sich nicht vor des Königs Gebot.«

Sonst pflegt Freude in einem Haus zu herrschen, wenn ein Sohn das Licht der Welt erblickt hat. Gewöhnlich pflegt ja die Freude über einen Sohn, einen Stammhalter, größer zu sein als über die Geburt einer Tochter, die wohl gar mit den geradezu sündhaften Worten: »Nur ein Mädchen!« bekanntgemacht wird.

Aber in Amrams Hütte herrschte kein Jubel, als ein

Knabe geboren wurde. Es waren bekümmerte und sorgenvolle Gesichter, die auf den kleinen Erdenbürger schauten.

Es war eine schwere Zeit für Israel. Um dem Wachstum des Volkes Halt zu gebieten, hatte der König Pharao den hebräischen Hebammen befohlen, alle neugeborenen Knäblein sofort zu töten. Sie konnten es aber nicht übers Herz bringen, diesen grausamen Befehl auszuführen. Da gebot es der König »allem seinem Volk«, die kleinen Knaben ins Wasser zu werfen und nur die Mädchen am Leben zu lassen. Wir können uns denken, wie gern der Pöbel dieses Gebot ausführte! O was für schreckliche Szenen mag es gegeben haben, wenn den Müttern, die sich mit dem Mut der Verzweiflung wehrten, ihre kleinen Lieblinge entrissen wurden! Szenen wie in Bethlehem, als der König Herodes seine Soldaten sandte und das große Morden unter den kleinen Kindern begann!

Ja, man sieht es: »Groß Macht und viel List sein grausam Rüstung ist.« Und doch ist des Teufels Wüten ohnmächtig gegen das Walten der starken Gotteshand. So wie Gott Seinen Sohn dem mörderischen Herodes entzog, so hat Er auch in der Zeit der Not Israels Sein erkorenes Werkzeug auf wunderbare Weise zu erhalten gewußt.

»Durch den Glauben« haben Amram und Jochebed das Knäblein drei Monate verborgen. Sie wußten: Unser Gott ist stärker als der König. Er kann unsern Knaben wohl erretten, wenn Er will. Und sie vertrauten Ihm, daß Er es auch tun werde.

Es war nicht leicht, den Knaben zu verbergen; denn die ägyptischen Spione trieben sich überall umher wie wilde Tiere, die auf Beute lauern. Ein Schrei des Kindes zur unrechten Zeit würde den Spähern sofort seine Anwesenheit verraten haben – und dann war es um sein Leben geschehen.

In dieser Zeit brauchten die Eltern täglichen und stündlichen Glauben! Sie konnten *nichts* tun, um das Leben ihres Kindes zu schützen; Gott mußte *alles* tun. Wie abhängig wurden sie dadurch von ihrem Gott!

Drei Monate waren vorüber. Dann war es doch nicht länger möglich, den Knaben zu verbergen. Nicht länger konnte er in der Hütte gelassen werden; er sah fast schon aus wie eine kranke Stubenpflanze. Es fehlten ihm Luft und Licht.

Da haben Amram und Jochebed Gott ihre Not geklagt und haben ihr Kind Ihm anbefohlen. Und Gott hörte und erhörte sie und zeigte ihnen einen Ausweg.

Die Geschichte erzählt uns: »Da sie ihn nicht länger verbergen konnte, machte sie ein Kästlein von Rohr und verklebte es mit Erdharz und Pech und legte das Kind drein und legte ihn in das Schilf am Ufer des Wassers. Aber seine Schwester stand von ferne, daß sie erfahren wollte, wie es ihm gehen würde.«

Man hat diese köstliche Geschichte in verschiedener Weise aufgefaßt. Die einen haben gesagt: Jochebed wußte, daß die ägyptische Königstochter an diese Stelle kommen würde, um zu baden, wie das ihre Gewohnheit war. Also war Jochebeds Verhalten nur ein kluges Benutzen der gegebenen Gelegenheit. Nun, wenn sie das auch wußte – wovon ich allerdings nicht überzeugt bin –, dann blieb doch noch genug Raum zum Glauben übrig. Die Prinzessin kannte das strenge Gebot ihres Vaters ja auch. Sollte sie sich den Zorn ihres Vaters zuziehen, um eines hebräischen Knaben willen? Da mußte doch Gott ihr Herz lenken!

Die andern sagen: Jochebed hat von dem Bad der Prinzessin nichts gewußt. Sie hat ihr Kind, wie der König geboten, dem Wasser überliefert. Und sie hat dabei Gott vertraut. Und Gott schickte gerade an diesem Tage und gerade an diese Stelle die Prinzessin und machte ihr Herz weich, daß sie sich des weinenden Knäbleins erbarmte.

Wie dem auch sei: Eins ist gewiß, daß Jochebed im Glauben gehandelt hat, sonst stände sie nicht in der Reihe der Heldinnen des Glaubens in der Siegeshalle von Hebräer 11. Sie wußte im Glauben, daß Gott helfen würde. Wie, das war nicht ihre, sondern Seine Sache. Und so fest überzeugt war sie von Seiner Hilfe, daß sie ihre Tochter in der Nähe aufstellte, um auf die Hilfe des Herrn zu warten. Denn daß die Hilfe kommen würde, bezweifelte sie keinen Augenblick.

Und siehe da, kaum steht das Kästchen auf dem Wasser, da kommt die Prinzessin, um in der Morgenfrühe ein Bad zu nehmen. Ihre Mägde holen das Kästlein, und als die Königstochter den kleinen weinenden Knaben sieht, da fühlt sie ein mütterliches Erbarmen in ihrem Herzen. Sie möchte wohl den Knaben retten, aber wie soll sie das anfangen?

Da holt Gott die Schwester des Knaben herbei, gerade im rechten Augenblick. Und nun wird des Knaben eigene Mutter gerufen, um im Auftrag und Sold der Prinzessin das Kind aufzuziehen.

Wie wunderbar ist diese ganze Geschichte! Wie groß ist unser Gott!

> Weg hat Er allerwegen;
> an Mitteln fehlt's Ihm nicht.

Aber wir wollten die Mutter des Mose näher kennenlernen.

Wie wird sie ihren Sohn ans Herz gedrückt haben, als sie ihn zum zweitenmal von Gott geschenkt bekam! Und wie hegte sie ihren Knaben, weil sie wußte: Er ist nur ein mir geliehenes Gut! Sie wußte ja, daß sie den Knaben, sobald er herangewachsen sein würde, aus der elterlichen Hütte hergeben mußte – in die Pracht und Üppigkeit des königlichen Hofes. Darum galt es, die Zeit, solange sie ihn zu Hause hatte, mit Treue und Gewissenhaftigkeit auszunutzen.

So erzählte sie dem Knaben sicher von den großen Taten, die Gott in der Vergangenheit an Abraham, Isaak und Jakob getan hatte, und daß Er noch größere Dinge für die Zukunft versprochen hatte. Begierig lauschte der empfängliche, aufgeweckte Knabe den Erzählungen der Mutter. Und weil die Mutter nicht nur eine gute Erzählerin war, sondern auch eine treue Beterin, so ging der Same, den sie in das Kinderherz senkte, auch bald auf und trug Frucht.

Liebe Mütter, bedenkt ihr, daß die Zeit nur kurz ist, in der eure Kinder euch gehören? Es kommt in jedem Elternhause früher oder später die Stunde, daß der Sohn oder die Tochter Abschied nehmen, um sich auf eigene Füße zu stellen, um sich einen Platz in der Welt zu erringen. Ihr Mütter, wenn ihr nicht handelt wie Jochebed – was soll aus euren Kindern werden? Wenn sie nicht aus dem Elternhaus das Kapital lebendigen Glaubens mitnehmen, wovon sollen sie leben?

Und die Hauptaufgabe der Erziehung liegt ja bei den Müttern. Der Vater geht draußen seinem Beruf, seiner Arbeit nach. Er muß in Fabrik oder Grube, im Laden oder in der Werkstatt, im Büro oder in der Schule sein täglich Brot verdienen. Da ist die Mutter die Hüterin und Erzieherin der Kinder. Wie erziehst du deine Kinder? Erzählst du ihnen von Jesus? Ist Er *dein* Jesus, von dem dein ganzes Leben zeugt?

Die Gebete einer gläubigen Mutter gehen mit dem Kind ins Leben hinaus und lassen dem Sohn, der Tochter keine Ruhe im bunten Treiben der Welt!

Du hast von der frommen Mutter Monika gehört, wie sie für ihren ungeratenen Sohn Augustinus so unermüdlich betete. Und es schien doch alles umsonst zu sein. Aber da sagte ihr der Bischof Ambrosius: »Ein Sohn so vieler Tränen und Gebete *kann* nicht verlorengehen!« Und er ist auch nicht verlorengegangen, sondern später ein bedeutender Kirchenlehrer geworden.

Ein alter Mann erzählte mir einmal, daß er als junger Bursche ein zügelloses Leben geführt habe, allen Bitten der gläubigen Mutter zum Trotz. Eines Sonntagabends im Sommer kommt er auch spät vom Tanzen heim; da sieht er im Garten hinter einem Strauch eine Gestalt kauern. Er geht drauf zu und fragt: »Wer ist hier?« Es ist seine Mutter. Die Angst um ihren Sohn hat sie aus dem Haus getrieben, und nun hat sie hier draußen unter dem Sternenhimmel im Gebet um ihres Sohnes Rettung gerungen! Das hat den Sohn ernüchtert. Zwar hat es noch Jahre gedauert, bis er sich bekehrte; die Mutter hat es nicht mehr erlebt; aber diese Stunde im Garten ist dem Sohn doch nie aus dem Sinn gekommen. Die Gebete der Mutter haben ihn nicht losgelassen.

Liebe Mutter, bedenke doch, wie köstlich deine Aufgabe ist, Menschen für Gott zu erziehen! Aber sie ist auch voll Verantwortung! Du kannst deine Kinder doch nur dann zu Jesus kommen lassen, wenn du selbst zu Jesus gekommen bist. Wenn ich selber den Weg nicht kenne, kann ich ihn andern nicht zeigen. Und wenn ich selber den Weg nicht gehe, kann ich andere nicht darauf führen. Willst du eine rechte, christliche Mutter sein, durch die deine Kinder gesegnet werden, dann:

> Komm zu dem Heiland,
> komme noch heut!
> Folg Seinem Wort,
> jetzt ist es noch Zeit!

Ob du deinem Kind einst eine reiche Erbschaft hinterlassen kannst oder nicht, darauf kommt es nicht an. Ob du deiner Tochter einst eine gute Ausstattung mitgeben kannst oder nicht, das ist auch nicht das Wichtigste. Wichtig ist nur, daß deine Kinder an dir das Vorbild und Beispiel lebendigen Glaubens haben.

Ein junges Mädchen lag auf dem Sterbebett. Der Vater war ein Freigeist; er hatte seine begabte und verständnisvolle Tochter ganz in seinen Ideen erzogen. Die Mutter war eine gläubige Frau. Sie sah mit tiefem Schmerz, wie die Tochter sich den freigeistigen Anschauungen des Vaters anschloß und den Glauben der Mutter nicht achtete. Als nun das junge Mädchen todkrank war, winkte es mit der Hand den Vater ans Bett, und als er sich nahe über sie gebeugt hatte, da flüsterte sie: »Vater, in welchem Glauben soll ich sterben? In deinem Glauben oder im Glauben der Mutter?« Da war's, als ob ein Blitz den Mann getroffen hätte. Er sah mit einem Male die Wertlosigkeit seiner Anschauungen ein und sprach tief erschüttert: »Mein Kind, stirb du – im Glauben der Mutter!« Da ging ein seliges Leuchten über das Gesicht der Sterbenden. Ob sie noch im Glauben der Mutter sterben konnte? Ich weiß es nicht – aber sie wollte es doch.

Hast du solchen »Glauben der Mutter«? Oder hast du ihn noch nicht? Wenn du dich nicht bekehren willst um *deiner* Seele willen, dann bekehre dich wenigstens um deiner *Kinder* willen, daß du denen eine rechte Mutter sein kannst, wie Jochebed!

2. *Des Mose Pflegemutter.* Als der Knabe herangewachsen war, kam er in die Pflege der Prinzessin. Thermutis ist nach der Überlieferung ihr Name. Und Thermutis tut nun für ihn, was sie kann. Sie hält ihm die besten Lehrer, und bald ist der Jüngling in jeder Wissenschaft der Ägypter bewandert.

Wie wunderbar Gott das gemacht hat! Erst muß Mose den lebendigen Gott kennenlernen, muß Bescheid wissen in der Geschichte der Väter und in den Verheißungen Gottes, und dann muß er auch auf die Hochschule Ägyptens gehen und alle Weisheit dieser Welt lernen. Nur so konnte aus ihm der Retter seines Stammes, der Gesetzgeber seines Volkes werden! Anbetungswürdiges Walten des großen Gottes!

Aber auch wenn Thermutis für die äußere Ausbildung

des Mose so gut sorgte, wie sie nur konnte, eins wurde dabei vernachlässigt: für sein inneres Leben hatte sie gar kein Verständnis; seinen Glauben verstand sie nicht. Ja, sie tat wohl sogar alles, um ihm diesen Glauben aus dem Herzen zu reißen. Alle Freuden und Genüsse des Hofes standen ihm zur Verfügung. So würde er, meinte sie, doch endlich seine Zugehörigkeit zu dem verachteten Judenvolk und seinen Glauben an Jehova vergessen.

Es ist eine sehr schwere Aufgabe, anvertraute, fremde Kinder zu erziehen. Es ist viel, viel schwerer, als eigene Kinder zu erziehen, und schon das ist nicht leicht.

Jesus sagt: »Wer ein Kind aufnimmt in Meinem Namen, der nimmt Mich auf.« Aber es muß auch wirklich in *Seinem Namen* und um *Seinetwillen* geschehen.

Wer fremde, anvertraute Kinder hegen und pflegen soll, der braucht dazu noch mehr Weisheit und Gnade von Gott als eine Mutter! In unsern Märchen ist die »böse Stiefmutter« eine sehr oft wiederkehrende Gestalt. Und gewiß kommen solche traurigen Fälle oft vor, auch heute noch, wie die Zeitungen immer wieder berichten.

Vieles ist gewiß auch nur Leutegeschwätz. Sind die Kinder unartig, dann müssen sie doch bestraft werden. Ist es aber eine Stiefmutter, dann heißt es gleich: sie ist hart und mißhandelt die Kinder. Straft sie sie nicht, dann verwildern und verwahrlosen sie, und wieder muß die Stiefmutter die Schuld haben.

Darum, wenn dir fremde Kinder anvertraut werden, dann denk an den Rat des Jakobus: »Wem Weisheit mangelt, der bitte von Gott.« Du wirst besonders viel Weisheit bedürfen; du wirst tägliche und stündliche Abhängigkeit vom Herrn besonders nötig haben. Wenn es von einer Mutter verlangt werden muß, daß sie gläubig sei, von einer Stiefmutter erst recht! Sonst geht es nicht gut!

Daher ging es auch in dem Verhältnis der Thermutis und des Mose nicht gut. Während es dem jungen Mose äußerlich an nichts fehlte, kam seine Seele in die Gefahr, zu verschmachten. Die Prinzessin sah seine Besuche in den Hütten Israels nicht gern. »Das schickt sich nicht für dich.« Aber diese Besuche waren ihm unentbehrlich. Er hatte das Gefühl, als ob er ersticken müßte in der Luft des Königshofes. Nur in der Ewigkeitsluft seines Elternhauses konnte er frei atmen.

Eines Tages ging er zu seiner Pflegemutter und eröffnete ihr: »Ich kann kein Sohn mehr heißen der Tochter Pharaos« (Hebr. 11). »Aber warum denn nicht?« – »Mutter, ich kann es nicht mehr ertragen. Ich fürchte, daß ich zeitlich und ewig zugrunde gehe. Meine Seele ist in Gefahr. Ich kann die Ergötzung der Sünde, die mich lockt und reizt, nicht mitmachen. Ich will lieber mit dem Volk Gottes Ungemach und Schande tragen!« – »Aber Mose, weißt du nicht, daß sich dir eine glänzende Laufbahn öffnet? Ich habe schon mit meinem Vater gesprochen, und jeden Tag kann das Dekret unterschrieben werden, das dich zum . . .« – »Mutter, ich *kann* nicht! Lieber ein *Sklave* in Israel als ein *Herr* in Ägypten!«

»So! Also das ist der Dank für all meine Fürsorge! So lohnst du mir all meine Opfer, den Unwillen meines Vaters, daß ich sein Gebot durchbrochen! Du bist undankbar! Das hätte ich nicht von dir erwartet!«

»Mutter, du marterst mich. Ich bin nicht undankbar, wenn es auch so scheint. Ich werde nie vergessen, was du an mir getan hast. Aber meinen Gott, meinen Glauben um deinetwillen aufgeben, das kann ich nicht!«

Jetzt versucht sie es mit Tränen. »Bin ich denn so schlecht, daß du nicht mehr bei mir bleiben willst? Habe ich es an etwas fehlen lassen, so sage es mir; ich will ja alles, alles tun!«

Aber Mose bleibt fest. Da richtet sich die Prinzessin hoch auf. »Hinweg aus meinen Augen, du Undankbarer! Wie konnte ich auch vergessen, daß ich aus einem Sperling mir keinen Adler erziehen könne! Geh zu deinem Sklavenvolk und werde ein Sklave, du Narr!«

In der Tat: »Mose hielt die Schmach Christi für größeren Reichtum denn die Schätze Ägyptens –, denn er sah an die Belohnung«, lesen wir in Hebräer 11.

Thermutis wollte aus dem Jüngling machen, was *sie* wollte; aber sie fragte nicht danach, was *Gott* wollte. So kam es zur Trennung. Aber hundertmal besser diese Trennung, als daß Mose sich von der Königstochter hätte auf den falschen Weg bringen lassen und mit ihr verlorengegangen wäre!

Das muß doch das Allerschrecklichste sein, das es geben kann: ein Wiedersehen von Eltern und Kindern am Ort der Verdammnis! Wenn sich da Eltern und Kinder begegnen, und der Sohn erhebt die Hand wider den Vater: »Das ist deine Schuld, daß ich hier bin! Warum habe ich nie eine Bibel in meines Vaters Hand gesehen? Warum hast du nie mit mir und für mich gebetet? Warum hast du mir das Leben gegeben, o Mutter, wenn es doch ein verlorenes Leben sein sollte, weil ich keine betende Mutter hatte? Vater, Mutter, wenn ich verloren bin, dann ist es – eure Schuld!« Und dann wird die Hölle widerhallen von den Wehklagen verlorener Väter und Mütter: »Ach, hätte ich doch! Ach, hätte ich doch!« – Aber es ist zu spät!

Mutter, Mutter, ich bitte, ich beschwöre dich: denk an deiner Kinder ewiges Los! Willst du ihnen einst begegnen am Ort der Qual? Ach, du willst doch lieber stehen mit seliger Mutterfreude vor dem Throne des Lammes in der Herrlichkeit: »Herr, hier sind sie, die Du mir gegeben hast; ich habe deren keins verloren!«

Nun, so komm zum Herrn! Komm mit deinen Kindern! *»Glaube an den Herrn Jesus Christus, so wirst du und dein Haus selig!«*

Zippora

Es ist klar, daß neben einem Manne von solcher Bedeutung wie Mose seine Frau sehr zurücktritt. So ist Zippora fast ganz vergessen. Es sind gewiß viele, die auf die Frage: »Wie hieß die Gattin des Mose?« keine Antwort geben können. So wollen wir denn jetzt der zu Unrecht vergessenen Zippora unsere Aufmerksamkeit zuwenden.

Als Mose sich vom Königshof Ägyptens losgesagt hatte, versuchte er zunächst in brennender Liebe zu seinem geknechteten Volk und im Vollgefühl seiner Kraft und seiner Gaben, der Retter seines Volkes zu werden, ohne daß er von Gott dazu berufen war. Er sah, wie ein Ägypter einen Hebräer mißhandelte, und da ergrimmte er und schlug den Ägypter zu Boden. Nach einigen Tagen sah er, wie zwei seiner Volksgenossen sich zankten. Da wollte er Frieden stiften zwischen den beiden. Aber er bekam die trotzige Antwort: »Willst du mich auch totschlagen, wie du den Ägypter totgeschlagen hast?« Da wurde er gewahr, daß seine Tat nicht verborgen geblieben war, daß sogar der König davon gehört hatte und nach ihm forschte, um ihn für diesen Mord zur Rechenschaft zu ziehen.

Da fürchtete sich Mose, und er suchte sein Heil in schleuniger Flucht ins Ausland. Die hochfahrenden Pläne, das Volk zu reformieren, waren zerstoben und verflogen.

Wir lesen in 2. Mose 2, 15 ff.: »Aber Mose floh vor Pharao und hielt sich im Lande Midian und wohnte bei einem Brunnen. Der Priester aber in Midian hatte sieben Töchter, die kamen, Wasser zu schöpfen und füllten die Rinnen, daß sie ihres Vaters Schafe tränkten. Da kamen die Hirten und stießen sie davon. Aber Mose machte sich auf und half ihnen und tränkte ihre Schafe.«

Das Volk der Midianiter war mit Israel verwandt. Es stammte ab von einem Sohne der Ketura, die Abraham nach Saras Tode zur Frau genommen hatte (1. Mose 25, 1). Und die erste Zeit sind die Midianiter auch in den Wegen Abrahams, ihres Stammvaters, gewandelt. Später aber fiel Midian, wie alle andern Nachbarvölker, dem Götzendienst und Heidentum anheim.

Zu der Zeit aber, da Mose nach Midian kam, waren die Midianiter noch ein friedliches Volk, und ihr Priesterfürst Reguel, mit seinem Amtsnamen Jethro genannt, war ein Verehrer des lebendigen Gottes, wie aus 2. Mose 18 ganz unzweideutig hervorgeht.

Das muß betont werden, weil man hier und da hört und liest, Mose habe eine Heidin zur Frau genommen. Wohl war sie kein Glied des Volkes Israel; aber in ihrem Volk und ganz besonders in ihrem Hause herrschte doch der Glaube an Jehova, so daß man sie keine Heidin nennen kann.

Wie sollte auch der Mann, der um seines Glaubens willen »nicht mehr ein Sohn heißen wollte der Tochter Pharaos«, der auf eine glänzende Laufbahn verzichtete und lieber mit dem Volk Gottes Schmach und Schande trug, wie sollte auch der seinen Standpunkt und seine Grundsätze so weit vergessen können, daß er eine Heidin zur Frau nahm! Das ist doch unmöglich bei einem Mose.

Es sollte ebenso unmöglich sein bei einem Christen. Wer sich einmal zu Jesus bekannt hat und hat sich auf die Seite des Volkes Gottes gestellt, dem sollte es unmöglich sein, jemanden zu heiraten, der nicht seinen Glauben teilt. Aber soviel darüber schon gesagt und geschrieben worden ist, es fehlt noch viel, bis einmal alle Kinder Gottes es für selbstverständlich halten, daß das Wichtigste bei der Ehe die Übereinstimmung in Sachen des Glaubens ist. Immer noch wird mehr auf das äußere

Zusammenpassen gesehen als auf das innere. Man meint so leichthin: Das soll wohl kommen. Aber sehr oft kommt es nicht, eigentlich nie. Wenn der Apostel Paulus in 2. Korinther 6, 14 sagt: »Ziehet nicht am fremden Joch mit den Ungläubigen«, so hat das Wort seine besondere Bedeutung gerade für die Ehe. Denn in der Ehe werden zwei Menschen zusammen in ein Joch gespannt. Was soll daraus werden, wenn das eine hierhin will und das andere dahin?

> O selig Haus, wo Mann und Weib in einer,
> in Deiner Liebe eines Geistes sind!
> Weil beide eines Heils gewürdigt, keiner
> im Glaubensgrunde anders ist gesinnt.

1. *Gastlichkeit und Geselligkeit.* Mose hat den Töchtern Reguels einen ritterlichen Freundschaftsdienst geleistet. Als die Hirten sich vordrängten, da hat er den Mädchen zu ihrem Recht verholfen. Es gab damals noch nicht die Sitte, dem weiblichen Geschlecht den Vortritt zu lassen, sondern das Recht des Stärkeren wurde rücksichtslos zur Geltung gebracht. Erst das Christentum hat das geändert und die Männer dazu angeleitet, »dem weiblichen als dem schwächeren Werkzeug seine Ehre zu geben«. So hat das weibliche Geschlecht besonders Grund und Ursache, dem Herrn als seinem Retter und Befreier dankbar zu sein, wie wir schon gehört haben.

»Und da sie zu ihrem Vater Reguel kamen, sprach er: Wie seid ihr heute so bald gekommen? Sie sprachen: Ein ägyptischer Mann errettete uns von den Hirten und schöpfte uns und tränkte die Schafe. Er sprach zu seinen Töchtern: Wo ist er? Warum habt ihr den Mann gelassen, daß ihr ihn nicht ludet, mit uns zu essen?«

Einen Vorwurf macht der Vater seinen Töchtern. In weiblicher Zurückhaltung haben sie die Pflicht der Gastlichkeit versäumt. Sie hätten ihn einladen müssen, in ihres Vaters Hause einzukehren.

In der damaligen Zeit war es geradezu eine Pflicht, daß man sich der Fremden und Reisenden annahm. Sie waren auf die Gastfreundschaft angewiesen, wenn sie nicht unter freiem Himmel bleiben wollten. Und es ist ein schöner Zug des Morgenländers, der noch heute nicht ganz verwischt ist, daß man sich so gastlich und rücksichtsvoll des Reisenden annimmt.

Auch die Heilige Schrift schärft es uns ein: »Herberget gern! Seid gastfrei untereinander ohne Murren!« (1. Petr. 4, 9). Und es ist eine schöne alte Sitte, die nicht vernachlässigt werden darf im Volke Gottes.

Wie schön ist die Geschichte der lieben Leute von Sunem, die dem oft durchreisenden Elisa ein Kämmerchen zurechtmachten mit Bett, Tisch, Stuhl und Leuchter darin (2. Kön. 4, 10), damit der Mann Gottes bei ihnen bleiben und übernachten und sich wohl fühlen könne.

So sollten auch wir gern bereit sein zu beherbergen. Aber heutzutage scheut man sich so sehr davor, weil man törichterweise denkt, es müßten »Umstände gemacht« werden. Wenn das Herbergen mit drückenden Kosten verbunden ist, dann hört es auf, eine Lust zu sein; dann wird es eine Last.

Auch der Gast wird es peinlich und unangenehm empfinden, wenn er merkt, daß die Gastgeber seinetwegen sich in große Unkosten stürzen und anders leben, als sie es sonst gewohnt sind. Das ist ein bedrückendes Gefühl – und Gast und Gastgeber sind schließlich froh, wenn die Stunden oder Tage des Besuchs vorüber sind. Und dann sitzt der Hausvater mit der Hausmutter zusammen, und sie sagen seufzend: »Es war doch eine teure Geschichte!« Das ist das *Murren*, vor dem der Apostel Petrus warnt. Man kann es vermeiden, wenn man ruhig seiner Gewohnheit treu bleibt, auch wenn man Gäste hat.

Und wie mit der Gastlichkeit verhält es sich mit der

Geselligkeit. Wie war es »Sitte« in den Jahren vor dem Kriege? Man machte eine steife Anstandsvisite; sie wurde erwidert – und nun mußte dem Herkommen nach eine »Gesellschaft« folgen. Man bezeichnete diese Gesellschaften wohl mit dem unschönen Wort »Abfütterungen«. Und in der Tat, es sah so aus, als ob die Geladenen zu Hause niemals recht satt würden, so daß sie nun einmal sich gehörig gütlich tun sollten. In übertriebener Fülle waren die auserlesensten Genüsse vorhanden; ein Gang folgte auf den andern, eine Flasche Wein auf die andere.

Wenn die Welt ihr Vergnügen sucht im Essen und Trinken, dann wollen doch wir Christen wenigstens zeigen, daß wir höhere Freuden und bessere Genüsse kennen. Wir wollen doch den Bauch nicht zu unserm Gott machen!

2. *Stille Jahre.* Wir lesen in 2. Mose 2, 21.22 weiter: »Und Reguel gab Mose seine Tochter Zippora. Die gebar einen Sohn; und er hieß ihn Gersom; denn er sprach: Ich bin ein Fremdling geworden im fremden Lande.«

Was für Paulus die stillen Jahre in Arabien waren, was für Luther die stille Zeit auf der Wartburg war, das waren für Mose die stillen Jahre in Midian.

Der Traum, der Befreier seines Volkes zu werden, war ausgeträumt. Den stolzen Mose, der da meinte, alles Volk solle merken, daß Gott ihm durch *seine,* des Mose Hand Heil gebe, den konnte Gott nicht gebrauchen. Er bedient sich nur zerbrochener Stäbe zum Bau Seines Reiches, weil Er Seine Ehre nicht mit den Menschen teilen will.

Diese stillen 40 Jahre in Midian sind die hohe Schule gewesen, auf der Mose das Wichtigste gelernt hat, was ein Mensch Gottes können muß: gar nichts zu halten von sich selbst, kein Vertrauen zu setzen auf die eigene Kraft. Und gewiß ist ihm seine Ehe dabei auch von Segen gewesen. Er hat gelernt, daß das Leben aus Kleinigkeiten besteht, die man über dem Trachten nach großen Taten leicht vergißt und vernachlässigt. Und er hat sich so völlig in den engen Kreis seines Hauses und seiner Familie hineingelebt, daß er gar kein Verlangen mehr hatte, in das Getriebe der lauten Welt zurückzukehren. Aus dem Namen, den er seinem Erstgeborenen gab, klingt es heraus, daß er mit der Vergangenheit abgeschlossen hat. »Ich bin ein Fremdling geworden im fremden Lande.«

Welch eine Wandlung! Dieser bärtige Mann, der vor der Hüttentür auf und nieder geht und seinem kleinen Knaben, den er auf dem Arm hält, allerlei Liebesworte vorspricht, ist das der Feuerkopf, der ganz Israel erretten wollte aus der Gewalt Pharaos? Er ist wohl ein anderer, und es ist doch derselbe! Der Funke schlummert nur im Stein. Wenn der Stahl gegen den Stein schlägt, dann werden die Funken schon sprühen.

Und die Stunde kommt, wo die stillen Jahre ein Ende nehmen, wo Mose keine Zeit mehr hat für häusliches Glück und trautes Familienleben, wo er in das feindliche Leben hinaus muß.

Gott ruft ihn. Aber so sehr ist Mose verändert, so wenig steht sein Sinn mehr danach, hervorzutreten, daß er sich weigert, immer wieder weigert, bis Gott endlich zornig über ihn wird. Da ist nichts mehr von Selbstvertrauen, nichts mehr von Selbstüberschätzung, da ist nur ein tiefes Gefühl des eigenen Unvermögens. Und darum kann ihn der Herr gebrauchen.

Wie gut sind die stillen Jahre? Es will uns erst so schlecht gefallen, wenn wir in den Winkel gestellt werden. Wir hatten gedacht, es ginge gar nicht ohne uns, wir seien doch ganz unentbehrlich. Da stellt uns Gott beiseite, damit wir erkennen: Gott braucht uns gar nicht; Er hat uns gar nicht nötig. Es ist Gnade, wenn Er uns würdigt, für Ihn leben und arbeiten zu dürfen, freie

Gnade. Und dazu muß Er das Beste tun. Ohne Ihn vermögen wir nichts.

Wie nötig ist ab und zu eine solche stille Zeit im Leben der Christen!Wer immer im Getriebe der Arbeit und des Geschäfts steht, der kommt so leicht dazu, seine Gaben und Kräfte zu hoch einzuschätzen. Wir brauchen notwendig stille Zeit, um uns wieder auf uns zu besinnen.

Und wer sich solch stille Zeit nicht nimmt, wer keine Zeit hat für stille Stunden, dem gibt sie der Herr. Dann legt Er so einen rastlosen Geschäftsmann, so eine unermüdliche Hausfrau, so einen überarbeiteten Pastor mal in die Stille des Krankenzimmers. Und der sich für so unentbehrlich hielt, der sieht, daß es auch ohne ihn geht. Und das macht klein, das bringt uns wieder in das richtige Verhältnis zu Gott.

Ich habe einmal einem lieben Bruder einen seltsamen Wunsch ausgesprochen, und ich möchte denselben auch mancher lieben Schwester sagen. Ich sah, wie die Geschäfte und Sorgen des Lebens ihm beinahe über den Kopf wuchsen; auf den Rat, sich mehr zurückzuziehen, antwortete er, das ginge nicht. Da habe ich ihm gesagt: »Dann bleibt mir nichts anderes übrig, als Ihnen eine kleine Krankheit zu wünschen, damit Sie endlich mal stille Zeit bekommen!«

Sogar unser Heiland hat die stillen Stunden nicht entbehren können. Er ist oft geradezu Seinen Jüngern entwichen, um in der Stille wieder Kraft zu sammeln. Wenn Er das nötig hatte, der unter dem fortwährenden Zufluß von obenher stand, wie sollten wir auskommen und gedeihen können ohne stille Stunden?

Ja, aber meine Familie erlaubt es nicht! Meine Kinder müssen doch versorgt werden! – Gewiß, liebe Hausmutter, ganz leicht ist es für dich nicht, stille Stunden zu haben, aber doch nicht unmöglich. Wenn die Kinder im Bett sind, wenn die Tagesarbeit getan ist, dann laß einmal die rastlosen Hände ruhen, falte sie einmal um deine Bibel und versenk dich betend in Gottes Wort: Dein ganzes Leben wird neue Zuflüsse von Kraft und Gnade, von Weisheit und Liebe, von Geduld und Frieden bekommen. Und wenn du mit Gebet ans Werk gehst, dann wirst du auch nicht mehr das Gefühl haben, als wäre es für dich ein »Hinabsteigen in die Prosa des Lebens«, sondern dann wird dir auch der geringste Dienst – ein Dienst des Herrn, ein Gottesdienst!

Jeder von uns, ob Mann, ob Frau, braucht stille Zeiten. *Nimm* sie dir, sonst werden sie dir *gegeben!*

3. *Fürsorge für die Familie.* Gehorsam dem klar ausgesprochenen Willen Gottes nimmt Mose sein Weib und seine Söhne – inzwischen ist ihm in den 40 Jahren noch ein zweiter Sohn, Elieser, geboren – »und führte sie auf einem Esel und zog wieder gen Ägyptenland« (2. Mose 4, 20).

Es ist für ihn selbstverständlich, daß Frau und Kinder mit ihm gehen. Und auch Zippora, obwohl ihr der Abschied von der stillen Heimat, von der Stätte ihres häuslichen Glückes, schwer geworden sein mag, ist sofort bereit, ihn zu begleiten und in den Kämpfen, die seiner nun warten, ihm zur Seite zu stehen.

Das ist für eine Frau oft keine Kleinigkeit, wenn sich der Wirkungskreis des Mannes allmählich vergrößert, wenn immer mehr Arbeiten und Pflichten über ihn herfallen. Dann klagt sie wohl: »Was habe ich denn noch von dir? Nie mehr hast du Zeit für mich! Immer hast du zu tun! Ich glaube, du hast mich nicht mehr lieb.«

Ja, wenn die Arbeiten und Pflichten des Mannes selbsterwählte sind, für mancherlei Vereine, denen er beigetreten ist, dann kann es nicht scharf genug verurteilt werden, wenn der Gatte und Vater sich seinen eingebildeten Pflichten im Gesang- oder Turn- oder Schützen- oder Kegel- oder Ruder- oder Schwimm- oder Wanderverein widmet und Weib und Kind gehen leer aus. Anders aber ist es, wenn Gott selbst, wie hier dem Mose,

Aufträge gibt und Arbeiten überträgt, die er ausführen soll. Dann muß die Frau zurückstehen und bedenken: Mein Mann gehört dem Herrn, und wenn ich ihn hergebe so manche Stunde, in der ich ihn lieber daheim hätte, so ist das auch ein Opfer, das ich dem *Herrn* bringe. Und da gilt immer wieder: »Deinen Willen, mein Gott, tue ich *gern.*«

Mose hat seine Familie mit nach Ägypten genommen. Aber sie ist nicht lange in Ägypten geblieben. (Wir wollen die Stelle 2. Mose 4, 24–26 zuerst zurückstellen und um des Zusammenhangs willen gleich 2. Mose 18, 2 besprechen.) Mose hat sie bald wieder nach Hause geschickt. Es steht nicht da aus welchen Gründen. Also ist der freien Vermutung ein weites Feld geöffnet.

Die einen denken, Zippora, das Hirtenmädchen vom Lande, habe gar nicht zu Mose gepaßt, und das sei ihm in Ägypten selbst zum Bewußtsein gekommen. Ähnlich wie Goethes Liebe zu der einfachen Friederike von Sesenheim schnell erkaltete, als er sie in der Stadt sah, in der sie sich so gar nicht bewegen konnte.

Andere sagen: Vielleicht hat Mirjam sie nicht gut behandelt, daß sie darum gern wieder die stille Heimat aufsuchte.

Ich sehe zu diesen und ähnlichen Erklärungen, die irgendeinen durchaus schlecht machen wollen, keinen zwingenden Grund. Warum immer das Schlechteste denken? Neulich sagte mir jemand: »Ich mißtraue jedem Menschen so lange, bis ich Grund zum Vertrauen finde.« Darauf habe ich geantwortet: »Und ich vertraue jedem Menschen so lange, bis ich Grund zum Mißtrauen finde.« Gewiß wird man bei solcher »Vertrauensseligkeit« oftmals enttäuscht werden, aber es ist doch hundertmal glücklicher und angenehmer, als wenn man alle Menschen von vornherein als Schurken betrachtet. Warum also von Mose oder von Mirjam so Schlechtes denken? Ich möchte glauben, daß dieses Zurücksenden der Familie keinen andern Grund hatte als des Mose väterliche und liebevolle Fürsorge für seine Familie. Er selbst war gedeckt durch die persönlichen Verheißungen Gottes. Er hatte den Geleitbrief des Allmächtigen, der ihn ganz sicher machte. Aber an seiner wehrlosen Familie konnte sich Pharao leicht vergreifen, um den unbequemen Mann zum Schweigen zu bringen. Wenn Zippora, Gersom und Elieser als Geiseln in Pharaos Hand gerieten, dann konnte Pharao hoffen, daß Mose eher mit sich reden lassen würde. Und darum ging gewiß sein Trachten danach, diese drei in seine Gewalt zu bekommen. Um sie der Gefahr zu entziehen, und um der Sache des Herrn keinen Schaden zuzufügen, schickte Mose die Seinen nach Hause, um ganz frei und ungehindert das Werk des Herrn tun zu können.

Wenn wir es so auffassen, dann ist es ein schöner Zug im Charakterbild des Mose, der ihn uns menschlich um vieles näherbringt.

Woran es heutzutage in vielen Familien mehr oder weniger fehlt, ist dies: Der Vater unterläßt sehr oft die liebevolle Fürsorge für seine Familie und geht nur seinen Interessen nach oder lebt doch wenigstens nur seiner Bequemlichkeit.

Ich möchte hier nicht von der Vergnügungs- und Genußsucht der Männer sprechen, obwohl darüber viel zu sagen wäre, aber von ihrer Bequemlichkeit.

Große, kräftige Jungen schlendern im Haus herum, während die überarbeitete Mutter oder die kleinen Schwestern mit ihren schwachen Armen Holz und Kohlen tragen. Der Junge arbeitet in der Fabrik, das junge Mädchen ebenfalls – warum muß sie dann ihrem Bruder die Schuhe putzen, Holz und Kohlen tragen und zwanzig mühsame Arbeiten verrichten, welcher dieser kleine Pascha, dieser junge Herr der Schöpfung mit seinen starken Armen und flinken Beinen viel leichter als sie tun könnte? Aber nein, der junge Herr treibt sich auf der

Straße herum, spaziert und raucht, die arme Kleine besorgt die schweren Arbeiten und bekommt Rückenschmerzen. Das ist ganz in Ordnung, fast wie in Afrika.

Es ist doch seltsam: Weil der Mann stark ist, schont er sich. Weil die Frau schwach ist, legt man ihr alle schweren Arbeiten auf. Wenn etwas getan werden muß, so tut *sie* es, und der Mann läßt sich nicht stören.

Sehr viel wird so in Unachtsamkeit und Selbstsucht gesündigt, wo das Helfen und Dienen so leicht wäre und das Leben soviel schöner machte!

Wollen wir uns nicht bemühen, diese Lektion zu lernen, ein jeder in seinem Hause und an seinem Platz?

4. *Falsche Zärtlichkeit.* Wir kommen nun an die geheimnisvolle Geschichte 2. Mose 4, 24–26. »Und als er unterwegs in der Herberge war, kam ihm der Herr entgegen und wollte ihn töten. Da nahm Zippora einen Stein und beschnitt ihren Sohn und rührte ihm seine Füße an und sprach: Du bist mir ein Blutbräutigam. Da ließ Er von ihm ab. Sie sprach aber Blutbräutigam um der Beschneidung willen.«

In falscher Zärtlichkeit hatte sich Zippora gegen die Beschneidung ihres jüngsten Sohnes Elieser gewehrt. Und sie hat es durchgesetzt, daß Mose die Zeremonie unterließ, obwohl Gott sie verlangte. Das war Sünde. Und Gott läßt die Sünden der Seinen nicht ungestraft.

Unterwegs, auf der Reise, tritt der Herr dem bundbrüchigen Mose entgegen. Wie es scheint, wurde Mose von einer plötzlichen und gefährlichen Krankheit befallen. Und es war ihm gleich ganz klar: »Zippora, das kommt daher, daß wir die Beschneidung unterlassen und Gottes Gebot übertreten haben!«

Was hat diese falsche Zärtlichkeit für verhängnisvolle Folgen! Und sie hat es noch immer!

Ich weiß nicht mehr, wer es gesagt hat, aber es ist ein wahres Wort: »Zur Kindererziehung gehört immer auch die Strafe. Entweder bekommen die Kinder sie von den

Eltern, oder – die Eltern bekommen sie von den Kindern.« Wie oft kann man das beobachten, daß Eltern, die ihre Kinder verzärteln und sie nicht strafen können, dieselbe Erfahrung machen wie der alte Eli mit seinen Söhnen Hophni und Pinehas.

Wenn doch die Eltern dächten, was für einen Dienst sie ihren Kindern leisten, wenn sie sie ernst und streng erziehen und zu ihren Unarten nicht schweigen und sie nicht gar, wie es auch oft vorkommt, als besondere Heldentaten der Kinder weitererzählen, wenn diese selber dabei sind!

Wenn Zippora in falscher Zärtlichkeit ihrem Knaben den Schmerz der Beschneidung hat ersparen wollen, so sehen wir, wie genau Gott es mit den Seinen nimmt. Er läßt Seinen Kindern gar nichts durchgehen! Das ist sehr gut! Wir würden bald wieder die Sünde liebhaben, wenn Gott nicht gerade Seine Kinder so empfindlich züchtigte, wenn sie wieder nach der Sünde greifen. Gott will uns erziehen, da schont Er auch den Stab »Wehe« nicht, um zu Seinem Ziel mit uns zu kommen. »Wen Er liebhat, den züchtigt Er. Und Er stäupet einen jeglichen Sohn, den Er annimmt.«

Wer Gottes Kind wird, der muß sich auch des Vaters liebevolle, aber ernste Zucht gefallen lassen.

Willst du das?

Nur dadurch kann Zippora das Leben ihres Mannes retten, daß die Sünde hinweggetan wird, die verklagend zwischen ihm und Gott steht. Und – o wie schwer für die zärtliche Mutter! – jetzt muß sie selbst die Beschneidung vornehmen, weil ihr Mann viel zu elend dazu ist. Jetzt muß sie selbst das Blut ihres Sohnes fließen lassen!

Womit man sündigt, damit wird man sehr oft auch gestraft.

Als sie das Werk vollbracht hat, genau nach Vorschrift mit einem steinernen Messer, benetzt sie mit dem Blut die Füße ihres Mannes und spricht: »Du bist mir ein Blutbräutigam.« Da ließ Er von ihm ab.

Die Sünde ist gesühnt. Die Schuld ist beseitigt. Nun läßt Gott von Mose ab.

Sehr oft haben Krankheiten und Leiden nur den Zweck, uns zum Erkennen und Bekennen einer bestimmten Sünde zu bringen. Und wenn der Zweck erreicht ist, dann kann Gott die Hand wieder abziehen.

Aber warum benetzt Zippora mit dem Blut die Füße ihres Mannes? Darin liegt die alte biblische Wahrheit: »Ohne Blutvergießen geschieht keine Vergebung.« Nun war das Blut geflossen; nun war der Vater gerettet.

Und Blutbräutigam nennt sie ihn, weil er ihr jetzt zum zweitenmal von Gott geschenkt worden ist. Sie hat sein Leben Gott abgerungen durch das Blut ihres Sohnes. Jetzt gehört er ihr aufs neue; ja jetzt gehört er ihr mehr als zuvor, weil sie dieses für sie so große und schwere Opfer um seinetwillen gebracht hat. Jetzt ist er ihr durch das Blut des Sohnes verbunden.

Wenn doch auch alle Ehegatten zueinander sagen könnten: Was uns verbindet, das ist nicht unsere armselige, kalte, tote, träge, irdische Liebe, sondern was uns verbindet, das ist das für uns geflossene Blut des Sohnes Gottes, durch das wir, du und ich, dem Tode abgerungen sind! –

Von Zipporas Alter lesen wir nichts. Auf der Wüstenwanderung kehrte sie zu ihrem Manne zurück (2. Mose 18), um nun bei ihm zu bleiben als seine Gehilfin und Gefährtin bis an ihr Ende. Wenn wir auch nichts von ihr hören, so ist es doch ganz sicher, daß sie in herzlicher Liebe mit ihrem Mann verbunden war, den sie sich so teuer erkauft hat. Er war und er blieb bis in ihr Alter und bis an ihr Ende: ihr »Blutbräutigam«.

Mirjam

Als Jochebed den kleinen Mose in seinem Körbchen in das Schilf des Nils stellte, da stand die ältere Schwester des Knaben in der Nähe, um zu warten, was der Herr tun würde. Und als dann die Prinzessin den Knaben gefunden hatte, da kam sie herbei und vermittelte es, daß die eigene Mutter zur Pflegerin und Wärterin des Kindes bestellt wurde.

Es wird gewöhnlich angenommen, daß diese Schwester, die hier ohne Namen auftritt, Mirjam gewesen sei. Aber ich weiß doch nicht sicher, ob das richtig ist. Wenn es Mirjam war, dann war sie beim Auszug aus Ägypten fast 100 Jahre alt und bei ihrem Tode etwa 140 Jahre. Und das scheint mir mit Psalm 90 nicht zu stimmen. Die Lebensdauer damals war schon nicht mehr so groß wie in der früheren Zeit. Je größer die Anforderungen sind, die an die Kräfte eines Menschen gestellt werden, je schwieriger die Verhältnisse sind, in denen er lebt und arbeitet, um so kürzer wird die Dauer seines Lebens. Und die schwere Zeit in Ägypten hatte die Lebensdauer der Israeliten gewiß sehr beeinträchtigt und verkürzt.

Vielleicht war die Ungenannte, die uns bei der wunderbaren Rettung des Mose begegnet, eine ältere Schwester, während Mirjam eine jüngere Schwester des Mose war.

Aber wie dem auch sei, wir wollen doch einen Augenblick bei dieser älteren Schwester verweilen und uns freuen, wie treu sie ihrer Mutter zur Seite steht und wie liebevoll besorgt sie um den kleinen Bruder ist.

1. *Geschwisterliebe,* das ist etwas ziemlich Seltenes. Zu Hause läßt sich jeder eher gehen; da treten die Verschiedenheiten der Charaktere oft sehr stark hervor, und es

gibt allerlei Reibungen, namentlich zwischen Brüdern und Schwestern.

Sogar in dem trauten Geschwisterkreise in Bethanien kamen solche Spannungen vor zwischen der geschäftigen Martha und der stillen Maria. Aber sie waren verbunden in der gemeinsamen Liebe des Herrn: »Jesus hatte Martha lieb und Maria und Lazarus.«

Es ist besonders erfreulich, wenn Geschwister im Glauben miteinander verbunden sind. Die sind in doppelter Beziehung blutsverwandt. Aber wo diese Verbindung fehlt, da ist die Geschwisterliebe selten, ja sie verwandelt sich oft sogar in direkte Feindschaft.

Was hat Jesus gewiß zu leiden gehabt unter dem Unverstand Seiner Geschwister, die mit Seinem Auftreten und Vorgehen so gar nicht einverstanden waren und Ihn nach Hause zurückholen wollten! Und es ist noch heute eine traurige Tatsache, daß man sich mit Gläubigen, die man eben erst kennengelernt hat, viel herzlicher verbunden fühlt als mit den eigenen, aber ungläubigen Geschwistern.

Diese Geschwisterliebe, wie wir sie im Hause Amrams und Jochebeds finden, ist sehr selten, und doch ist sie etwas sehr Schönes. Wie schön ist es, wenn die Tochter der Mutter zur Hand geht und ihr die mancherlei Pflichten abzunehmen und zu erleichtern sucht; wenn sie die kleineren Geschwister so liebevoll und zuverlässig besorgt, daß die Mutter selber es nicht besser könnte. Der Mutter wird es vielleicht manchmal zuviel im Haushalt; sie kann nicht alle Löcher stopfen und alle Risse flicken – da muß das Töchterchen sich Nadel und Schere nehmen und den Schaden kurieren. Armut schändet nicht, aber zerrissene Sachen, die schänden. Geflickt darf das Kleid sein, aber heil muß es sein.

Da liegen Aufgaben gerade für die Töchter. Da können sie der Mutter behilflich sein und sich nützlich machen.

Und die Söhne können es in anderer Weise. Die können der Mutter einkaufen und die Kohlen holen und so manches tun, was besser ist, als herumlungern und rauchen oder Steine in des Nachbars Apfelbaum werfen.

In der Familie ist die beste Gelegenheit, Liebe zu zeigen und zu üben – und die Selbstsucht macht sich am meisten gerade in der Familie breit, wo man glaubt, keine Rücksichten nötig zu haben.

Es läuft immer wieder auf das eine hinaus, das nottut: Wo der Herr Jesus regiert, da ist es gut sein, und wo Er nicht thront in einem Hause, in einem Herzen, da fehlt der Friede. Nur was Er verbunden hat, das hält zusammen: Nur die Liebe Jesu hört nimmer auf.

Ihr älteren Geschwister, ihr habt eine besondere Verantwortung! Nach eurem Beispiel richten sich die jüngeren. Seid ihr ihnen kein gutes Vorbild, dann tragt ihr mit die Schuld, wenn nichts Gutes aus ihnen wird. Um eurer jüngeren Brüder und Schwestern willen laßt euch bitten: Übergebt euch dem Herrn Jesus! Wehe, wenn das Wort wahr würde: »Wer dieser Geringsten einen ärgert, dem wäre es besser, daß ein Mühlstein an seinen Hals gehängt würde und er ersäuft würde im Meer, da es am tiefsten ist!«

2. *»Wes das Herz voll ist, des geht der Mund über.«* Eine große und herrliche Tat hatte Gott getan. Er hatte das Volk Israel trockenen Fußes durchs Rote Meer geführt. Und als die Ägypter kamen und dem Volke nachjagten, da fluteten die aufgestauten und zurückgehaltenen Wellen über das Heer der Verfolger, daß ihrer niemand entrann.

Diese wundersame Errettung feiert Mose mit einem Lob- und Dankpsalm. Aber auch die Frauen können nicht schweigen. Auch ihr Herz geht in Sprüngen. »Und Mirjam, die Prophetin, Aarons Schwester, nahm eine Pauke in ihre Hand, und alle Frauen folgten ihr nach hinaus mit Pauken im Reigen. Und Mirjam sang ihnen vor: Lasset uns dem Herrn singen; denn Er hat eine herrliche Tat getan; Roß und Mann hat Er ins Meer gestürzt« (2. Mose 15, 20.21).

Der Mund ging ihr über; denn ihr Herz war voll Lob und Dank gegen Gott. Und kein Mensch hat das unpassend und unschicklich gefunden. Heutzutage will man oft biblischer sein als die Bibel und den Frauen in religiösen Fragen den Mund verbieten. Das ist nicht nach der Schrift. Wenn auch den Frauen das Priesteramt in der Gemeinde nicht zusteht, so sollen sie doch nicht zurückstehen im Lobe und Preise Gottes. Wenn hier Mirjam »die Prophetin« genannt wird, so ist das ein Beweis, daß sie nicht nur dies eine Mal in dieser Weise hervorgetreten ist, sondern daß das ihre Gewohnheit war. Und so begegnen wir in der Schrift manchmal sogenannten Prophetinnen, die im Heiligen Geist die göttlichen Eingebungen verkündigten, die ihnen zuteil geworden waren. So lesen wir in Richter 4, 4: »Zu derselbigen Zeit war Richterin in Israel die Prophetin Debora.« Ferner wissen wir aus 2. Könige 22, 14 ff. von einer Prophetin Hulda. Von Hanna (Lk. 2, 36) wird uns gesagt, daß sie eine Prophetin war; sie »kam nimmer vom Tempel, diente Gott mit Fasten und Beten Tag und Nacht. Dieselbige kam auch hinzu zu derselben Stunde und pries den Herrn und redete von Ihm zu allen, die da auf die Erlösung zu Jerusalem warteten.« In der Apostelgeschichte (21, 9) lesen wir auch von vier Töchtern des Diakonen und Evangelisten Philippus in Cäsarea, die weissagten.

Wenn der Heilige Geist sie trieb, so haben also auch Frauen und Mädchen des Herrn Namen verkündigt. Und darum gilt es auch für unsere Zeit: »Den Geist dämpfet nicht!«

In einer Hinsicht sollten alle Frauen und Mädchen Prophetinnen sein – sie sollten von *erfahrener* Gnade reden und rühmen können! So wie Gott Israel durchs

Rote Meer hindurchführte und sie aus der Knechtschaft in Ägypten errettete, so hat Er uns durch das Blut Jesu die Erlösung und Befreiung erwirkt aus der Knechtschaft der Sünde und der Obrigkeit der Finsternis. Und wer diese große Gottestat an seinem Herzen erfahren hat, wer sich erlöst und gewaschen weiß durch des Lammes Blut, der kann nicht schweigen, der kann es nicht lassen, von all dem zu reden, was er erlebt und erfahren hat.

Das gilt auch von den Frauen. »Wes das Herz voll ist, des geht der Mund über.« Wer meint: »Das paßt sich nicht; das muß man für sich behalten; das geht niemand was an«, der hat gewiß die Rettung seiner Seele noch nicht erfahren; denn sonst würde und könnte er nicht so sprechen! Wer sich erlöst weiß, der wünscht und spricht:

> O daß ich tausend Zungen hätte
> und einen tausendfachen Mund,
> so stimmt ich damit um die Wette
> aus allertiefstem Herzensgrund
> ein Loblied nach dem andern an
> von dem, was Gott an mir getan!

Aber die Frage ist: Hast du schon diese große Gottesgnade erfahren? Kannst du in Wahrheit singen:

> Mir ist Erbarmung widerfahren,
> Erbarmung, deren ich nicht wert?

Oder weißt du noch nichts davon?

Glaub es doch: Die Erlösung ist vollbracht! An Christus *haben* wir die Erlösung durch Sein Blut, nämlich die Vergebung der Sünden, nach dem Reichtum Seiner Gnade. Wenn doch auch du das Rühmen lernen könntest:

> Es quillt für mich dies teure Blut,
> das glaub und fasse ich!
> Es macht auch meinen Schaden gut,
> denn Christus starb *für mich!*

Mirjam mit dem Chor der Frauen antwortet hier auf Mose und den Chor der Männer. Das ist herrlich, wenn Frauen und Männer zusammenstimmen zum Lobe Gottes! Die Männer fangen hier an; die Frauen folgen nach. Leider ist in weiten Gebieten unseres Vaterlandes das Christentum nur noch eine Sache der Frauen! Die Männer sind darüber hinaus. Ich bin in Kirchen gewesen in der Mark Brandenburg und in Thüringen, wo kaum drei Männer in der Kirche waren. In dem religiös lebendigeren Westen steht es wohl besser, aber wie es sein sollte, ist es auch im Westen nicht. Die Frauen haben in der Küche zu tun oder haben mit den Kindern zu schaffen; aber die Männer hätten wohl Zeit. Ja, um in Hemdsärmeln vor der Tür zu sitzen und, Zigarre oder Zigarette im Mund, die Zeitung zu lesen, dazu haben sie Zeit. Aber um Gottes Wort zu hören, dazu haben sie keine Zeit. Das ist traurig, sehr traurig! Gott gebe, daß es wieder werde wie dort nach dem Durchzug durchs Rote Meer, daß die Männer wieder anfangen mit dem Lobe Gottes, und daß die Frauen darin mit ihnen zusammenstimmen!

3. *»Wer da steht, der sehe wohl zu, daß er nicht falle!«* Das ist eine alte Mahnung, die mit Fleiß zu Herzen genommen werden sollte. Mirjam ist uns ein trauriger Beweis dafür, daß auch Kinder Gottes tief fallen können. Und der Fall ist um so tiefer, je höher man zuvor gestanden hat. Mirjam hat hoch gestanden. Sie ist eine Prophetin Gottes gewesen. Sie hat besondere Gaben gehabt. Aber darum hätte sie auch besonders auf der Hut sein müssen. Denn der Feind richtet seine Angriffe am heftigsten auf solche, die eine führende Stellung im Reich Gottes, in der Gemeinde oder Gemeinschaft, einnehmen. Was für ein Triumph, wenn er so einen hat zu Fall bringen können! Was für ein Schauspiel ist das für die Welt! Wie klatscht die in die Hände, wenn so ein Morgenstern vom Himmel gefallen ist! »Also das sind die Frommen! Das sind die Heiligen!«

Der Herr sagt es zu allen, Er sagt es auch zu dir: »Wachet! Halte, was du hast, daß niemand deine Krone nehme!« Auch du bist nicht sicher, daß es mit dir nicht ebenso gehen könnte. Wirf nicht mit Steinen auf andere, sondern bitte den Herrn, dich zu bewahren, und dann wache und bete!

Im 4. Buch Mose (Kap. 12) wird uns Mirjams Fall erzählt. »Und Mirjam und Aaron redeten wider Mose um seines Weibes willen, der Kuschitin, die er genommen hatte, darum, daß er eine Kuschitin zum Weibe genommen hatte, und sprachen: Redet denn der Herr allein durch Mose? Redet Er nicht auch durch uns? Und der Herr hörte es.«

Ein richtiges Komplott zetteln sie gegen Mose an. Die zweite Frau des Mose dient zum Vorwand, ihn anzugreifen. Aber der eigentliche Grund ist ein anderer. Sie treten zu sehr hinter Mose zurück. Sie gönnen ihm seine Stellung nicht. Dabei hätten sie ihn nicht zu beneiden brauchen; denn es heißt gleich darauf: »Aber Mose war ein sehr geplagter Mensch über alle Menschen auf Erden.«

Wie schändlich ist das! Sie beneiden ihn, weil Gott ihn als Sein Werkzeug gebraucht. Zwar bricht er fast zusammen unter der Last dieser Aufgabe; aber sie sind eifersüchtig und neidisch, daß Gott sich zu ihnen nicht so bekennt wie zu ihrem Bruder.

Sollte man es glauben, daß ein Kind Gottes so denken und sprechen könnte? Man würde es nicht für möglich halten, wenn man es nicht auch heutzutage erleben könnte.

Da kommt ein neuer Pastor in eine Gemeinde oder ein gläubig gewordener Bruder in eine Gemeinschaft, und der Herr bekennt sich zu ihm; es geht Segen von der Arbeit aus – gleich kommt der Neid und legt sich wie ein böser Mehltau auf das schöne Werk des Herrn. Zwar arbeitet der Bruder, daß er fast zusammenbricht; aber statt ihm zu helfen, ihn zu unterstützen und sich über den Segen Gottes zu freuen, wird er beneidet und das Werk des Herrn geschmäht; und wenn man nichts anderes kann, dann hilft man sich damit, daß man, wie Mirjam auch, sein Privat- und Familienleben ans Licht zieht und ihn durch Verleumdungen zu verderben trachtet.

Und Mirjam hatte die Gnade Gottes erfahren! Mirjam war eine Große im Reich Gottes! Und Aaron, ihr Bruder, war Gottes Priester! Und dennoch. Hier können wir sehen, was wir sind und was in unserm Herzen steckt; daß unsere Natur grundverdorben ist. Zu solchen Abscheulichkeiten sind wir fähig. Wir auch.

Daraus sehen wir, es ist nicht genug, einen Anfang zu machen. Es muß auch eine Fortsetzung folgen. Wir müssen auch bei Jesus bleiben. Auf die Rechtfertigung muß die Heiligung des Wandels und Lebens folgen.

Wie viele Beispiele hat die Bibel uns vor die Seele gemalt, daß man im Geist anfangen und im Fleisch vollenden kann: Saul, Judas, Demas und andere! An was für Leute schreiben die Apostel ihre ernsten Mahnungen? An Gläubige! Weil der Teufel ein verschlagener Feind ist und keinen größeren Triumph kennt, als ein Kind Gottes zu stürzen, daß der Schlamm seiner Schande auf das Christentum zurückfällt.

Darum bleibe in Jesus! Das Sündenverderben in deinem Herzen ist so groß, daß du keinen Augenblick ohne Jesus sein darfst, sonst ist es sofort um dich geschehen.

4. *Zungensünden.* Der Neid ihres Herzens macht sich bei Aaron und Mirjam in bösen Worten Luft. Sie *redeten* wider Mose. Aber wir hören gleich danach: »Und der Herr hörte es.«

Ja, der Herr hört, was wir reden, und wir müssen Rechenschaft geben von jedem unnützen Wort, das wir geredet haben. Und wie viele solcher Worte werden geredet!

Was ist der beliebteste Gesprächsgegenstand? Der abwesende Nächste. Wo zwei oder drei Menschen zusammenstehen auf der Straße und ein lebhaftes Gespräch führen, da kann man fast mit Sicherheit darauf schließen, daß sie über den abwesenden Nächsten sprechen.

Und wie geht man in den Kaffeekränzchen und Stammtischen mit dem guten Namen des Nächsten um! Es schreit gen Himmel, was da gelogen und erfunden wird. »Haben Sie schon gehört? Können Sie sich das denken? Sollte man das für möglich halten? Nein, das hätte ich doch nicht gedacht! Das muß ich doch gleich meinem Mann, meiner Frau erzählen!« Ist denn niemand da, der ein Wort für den wehrlos Durchgehechelten spräche? Sagt nicht der Heidelberger Katechismus, wir sollten niemand ungehört und leicht verdammen helfen? Aber es ist so interessant! Es regt uns so angenehm auf. Man kann seine eigene Tugendhaftigkeit besser zeigen, wenn man den armen Nächsten herabsetzt.

Welch ein Unheil können die bösen Zungen anrichten! Ich weiß von einem jungen, achtbaren Mädchen, über das kam ein verleumderisches Gerede in Umlauf, an dem kein wahres Wort war. Aber es wurde geglaubt und weitererzählt. So kam es dem Mädchen selbst zu Ohren. Es war sich zwar seiner Unschuld bewußt, aber es nahm sich das Geschwätz so zu Herzen, daß es trübsinnig wurde. Und in diesem Zustand geistiger Umnachtung ging es ins Wasser und machte seinem Leben ein Ende.

Wer hatte diesen Tod auf dem Gewissen? Der junge Bursche, der das Gerede aufgebracht hatte, weil sie sein Liebeswerben verschmäht hatte, und – all die Männer und Frauen, die das Gerede geglaubt und weitergetragen hatten.

Nicht wahr, du würdest dies und das nicht sagen, wenn der im Gespräch Verleumdete dabei wäre. »Ich werde mich wohl hüten!« Aber er wird es erfahren, dafür wird schon gesorgt. Es gibt zu viele Menschen, die am Klatsch ihre Freude haben und mit wahrer Wonne Land und Leute aufeinander hetzen. Und wenn du auch sagst: »Aber bitte, sagen Sie es keinem weiter! Ich teile es Ihnen nur unter dem Siegel der Verschwiegenheit mit« – es geht doch seinen Weg, und der liebe Nächste wird bald merken, was man hinter seinem Rücken zu zischeln und zu tuscheln hat.

Und es ist noch einer da, der es hört: Gott! Und jedes böse, lieblose Wort, das du geredet, belastet dein Schuldkonto.

In dem köstlichen Büchlein »Allerlei für einfache Leute« wird eine Geschichte von einem Dienstmädchen erzählt, das viel über seine Herrschaft zu räsonieren hatte. Bald war dies, bald war das nicht nach ihrem Sinn. Da hatte sie einen Traum. Sie befand sich in einem großen Saal, der ganz weiße Wände hatte. Und an einer dieser weißen Wände standen ihr Dienstherr und seine Frau und schienen eifrig zu lesen. Zuweilen kamen verwunderte Ausrufe: »Das hätte ich von unserer Marie doch nicht gedacht!« Marie schlich sich auf den Fußspitzen hinzu, um zu sehen, was die beiden da lasen. Und was stand da auf der weißen Wand geschrieben? All ihre Klagen. Alles stand schwarz auf weiß zu lesen. Und – die Herrschaft las alles! O da hätte Marie vor Scham in die Erde sinken mögen. Sie schämte sich ganz entsetzlich und – wurde wach.

Es ist etwas Wahres an dieser Geschichte. So wird all unser Reden aufgeschrieben in dem Buch Gottes. Gott liest es, Gott hört es, Gott weiß es!

Wie eindringlich warnt Jakobus vor den Zungensünden, und wie wenig wird diese Mahnung beachtet! Ich glaube, daß kein Gebot täglich so oft übertreten wird wie gerade dieses: »Du sollst kein falsch Zeugnis reden wider deinen Nächsten.«

Mirjam hat es zu büßen gehabt, was sie gegen Mose geredet hatte. Und auch dir wird es einmal schwer aufs Herz fallen, was du in Lieblosigkeit gesündigt und gesagt hast.

> Drum hüte deine Zunge wohl;
> bald ist ein böses Wort gesagt.
> O Gott, es war nicht bös gemeint!
> Der andre aber geht und klagt.

5. *»Was der Mensch säet, das wird er ernten.«* Ungestraft läßt Gott keinem Seiner Kinder eine Sünde durchgehen. Er nimmt es genau mit ihnen. Er redet sehr scharf mit Aaron und Mirjam. Er weist sie auf den großen Unterschied hin, der zwischen ihnen und Mose besteht. Er weist sie an ihren richtigen Platz zurück. »Ist jemand unter euch ein Prophet des Herrn, dem will Ich Mich kundmachen in einem Gesicht oder will mit ihm reden in einem Traum. Aber nicht also Mein Knecht Mose, der in Meinem ganzen Hause treu ist. Mündlich rede Ich mit ihm, und er sieht den Herrn in Seiner Gestalt, nicht durch dunkle Worte oder Gleichnisse. Warum habt ihr euch denn nicht gefürchtet, wider Meinen Knecht Mose zu reden? Und der Zorn des Herrn ergrimmte über sie, und Er wandte sich weg. Dazu die Wolke wich auch von der Hütte. Und siehe, da war Mirjam aussätzig wie der Schnee.«

Nicht umsonst steht geschrieben: »Wer euch antastet, der tastet Meinen Augapfel an.« Hier war der Augapfel Gottes angetastet, und da ergrimmte Gott. Er wendet sich weg.

Es ist das Schwerste für ein Kind Gottes, wenn Gott sich abwendet! Der Friede ist verloren; die Ruhe ist hin. »Ich schwemme mein Bett mit Tränen die ganze Nacht.« Alles Glück ist gewichen, wenn Gott sich abwendet. Und an Stelle des früheren Segens tritt Unsegen. Das Glück verwandelt sich in Unglück. Mirjam ist aussätzig; so aussätzig wie ihre Seele war, ist auch ihr Leib. So redet Gott.

Bruder, Schwester! Kannst du leben – hinter dem *Rücken* Gottes? Kannst du es aushalten, ohne daß Gott dir Sein Antlitz leuchten läßt? »Kehre wieder, kehre wieder, der du dich verloren hast!«

Ach, wenn ein Mensch in diesen Zustand hineingerät, merkt er es oft selbst nicht gleich. Es geschieht oft nicht plötzlich, sondern allmählich. Er hat noch den Namen, daß er lebt, und er ist doch tot. Er hält sich selbst noch für lebendig; es wird nach wie vor Hausandacht gehalten und gebetet – aber der Friede ist fort; das innere Leben ist entwichen. Und es dauert oft jahrelang, bis so ein Mensch wieder zurechtkommt! David, der Mann nach dem Herzen Gottes, hat ein ganzes Jahr in dieser Gottesferne zugebracht, und er merkte es gar nicht!

Es söhnt uns mit Aaron wieder aus, daß er, kaum zur Erkenntnis der geschehenen Sünde gekommen, alsbald um Gnade bittet. Und – er gibt Mose die gebührende Ehre und bittet ihn um seine Fürsprache: »Ach, mein Herr, laß die Sünde nicht auf uns bleiben, die wir töricht getan und uns versündigt haben.«

Recht so, Aaron, *sofort* bekennen! Wir müssen kurze Rechnung haben bei Gott. Die Sünde nicht erst alt werden und anwachsen lassen, sondern sobald sie uns zum Bewußtsein gekommen ist, zum Herrn damit, vor Jesus damit! Er hat Gnade – auch für Abtrünnige! »Kehre wieder – zaudre nicht!«

Und was geschieht weiter? Mose, gegen den das abscheuliche Komplott gerichtet gewesen war, der »schrie zu dem Herrn und sprach: Ach, Gott, heile sie!«

Wie groß hier Mose ist – und wie klein seine Schwester Mirjam!

Aber so ohne weiteres will Gott nicht heilen und helfen. Mirjams Sünde ist so offenkundig geschehen; sie soll auch vor dem ganzen Volke ihre Strafe empfangen.

»Laß sie verschließen sieben Tage außer dem Lager; danach laß sie wieder aufnehmen.«

Eine schwere Lektion, die Mirjam bekommt. Sie, die einst den Reigen angeführt hat, nun außen vor dem Lager als eine Aussätzige, ausgestoßen von Gott und Menschen! Das war eine schwere Woche für sie, aber eine Segenswoche.

Als sie wieder aufgenommen wurde, da war ihr nicht nur der Aussatz abgenommen, da war sie auch innerlich gewaschen und von ihrer Sünde gereinigt.

Sie starb im letzten Jahr des Wüstenzuges. In der Wüste Zin, in der Gegend von Kades-Barnea ist ihr Grab (4. Mose 20, 1).

Sie kam noch zurecht; denn der Herr ist treu. Er kam auch mit Mirjam an Sein Ziel. Aber es ging durch den Tiegel der Trübsal hindurch, um die Schlacken auszuscheiden.

Er wird auch dich zum Ziele bringen, aber durch schwere Trübsale, durch tiefe Täler, wenn du nicht gehorsam bist, wenn du nicht in Seiner Liebe bleibst. Du kannst dir viel Schweres ersparen, wenn es dein Anliegen ist, dem Willen des Herrn gehorsam zu sein.

Rahab

Das 11. Kapitel des Hebräerbriefes ist eine Ruhmeshalle derer, die sich im Kampf des Glaubens bewährt haben. Aber gehört denn auch das Bild der Rahab in diese Ruhmeshalle hinein? Es ist doch kein feiner Titel, den die Schrift ihr beilegt? – Nicht nur im Hebräerbrief begegnen wir Rahab, auch der Apostel Jakobus schreibt von ihr. Wenn er Abraham als den Vertreter der Gläubigen aus Israel nennt, dann ist für ihn Rahab die Vertreterin der Gläubigen aus den Heiden (Kap. 2, 25). Und endlich sehen wir Rahab sogar im Stammbaum Jesu (Mt. 1, 5); sie ist gewürdigt worden, zu den Ahnen Jesu zu zählen.

Wenn die Schrift so oft von ihr spricht, dann wird es sich gewiß lohnen, diesem Frauenbild besondere Aufmerksamkeit zuzuwenden. In Hebräer 11, 31 lesen wir: »*Durch den Glauben* ward die *Hure* Rahab nicht verloren mit den Ungläubigen, da sie die Kundschafter freundlich aufnahm.« Da müssen wir sehen:

1. *Wie Rahab zum Glauben kam.* Das ist eine ganz außerordentliche Geschichte. In ihrem Elternhaus war von Gott und vom Glauben an Ihn keine Rede. Sie gehörte ja zum Geschlecht der Kanaaniter. Ihre Eltern konnten sie nicht im Glauben erziehen, denn sie waren Heiden. Nicht einmal eine ordentliche Erziehung hatte Rahab genossen; früh schon war sie auf die Bahn der Sünde gestoßen worden.

Es ist wohl jedesmal ein Wunder Gottes, wenn ein Mensch zum Glauben kommt. Auch wenn ein Mensch treue und gläubige Eltern hat, muß Gott ein Wunder tun und den Glauben in ihm wecken und wirken. Es gibt wohl Erbsünde, aber keinen Erbglauben. Daß dein

Vater, deine Mutter gläubig waren und selig gestorben sind, das rettet dich nicht, wenn du nicht selbst zum Glauben kommst.

Aber man versteht es viel eher, es erscheint uns gewissermaßen leichter, wenn jemand zum Glauben kommt, für den von seiner Geburt an gebetet worden ist. Dagegen kommt es uns als ein besonderes Wunder der Gnade vor, wenn Gott ein Kind aus einem ganz ungläubigen Hause zum Glauben bringt. Solche »Neuanfänger« haben immer einen schweren Stand. Sie sind wie die weißen Raben, auf die alle andern loshacken.

Ein Kind aus einem gläubigen Haus wird gehegt und gehütet wie eine Pflanze im Treibhaus. Jede Versuchung und Gefahr suchen die fürsorglichen Eltern fernzuhalten. Dadurch werden die Kinder leicht verzärtelt und verweichlicht, so daß sie nachher oft den Stürmen des Lebens nicht gewachsen sind. Sie haben keinen eigenen, selbständigen Glauben. Gläubige aus einem ungläubigen Hause dagegen sind wie Pflanzen auf öder Heide, wo die Winde wehen und die Stürme brausen. Aber eben darum werden solche, die das Joch in ihrer Jugend getragen haben, nachher oft viel, viel kräftiger und entschiedener in ihrem Christentum. Je mehr sie von den Stürmen umbraust waren, um so mehr haben sie die Wurzeln ihres Wesens in Jesus und Seine Gnade gesenkt.

Rahab wuchs nicht nur in einem ungläubigen Hause auf; sie lebte auch in einer ganz ungläubigen Stadt. In ganz Jericho war kein Mensch, der an Gott glaubte. Wenn Gläubige in der Stadt gewesen wären, so würde Gott ohne Zweifel Mittel zu ihrer Rettung gefunden haben. Jericho war eine Stadt voll Sünde und Schande, reif zum Gericht. Und in diesem Sumpf der Verdorbenheit war Rahabs Glaube erblüht.

Wieviel leichter haben wir es doch! Ich weiß nicht, wo du wohnst, der du dies liest. Aber das weiß ich, daß es, dem Herrn sei Dank, in deutschen Landen nicht viele

Orte gibt, in denen Gott nicht einige oder mehrere treue Nachfolger hätte. Und in vielen Orten besitzt Er sogar ein großes Volk. Denn Er ist allenthalben auf dem Plan, um Menschen zu sammeln.

Wenn vielleicht in deiner Familie kein Mensch zu Jesus gefunden hat, dann gibt es doch sicher in deiner Nachbarschaft oder Freundschaft jemand, der dir den Weg des Lebens zeigen kann. Davon bin ich wenigstens überzeugt, daß der Herr auf die eine oder andere Weise an jeden einzelnen herantritt, um ihn zu gewinnen. Denn »solches tut der Herr an einem jeglichen zwei- oder dreimal«, wie es im Buch Hiob heißt. Bist du aber schon zum lebendigen Glauben durchgedrungen? Daß du einem christlichen Verein angehörst, daß du in die Kirche gehst und christliche Zeitschriften liest – das reicht nicht. Du mußt dich klar und wahr für Jesus entscheiden.

Der Glaube Rahabs ist ein merkwürdiges Ding, wenn man bedenkt, daß sie eigentlich gar keine Mittel hatte, um sich Erkenntnis zu verschaffen. Sie hatte keine Bibel und kein Gesangbuch und keinen Katechismus. Alle unsere Hilfsmittel fehlten ihr. Sie hörte keine Predigt und besuchte keine Stunde. Sie hatte ihren Glauben von der Straße aufgelesen. Wenn sie mit den andern Frauen am Marktbrunnen zusammentraf, dann redeten sie von einem seltsamen Volk, das aus Ägypten ausgezogen sei, das seinen Weg mitten durchs Rote Meer genommen habe, das am Tage von einer Wolkensäule und des Nachts von einer Feuersäule geführt werde. Der König von Ägypten habe mit seinem ganzen Heer sein Ende gefunden, als er dies Volk verfolgte; ebenso seien auch Sihon, der König der Amoriter, und Og von Basan überwunden, und bald würde dieses unheimliche Volk auch an die Tore Jerichos klopfen. Und es sei wenig Aussicht, diesem Volke Widerstand zu leisten, weil der Gott des Himmels und der Erde es selber anführe.

Aus diesen Erzählungen hatte Rahab ihre Kenntnis geschöpft. Von Tag zu Tag steigerten sich die Unruhe und die Angst der Leute von Jericho, und der Grund ihrer Furcht war, daß Gott selber dieses Volk anführte und ihm den Sieg gab über alle seine Feinde. Da redete Rahab mit diesem unbekannten Gott, daß Er ihr und der Ihrigen Elend gnädig ansehen möchte, und daß Er ihr helfe, aus ihrem Sündenelend herauszukommen.

Ein merkwürdiges Mädchen, diese Rahab! Sie wußte eigentlich nichts – und glaubte doch! Und heutzutage? Viele wissen alles – und glauben nichts. Es werden zahllose Predigten und Bibelstunden gehalten – und was ist der Erfolg? Viele Kinder kennen den Katechismus und den ganzen Heilsweg so deutlich und klar, daß auch das zurückgebliebenste Kind es fassen und begreifen kann – und was ist der Erfolg? Der selige Pastor Seeger hat einmal gesagt: »Als Petrus *eine* Predigt hielt, da kamen 3000 Menschen zum Glauben; heute aber werden 3000 Predigten gehalten, ehe *ein* Mensch zum Glauben kommt.« Gewiß liegt ein Teil der Schuld an den Rednern und Predigern; aber ob die Hörer nicht auch Schuld tragen, wenn das Wort keine Frucht bringt?

Gib acht, daß nicht einst am Tage des Gerichts Rahab gegen dich auftrete und deinen hartnäckigen Unglauben anklage!

Und dabei war Rahab eine Sünderin im vollen Sinne des Wortes. Die Sünde war ihr Gewerbe geworden. Und »so eine« kommt zum Glauben! Was für ein Wunder der Gnade! Was für ein wunderbarer Gott, der aus den elendesten und verkommensten Menschen Denkmäler Seiner Gnade macht!

Aber Menschen mit großer Sündenschuld kommen für gewöhnlich viel eher und leichter zum Glauben als ordentliche und ehrliche Menschen. Gerade ihre Verkommenheit hatte in Rahabs Herzen ein Verlangen nach Errettung erweckt. Gerade weil sie voll Scham und

Abscheu ihr Lasterleben erkannte, hatte sie eine solche Sehnsucht nach Frieden.

Und sie war auch eine andere geworden, als sie den lebendigen Gott gefunden hatte. Wir lesen, daß sie die Kundschafter, die bei ihr einkehrten, unter den Flachsstengeln auf ihrem Dach verbarg. Wozu hatte sie die Flachsstengel auf ihrem Dach, wenn sie nicht angefangen hatte, ein fleißiges und arbeitsames Mädchen zu sein?

Wie wunderbar ist Gott! Er wählt nicht die Frommen und die Klugen und die Reichen aus, sondern die Sünder, die Zöllner, die Ehebrecher, die Trunkenbolde rettet Er, daß man staunen muß über die Wunder Seiner Gnade. Und während Er sich den Weisen und Klugen verbirgt, offenbart Er sich den Unmündigen. Fort und fort nimmt Er Sünder an – hat Er auch dich schon aufgenommen?

Was du auch gewesen sein magst, wie du auch gelebt hast – wenn du nur angenommen bist! Deine Vergangenheit kann dich nicht mehr anklagen, wenn ein seliges »Nun aber« draufgefolgt ist. Die wunderbare Geschichte, wie Rahab zum Glauben kam, nötigt mich, dich zu bitten: Versäume die Gelegenheit nicht, die Gott *dir* gegeben hat und gibt. Wem Er viel gegeben hat, von dem wird Er auch viel fordern! Je reichlicher du Gelegenheit hast, Sein Wort zu hören und zum Glauben zu kommen, um so größer wird auch einmal deine Verantwortung sein! Bedenke es doch ja, daß jede Predigt, die du hörst, dich entweder Gott näherbringt oder dich noch mehr von Ihm entfernt.

Wenn es Erntezeit ist, dann sucht man Frucht auf den Bäumen. So sucht der Herr auch am Baum deines Lebens nach Früchten. Wo ist die Frucht all der Predigten, die du gehört, all der Versammlungen, die du besucht, all der Bücher und Blätter, die du gelesen hast? Du kannst dich nicht entschuldigen. Du hast keine Ausrede. Du nicht.

Rahab glaubte. Und du?

2. *Der Tatbeweis des Glaubens*. Als Rahab zum Glauben gekommen war, blieb sie nicht untätig, sondern sie tat etwas. Ein Glaube, der nicht Werke hat, ist tot in sich selber, sagt Jakobus. Wenn die Bekehrung eines Menschen wirklich echt ist, dann braucht er gar nicht viel zu reden; denn man merkt es seinem ganzen Wesen und Verhalten an, daß er ein anderer geworden ist. Wir sollen und können keine guten Werke tun, um dadurch die Seligkeit zu verdienen; aber wenn wir selig oder errettet sind, dann kommen die guten Werke ganz von selber als ein Tatbeweis des Glaubens.

Daß Rahab eine andere geworden war, das beweisen nicht nur die Flachsstengel auf dem Dach ihres Hauses, von denen wir schon sprachen, sondern auch die Gastlichkeit, mit der sie die Kundschafter aufnahm.

Sie tat das Nächstliegende, das für sie möglich war. Das ist so sehr wichtig zu betonen. Manche, die zum Glauben kommen, schauen nach lauter Gelegenheiten aus, etwas Großes für den Herrn zu tun, und weil dieses Große nicht kommt, auf das sie warten, darum unterlassen sie das Kleine und tun nichts. Unser Leben besteht aus Kleinigkeiten. Wer die Kleinigkeiten nicht sieht und im Geringsten nicht treu ist, dem wird nichts Großes anvertraut und aufgetragen werden können.

Als der Herr die Schwiegermutter des Petrus vom Fieber geheilt hatte, da lief sie nicht zuerst auf die Straße, um die wunderbare Geschichte allen Leuten zu erzählen, sondern: sie stand auf und diente ihnen. Sie wußte, was sie als Hausfrau zu tun hatte, nachdem sie das Haus voll Gäste bekommen hatte.

Es kann gar nicht oft genug gesagt werden, daß es darauf ankommt, den Glauben der Welt vorzu*leben*. Und dazu rechne ich nicht nur, daß man sich von offenbaren Sünden fern und frei hält, sondern auch, daß man der Welt das Beispiel praktischen und fröhlichen Christentums bis ins kleinste hinein zeigt.

144

Da steigt in dein Zugabteil jemand ein, der sich mit allerlei Gepäckstücken abmüht. Eins nach dem andern bringt er mit großer Mühe herein. Warum springst du nicht bei und sagst: »Darf ich Ihnen ein wenig behilflich sein?« Und das mußt du nicht nur *sagen,* sondern gleich *tun!* Meinst du nicht, daß du nachher viel leichter ein Wort von Jesus anbringen kannst oder für dein Verteilblatt eine freundlichere Aufnahme findest, wenn du vorher deine Liebe und Hilfsbereitschaft gezeigt hast?

Da setzt sich in der Kirche jemand neben dich. Es scheint ein Fremder zu sein. Er hat kein Gesangbuch. Willst du nicht so freundlich sein und ihm dein Gesangbuch hinhalten, damit er hineinsehen und mitsingen kann? Vielleicht bildet das den Anknüpfungspunkt, daß du nachher auf dem Nachhauseweg ein Wort mit ihm reden und ihn zu dieser oder jener Bibelstunde einladen kannst.

Da kommt einer in deinen Bibelkreis. Es ist schon spät. Der Gesang hat schon begonnen. Er möchte wohl gern mitsingen, aber er weiß ja die Nummer des Liedes nicht. Und es ist niemand da, der sie ihm sagt. Wie wäre es, wenn du ihm geschwind dein aufgeschlagenes Liederbuch reichtest und mit dem Finger die Stelle bezeichnetest, die gerade gesunden wird? Würde das nicht ein dankbares, freundliches Lächeln bei ihm hervorrufen?

Die Welt ist so kalt und liebeleer. Da sollten doch Christen dafür sorgen, Licht und Wärme um sich zu verbreiten, Liebe auszustrahlen und auszuströmen!

Ich kann mir nicht denken, daß Jesus an einem traurigen Kinde vorüberging, ohne ihm die Hand auf den Kopf zu legen und nach dem Grunde der Tränen zu fragen. Es ist so selbstverständlich, daß Er stehenblieb, wo nur irgendein Schmerz oder Kummer, ob groß oder klein, Ihm entgegentrat. Und wir? Wir können ganz gut vorübergehen und die Kainsfrage stellen, um unser Gewissen zu beschwichtigen: »Soll ich meines Bruders Hüter sein?«

Es gibt auf Schritt und Tritt Gelegenheiten, wo wir uns durch die Tat als Kinder Gottes beweisen können – und wie oft lassen wir sie ungenutzt verstreichen! Der Herr öffnet uns überall Türen; nun sollen wir aber auch hindurchgehen!

Das Christentum ist eine ganz praktische Sache! Ich halte von *dem* Christentum nicht viel, das nur einen Sonntagsrock hat; es muß auch ein Werktagskleid und einen Arbeitskittel haben. Es muß in der Kinderstube und in der Küche ebensogut zu spüren sein wie im Frauenverein. Wenn dein Christentum die Probe der Praxis nicht besteht, dann ist es nichts wert.

In einem Büchlein las ich von einer Pfarrfrau, die aus einer Komiteesitzung mit hochgeröteten Wangen nach Hause kam. Kaum trat sie ins Zimmer, so rief sie ihrem Manne, der einen sehr abgearbeiteten und ungepflegten Eindruck machte, frohlockend entgegen: »Es ist gelungen; ich habe es durchgesetzt: Das Jugendhaus für verwahrloste Kinder wird gebaut. Wir haben auch einen Platz in Aussicht, nahe am Wald, wo die Kinder frische, gute Luft haben, wo sie nach Herzenslust sich tummeln können.« Während sie mit solchen und andern Worten die Schönheit des Jugendhauses in leuchtenden Farben malte, stellte sich ihr kleiner Junge vor sie hin mit zerrissenem Jäckchen und Höschen. Die Ellbogen hatten sich eine gute Aussicht durch die Ärmel geschaffen, und auch die Knie waren zerfetzt und zerrissen. Und als die Mutter endlich Zeit für ihren Kleinen fand, was sagte er? »Mama, in das schöne Haus möchte ich auch hinein, wenn es die Kinder da so gut haben!«

O Mutter, dein Junge will ins Jugendhaus, weil sich zu Hause die Mutter nicht um ihn kümmert! War das nicht eine furchtbare Anklage? Wäre es nicht richtiger gewesen, den großen Eifer beim Flicken und Stopfen zu zeigen anstatt beim Plänemachen und im Abhalten langer Komiteesitzungen?

Im eigenen Haus, in deiner Familie, da ist die erste und beste Gelegenheit, deinen Glauben zu beweisen und an den Tag zu legen. Wenn es da fehlt, dann stimmt alles nicht.

Leute, die das Nächstliegende vernachlässigen, kann der Herr nicht gebrauchen, wenn es gilt, in Seinem Reiche etwas zu tun. Er gebraucht nur solche, die Er treu bei der kleinen und geringen Arbeit findet. Saul ging seinen verlorenen Eselinnen nach, als ihn Gott zum König berief. Mose hütete die Schafe in Midian, als ihm Gott befahl, Israel aus der ägyptischen Knechtschaft zu befreien. Gideon war beim Dreschen, als der Engel zu ihm kam. Elisa ging hinter dem Pfluge her, als Elia ihn zur Nachfolge rief. Die Jünger fischten und beschäftigten sich mit ihren Netzen, als Jesus sie aufforderte, mit Ihm zu gehen.

Nur die Getreuen kann der Herr gebrauchen. Wenn wir uns in der Welt umschauen – wie geschäftig sind die Leute, ihren Vorteil wahrzunehmen; wie unermüdlich sind sie auf ihren Gewinn bedacht! Wenn wir doch mehr von dieser Geschäftigkeit hätten! Wir könnten es gebrauchen im Dienst des Herrn. Es würde manches Bollwerk Satans erstürmt und zerstört werden.

Willst du nicht auch mit Hand anlegen? Da, wo du stehst, da hat der Herr Aufträge für dich! Im Kreise deiner Kinder, an der Seite deines Mannes, im Verkehr mit deinen Nachbarn und Verwandten – da sollst du deinen Glauben zeigen, da sollst du dein Licht leuchten lassen, damit es von den Leuten gesehen werde. Ich bitte dich, denke daran, daß du den Tatbeweis des Glaubens erbringen mußt. Das fromme Reden tut es nicht. Das Reich Gottes besteht nicht in Worten, sondern im Tun.

3. *Rahabs Lüge.* Dadurch, daß sie die Kundschafter aufnahm, brachte Rahab sich selbst in Gefahr. Wenn man die israelitischen Männer bei ihr gefunden hätte,

würde man kurzen Prozeß mit ihr gemacht haben. Wenn das herauskam, daß sie den Feinden des Landes Aufnahme gewährt hatte, dann war es um sie geschehen. Der König von Jericho liebte schnelle Justiz. Aber sie tut es dennoch. Sie wagt es, die Männer um *Gottes* willen aufzunehmen, obwohl ihr das Tod und Verderben bringen kann.

Wie feige und unentschieden sind heute die meisten Christen! Sie könnten am Ende in Mißkredit bei ihren Vorgesetzten kommen. Sie könnten vielleicht die Achtung ihrer Kameraden einbüßen. Sie wollen ihren guten Namen nicht aufs Spiel setzen. Wie traurig ist solche Halbheit und Unentschiedenheit, wenn man den Blick auf den Herrn richtet! Er hat sich ganz für uns dahingegeben. Er hat das Opfer Seines Leidens und Sterbens für uns gebracht. Und wir wollten nicht auch bereit sein um Seinetwillen, wenn es erforderlich wäre, auch einmal etwas zu opfern und zu leiden?

Da hat es Rahab besser gemacht. Freilich war sie noch nicht vollkommen in ihrem Glauben. Er steckte gewissermaßen noch in den Kinderschuhen. Als der König von Jericho auf das Gerücht hin, daß sie die Israeliten aufgenommen habe, zu ihr schickt und die Auslieferung derselben verlangt, da weiß sie sich nicht anders zu helfen als dadurch, daß sie *lügt*. Sie sagt, die Männer seien schon wieder fort.

Ja, aber war denn das nicht ganz recht gehandelt? Hätte sie denn die Kundschafter verraten sollen?

Eine Geschichte wird uns die rechte Antwort geben. Zu dem frommen Pfarrer Oberlin im Steintal kam während der Französischen Revolution ein junges Mädchen, das sich vor den Verfolgungen der Feinde hierher geflüchtet hatte, nachdem seine Eltern bereits eine Beute der Meuchelmörder geworden waren. Nicht lange darauf kam ein Trupp Soldaten, um in Oberlins Hause nach dem Mädchen zu suchen. Ihre Fragen, ob das

Mädchen im Haus sei, beantwortete Oberlin damit, daß er sagte: »Sucht sie euch!« Das taten sie denn auch. Sie durchsuchten alle Stuben, derweil Oberlin in seinem Herzen zu Gott um Rettung des Mädchens schrie. Bald kamen die Soldaten die Treppe wieder herunter; sie hatten nichts gefunden. Wie war das zugegangen? Als sie alle Zimmer durchsuchten, kamen sie auch in die Kammer des Mädchens. Der Anführer der Soldaten stieß die Tür auf und warf einen Blick in die ziemlich leere Kammer. »Hier ist sie auch nicht!« rief er und kehrte wieder um. Das Mädchen aber stand gerade hinter der Tür, ohne von der großen Gefahr etwas zu wissen; sie hatte sich die Hände gewaschen und trocknete sie nun an dem Handtuch ab, das hinter der Tür hing.

So konnte Gott das Mädchen retten, auch ohne daß Oberlin log.

So hätte Gott die Kundschafter retten können, auch ohne Rahabs Lüge.

Wir wollen uns merken, daß es durchaus keine Lage gibt, in der man sündigen *muß*. Und wenn die Lage auch oft sehr kritisch ist, so soll dadurch nur erprobt werden, ob wir wirklich ein völliges Vertrauen zum Herrn haben.

In diesem Stück ist Rahabs Glauben zuschanden geworden. Und auch unser Glaube wird noch, Gott sei es geklagt, sehr oft zuschanden, weil es uns an dem unbedingten, völligen Vertrauen auf den Herrn fehlt.

Aber war nicht der Zweck gut, den Rahab bei ihrer Lüge erreichen wollte? Ganz sicher! Aber niemals heiligt der gute Zweck die schlechten Mittel. Eine Sünde bleibt Sünde, aus welchem Grunde sie auch getan werden mag.

Wie herrlich, zu wissen, daß Jesus ein völliger Erlöser ist! Daß Er imstande ist, uns vor jeder Sünde zu bewahren und zu behüten, wenn wir uns nur Ihm ganz hingeben und uns Ihm anvertrauen. Und wenn wir beklagen müssen, daß es in unserm Leben so oft gefehlt hat, dann wollen wir nicht beim Klagen stehenbleiben, sondern

wollen mit unserer Sünde und mit unserer Schwäche zum
Herrn hingehen und wollen Ihn bitten, jeden Tag und
jede Stunde aufs neue:

> Führe mich, o Herr, und leite
> meinen Gang nach Deinem Wort!
> Sei und bleibe Du auch heute
> mein Beschützer und mein Hort!
> Nirgends als bei Dir allein
> kann ich recht *bewahret* sein.

4. *Zusammengehörigkeit des Volkes Gottes.* Was für
ein reger Austausch der Gedanken ist es, als die Kundschafter bei Rahab eingekehrt sind! Wieviel haben sie
einander zu erzählen von den Großtaten Gottes! Rahab
wird nicht müde, zu fragen, und die israelitischen Männer werden nicht müde, ihr zu erzählen. Sie haben sich
nie zuvor gesehen; sie gehören verschiedenen Volks-
stämmen an; sie konnten sich vielleicht sogar nur schwer
verständigen, weil sie verschiedene Sprachen redeten –
und doch sind sie gleich bekannt und vertraut miteinander. Sie merken es sofort: Wir gehören zusammen; denn
wir haben *eine* Liebe zu *einem* Gott.

Auf einem Ozeandampfer waren zwei Passagiere, die
verschiedenen Völkern angehörten. Der eine verstand
die Sprache des anderen nicht. Aber sie sahen, daß sie
beide gern in einem kleinen schwarzen Buch lasen. Es
war das Neue Testament. Da ging der eine auf den
andern zu, und sie begrüßten sich als Brüder. Und wenn
sie auch kein Wort miteinander reden konnten, so wußten sie sich doch vortrefflich zu unterhalten. Der eine
zeigte dem andern in seinem Neuen Testament Stellen,
die das Lob des Heilands enthielten, und die erkannte
der andere an Kapitel- und Verszahl; und dabei leuchte-
ten ihre Augen, und sie wurden unzertrennliche
Freunde. Was hatte diese beiden wildfremden Männer
verbunden? Die gleiche Liebe zu dem gleichen Herrn.

Da wurde ein gläubiger Leutnant in eine andere Garnison versetzt. Kaum sprach er vor einem Kameraden seine Ansichten aus, da sagte der: »Wenn Sie solche Ansichten haben, dann passen Sie gut zu dem Hauptmann v. H. in der benachbarten Garnison!« Der Leutnant, der sich sehr nach christlichem Anschluß sehnte, horchte auf. »Den möchte ich kennenlernen«, sagte er. »Das können Sie Sonntagabend haben«, sagte der andere, »da bin ich dort eingeladen, da gehen Sie einfach mit.« – »Aber ich muß doch erst einen Besuch machen!« – »Ist gar nicht nötig; wenn er merkt, daß Sie ein Gesinnungsgenosse von ihm sind, dann fallen alle Förmlichkeiten weg.« Und der Leutnant fuhr mit, ohne den Besuch gemacht zu haben. – Als er etwa eine Stunde bei dem Hauptmann gewesen war, kamen noch andere Gäste. Als diese die Herzlichkeit des Verkehrs zwischen dem Hauptmann und dem Leutnant sahen, meinten sie: »Sie kennen sich wohl schon lange?« Da lachte der Hauptmann und sagte: »Jawohl, seit einer Stunde! Aber wir gehören zusammen; denn wir haben *einen* Heiland.«

Bekannt ist ja auch die Erzählung von jener alten schwäbischen Bauersfrau, die den Prälaten Gerok predigen gehört hatte. Sie wartete vor der Kirche auf ihn, steckte ihren Arm durch den seinigen und sprach treuherzig: »Herr Prälat, mir g'here z'säme« (wir gehören zusammen).

Es ist ein wunderbar Ding um diese Zusammengehörigkeit des Volkes Gottes. Die Welt wundert sich darüber. Aber es ist in der Tat so: Es dauert gar nicht lange, dann haben sich die Kinder Gottes erkannt. Und dann sind sie auch gleich *ein* Herz und *eine* Seele.

In der Welt wird großer Wert auf die Standesunterschiede gelegt. Im Volke Gottes gar nicht. Es bleibt wohl bestehen: »Ehre, wem Ehre gebührt«; doch sitzt der General brüderlich neben dem Schuhmacher und die Gräfin neben dem Fabrikmädchen. Das ist doch die allerfesteste Verwandtschaft, wenn man sich verbunden weiß durch das Blut von Golgatha.

Die leiblichen Geschwister treten hinter den geistlichen Geschwistern zurück, wenn sie sich von Christus abwenden. Das Blut Jesu einigt, was getrennt war, und es trennt auch, was geeinigt war. Man fühlt sich mit Leuten, die man nie gesehen hat, gleich verbunden, wenn man merkt, daß man durch Jesu Blut verwandt ist, während sich die Unterhaltung mit alten Freunden oder nahen Verwandten oft nur mühselig dahinschleppt, wenn die Verbindung durch den Glauben fehlt.

Welch eine Freude, wenn man in der Fremde, im Zug oder sonstwo Kinder Gottes antrifft! Wenn man sich zusammengehörig weiß als Glieder *eines* Volkes und als Schafe *einer* Herde!

Kennst du diese Freude auch? Oder hast du mit den »Frommen«, den »Feinen«, den »Muckern« oder wie die Welt sie sonst nennen mag, nicht gern etwas zu tun?

Diese christliche Bruderliebe ist ein notwendiges Stück wahren Christentums! Es ist geradezu ein Erkennungszeichen desselben, wie Johannes gesagt hat: »Wir wissen, daß wir aus dem Tode ins Leben gekommen sind; denn wir lieben die Brüder. *Wer den Bruder nicht liebet, der bleibet im Tode.*«

Wo weilst du lieber: im Kreise der Kinder Gottes oder bei Kindern dieser Welt? Sage mir, mit wem du umgehst, und ich will dir sagen, wer du bist!

5. *Das Erkennungszeichen.* Um ihre Dankbarkeit zu beweisen, verabredeten die Kundschafter mit Rahab ein Erkennungszeichen. Sie hat die Männer an einem Seil von der Stadtmauer heruntergelassen. Da sagten sie: »Wir wollen aber des Eides los sein, den du von uns genommen hast, wenn wir kommen ins Land und du nicht dies rote Seil in das Fenster knüpfest, womit du uns herniedergelassen hast, und zu dir ins Haus versammelst deinen Vater, deine Mutter, deine Brüder und deines Vaters ganzes Haus« (Jos. 2, 17.18).

Das war praktisch gedacht. Nun brauchte Josua nur einen Befehl zu erlassen: Das Haus, aus dessen Fenster ein rotes Seil heraushängt, wird beim Sturm der Stadt verschont.

So wie ein Blitzableiter auf dem Dach den Bewohnern des Hauses Sicherheit und Ruhe verleiht, wenn sich die Gewitterwolken am Himmel zusammenziehen, so war auch Rahab ganz ruhig hinter ihrem roten Seil. Sie hing es *sofort* ins Fenster. Kaum waren die Männer gegangen, da flatterte schon das rote Seil im Fenster. Es währte noch Wochen, bis Israel kam. Und dann währte es wiederum eine Woche, ehe die Stadt erobert wurde; aber Rahab dachte: Besser ist besser. Man weiß nicht, wann die Soldaten angreifen; vielleicht kommen sie bei Nacht; ich will für alle Fälle gerüstet sein. Sie verschob es nicht, was sie doch einmal tun mußte; sie tat es sofort.

Dies rote Seil ist ein vortreffliches Sinnbild des roten Blutes Jesu.

Einst beim Auszug aus dem Diensthause Ägyptenlands war das Blut an der Tür das Erkennungszeichen, daß der Würgengel vorüberging. So sichert auch das Blut Jesu unsere Herzen vor dem Verderber.

»Wenn ich das Blut sehe«, sprach Gott beim Auszug aus Ägypten zu Mose. Das ist noch heute das Entscheidende, das Erkennungszeichen aller wirklichen Kinder Gottes: das Blut. Sie rühmen das Blut; denn sie haben seine rettende und einigende Kraft erfahren.

Mit Recht sagt darum der Dichter:

> Rühmt alle Wunder, die Er tut,
> doch über alles rühmt Sein Blut!

Und darum mach es doch wie Rahab! Säume nicht, zögere nicht! Verschieb es nicht auf morgen, was du heute tun kannst! Heute, so du Seine Stimme hörst, so verschließ dein Herz nicht! Knüpf das rote Seil ins

Fenster! Birg dich hinter dem Blute des Lammes! Da bist du sicher, da bist du geborgen!

6. *Gerettetsein gibt Rettersinn.* Kaum weiß Rahab sich selbst in Sicherheit durch das rote Seil, da geht sie zu ihren Verwandten, um sie zu bewegen, sich auch in Sicherheit zu bringen. Und sie tritt mit einer so zuversichtlichen Gewißheit auf, daß sie ihre nächsten Angehörigen wirklich dazu bringt, in ihr Haus zu ziehen. Wer ist froher als unsere Rahab? Treppauf, treppab hört man ihre fröhlichen Lieder erklingen. Während die Luft in der Stadt immer schwüler wird, besonders seitdem das Volk Israel seinen festen Belagerungsgürtel um die Stadt gezogen hat, ist Rahab immer fröhlich und guter Dinge. Sie vertraut dem roten Seil.

Wer selbst gerettet ist, der kann gar nicht anders, er muß auch andern die rettende Hand reichen. Rings um uns her ist Missionsgebiet. Wer hätte nicht in seiner Familie noch Angehörige, die noch in der Welt stehen? Gerade das kann das Herz oft schwer bedrücken, wenn man mit Menschen zusammenlebt, die man liebhat, die aber noch nicht gerettet sind.

Wenn schon immer Weisheit dazu gehört, mit andern zu reden, dann gehört ganz besonders viel Weisheit dazu, mit den nächsten Angehörigen, mit Vater und Mutter, mit Bruder und Schwester, zu reden. Aber, Gott sei Dank, wir haben die bestimmte und feste Verheißung: »Glaube an den Herrn Jesus Christus, so wirst *du und dein Haus* selig.«

Wie lange hat Monika für ihren Sohn Augustin gebetet, aber er kam doch endlich zurecht. Ein Sohn so vieler Tränen und Gebete konnte nicht verlorengehen!

Ach, wir sind oft viel zu lau und zu träge in unserm Werben für Jesus! Das Elend der noch nicht Glaubenden liegt uns lange nicht genug am Herzen. Denk doch einmal ernstlich darüber nach: Der Mann, den du liebhast, mit dem du seit zehn, zwanzig Jahren verheiratet bist, der ist – auf dem Wege zur Hölle! Und du tust nichts, um ihn von diesem gefährlichen Wege abzubringen?

Rahab hatte die Freude, daß alle ihre Anverwandten ihr Glauben schenkten und sich retten ließen. Da konnte sie wohl fröhlich sein!

Möge der Herr es uns allen schenken, daß am Tage der Ewigkeit niemand aus den Reihen der Unsrigen fehlt, daß wir dann im Blick auf unsere Kinder und Verwandten sagen können: »Herr, hier sind die, die Du mir gegeben hast; ich habe deren keins verloren!«

7. *Verwandtschaft mit Jesus.* Der Sturm ist vorüber. Was kein Mensch gedacht hätte – die dicken Mauern Jerichos sind umgestürzt, als die Posaunen Israels ertönten. Der Herr warf sie um.

Nur ein kleines Mauerstück blieb stehen. Und auf diesem Mauerrest stand ein einsames Häuschen, und aus dem Fenster desselben flatterte – ein rotes Seil. Das war das Haus der Rahab. Das allein war der allgemeinen Vernichtung und Zerstörung entgangen. Und darin lag Rahab mit ihren Anverwandten auf den Knien, und sie dankten Gott für ihre wunderbare Rettung.

Und während sie beteten, kamen die Kundschafter und führten Rahab und all die Ihrigen heraus, damit auch das letzte übriggebliebene Haus dem Erdboden gleichgemacht werden konnte.

Später wurde Rahab mit einem Fürsten aus dem Stamme Juda verheiratet, mit Salma, dem sie den Boas gebar. So ist Rahab in den Stammbaum Jesu hineingekommen. Ihr voriges Sündenleben war vergeben und vergessen. Sie ist eine der Ahnmütter Jesu (Mt. 1, 5).

Was wollen wir daraus lernen? Einmal dies, daß es eine wirkliche Vergebung der Sünden gibt. Es ist sehr unrecht, wenn man einem Menschen immer wieder vorhält, was er in seiner Vergangenheit getan hat. Das war einmal! Das ist vergeben. Wenn der Herr alle Sünden eines Menschen hinter sich zurückgeworfen hat, wie Jesaja sagt, dann hat kein Mensch das Recht, sie wieder hervorzuziehen.

Bitte, vergiß das nicht, wenn du von den Sünden eines Menschen hörst, die er vor seiner Bekehrung getan hat. Wenn man dein früheres Leben mit Röntgenstrahlen durchleuchten würde, was würde sich da wohl finden? Nun, so laß die Vergangenheit vergangen sein und wühle die Gräber alter Sünden nicht auf!

Und dann wollen wir dies lernen, daß der wahre, lebendige Glaube, das wirkliche, völlige Vertrauen uns in Verbindung und Verwandtschaft mit Christus bringt. Wir werden nicht mit einem Fürsten aus Juda vermählt wie Rahab, sondern mit Jesus selbst. Er wird unser und wir Sein!

Die Hure Rahab steht auf der Ahnentafel Jesu! So werden tiefgesunkene Sünder, verlorene Söhne, verkommene Existenzen – Kinder Gottes, ein Eigentum Jesu, Erben der Herrlichkeit.

So wie Jesus sich nicht schämte, die ehemalige Hure Rahab Seine Ahnmutter zu nennen, so schämt Er sich auch nicht, *uns* Brüder zu heißen. Wir können nur staunen und mit Johannes ausrufen:

»Sehet, welch eine Liebe hat uns der Vater erzeigt, daß wir – wir – Gottes Kinder sollen heißen!«

Debora

Unser Gott arbeitet nicht mit Schablonen. Das erkennen wir vor allem, wenn wir das Bild Deboras betrachten, das wir im 4. und 5. Kapitel des Buches der Richter finden. Debora ist eine der wenigen Frauen, die sich in blutiger Schlacht Kriegsruhm und Siegeslorbeer erworben haben.

Es war eine traurige Zeit für Israel. Das Volk war seine eigenen Wege gegangen; es hatte seinem Gott den Rücken gekehrt. Da hatte sie der Herr in die Gewalt des Kanaaniterkönigs Jabin gegeben. Zwanzig Jahre lang bedrängte und bedrückte dieser das Volk, namentlich die nördlich wohnenden Stämme. Und Israel wagte es nicht, das Joch des Feindes abzuschütteln; gebot doch Jabins Feldherr, Sisera, über 900 eiserne Streitwagen.

In dieser Zeit des Abfalls von Gott und der Bedrükkung durch die Gewalt der Feinde gebrauchte Gott eine Frau als Werkzeug, das Volk wieder zurechtzubringen. Ob keine Männer da waren, die Ihm zur Verfügung standen?

Heute ist es leider so, daß viele Männer es für unmännlich halten, sich um Gott und Gottes Wort zu kümmern. Die Männer machen gewöhnlich den Anfang mit dem Abfall. Sie überlassen das Kirchengehen und das Beten den Frauen und den Kindern. Sie selbst schämen sich des Christentums.

Vielleicht war es damals auch so, daß kein Mann bereit war, sich von Gott gebrauchen zu lassen. Da nahm Er eine Frau, um Sich ihrer zu bedienen.

1. *Gottes Aufträge* sind verschieden. Er hat nicht oft solche Aufträge wie den für Debora gegeben. Aber Aufträge hat Gott für jedes Seiner Kinder, es sei Mann

oder Frau. Er teilt sie uns mit durch Wort und Geist. Gib dich Ihm nur hin, so wird Er dich Seine Aufträge schon wissen lassen!

Für gewöhnlich liest man im 4. Vers des 4. Kapitels, wie Luther übersetzt hat, und wie es auch in der Elberfelder Übersetzung geblieben ist: »Debora, das Weib Lapidoths.« Aber es hat doch viel für sich, zu übersetzen: »Debora, das Weib voll Feuergeist.« Wenn das fragliche Wort den Namen des Mannes bezeichnete, wie gewöhnlich angenommen wird, so müßte nach dem sonst herrschenden Gebrauch der Name des Stammes dabeistehen, dem der Mann angehörte. Der Stammesname oder Vatername steht doch sonst immer dabei. Und dann fällt es auf, daß von diesem Mann sonst gar nichts gesagt wird. Wenn Lapidoth den Namen des Mannes der Debora bezeichnen sollte, so war er gewiß schon verstorben. Denn eine verheiratete Frau hat doch sonst andere Aufträge und Pflichten, als mit den Männern in den Kampf zu ziehen.

Wie es wirklich war, sei dahingestellt, jedenfalls war Debora ein Weib voll Feuergeist. Es war heiliger Geist, der sie beseelte. Wenn wir das aus ihrem kühnen Tun noch nicht deutlich ersehen, dann würden wir es aus ihrem Siegeslied heraushören. Das ist ein Lied aus dem Heiligen Geist geboren.

Hast du Ihn auch, den Heiligen Geist? Zu Deboras Zeit war Er noch nicht »ausgegossen auf alles Fleisch«. Seit Pfingsten soll und kann Ihn jeder empfangen, der Ihn haben will und den Vater darum bittet.

Es war eine sehr wichtige Frage, die Paulus einst in Ephesus tat: »Habt ihr den Heiligen Geist empfangen?« Wenn Paulus so fragen durfte, dann darf ich dich auch fragen: *»Hast du den Heiligen Geist empfangen?«* Es ist darum so wichtig, weil es ganz klar in der Schrift heißt: »Wer Christi Geist nicht hat, der ist nicht Sein.«

Du magst eine brave, tüchtige Hausfrau sein, eine

treue Mutter, eine fleißige Kirchenbesucherin – du magst Diakonisse oder Pfarrfrau oder Missionarin sein – und das alles ist *nichts,* wenn du den Heiligen Geist nicht hast! Du bist nicht Sein! Du hast kein Teil an Jesus!

Das ist sehr ernst! Wenn du auf meine Frage noch keine Antwort hast, wenn du in großer Verlegenheit sagen mußt: »Ich weiß es nicht«, dann beruhige dich nicht dabei. Dann sage deinem Gott, was dir fehlt, daß auch über dich das Feuer Seines Geistes komme, damit auch du »ein Weib voll Feuergeist« wirst. –

Es blieb nicht lange verborgen, was für ein Geist Debora erfüllte. Von nah und fern kam man zu ihr gewallfahrtet, um den Rat der »weisen Frau«, wie unsere Altvordern sagten, einzuholen. Die Palme, unter der sie saß, wurde noch lange danach in der Erinnerung an sie die Palme Deboras genannt.

So lebte sie, verehrt und beliebt, als eine »Mutter in Israel« in stillem Frieden, bis Gott ihr einen besonderen Auftrag gab. Er wollte der Unterdrückung ein Ende machen. Da gebot Er Debora, Barak zum Befreiungskampf aufzurufen und ihm den Sieg über Sisera zu verheißen.

Sie tat, wie Gott ihr gesagt hatte. Aber Barak will die Verantwortung nicht auf seine Schultern allein nehmen. Er will Debora dabeihaben. Die Gegenwart der geisterfüllten Frau wird den Männern Mut machen; ihre Gegenwart ist ihm eine Bürgschaft dafür, daß der Herr mit in den Kampf zieht und für das Volk streitet.

Barak erklärt ihr ganz bestimmt und entschieden: »Wenn du mit mir ziehst, so will ich ziehen; ziehst du aber nicht mit mir, so will ich nicht ziehen.«

Da bleibt Debora nichts anderes übrig, als zu erklären: »Ich will mit dir ziehen.«

Wir wollen doch nicht vergessen, besonders zu betonen, daß sie sich nicht vorgedrängt hat, um diesen Feldzug mitzumachen, sondern daß sie sich erst dann dazu bereit erklärte, als Barak von ihrer Anwesenheit seine Beteiligung abhängig machte. Da fürchtete sie, durch ihre Weigerung das Werk Gottes aufzuhalten; sie nahm es aus Gottes Hand an und zog mit Barak in den Krieg.

Wenn man die Sache so ansieht, dann kann man nicht mehr Debora zur Protektorin der heutigen Frauen-Emanzipation machen. Es bleibt dabei, daß der Frau ein anderer Wirkungskreis zusteht als dem Manne. Ihre Gaben und Kräfte sind andere. Darum ist es töricht, daß man heutzutage der Frau volle Gleichberechtigung mit dem Mann in allen Berufsarten und auf allen Lebensgebieten gibt. Damit erweist man der Frau einen schlechten Dienst. Man reißt sie damit nur aus ihrem Boden heraus. Göttliche Ordnungen und Einrichtungen lassen sich nicht durch Majoritätsbeschlüsse aus der Welt schaffen und nach Belieben verändern.

Debora ist ein Beispiel, wie eine Frau auch einen schweren Auftrag, eine außergewöhnliche Aufgabe übernimmt, um Gott gehorsam zu sein und Ihm kein Hindernis zu bereiten.

In unsern Tagen verlangt Gott nicht von Frauen oder Mädchen, in den Krieg zu ziehen oder die Waffen zu tragen im Kampf für das Vaterland. Aber es gibt einen Kampf, einen Krieg, in den Gott auch heute noch Frauen und Mädchen ruft. Das ist der heilige Krieg zwischen dem Reich Gottes und dem Reich des Fürsten dieser Welt. Das ist der uralte Kampf des Lichtes mit der Finsternis.

Auch bei Debora war es nicht nur ein Kampf gegen die Feinde des Landes, sondern ein heiliger Krieg gegen die Feinde Gottes.

Es ist nicht immer leicht und angenehm, einen solchen Auftrag von Gott zu bekommen. Schon der Beruf einer Diakonisse ist nicht leichtzunehmen. Er erfordert so viel Selbstverleugnung und Aufopferung, daß er gar nicht richtig ausgefüllt werden kann, wenn die Schwester nicht ein »Weib voll Feuergeist« ist. Diakonissen, die selbst nicht glauben, sind bemitleidenswerte Geschöpfe. Und doch gibt es so viele!

Und wenn schon hier in der Heimat der Kampf nicht leicht ist, wieviel schwerer ist der dann da draußen in den Waisenhäusern Armeniens, in der Senana-Mission in Indien, in der Missionsarbeit in China, auf einsamer Station in Afrika!

Ich verstehe sehr gut jene Dame, die in die Sprechstunde eines Evangelisten kam und ihm klagte, daß sie keinen Frieden finden könne. Als der Evangelist nach dem Grund fragte, da kam es heraus: »Ich kann mich dem Herrn nicht ganz übergeben. Ich bin bange, daß Er, wenn ich mich Ihm ganz übergebe, mich nach China schickt.« Der Evangelist suchte sie zu bewegen, sich dem Heiland ohne Vorbehalt in völligem Vertrauen zu übergeben; aber sie konnte sich nicht entschließen. Sie war zu bange vor China.

Nach mehreren Wochen oder Monaten bekam der Evangelist einen Brief von der Dame, und darin schrieb sie ihm: »Ich habe völligen Frieden gefunden; ich habe mich dem Herrn *ganz* übergeben, und denken Sie nur: Ich *darf* nun wirklich nach China! Er will mich unwürdiges Geschöpf in Seiner Arbeit gebrauchen!«

Wenn Seine Aufträge uns auch im ersten Augenblick als Zumutungen erscheinen, so ist doch wahr, was Johannes schreibt: »Seine Gebote (das heißt, Aufträge) sind nicht schwer.« Darum wollen wir uns doch davor nicht bangen, sondern getrost und freudig sagen. »Deinen Willen, mein Gott, tue ich gern!«

Merke dir, der Herr braucht nicht nur Männer in Seiner Arbeit, Er braucht auch Frauen! So viele stehen müßig am Markt und vertändeln ihre Zeit mit Sticken und Malen und noch nichtigeren Dingen. Gibt es denn keine Arbeit?

Da gibt es Arbeiterinnen, die fühlen sich so fremd in

der fremden Stadt; sie sehnen sich nach Anschluß, nach Freundschaft, nach Gemeinschaft. Wie wäre es, wenn du dich ihrer annähmest? Erschrick nicht vor dem ersten Anfang. Könntest du nicht einmal ein paar Leute zu dir einladen und ihnen am Sonntag Anschluß bieten? Wie würde der dankbare Händedruck am Schluß der Stunden dich schon beglücken! Und vollends, wenn du einen Menschen zum Glauben bringen könntest!

Da ist die sogenannte Bahnhofsmission, wo du dich nützlich machen und den Menschen helfen kannst, die einen andern Dienst antreten in fremden Städten. Ich sprach einst mit einer lieben Schwester, die am 1. Oktober diesen Dienst getan hatte. Wie glücklich war sie über die freundliche Aufnahme, die ihr Rat und ihre Hilfe, ihre Adressen und ihre Testamente bei den allermeisten Mädchen fanden!

Ja, es ist wunderbar, etwas leisten und arbeiten zu dürfen im Reiche des Herrn! Und wenn es auch vielleicht das Opfer deiner Bequemlichkeit kostet – Er ist alles wert.

Da kam eine alte Mutter zu einem Diakonissen-Hausvater. Ihre einzige Tochter war als Diakonisse in ihrem Beruf dem Typhus erlegen. Nun fürchtete er sich etwas vor dem Besuch der Mutter. Aber was sagte sie? »Wenn ich noch sieben Töchter hätte, Sie sollten sie alle haben! *Mein Kind ist zu glücklich gewesen!*«

Der Herr hat Aufträge. Er hat auch welche für dich. Bist du bereit, sie auszuführen? Dann laß dir deine Aufträge geben! Aber ehe du etwas tust und anfängst, laß dir den *Heiligen Geist geben!* Man muß auch von dir sagen können: ein Weib voll Feuergeist.

2. *Gehorsam.* Wenn Gott Aufträge für uns hat, so erwartet Er Gehorsam von uns. Das ist so wichtig, daß ich dabei noch einen Augenblick verweilen möchte. Gehorsam, so könnte man sagen, ist das eigentliche Wesen des Christentums. Mit einem Akt des Gehorsams

fängt es an: »Gehe aus deinem Vaterlande!« – »Gib Mir, Mein Sohn, dein Herz!« Und wie Gehorsam die Schwelle des Christentums, des Glaubenslebens ist, so ist Gehorsam auch der Fortgang desselben – und das Ende. Kinder Gottes müssen gehorchen lernen, so schwer es ihnen auch oft wird.

Debora gehorcht. Als Gott von ihr das Ungewöhnliche verlangt, daß sie mit Barak in den Krieg ziehen soll, da – gehorcht sie ohne Widerrede.

So ziehen sie miteinander. Aber, o weh! Auf die Kunde vom Heranrücken des israelitischen Heeres zieht der feindliche Feldherr Sisera seine Truppen zusammen, stellt seine 900 eisernen Streitwagen vor der Front auf und erwartet den Feind.

Es war eine überlegene Macht. Was wird Israel dagegen ausrichten können?

Vielleicht hat Barak auch solche Gedanken gehabt, als er das gewaltige Heer vor sich sah. Aber Debora fürchtet sich nicht. Gott sagt ihr, daß jetzt die rechte Stunde gekommen ist. Und alsbald spricht sie: »Auf, das ist der Tag, da dir der Herr den Sisera hat in deine Hand gegeben; denn der Herr wird vor dir her ausziehen.«

Und richtig, mit seinen 10 000 Mann schlägt Barak das Herr Siseras in die Flucht.

Wenn doch auch wir willigen und pünktlichen Gehorsam lernen könnten! Gerade dieser Tag mußte die Entscheidung bringen. Israel griff an und siegte.

Wir sind wohl zum Gehorchen bereit, aber oft nicht *sofort!* Wir wollen wohl Gottes Aufträge ausführen, aber oft nicht sogleich! Aber die Aufträge unseres Königs haben Eile! Und wie oft, wenn wir die Ausführung bis morgen aufschieben, ist es *zu spät* geworden!

Der Herr kann uns nichts Größeres anvertrauen, wenn wir nicht im Kleinen treu sind, wenn wir nicht gehorsam sind.

Ich frage dich: Bist du gehorsam? Wenn Gott von dir

verlangt: »Glaube an den Herrn Jesus Christus!« – hast du das schon getan? Wenn Er dir gebietet: »Wendet euch zu Mir, aller Welt Enden!« – hast du das schon getan? Wenn Er ruft: »Kommet her zu Mir alle, die ihr mühselig und beladen seid!« – hast du das schon getan? Ach, wie viele kommen nie zum Glauben, weil sie dem klaren und bestimmten Rufe Gottes nicht gehorsam sind!

Das Leben vieler Christen hat einen schweren Schaden; darum gedeiht und wächst es nicht: Sie sind nicht gehorsam.

Bist du gehorsam, wenn Gott dir einen Auftrag gibt, ihn sofort auszuführen, auch wenn er dir nicht gerade angenehm ist?

Bist du bereit zu gehorchen, wenn der Herr dir irgendeine Sünde aufdeckt und verlangt, daß du sie aufgeben und ausliefern sollst, auch wenn es deine Lieblingssünde ist?

Der Vater will gehorsame Kinder haben! Und Er muß uns schwere Wege führen, bis Er unsern Eigenwillen und Ungehorsam gebrochen hat, bis wir Ihm sagen:

> Nimm, Herr, meinen Willen Du,
> daß er still in Deinem ruh!

Bedenke, wie Jesus gehorsam war. Er tat nichts im eigenen Namen und Auftrag. Er tat nichts ohne den Wink und Befehl des Vaters. Er war gehorsam bis zum Tode, ja zum Tode am Kreuz. Aber *darum* hat Ihn Gott auch erhöht!

Und so bekennt sich Gott noch immer zum Gehorsam Seiner Kinder und belohnt das Opfer der Hingabe ihres Eigenwillens mit reichlichen Segnungen.

Wenn du dir dein Leben erleichtern willst, wenn du dir viele Trübsalswege und Heimsuchungen ersparen willst, dann lerne gehorsam sein und auf den Herrn achten.

3. *Dankbarkeit.* Wenn Gott uns segnet, sollen wir das Danken nicht vergessen. Es sollte eigentlich wohl selbst-

verständlich sein, aber das ist es keineswegs. Gott muß es zur besonderen Pflicht machen. »Rufe Mich an in der Not« – das wird uns nicht schwer. »So will Ich dich erretten« – das erleben wir auch. »So sollst du Mich preisen« – da hapert es. Kaum sind wir aus der Not heraus, da ist sie auch schon vergessen.

Wir sind wie der Kork, der nur so lange unter Wasser bleibt, solange die Hand ihn niederhält. Danach ist er gleich wieder »obenauf«.

Debora ist dankbar. Sie singt ein herrliches Danklied nach der siegreichen Schlacht und nach der Kunde von Siseras Ende in Israels Hütte. Wes das Herz voll ist, des geht der Mund über.

»Wer Dank opfert, der preiset Mich.«

Hast du Gott auch schon durch herzliche Dankbarkeit geehrt und gepriesen?

Leider ist die Dankbarkeit eine sehr seltene Pflanze! Sie wächst nicht in dem Garten jedes Herzens. Es gibt soviel Undankbarkeit und Unzufriedenheit in der Welt, auch unter Christen.

Und wir sollen doch danken *für alles!* Nicht nur für den Erfolg, auch für den Mißerfolg. Nicht nur für gute Tage, auch für die bösen. Nicht nur für die Gesundheit, auch für die Krankheit. Nicht nur für angenehme und glückliche häusliche Verhältnisse, auch für schwierige.

Das ist nicht immer leicht. Manchmal gelingt es uns, manchmal auch nicht. Das wollen wir ehrlich gestehen.

Nicht wahr, wir nehmen viele Güter und Gaben so hin, als müsse das so sein, als gebührten sie uns von Rechts wegen. Und das Danken vergessen wir.

Vater Goßner gibt in seiner Auslegung des Neuen Testaments zu dem bekannten Spruch: »Alle gute Gabe und alle vollkommene Gabe kommt von oben herab« ein sehr drastisches Gleichnis. Er sagt: »Viele Menschen machen es wie die Schweine, die man im Herbst in den Eichwald getrieben hat. Sie fressen die Eicheln; aber um den Baum, von dem sie gekommen sind, kümmern sie sich nicht im geringsten.«

Und wenn schon für gute Gaben nicht gedankt wird, wie leicht wird dann über unwillkommene Gaben Gottes, über Leid und Trübsal, geknurrt und gemurrt!

Ich möchte dich an die Zeit erinnern, als du so krank lagst, als man für dein Leben fürchtete, wie war da dein Herz voller Gelübde und Versprechungen, daß es anders werden sollte, wenn Gott dir helfen würde. Er hat dir geholfen. Du bist gesund geworden. – *Wo ist dein Dank?*

4. *Das Lied zur Ehre des Erretters.* Debora singt. Ihr ganzes Inneres ist in freudiger Erregung und Bewegung. Sie singt ein Lied zur Ehre des Herrn Zebaoth, des Herrn der Heerscharen.

Ihre Lippen singen, weil ihr Herz jubelt und jauchzt. Ach, so oft wird gesungen, und das Herz weiß nichts davon. Ich mag manche Lieder kaum singen hören in der Kirche, obwohl es gerade die schönsten sind. Warum nicht?

Da singt eine große Gemeinde aus voller Kehle:

> Mir ist Erbarmung widerfahren,
> Erbarmung, deren ich nicht wert.

Und wenn man einmal fragte. Wann denn? Erzähle mir doch diese Geschichte, als dir die Erbarmung widerfuhr – ja, dann kämen sehr viele in arge Verlegenheit; sie wüßten nicht, was sie sagen sollten, oder sie sagten abweisend. »Das kann man nicht *wissen*, das kann man nur *hoffen*, daß uns einmal Erbarmung widerfährt, wenn wir sterben!«

So singen die Lippen unendlich viel, wovon das Herz nichts weiß. Ganz mechanisch und gedankenlos wird gesungen:

> Jesus nimmt die Sünder an;
> mich hat Er auch angenommen.

166

So, ist das wahr? Ach nein, es stand nur so im Gesangbuch!

Ich glaube, wenn der Pastor vor Beginn des Gesanges sagen würde: »Nur diejenigen sollen singen, die dem Inhalt des Liedes wirklich zustimmen können, deren Erfahrung und Erlebnis das Lied zum Ausdruck bringt«, ich glaube, dann würde der Gesang arg dünn werden.

Nun, wenn ihr beim Gesang nicht schweigen wollt, dann sorgt dafür, daß ihr mitsingen könnt, ohne wider die Wahrheit zu sündigen. Dann sorgt dafür, daß eure Herzen von erfahrener und empfangener Gottesgnade rühmen können!

Ja, es muß soweit kommen, daß wir mit dem Dichter in Wahrheit aus überströmendem Herzen wünschen:

O wär ein jeder Puls ein Dank
und jeder Odem ein Gesang!

Aber wenn du so singen kannst im *Geist* und in der *Wahrheit* wie Debora, dann singe auch!

Singt, o singt von meinem Jesus,
von Seiner Gnade, Lieb und Treu,
von Seinem bittern Kreuzesleiden,
von Seiner Blutskraft, die macht frei!

Es wohnt dem Lied eine wunderbare Macht inne, wenn es von einem gläubigen Menschen gesungen wird. Wie viele sind schon durch gesungenes Evangelium gewonnen worden!

Ich denke an die erste Konfirmation, die ich gehalten habe. Da hatten die Kinder ein paar Lieder gelernt, die sie mehrstimmig bei der Konfirmationsfeier gesungen hatten. Am Nachmittag nahm ich mir ein Trüppchen dieser Kinder, und dann gingen wir überall hin, wo Kranke lagen, und sangen denen unsere Lieder vor. Das war eine Freude! Wie liefen der guten Mutter Schmidt, die schon so lange Jahre lahm zu Hause saß, die Tränen über die Backen! Und wie freuten sich die Kinder, daß sie jemandem eine Freude gemacht hatten!

Wer die Gabe des Gesanges hat, der soll sie doch ja pflegen. Der soll sie dem Herrn auf Seinen Altar legen, daß Er sie heilige und weihe und zu einem Werkzeug mache, dessen Er sich bedienen kann, um Menschen zu retten oder zu erfreuen.

Und übe nicht nur für dich die edle Gabe des Gesanges, widme dich auch andern; du wirst bald Zulauf genug haben, wenn du mit einigen wenigen, alt oder jung, eine Singstunde anfängst.

Die Welt singt so viel. Sie läßt ihre Gassenhauer allenthalben laut werden und vergiftet die Herzen damit. Da wollen wir auch den Mund auftun zur Ehre des Herrn.

Ich schließe die Betrachtung dieses seltenen Frauenbildes mit den Schlußworten aus dem Lied Deboras:

»Die den Herrn liebhaben, müssen sein, wie die Sonne aufgeht in ihrer Macht.«

Jephthahs Tochter

Wenn wir sonst die *Frauen* der Bibel betrachtet haben, so müssen wir das Wort diesmal etwas weiter fassen. Es ist nicht eine Frau, sondern ein Mädchen, dessen Bild wir uns jetzt zuwenden. Jephthahs Tochter ist eine Jungfrau gewesen und es geblieben bis an ihr Ende. Aber ihr Bild bietet doch des Interessanten und Lehrreichen so viel, daß wir es nicht übergehen wollen. Wir finden es in Richter 11.

Wollen wir sie recht kennen und verstehen lernen, so werden wir guttun, uns zuerst mit ihrem Vater bekannt zu machen, in dessen Haus sie aufgewachsen ist. Der Charakter und das Wesen eines Kindes werden ja wesentlich bestimmt und beeinflußt durch das Elternhaus und durch die Umgebung, in der es aufwächst.

1. *Ein Mann voll Glaubens.* Das ist Jephthah gewesen. Er hatte eine schwere Jugend durchgemacht. Weil er ein uneheliches Kind war, wurde er von seinen Stiefbrüdern aus dem Haus getrieben, damit er ihnen ihr Erbteil nicht schmälere.

Von Menschen verstoßen, ohne Heimat, ohne Freundschaft, wurde er der Anführer von Leuten, die, wie er, selber nichts zu verlieren hatten. So wurde er ein Kriegsmann, dessen Ruhm das Land erfüllte.

Aber er wurde auch noch etwas anderes. Wenn er weiter nichts gewesen wäre als ein kühner Haudegen, dann würde sein Name nicht in die Liste der Helden des Glaubens gekommen sein, welche der Hebräerbrief im 11. Kapitel aufzählt. In seiner Vereinsamung schloß er sich seinem Gott an. Er war, wie wir nachher sehen, im Wort Gottes zu Hause. Als er später die Gesandtschaft an den König der Ammoniter schickte, da erinnerte er ihn an die Geschichte der Vergangenheit, wie Gott damals mit dem Volke Israel gewesen sei und ihm den Sieg gegeben habe über die Amoriter, die 40 Jahre vorher die Ammoniter überwunden hatten.

Es war ihm nicht um den Streit zu tun. Als die Bewohner des gefährdeten Ostjordanlandes ihn zu ihrem Führer beriefen, da versuchte er zweimal auf dem Wege friedlicher Vermittlung, den König der Ammoniter von seinem Unrecht zu überzeugen. Erst als das vergeblich war, griff er zum Schwert und ließ den Feind die ganze Schärfe desselben fühlen.

So sehen wir auch aus dem wenigen, das die Bibel über ihn sagt, daß er ein ganzer Mann war, ein Mann voll Glaubens. Ich möchte mit ihm wohl so manchen Helden des Burenvolkes in Vergleich setzen, das so unerschrokken für seines Vaterlandes Freiheit focht. Es hatte auch erst den Weg friedlichen Entgegenkommens versucht; erst als dieser Weg sich als ungangbar erwies, hat es das Schwert aus der Scheide gezogen.

Wohl dem Land, in dem es solche Männer des Glaubens gibt!

Aber es sieht aus, als ob sie immer seltener würden. Wie ist es in unserm Land, an deinem Ort? Gott sei Dank, wir haben noch Männer, die auf der Seite Gottes stehen! Aber – es ist doch eine kleine Zahl! Die überwiegende Mehrheit der Männer hat mit dem Glauben Schiffbruch erlitten und ihn als wertlosen Ballast über Bord geworfen.

Was kann bei der Kindererziehung herauskommen, wenn der Vater ein Feind des Glaubens ist? Das Beispiel und Vorbild des Vaters wirkt in den meisten Fällen viel mehr als die Bitten und Ermahnungen der Mutter. Es ist die Regel, daß die Söhne in des Vaters Fußtapfen treten. Sie bemühen sich, ihm nachzuahmen und nachzueifern, und seine *bösen* Eigenschaften finden am meisten Nachahmung.

Männer voll Glaubens braucht unser Volk! Warum kommt bei dem Unterricht der Schule und bei der Predigt der Kirche in vielen Fällen so wenig heraus? Weil es *hier* fehlt! Weil Gottes Wort nicht mehr die Herrschaft und die Leitung von Herz und Leben hat. Und wem das Wort Gottes nichts mehr gilt, der kann keinen guten Einfluß auf andere ausüben.

Männer voll Glaubens – wo sind sie? Wir wollen nicht fragen: Wo sind sie im *Staat*? Wir wollen bescheidener sein! Wo sind sie, wenn es sich darum handelt, Glaubenswerke zu tun? In unsern christlichen Verbänden, in allerlei Anstalten, die das Reich Gottes bauen und ausbreiten oder dienende Liebe zeigen wollen – wie viele sind dort, die Männer voll Glaubens sind? Und wie viele, die es nicht sind?

Das ist sehr beklagenswert, daß es an gläubigen Männern fehlt! Männer regieren und leiten das Volk. Männer erziehen die Jugend. Männer bilden die zukünftigen Diener des Staates und der Kirche aus. Wie gut wäre es, wenn sie Männer voll *Glaubens* wären! Wenn es Männer wären, die mit Paulus sprechen könnten: »Ich schäme mich des Evangeliums von Christus nicht!« Laßt uns den Herrn um solche Männer bitten.

Und ihr Eltern, erzieht eure Söhne, daß Männer voll Glaubens aus ihnen werden! Zwar ist es schwer; denn viele Versuche werden gemacht, um den jungen Menschen den Glauben aus dem Herzen zu reißen. Aber was eine fromme Mutter und was ein gläubiger Vater in ein Herz hineingepflanzt haben, das kann doch nicht leicht ganz verlorengehen.

2. *Das Gelübde*. Als Jephthah nun hinauszog in den Krieg, da »gelobte er dem Herrn ein Gelübde und sprach. Gibst Du die Kinder Ammon in meine Hand: was zu meiner Haustür heraus mir entgegengeht, wenn ich mit Frieden wiederkomme von den Kindern Ammon, das soll des Herrn sein, und ich will's zum Brandopfer opfern« (Richt. 11, 30, 31).

War das nötig, dies Gelübde zu tun? Haben wir so einen Gott, den wir erst geneigt machen müssen, uns zu erhören und uns gnädig zu sein? Dem wir dies und jenes versprechen müssen, womit wir Seine Freundlichkeit – bezahlen?

Solche Gelübde kommen aus dem Boden unseres natürlichen Wesens. Sie werden von Gott nirgends in der Schrift gefordert. Es wird nur gefordert: *Wenn* du ein Gelübde getan hast – *dann* halte es auch! Dann löse es auch ein!

Hätte nicht die einfache Bitte um Sieg genügt? Mußte Jephthah noch eine besondere Belohnung in Aussicht stellen? Gewiß nicht.

Aber es steckt tief in unserm Wesen, daß wir sehr freigebig mit Gelübden sind. Ich weiß mich aus meiner Jugendzeit vieler törichter Gelübde zu erinnern: Wenn diese Klassenarbeit gut ausfällt, dann will ich Dir dies und jenes tun! Wenn mir diese Aufgabe gelingt, dann will ich Dir so und so dafür danken!

Wie oft werden solche Gelübde am Krankenbett getan! Wie oft! Wenn ich wieder gesund werde, dann will ich aber ein neues Leben anfangen, dann will ich mich aber auch bekehren!

Und was wird aus solchen Gelübden? In den allermeisten Fällen – gar nichts! Wenn die Not, welche das Gelübde veranlaßt hat, vorbei ist, dann denkt man nicht mehr daran. Und selbst wenn man einmal daran denkt, dann *bemüht* man sich doch, es zu vergessen.

Liebe Seele, »opfere Gott Dank *und bezahle dem Höchsten deine Gelübde!*«

Wenn du dem Herrn etwas versprochen hast, dann hast du auch die Verpflichtung, es zu halten. Du kannst und darfst deinem Gott nichts vorlügen und vorschwindeln, wie jener Viehhändler meinte, der auf dem Bodensee in einen Sturm geriet. In seiner Herzensangst versprach er dem Herrn drei Schweine, wenn er glücklich ans Ufer käme. Diese Verschwendung verdroß seinen Sohn, und er sagte: »Vater, warum gleich drei? Hätt's nicht eins auch getan?« – »Sei still, Junge«, antwortete der Vater; »wenn wir glücklich drüben sind, kriegt Er ja doch keins.«

Wie schändlich ist das, dem allwissenden Gott so etwas zu bieten! »Irret euch nicht, Gott läßt sich nicht spotten!«

Vielleicht hast du auch einmal in der Todesnot und Sterbensangst ein Gelübde getan – und nicht gehalten. Sieh zu, daß du mit Gott ins reine kommst. Und zwar sofort! Denn aufgeschoben ist so leicht auch aufgehoben.

Jephthah hat sein Gelübde gehalten. Als er nach siegreicher Schlacht heimkam, »siehe, da geht seine Tochter heraus ihm entgegen mit Pauken und Reigen; und sie war sein einziges Kind, und er hatte sonst keinen Sohn noch Tochter. – Und da er sie sah, zerriß er seine Kleider und sprach: Ach, meine Tochter, wie beugst du mich und betrübst mich! Denn ich habe meinen Mund aufgetan wider den Herrn und kann's nicht widerrufen.«

Wie gewaltig ist das! Jehova muß zu Seinem Recht kommen, wenn auch das Glück darüber in Trümmer geht. Jehova muß haben, was Ihm zugesagt ist, und wenn es auch das Liebste ist.

Das ist das Holz, aus dem Gott Helden schnitzt! Er ist für Gott da, willenlos! Und wenn seine einzige Tochter ihm auch genommen wird; er bringt sie Gott dar. Hat Gott Sein Wort gehalten und ihm den Sieg gegeben, so will Jephthah auch sein Wort halten, und wenn sein Herz darüber brechen sollte. –

3. Das Opfer. Welcher Art war nun das Opfer, welches Jephthah brachte? Darüber sind die Ausleger von alters her verschiedener Meinung gewesen. Die einen sagen, er habe seine Tochter dem Herrn auf dem Altar geschlachtet, wie er ein Opfertier dargebracht haben würde. Die anderen sagen: In dieser Weise konnte er seine Tochter nicht opfern. Die konnte er nur so dem Herrn darbringen, daß er sie Jehova für Seinen Dienst übergab.

Es ist bekannt, daß es in der Stiftshütte Frauen gab, die allerlei weibliche Arbeiten verrichteten und vor der Tür der Stiftshütte dienten. So heißt es in 2. Mose 35, 25 und 26: »Und welche verständige Weiber waren, die spannen mit ihren Händen und brachten ihr Gespinst, blauen und roten Purpur, Scharlach und weiße Leinwand. Und welche Weiber solche Arbeit konnten und willig dazu waren, die spannen Ziegenhaare.« Dann lesen wir noch deutlicher 2. Mose 38, 8: »Er machte das Handfaß von Erz und seinen Fuß auch von Erz aus den Spiegeln der Weiber, welche vor der Stiftshütte dienten.« Und es gibt eine andere Stelle, 1. Sam. 2, 22, aus der gefolgert werden darf, daß diese Weiber ehelos bleiben mußten. Das erschwerte die Sünde der Söhne Elis, daß sie eben dieses Gebot nicht beachteten.

Das Los dieser dienenden Frauen war kein leichtes und angenehmes. Und das sollte nun das Los der Tochter Jephthahs sein? Das war schwer, sowohl für sie wie für ihren Vater. War sie doch sein einziges Kind. Und nun wurde ihm die Hoffnung geraubt, jemals Enkel auf seinen Knien zu schaukeln. Der Baum seines Hauses war nun zum Absterben verurteilt und zwar gerade zu einer Zeit, als der Name Jephthah in aller Munde war und er der gefeiertste und angesehenste Mann in Israel geworden war.

Unumgänglich meine ich, kommt man zu dieser Auffassung, wenn man die Stelle Richter 11, 39 ganz wörtlich übersetzt. Dann heißt sie: »Und Jephthah tat ihr nach seinem Gelübde, das er gelobt hatte: und sie erkannte nie einen Mann.« Wenn es erst heißt: er tat ihr, was er gelobt hatte, so fragt doch jeder: Was tat er ihr denn? Darauf antwortet der Nachsatz: er weihte sie einem Leben der Ehelosigkeit.

Dazu kommt dann noch der innere Grund: Jephthah

war ein Mann voll Glaubens, sonst stände sein Name nicht im 11. Kapitel des Hebräerbriefes; er war ein Mann, der im Wort Gottes zu Hause war, wie seine Verhandlungen mit den Ammonitern beweisen. Darum erscheint es ausgeschlossen, daß er Gottes Wort, das klar und bestimmt Menschenopfer verbietet, so gröblich übertreten konnte. Nach 5. Mose 18, 9 ff. und 12, 31 waren die Menschenopfer als heidnisch verboten.

Aber, so sagt man, Gott hat doch auch dem Abraham geboten, seinen Sohn Isaak zu opfern. Ganz recht; aber als Abraham die Hand ausstreckte, um das Opfer zu bringen, da hielt Gott den erhobenen Arm zurück. Er hat Gefallen am Gehorsam, aber nicht am Blut des Menschen.

Zum Schluß möchte ich anführen, daß die Tochter sich zwei Monate Zeit erbittet, um mit ihren Freundinnen ihre *Jungfrauschaft* zu beweinen. Wäre sie nach Ablauf dieser Zeit geschlachtet worden, dann würde sie gewiß geklagt haben, daß ihr *junges Leben* so bald zu Ende gehen solle.

Und schließlich: Das Ende der Geschichte heißt nicht, wie Luther es übersetzt hat: »Die Töchter Israels gehen jährlich hin, zu *klagen* die Tochter Jephthas«, sondern »*zu lobpreisen*«.

Damit möchte ich diese exegetische Auseinandersetzung beenden und mich der Frage zuwenden, was wir aus diesem Opfer der Tochter Jephthahs für uns lernen können.

4. *Ganz für den Herrn.* Das ist das Große an dieser Jungfrau, daß sie ganz für den Herrn da ist. Ist ihr Vater ein Held, so ist sie nicht weniger eine Heldin. Mag ihr Opfer nun so oder so gewesen sein, es war in beiden Fällen ungefähr gleich groß. Ob sie nun einen frühen Tod fand auf dem Altar Jehovas oder ob sie ihr Leben im Tempeldienst zubrachte – es war für sie der Verzicht auf alle ihre Hoffnungen und Wünsche. Alles Lebens- und

Liebesglück sollte sie aufgeben, niemals das süße Wort »Mutter« von lallenden Kinderlippen hören. Aber – sie bringt das Opfer ohne ein Wort der Widerrede! Ja, sie bestärkt ihren Vater sogar noch darin, daß er sein Gelübde halten soll. Sie sprach: »Mein Vater, hast du deinen Mund aufgetan gegen den Herrn, so tue mir, wie es aus deinem Munde gegangen ist, nachdem der Herr dich gerochen hat an deinen Feinden, den Kindern Ammon.«

Welch eine Größe! Wie beschämt uns dieses Mädchen!

Wenn der Herr einmal einen deiner Wünsche durchkreuzt, was für ein Klagen oder gar Hadern fängt da an! »Nein, Herr, dieses Opfer kann ich Dir nicht bringen. Auf diese Hoffnung kann ich nicht verzichten. Das darfst Du mir nicht antun. Das ist zu schwer für mich.«

Oder hast du etwa noch nie so gesprochen? Ach, ich habe schon öfter so gesprochen! Wir wissen wohl, daß Sein Wille der allein gute Wille ist; wir wissen wohl, daß Er es allezeit gut mit uns meint, daß Er keine Gedanken des Leides, sondern nur des Friedens und der Liebe mit uns hat – aber auch wenn wir dies alles wissen: Es fehlt doch viel, daß wir nun die eigenen Wünsche aufgeben und kindlich vertrauend sprechen: »Herr, wie Du willst, so schick's mit mir!«

Das kommt daher, daß der eigene Wille noch dem Willen Gottes entgegensteht; daß es uns noch am *völligen* Vertrauen fehlt; *daß wir noch nicht ganz da sind für den Herrn!*

Wir können von diesem jungen Mädchen, dessen Namen wir nicht einmal kennen, viel lernen!

Wie ungestüm sind oft unsere Wünsche und wie rebellisch wird das Herz, wenn wir unsern Willen nicht bekommen!

Sobald Abraham den Befehl Gottes gehört hatte: »Nimm deinen Sohn Isaak« – steht er auf und rüstet sich zu der traurigen Reise. Er war ganz für den Herrn da.

Sobald Elias den Auftrag bekam, dem König Ahab die Dürre anzukündigen, die das Land heimsuchen sollte, machte er sich auf, um sich dieses gefährlichen Auftrages zu entledigen.

Nur Jona, der will nicht. Der weigert sich, Gottes Willen zu tun. Und der Wille Gottes muß doch getan werden! Gott weiß auch den Jona zum Gehorsam zu bringen. Aber er muß Kummer und Not erleiden. Das hätte sich Jona ganz gut ersparen können, wenn er sofort dem Herrn zur Verfügung gestanden hätte!

Glaube mir, der Herr *wird* Seinen Willen durchsetzen. Wenn Er es nicht *mit* deiner Einwilligung tun kann, dann tut Er es ohne dieselbe. Aber:

> Was Gott sich vorgenommen
> und was Er haben will,
> das muß doch endlich kommen
> zu seinem Zweck und Ziel.

Wäre es nun nicht viel besser, du gäbest deinen rebellierenden Eigenwillen auf? Du brächtest das Opfer deiner Wünsche? Du würdest glücklicher und zufriedener durchs Leben gehen, wenn dein Eigenwille dem Willen Gottes nicht so oft schnurstracks entgegenstände!

Hat Gott schon jemals Fehler gemacht? Hat Er Fehler gemacht in deinem Leben? Nicht wahr, hinterher sahst du doch immer wieder ein, daß Er es recht gemacht hatte? Nun, wenn Er in der Vergangenheit keine Fehler gemacht hat, dann wird Er auch in der Zukunft keine machen. Dann kannst du auch deine Zukunft Ihm getrost anbefehlen und dich Seiner Leitung anvertrauen. Dein Leben wird reich sein an überschwenglichem Segen, wenn du ganz für den Herrn da bist.

Jephthahs Tochter brachte das Opfer. Ja, sie war selbst das Opfer. So sollen und – darf ich das sagen? – so wollen auch wir uns dem Herrn zum Opfer geben. Wir wollen unsere Leiber begeben zum Opfer, das da lebendig, heilig und Gott wohlgefällig sei (Röm. 12, 1). Ja, wir wollen Ihm geloben:

> Ich *kann,* ich will nicht mehr mir selber leben,
> mein stolzes Herz hat mich zu oft betört;
> Dir, Jesus, Dir will ich mich übergeben,
> nimm an das Opfer, das voll und ganz Dir gehört.
> Siehe mein Verlangen,
> Stille mein Verlangen!
> Mein Heiland, nimm mich hin!
> Ich bin Dein, nimm mich hin!

5. *Ehelosigkeit.* Noch ein kurzes Wort möchte ich an dieser Stelle über den Stand der Ehelosigkeit sagen. Es gibt ja viele Mädchen, die nicht in den Stand der Ehe eintreten, weil ihnen dazu die Gelegenheit fehlt. Wie oft geschieht es, daß sie dann mürrisch und verdrießlich werden. Warum das? Weil sie sich so überflüssig vorkommen, weil ihr Leben keinen Inhalt und keine Bestimmung hat.

Doch wenn du dem Herrn dein Leben hingibst, wird Er dir schon einen Beruf zeigen; Er wird deinem Leben schon einen Inhalt geben. Es gibt soviel Arbeit – sollte es ausgerechnet für dich keine geben? Stell dich Ihm nur zur Verfügung. Ich brauche dir keinen Beruf zu empfehlen, das ist Gottes Sache. Kein Mensch ist wirklich überflüssig in der Welt. Für jeden hat der Herr einen bestimmten Posten, den er ausfüllen soll. Laß dir deinen Platz nur zeigen. Und dann stehe auf deinem Posten, bis Er dich abruft.

Als die Städte Herkulaneum und Pompeji in Italien ausgegraben wurden, die einst bei einem Ausbruch des Vesuvs verschüttet worden sind, da fand man in der Lavamasse auch den verkohlten Leichnam eines römischen Soldaten in voller Rüstung. Er hatte dort Wache gestanden, als der Aschenregen kam und die glühende

Lava sich über die unglücklichen Städte ergoß. Er hätte entfliehen können – aber dann hätte er ja seinen Posten verlassen müssen! Er blieb auf seinem Posten, und noch nach zwei Jahrtausenden ist dieser römische Soldat uns ein Beispiel der Treue und Gewissenhaftigkeit.

Ob der Weg nun schwer oder leicht ist, den Gott dich führt, ob er mit deinen Wünschen übereinstimmt oder ihnen entgegenläuft: Es ist auf jeden Fall der richtige Weg, auf dem du geführt wirst.

Und darum lege deine Hand getrost in Seine durchgrabene Hand, vertraue dich deinem Führer an in völligem Vertrauen.

Er führet dich auf rechter Straße um Seines Namens willen.

Manoahs Weib

Ihren Namen wissen wir zwar nicht; aber sie gehört doch zu den Großen im Reiche Gottes, die Frau Manoahs, die Mutter Simsons. Sie würde gewiß nicht so besonderer Gnadenerweise gewürdigt worden sein, wenn sie nicht eine treue Magd des Herrn gewesen wäre.

Das 13. Kapitel im Buch der Richter erzählt uns von ihr. Ich bitte dich herzlich, ehe du diese Betrachtung liest, zuvor dies Kapitel aufzuschlagen und durchzulesen. Die Frau Manoahs ist es wert, daß du dich genauer mit ihr befaßt. –

Hast du es nun gelesen? Bitte, tue es erst! –

Was ist das Geheimnis eines gesegneten Lebens? Erst muß unser *Verhältnis* zu Gott richtig geworden sein, dann wird auch unser *Verhalten zu Menschen* richtig. Man kann von einem Menschen, der noch nicht das richtige Verhältnis zu Gott gefunden hat, unmöglich verlangen, daß sein Verhalten im täglichen Leben richtig sein solle. Wo sollte er die Kraft dazu hernehmen? Man kann nicht Feigen lesen von den Dornen und keine Trauben pflücken an den Disteln.

Manoahs Frau stand im richtigen Verhältnis zu Gott, darum ist auch ihr Verhalten gegen ihren Mann so richtig und schriftgemäß. Davon wollen wir reden.

1. *Ihr Verhältnis zu Gott.* Den 23. Vers des Kapitels betrachten wir zuerst. Da haben wir den Schlüssel zu ihrem Leben. Zum zweitenmal ist ihr der Engel des Herrn erschienen. Beim erstenmal hat er ihr die Geburt eines Sohnes verkündigt, der ein Verlobter Gottes sein sollte. Nun kommt er zum zweitenmal, als sie auf dem Feld ist. Der schnell herbeigerufene Manoah will den Boten Gottes bewirten. Aber das lehnt derselbe ab.

Aber ein Brand- und Speisopfer nimmt er an. Als nun das Feuer lodert auf dem Altar, da fährt der Engel in dieser Flamme gen Himmel. Da erschrickt Manoah und spricht zu seinem Weibe. »Wir müssen des Todes sterben, daß wir Gott gesehen haben.«

Seine Frau aber ist einsichtiger und weitblickender. Sie antwortet ihm: »Wenn der Herr Lust hätte, uns zu töten, so hätte Er das Brand- und Speisopfer nicht genommen von unsern Händen; Er hätte uns auch nicht solches alles erzeigt, noch uns solches hören lassen, wie jetzt geschehen ist.«

Während ihr Mann erschrickt und um sein Leben besorgt ist, ist sie ganz zuversichtlich und getrost: Sie weiß, was *Gnade* ist. Nachdem Gott ihr Seinen Engel gesandt hat, nachdem Gott ihr so große Liebe erwiesen hat, sich zu ihr herabzulassen und ihrer Kinderlosigkeit ein Ende zu machen, nachdem Er ihr Opfer angenommen hat – nach all diesen Gnadenerweisen sollte Gott sie sterben lassen? Unmöglich, wozu dann alle diese Liebesbeweise, wenn Er nicht etwas Besonderes mit ihnen vorhätte?

Wie einfach und selbstverständlich ist dieser Gedankengang! Aber doch nur für einen, der die Gnade Gottes kennt und weiß. Jeder andere ist immer voll Furcht und Sorge, daß Gott zürnen und strafen könnte.

Es ist ein Kennzeichen, ob dein Verhältnis zu Gott richtig ist, wenn du dich fragst, ob bei Trübsalen und Heimsuchungen vielleicht dein erster Gedanke war: Was habe ich wohl getan, wofür Gott mich jetzt *straft*? Solange du noch so voll Furcht vor Gott bist, stehst du noch nicht richtig zu Ihm. »Die völlige Liebe treibt die Furcht aus; denn die Furcht hat (wörtlich) es mit Strafe zu tun«, schreibt Johannes.

Gott ist die Liebe. Hat Er dir das denn nicht deutlich genug bewiesen? Wenn Er dich töten wollte, wenn Ihm nichts an dir und deinem Leben gelegen wäre, hätte Er dann wohl Seinen Sohn für dich dahingegeben? Hätte Er dann wohl in so viel Not über dir Flügel gebreitet? Würde Er dann wohl deinem Leben so sichtbare Spuren eingeprägt haben?

Sieh, die große Tatsache des Karfreitags ist Beweis genug, daß Gott dein Heil im Auge hat! –

Die Gattin Manoahs empfing den Besuch des Engels nur für kurze Zeit. *Wir* dürfen Ihm unser Herz und Haus zu Seiner Wohnung einräumen. Denn »der Engel des Herrn«, das ist kein gewöhnlicher Engel, kein schlichtes Glied der himmlischen Heerscharen, sondern der Bundesengel, der Herr selber.

Wenn nun schon der flüchtige Besuch des Herrn bei Manoahs Frau ein Wunder der Gnade und Erbarmung war, wieviel herrlicher ist es, zu wissen:

> Der den Himmel kann verwalten,
> der will Herberg in dir halten.

Frage dich einmal, ob du mit Paulus im Briefe an die Galater bekennen kannst: »Christus lebt in mir?« Wenn du das noch nicht sagen kannst, daß Er in dir ist und lebt, dann hast du Ihm noch nicht aufgetan. Angeklopft hat Er auch bei dir ganz gewiß schon manches Mal. – Willst du Ihm nicht *jetzt*, nicht *heute* dein Herz auftun?

Die Gattin Manoahs sollte die Mutter eines Verlobten Gottes werden! Du sollst Jesu Braut werden! Er selber will sich mit *dir* verloben in Ewigkeit!

Das erst ist das richtige Verhältnis, in das du zu dem Herrn kommen sollst.

Welche Gnade! Welche Erbarmung! Welche Liebe hat uns der Vater erzeigt, daß wir Gottes Kinder sollen heißen!

2. *Ihr Verhalten zu den Menschen*. Es ist ein kleiner, unscheinbarer Zug in unserer Geschichte, bei dem ich verweilen möchte. Aber er ist uns noch bei keinem andern Frauenbilde begegnet – und er ist sehr wichtig, und es ist sehr zeitgemäß, davon zu sprechen.

Als der Engel das erstemal zu der Frau gekommen war, da lesen wir: »Da kam das Weib und sagte es ihrem Manne an.«

Und bei dem zweiten Besuch heißt es ebenso: »Da lief sie eilend und sagte es ihrem Manne an.«

Sie ist ihrem Mann untertan. Sie hat auch nicht das geringste Geheimnis vor ihrem Manne. Er ist ihr Vertrauter und Berater in allen Fällen.

Manoahs Weib sagte alles sofort *ihrem Mann*. Heute gibt es viele, die laufen bei jeder Kleinigkeit *sofort zur Nachbarin* und sagen der alles. O wieviel Unglück ist schon durch geschwätzige Zungen entstanden!

Hältst du deine Zunge immer im Zaum? Es war ein ganz harmlos gemeintes Wort, das dir gesagt wurde, aber du sagtest es weiter – und ein wenig Pfeffer und Salz kam auch hinzu, um es deiner Freundin interessanter und pikanter zu machen – und nachher kam Unheil und Unglück dabei heraus!

Wie traurig, wenn man so oft in den Zeitungen unten in der Ecke liest: »Die gegen Frau Soundso ausgestreute Verleumdung nehme ich hiermit als unwahr zurück!« Und solche Klatschereien und faulen Geschwätze kommen auch unter Christen vor. Aber doch nur dann, wenn das Verhältnis zum Herrn nicht richtig ist. Dann ist auch das Verhalten gegenüber den Menschen nicht richtig.

Wenn du schon auf dem Wege zur Nachbarin bist, halt ein und überlege dir, ob du recht tust! Wisse, daß wir Rechenschaft geben müssen über jedes unnütze Wort, das wir geredet haben!

Es gibt eine kurze Frage; sie steht zwar nicht in der Bibel, und doch ist sie biblisch. Sie lautet: »Was würde Jesus dazu sagen?« Willst du dir mal *einen* Tag oder *eine* Woche vornehmen und dir bei all deinem Sprechen diese Frage vorlegen? Ich glaube, dann würdest du mit Schrekken innewerden, wieviel aus deinem Munde kommt, was gegen die Liebe und gegen die Wahrheit ist!

Darum, wenn dein *Verhalten* gegenüber den Menschen nicht richtig ist, sieh zu, daß dein *Verhältnis* zu Gott richtig wird. Stell dich Ihm ganz zur Verfügung, übergib dich Ihm so willig wie Manoahs Weib. Und Er wird auch dich segnen und zum Segen setzen!

Simsons Frauen

Es ist ein trübes Bild, welches Simson uns bietet. Zu Großem war er ausersehen. Er war ein Verlobter Gottes von Mutterleibe an. So wie die Geburt Johannes des Täufers und des Heilandes selber durch einen Engel vorher verkündigt wurde, so war es auch bei Simson geschehen. Von einem Mann, der unter solchen Umständen in die Welt eintritt, erwartet man etwas ganz Besonderes. Hat Simson nun diese Hoffnungen und Erwartungen erfüllt? Man muß leider sagen: er hat sie nicht erfüllt.

Wenn Simson nicht das wurde und das wirkte, was Gott haben wollte, woher kam das? Was hat ihn aufgehalten? Es ist ein trauriges Kapitel: Es war seine ungezügelte Leidenschaftlichkeit. Die Frauen, an die er sein Herz hängte, waren sein Ruin.

Es ist traurig und geschieht so oft, daß ein Kind Gottes nicht die Hoffnungen erfüllt, die seine Bekehrung erweckt hat! Irgend etwas tritt in den Weg, was seinen fröhlichen Lauf hindert. Der Teufel ist ja so listig. Er läßt kein Mittel unversucht, um die Gläubigen aufzuhalten und ihr Wachstum zu hemmen. Den einen fängt er wieder ein mit Ehrfurcht und Eigenliebe; den andern mit dem schnöden Mammon; den dritten aber lähmt er durch eine eheliche Verbindung mit einer Delila.

Von drei Frauen nacheinander erzählt uns die Schrift, mit denen Simson sich abgegeben hat (Richt. 14–16). Und alle drei waren sein Verderben.

1. *Das Weib zu Thimnath*. a) *Die Verlobung*. Es war ein großer Kummer für Manoah und seine Frau, als Simson mit einer Philisterin ein Verhältnis anfing. Wir lesen aber (Richt. 14, 4) das seltsame Wort: »Aber sein Vater und seine Mutter wußten nicht, daß es von dem Herrn wäre,

denn Er suchte Ursache wider die Philister.« Wenn uns das nicht besonders gesagt wäre, so würden wir es nicht glauben, daß Gott Seine Hand im Spiel gehabt hatte.

Es geschieht auch heute noch oft, daß junge Leute ein Verhältnis eingehen ohne die Zustimmung ihrer Eltern. Und das ist ganz gewiß nicht vom Herrn. Wenn es unbekehrte junge Leute so machen, so darf man sich darüber nicht wundern; aber es wird darüber geklagt, daß das auch in christlichen Kreisen vorkommt. Es ist schon ein Jammer, wenn gläubige Jungen mit gläubigen Mädchen ein Verhältnis anknüpfen zu einer Zeit, wo an Heiraten noch nicht gedacht werden kann. Wieviel schlimmer ist es aber, wenn der eine Teil gläubig ist und der andere ungläubig! Daß es in jedem Falle ein Hemmnis bedeutet für das innere Wachstum des gläubigen Teiles, das bedarf keines Wortes. Aber auch die »Verhältnisse« gläubiger junger Leute sind sehr gefährlich. Wie oft muß man nachher sagen, was Paulus schreibt: »Ihr liefet fein – wer hat euch aufgehalten?«

Man hat keine rechte Zeit mehr, in den Gottesdienst zu kommen und die Gemeinschaft zu pflegen; man sitzt lieber beieinander und baut Luftschlösser. Wenn so ein Verhältnis so lange dauert, dann kommt allerlei Gerede und Geschwätz zwischen die beiden jungen Leute. Es findet sich ein Freier, der den Eltern besser gefällt; nun bestürmen sie die Tochter, den andern zu lassen. Wenn sie auch festhält und treu bleibt – es geht doch für Braut und Bräutigam durch schwere Zeiten hindurch. Und wie leicht wächst dann die Pflanze der Bitterkeit gegen die Eltern in den Herzen, die, wie man glaubt, dem Glück des Kindes sich in den Weg stellen. Und die sehen doch klar, daß die beiden, die sich so früh aneinander angeschlossen haben, nicht zusammenpassen.

Es ist ein wunder Punkt in christlichen Jugendverbänden, den ich da berühre. Aber durch das Verschweigen und Gewährenlassen wird er nicht geheilt. Ihr lieben

Jungen und Mädchen, die ihr diese Betrachtung lest, ich bitte euch, sehet zu, daß nicht so ein »Verhältnis« den fröhlichen Fortschritt eures inneren Lebens störe und hemme. Denkt an Simson, und vergeßt nicht die Rücksicht auf die alten Eltern, aber vor allem nicht die Rücksicht auf den Herrn!

Des Vaters Segen baut den Kindern Häuser; aber der Mutter Fluch reißt sie darnieder!

b) *Die Hochzeit.* »Und da sein Vater hinabkam zu dem Weibe, machte Simson daselbst eine Hochzeit, wie die Jünglinge zu tun pflegen.« Also eine Hochzeit nach Philistersitte, wie es den Anschein hat.

Wie es scheint, hat seine Mutter sich der Hochzeit ferngehalten. Sie ist mit ihrem Mann und ihrem Sohn nach Thimnath gegangen, um die Schwiegertochter kennenzulernen; aber bei der Hochzeit selbst war sie wohl nicht zugegen. Denn es wird uns nur von Manoah erzählt, daß er mit Simson zu seiner Hochzeit reiste. Die Mutter hatte wohl das Gefühl, daß sie in diesen Kreis nicht passe. Für das, was ihr das Liebste und Beste war, fand sie in Thimnath ja kein Verständnis. Da blieb sie lieber zu Hause. Und auch dem Simson war es vielleicht ebenso lieb, daß sie nicht mit dabei war.

Gewiß hatte sie auf dem Heimweg von Thimnath in mütterlicher Sorge zu ihm gesagt: »Wenn du nur glücklich mit ihr wirst!« Simson hielt diese Sorge der Mutter natürlich für sehr überflüssig: »Aber Mutter, wir haben uns ja so lieb; da kann es doch nicht fehlen!«

Ach, er wußte nicht, daß zu einer glücklichen Ehe mehr gehört als ein Wohlgefallen des einen am andern!

Sie werden wohl fast alle Wohlgefallen aneinander haben und sich lieben, die einen Ehebund schließen – und es gibt doch so viele unglückliche Ehen und friedelose Häuser. Wie kommt das nur? Daher, daß die jungen Leute sich und ihrer Liebe zuviel zutrauen; daß sie denken: Unsere Liebe reicht aus für ein langes und glückliches Leben. Und ach, dieser eigene Vorrat von Liebe ist sehr bald verbraucht, und wenn man nicht zu der Quelle geht, aus der man neue Liebe schöpfen kann, dann macht man bald bankrott, und der Unfriede und das Unglück sind da.

Darum ist es so sehr wichtig, daß man nicht vergißt, den Herrn zur Hochzeit zu laden.

Der fromme Valerius Herberger, dem wir manches schöne Lied verdanken, saß und schrieb die Namen der Gäste auf, die zur Hochzeit eingeladen werden sollten. Da sah ihm seine Mutter über die Schulter und sagte: »Valerius, Valerius, vergiß mir ja den Herrn Jesus nicht!«

Aber wie viele vergessen Ihn! Wie viele machen eine großartige Hochzeit, »wie die Jünglinge zu tun pflegen«, wo es laut und lustig zugeht. Vielleicht hat man selber keine Freude daran. Aber man glaubt, Rücksicht nehmen zu müssen auf die Verwandten und Bekannten. Das ist eine falsche Rücksichtnahme. Wenn es von *allen* christlichen Hochzeiten heißen möchte: »Jesus aber und Seine Jünger wurden auch auf die Hochzeit geladen« (Joh. 2, 2). Es ist doch ein so bedeutsamer und wichtiger Schritt, »wenn zweie sind gemeint, des Lebens Lust und Wehe zu tragen treu vereint«. Da sollte man doch nicht nach Art der Welt feiern, in Saus und Braus, sondern in der Gegenwart Jesu, still und besonnen. Wenn Kinder Gottes in allem ein Beispiel sein sollen für die Welt, dann müssen sie dadurch Zeugnis ablegen, wie sie ihre Feste feiern. Auch da muß Ewigkeitsluft wehen, auch da muß Gottes Wort und Gebet die Feier heiligen und weihen. Ein herzliches Gebet für die Neuvermählten ist jedenfalls besser als ein brausendes Hochrufen. Davon hat kein Mensch etwas, aber von einer herzlichen Fürbitte hat das Brautpaar etwas, denn Gott erhört Gebete.

c) *Die Ehe* war kurz und – nicht glücklich. Wie hätte das auch sein können! Eine Ehe, die nicht vom Herrn geleitet und gehegt wird, die *kann* im tiefsten Grunde keine glückliche sein. Aber eine Ehe, die Er regiert, die mag äußerlich durch Nöte und Trübsale hindurchgehen, sie ist dennoch glücklich, denn »wo Jesus Christus ist der Herr, wird's alle Tage herrlicher«.

Simson gab den Philistern bei der Hochzeit ein Rätsel auf, das konnten sie nicht lösen, so sehr sie sich auch den Kopf zerbrachen. Und das wurmte sie um so mehr, als es ein Preisrätsel war.

Als ihre Kunst gescheitert war, gingen sie zu Simsons Frau und bestürmten sie, ihrem Mann zuzusetzen, daß er ihr die Lösung sage. Wenn sie ihnen die Lösung nicht bald mitteile, dann sollte sie und ihres Vaters Haus im Feuer verbrannt werden.

Da hatte sich Simson seine Rute gebunden, denn nun liegt ihm sein Weib Tag und Nacht in den Ohren, um die Auflösung des Rätsels aus ihm herauszupressen. Auf alle mögliche Weise versuchte sie, zum Ziele zu kommen. Sie weinte, sie schmollte, sie schmeichelte mit unglaublicher Ausdauer. Und als sie ihn eine ganze Woche damit gequält hatte, da wurde er endlich müde und – sagte es ihr.

Ist das das Glück, Simson, auf das du gepocht hattest? Eine Frau, die die Partei deiner Feinde ergreift? Eine Frau, die den eigenen Willen durchsetzt mit allen weiblichen Überredungs- und Verführungskünsten? O Simson, das ist kein Glück! Deine Luftschlösser zerrinnen! Wahres Glück gibt es nur, wo Gott regiert. Darauf hast du nicht geachtet, danach hast du nicht gefragt; daran war dir nichts gelegen. Nun wundere dich nicht.

Dieser erste eheliche Zwist bringt die beiden auseinander, und zwar – für immer.

Als Simson hingegangen ist und 30 Philister erschlagen hat, um die verlorenen Feierkleider herbeizuschaffen, und dann im Unmut in seine Heimat zurückkehrt, da wird inzwischen seine Frau einem andern gegeben.

Untreue, Verrat, Zorn, Haß, Not und Tod – das alles ist aus dieser Unglücksehe hervorgewachsen.

War Simson nun kuriert, als er sich so bald seines jungen Weibes beraubt sah? Wird er nun eine bessere Wahl treffen, wie sie einem Verlobten Gottes zukommt?

Das wollen wir nun sehen!

2. *Das Weib von Gaza.* Nachdem Simson mit dem Weibe von Thimnath so traurige Erfahrungen gemacht hatte, sollte man meinen, er wäre durch Schaden klug geworden und hätte nun eine Frau von den Töchtern des Landes genommen. Aber nein, er hat noch nichts gelernt. Er wirft sich das zweitemal sogar noch mehr weg als das erstemal. Es ist nicht nur wieder eine Philisterin, mit der er sich einläßt, es ist eine Gefallene!

Im 16. Kapitel des Buches der Richter, wo uns diese traurige Geschichte erzählt wird, lesen wir nichts mehr von Simsons Vater und Mutter. Es scheint, als ob sie nicht mehr am Leben gewesen wären. Dann hätten sie doch wenigstens diesen Fall ihres geliebten Sohnes nicht mehr miterlebt. Gewiß wäre der frommen Mutter das Herz vor Gram gebrochen, wenn sie das gehört hätte. Aber wir dürfen annehmen, daß zwischen dem 15. und 16. Kapitel längere Zeit vergangen ist, wie der letzte Vers im 15. Kapitel anzudeuten scheint. »Und er richtete Israel zu der Philister Zeit zwanzig Jahre.«

In diesem Zeitraum hat Simson sich wohl besser gehalten und den Namen eines Helden des Glaubens verdient, der ihm im 11. Kapitel des Hebräerbriefes beigelegt wird.

Nach dem Tod der Eltern aber brach seine Leidenschaftlichkeit wieder ungezügelt durch alle Schranken.

Ich möchte diese traurige Episode im Leben Simsons übergehen; aber ich halte es doch für nötig, auch einmal über diese Frage ein Wort zu sagen.

a) *Die Not ist groß.* Von jeher hat es Frauen gegeben, die ihre Frauenehre und Würde verkauft und preisgegeben haben. Wir hören an dieser Stelle der Bibel nicht zum ersten Male davon. Und dies Übel ist nicht auszurotten gewesen, ja, es hat sich im Laufe der Zeit nur noch vermehrt. In unsern großen Städten sieht es wahrhaft schrecklich aus in dieser Beziehung. In Berlin gibt es allein über 50 000 Mädchen, die unter sittenpolizeilicher Kontrolle stehen, also gewissermaßen unter Zustimmung und mit Erlaubnis des Staates die Unzucht zu ihrem Erwerb machen. Und wie viele mag es geben, die nicht in den Listen der Polizei stehen! Schreien diese Zahlen nicht gen Himmel?

In manchen Staaten hat man die Unzucht geradezu staatlich konzessioniert, man hat ihr Häuser gebaut, um sie besser kontrollieren zu können. Aber dadurch ist das Übel keineswegs verringert oder gebessert. Eher das Gegenteil.

Wie kommt es nur dahin, daß Mädchen das Beste, was sie haben, ihre Mädchenehre, so schnöde verkaufen?

Gewiß trägt einen großen Teil der Schuld – in vielen Fällen wenigstens – das Elternhaus. Von einer wirklichen Erziehung kann in manchen Häusern kaum mehr geredet werden, vollends nicht von einer christlichen. Die Kinder sind sich zumeist selbst überlassen; was sie hören und sehen auf den Straßen der Großstadt, in den Schaufenstern vieler Buchhandlungen, ist gewöhnlich nichts Gutes. Schlechte Lektüre, böser Umgang vergiften die Phantasie und ruinieren schon die Kinderherzen. Ich habe es mir oft schrecklich gedacht, in einer Großstadt aufwachsen zu müssen!

Wenn das Elternhaus und die Kindheit den Keim zum Bösen in die Herzen gelegt haben, dann bringen die Jugendjahre ihn zur Entfaltung. Es ist ein Wort, welches den Inhalt und die Überschrift so manches Lebens bildet, namentlich in den Jahren der Jugend, das heißt: Vergnügen.

Man tut die Arbeit nur, um dadurch die Mittel zum

Vergnügen zu erhalten. Darum wählt man die Arbeit, welche die meiste Freiheit zum Vergnügen läßt und am besten die Mittel dazu liefert.

Kann die christliche Liebe an tiefgesunkenen Menschenkindern vorübergehen? Sicher nicht! Man hat angefangen, auch an ihnen zu arbeiten in der sogenannten Mitternachtsmission, welche den Verlorenen in bewundernswerter Liebe nachgeht, um ihnen die rettende Hand zu reichen, daß sie aus dem Schlamm herauskommen, in dem sie versinken. Wenn es eine schwere Arbeit gibt im Reiche Gottes, die viel Fürbitte erfordert, dann ist es diese. Wir wollen diese Arbeit doch auch aufs Herz nehmen und für sie beten!

b) *Hüte und warne dein Kind!* Wenn die Not aber so groß ist, dann hüte dein Kind, deinen Sohn und deine Tochter, vor den großen Städten und ihren Gefahren. Tu, was du kannst, um sie zum Glauben zu führen, damit sie in den Gefahren der jungen Jahre nicht elend Schiffbruch leiden.

Und wenn deine Kinder um ihrer Ausbildung willen in die großen Städte ziehen müssen, dann bitte ich dich sehr dringend, nimm deinen Sohn, du Vater, vorher besonders, und du, o Mutter, deine Tochter, und sprich ernst und offen mit deinem Kind über die Gefahren.

Ich bin fest überzeugt, daß viele nur darum zugrunde gegangen sind, weil sie die Gefahren nicht kannten und sich deshalb nicht davor hüteten. Ich halte es für so wichtig, daß ich eigens um dieser Mahnung willen bei dem Weibe von Gaza verweilt habe, ich möchte es euch, ihr Eltern, zur heiligen Pflicht machen, mit euren herangewachsenen Kindern ernst und eindringlich zu sprechen. Wie viele kommen unverdorben in die Großstadt; der Vater hat ihnen bewegten Herzens das Wort mitgegeben. Bleibe fromm und halte dich recht! Komm einst wieder, wie du gegangen bist! Aber diese Mahnung wurde nicht recht verstanden; man wußte ihre Bedeutung nicht. Dann kam die erste Klippe – und da strandete schon das Schiff. Ich weiß von dem Sohn eines Gutsbesitzers, den der Vater nach Berlin schickte, um eine Forderung einzukassieren, weil er selbst nicht abkommen konnte. Der junge Mann bekam das Geld. Danach kehrte er in einem Restaurant ein, um zu essen. Unglücklicherweise war es eine sogenannte Animierkneipe, wo die weibliche Bedienung fortwährend zum Trinken nötigt. Der junge Mann nahm die Liebenswürdigkeit und Freundlichkeit des Mädchens für bare Münze. Er trank bald dies, bald das, bis er seiner Sinne nicht mehr mächtig war.

Seiner Ehre und seines Geldes beraubt, getraute er sich nicht, seinem Vater wieder vor die Augen zu kommen; er machte in der Verzweiflung seinem Leben ein Ende!

Hätte nicht ein aufklärendes Wort des Vaters ihn bewahren und retten können? Aber er hatte es nicht gesprochen!

Und das gilt nicht nur in bezug auf die großen Städte. Auch in den kleineren gibt es schon solche gefährlichen Häuser. Darum hüte und warne dein Kind! Wie schrecklich ist es, für einen einzigen Fehltritt lebenslang büßen zu müssen!

Die Gefahr der Verführung ist in unseren Tagen gleich groß, sowohl für die jungen Männer wie für die jungen Mädchen. Darum habe acht auf dein Kind, kümmere dich um seinen Umgang, sieh zu, wo es seine freien Stunden verbringt, wie es sich vergnügt und amüsiert. Liebe Eltern, seid allezeit der Verantwortung für eure Kinder eingedenk, die ihr für sie vor Gott tragt!

3. *Delila, das Weib von Sorek.* Zum dritten Mal finden wir Simson in den Banden der Liebe, und wieder ist es eine Frau, die seiner nicht wert ist. Er ist ein berühmter, gefeierter Mann geworden; sein Name hat einen guten Klang im ganzen Lande. Ja, bis über die Grenzen des

Landes hinaus geht der Ruhm seines Namens und die Furcht vor seiner Stärke. Wird ihm nicht Gott ein treues, edles Herz zuführen, eine verständnisvolle Gefährtin und Gehilfin in seinem verantwortungsvollen Beruf? Ganz gewiß hätte Gott das getan, wenn Simson diesen Schritt *vor Gott* getan hätte, wenn er Ihn um ein gutes und frommes Weib gebeten hätte. Aber daran dachte er nicht. Er wollte für sich selbst sorgen. Er hatte Gott nicht nötig.

Wohl keine Tochter Israels hätte dem Helden Herz und Hand verweigert; wohl jedes Mädchen hätte es für eine Ehre gehalten, wenn Simson gekommen wäre, um um sie zu werben.

Aber an den Töchtern des Landes geht er vorüber. Bei den Erbfeinden Israels, bei den Philistern, ist ihm ein Mädchen aufgefallen.

»Darnach gewann er ein Weib lieb am Bach Sorek, die hieß Delila« (Richt. 16, 4).

a) *Ohne Liebe* – hat Delila ihm die Hand gereicht. Das geht ganz klar aus diesem traurigen 16. Kapitel des Richterbuches hervor. Sie fühlte sich geschmeichelt, daß der berühmteste Mann seiner Zeit sie zur Frau begehrte. Es kitzelte ihre Eitelkeit, daß dieser gefürchtete, starke Held um ihre Gunst bat. Wenn sie ihn nahm, war sie die Frau des ersten Mannes im ganzen Lande!

Aber auf dem Grunde befriedigter Eitelkeit und aufstrebenden Ehrgeizes läßt sich keine glückliche Ehe aufbauen. Das lehrt die Erfahrung zur Genüge.

Ich bitte dich, denk einmal an diese oder jene Heirat in deinem Bekanntenkreis, an die eine oder andere Freundin! Was für Gründe veranlaßten sie zum Heiraten?

Die eine wollte gerne aus unangenehmen häuslichen Verhältnissen herauskommen, die ihr drückend geworden waren. Sie hoffte auf größere Freiheit und Selbständigkeit als Frau.

Die andere wollte für ihr Alter versorgt sein. Sie

fürchtete sich vor einem einsamen, sonnen- und glücklosen Alter, vor Armut und Sorge.

Die dritte wollte etwas gelten und vorstellen in der Welt, sie wollte nicht länger arbeiten gehen, sie wollte höher hinauf.

Und wie lief es ab? Nicht wahr, die Wünsche gingen zumeist nicht in Erfüllung. Es war ein Eheleben ohne Befriedigung. Und vielleicht sagte sich die enttäuschte Frau in stillen, einsamen Stunden: »Hätte ich das alles gewußt, dann wäre ich doch lieber ledig geblieben!«

Sicherlich, die Ehe stellt so hohe Anforderungen an beide Teile, namentlich aber an die Frau, daß es ganz unmöglich ist, denselben ohne Liebe nachzukommen! Nur wirkliche Liebe kann einer Braut das Opfer erleichtern, das in so vielen Fällen gebracht werden muß, nämlich das Aufgeben von Heimat und Elternhaus und das Übernehmen einer großen und wachsenden Arbeit, Mühe und Sorge in ihrem Haushalt.

Darum mahnt Schiller ganz mit Recht:

> Drum prüfe, wer sich ewig bindet,
> ob sich das Herz zum Herzen findet.

Wo die Liebe nicht die Herzen zusammengebunden hat, da werden sie früher oder später auseinanderfallen, und es wird ein trauriges Nebeneinander in der Ehe werden, die so glücklich anzufangen schien.

Aber auch wirkliche Liebe in den Herzen ist noch keine Gewähr für eine glückliche Ehe. Das Leben besteht aus tausend Kleinigkeiten. Und diese Kleinigkeiten haben oft eine große Bedeutung. Der Mann hat in seinem Beruf Unannehmlichkeiten gehabt, er kommt verstimmt und mürrisch nach Hause. Statt daß nun der Empfang daheim besonders herzlich und freundlich wäre, denkt die Frau. »Was habe ich ihm denn getan? Warum ist er denn so knurrig?« Und statt daß sie mit ihm seine Last trüge, vergrößert sie seinen Ärger durch ihre

ungerechten Vorwürfe. Es gibt harte Worte – und kra-
chend wirft der Mann die Tür hinter sich zu, um der Flut
ihrer unbedachten Worte zu entrinnen. Wer hat nun
angefangen? Wer soll nun das erste gute Wort geben?
Der Mann wartet auf die Frau, und die Frau wartet auf
den Mann, und sie warten beide umsonst. Sie gewöhnt
sich an ein kühles Nebeneinander; aber das Leben, wie es
im Anfang war, ist dahin.

Oder es sind die Sorgen, die das Glück des Hauses
untergraben. In der Brautzeit hat man sich wohl scher-
zend getröstet: »Raum ist in der kleinsten Hütte für ein
glücklich liebend Paar.« Aber die Wirklichkeit ist oft
anders als die Poesie und die Phantasie. Der Mann macht
ein sorgenvolles Gesicht. »Frau, du mußt sparsamer
wirtschaften; wir kommen nicht aus!« Die Frau fühlt sich
beleidigt – oder sie müht sich redlich zu sparen, aber es
reicht dennoch nicht. Die Not klopft ans Fenster. Und
während sie hereinhuscht, fliegt die Liebe hinaus.

Oder die jungen Leute lernen sich allmählich besser
kennen – und werden enttäuscht. In der Brautzeit haben
sich beide bemüht, sich von der besten Seite zu zeigen.
Der Bräutigam verzichtete auf seine gewöhnlichen Ver-
einsabende, um bei der Braut sein zu können. Nach den
ersten Flitterwochen wird das anders. Er sucht seine
alten Freunde wieder auf, er knüpft die alten Beziehungen wieder an; die Frau fühlt sich vernachlässigt, sie sitzt
die langen Abende allein zu Hause – und wenn er
heimkommt, dann stellt er, anstatt sich zu entschuldigen,
noch gar die halb unwillige Frage: »Warum bist du denn
nicht zu Bett gegangen?«

Auch die größte Liebe der beiden Herzen zueinander
ist keine Gewähr für eine glückliche Ehe. Denn wir sind
sündige Menschen. Und die mit uns umgehen, die haben
es oft nicht leicht, mit uns auszukommen.

Da hilft nur eins: Weil der Vorrat unserer Liebe und
Zuneigung nicht ausreicht, müssen wir für Zuflüsse

196

sorgen, darum müssen wir zu dem Born der Liebe gehen, aus dem wir schöpfen können, ohne daß er versiegt. Und diese unerschöpfliche Liebe quillt und sprudelt in dem Herzen unseres Herrn und Heilandes. Ja, in Ihm ist nicht nur eine Quelle der Liebe, es ist ein ganzes Meer von Liebe.

Wenn der Herr imstande ist, das Herz vor dem Argen zu bewahren, dann kann Er auch die Liebe zweier Herzen bewahren und sie immer aufs neue füllen mit neuem Liebesvorrat.

Darum ist es so wichtig, nur im Aufblick zum Herrn einen Ehebund zu schließen, weil ohne Ihn eine wahrhaft glückliche Ehe gar nicht geführt werden *kann*.

Zwei Dinge müssen zusammenkommen, wenn eine Ehe wirklich glücklich und gesegnet sein soll: erstens die bestimmte Gewißheit, daß Gott diesen Ehebund gewollt hat. Es rächt sich in *jedem* Fall, wenn man eigene Wege geht, aber in *diesem* Fall in ganz besonderer Weise. Wenn du dir nicht ganz klar darüber bist: Mein Mann, meine Frau ist mir von Gott selbst zugeführt; es ist Gottes Wille, an dem ich nicht zweifeln kann, dann tu diesen wichtigen Schritt lieber nicht.

Das zweite ist eine auf herzlicher Achtung beruhende Liebe. Nur wenn du dir dieser beiden Dinge ganz klar und gewiß bist, lege die Hand in die Hand deines Gatten und fürchte dich nicht.

Liebe Mutter, ich bitte dich, behüte deine Tochter, deinen Sohn vor einer Heirat ohne Liebe. Laß nicht die Rücksichten auf die Äußerlichkeiten wichtig und maßgebend sein. Frage nicht, wie jener Vater tat, dem sein Sohn sagte, er beabsichtige, sich bald zu verloben. Da fragte der Alte, obwohl er gläubig war: Hat sie Geld? Doch darauf kommt es nicht an. Es kommt in allem, es kommt auch hier nur darauf an: Was ist Gottes Wille?

b) *Ohne Herz* ist Delila gewesen. Wie hat sie den Simson gequält und geplagt, um ihm das Geheimnis seiner Kraft zu entlocken! Sie macht gemeinsame Sache mit seinen Feinden. Sie liefert ihn an die Philister aus, die ihn unschädlich machen wollen.

Sie »drang ihn mit ihren Worten alle Tage und zerplagte ihn«. Und endlich »ward seine Seele matt bis an den Tod – und sagte ihr sein ganzes Herz«.

Delila, könnte man sagen, paßt so recht zu den modernen Frauen unserer Tage. Statt herzlicher Liebe: kalte Berechnung; statt der rechten Bescheidenheit: Herrschsucht; statt selbstverleugnender Aufopferung und williger Hingabe des eigenen Willens: unbeugsames Festhalten am Eigenwillen und Durchsetzen desselben um jeden Preis.

Wehe, wer sich eine solche Delila zur Gefährtin erkoren hat! Sie ist der Schlange gleich, von der die Fabel erzählt, die ein Wanderer fand und an seinem Busen wärmte, weil sie so erstarrt war von der Kälte. Aber da sie durch die Wärme seines Herzens ins Leben zurückgebracht war, da biß sie ihren Wohltäter und brachte ihm den Tod.

So hat es auch Delila gemacht. In ihrer Herzlosigkeit hat sie mit seiner Liebe gespielt, sie hat ihren Willen erreicht – und ihren Mann zugrunde gerichtet.

Kann man nicht sagen, daß es auch heute noch ebenso geht? Wie mancher Mann wird zugrunde gerichtet durch seine Frau!

Wenn man über das Wirtshausleben und die Trunksucht der Männer klagt, trägt in vielen Fällen die Frau einen großen Teil der Schuld. Anstatt ihrem Mann das Haus so angenehm wie möglich zu machen, bereitet sie ihm eine Hölle auf Erden. Wer, wie Delila, seinen eigenen Willen durchsetzen will, der muß sich nicht wundern, wenn es dem Mann endlich zuviel wird, so daß er seine Erholung lieber im Wirtshaus als daheim bei seiner Frau sucht.

Ich bitte dich, liebe Frau, tu alles, was du kannst, um

deinem Mann sein Heim behaglich und gemütlich zu machen. Hast du die Hausschuhe auch bereitgestellt, daß er gleich die schweren, schmutzigen Stiefel ausziehen kann, wenn er heimkommt? Sei versichert, es gehört schon Überwindung dazu, wenn er die warmen Hausschuhe erst einmal anhat, daß er die Stiefel wieder anzieht, um auszugehen. Und wenn du ihn durch eine solche Kleinigkeit halten kannst – willst du es nicht tun?

Sorge dafür, daß das Essen fertig ist, wenn er nach Hause kommt, daß dein Mann die kurze Mittagspause möglichst gut ausfüllen kann. Steh nicht so lange bei der Nachbarin und beim Kaufmann, wenn du deine Einkäufe besorgst, sonst wird das Essen nicht zur rechten Zeit fertig sein!

Sage doch niemand, das seien nichtige Kleinigkeiten, die nicht wert seien, gedruckt zu werden. Nichts ist unwichtig und nebensächlich, was dazu beitragen kann, das Glück einer Ehe, einer Familie zu erhalten oder zu fördern. Wenn der Apostel schreibt, die Männer sollten ohne Wort gewonnen werden durch der Weiber stillen, sanften Wandel, so gehört dies sehr wesentlich dazu.

Halte alles fern, was die Stunden der Ruhe und der Erholung deines Mannes irgendwie stören und beeinträchtigen könnte. Klage ihm nicht gleich, wenn er in die Türe tritt, alles, was die Kinder im Laufe des Tages angestellt haben. Wenn er gleich anfangen soll zu strafen, verbitterst und verdirbst du ihm den Abend, dann ist es um seine gute Laune geschehen.

Mach ihm das Haus so nett und so lieb, daß sein Herz sich freut, wenn er den Giebel seines Hauses aufragen sieht, daß seine Schritte unwillkürlich schneller werden, je näher er seinem Hause kommt. Laß ihm die Kinder entgegeneilen, wenn er schon nahe ist. Es macht dem Vaterherzen Freude, wenn das Kleinste sich an seine Brust schmiegt und in seinem Bart krault, während die »Große« seine Tasche trägt und das dritte seine Hand festhält. O liebe Frau, wenn du so die Heimkehr deines Mannes zu einem Familienfest machst, baust du an dem Haus deines eigenen Glückes.

Delila war das Beispiel einer Frau, wie sie nicht sein soll. Du kannst von ihr lernen, wie du es nicht machen darfst. Zeig deinem Mann ein Herz voll Liebe, zeig es ihm in den kleinen Aufmerksamkeiten, die du ihm erweisen kannst, und du wirst Wunder zu erleben glauben. Wenn deine Nachbarinnen und Freundinnen über ihre Männer zu räsonieren haben, dann brauchst du nicht mitzutun. Wenn sie klagen, wie schlecht sie es zu Hause haben, dann kannst du nur sagen, daß es dir sehr gut gehe mit deinem Mann, daß du vollkommen glücklich seist. Ist das kein Ziel, das der Mühe wert ist?

Nun denn, so laß dir schenken, was Delila abging. Laß dir vom Herrn ein Herz schenken! Laß Ihn das steinerne, kalte, selbstsüchtige, eigensinnige Herz wegnehmen und dir ein neues, weiches, warmes, gefühlvolles dafür geben! Er hat gesagt: »Ich will es tun!« (Hes. 36, 26.)

Delila hatte kein Herz und keine Liebe. Laß dir geben, was du brauchst: ein Herz – voll Liebe!

Michas Mutter

Das 17. Kapitel im Buch der Richter erzählt uns eine seltsame Geschichte. Es heißt da: »Es war ein Mann auf dem Gebirge Ephraim mit Namen Micha. Der sprach zu seiner Mutter: Die tausendeinhundert Silberlinge, die dir genommen worden sind und derenthalben du den Fluch gesprochen und auch vor meinen Ohren gesagt hast; siehe, das Geld ist bei mir, ich habe es genommen. Da sprach seine Mutter: Gesegnet sei mein Sohn dem Herrn! Also gab er seiner Mutter die tausend und einhundert Silberlinge wieder. Und seine Mutter sprach: Ich habe das Geld dem Herrn geheiligt von meiner Hand für meinen Sohn, daß man ein Bildnis und einen Abgott machen soll; darum so gebe ich es dir nun wieder. Aber er gab seiner Mutter das Geld wieder. Da nahm seine Mutter zweihundert Silberlinge und tat sie zu dem Goldschmied; der machte ihr ein Bild und einen Abgott (ein geschnitztes und ein gegossenes Bild), das war darnach im Hause Michas.«

Wenn Micha ein Götzendiener wurde und seine Kinder nach ihm – wer war schuld daran? Seine Mutter.

Welch große und heilige Aufgabe hat der Herr einer *Mutter* gegeben! Sie soll Erzieherin ihrer Kinder sein. Welch ein hoher und wichtiger Beruf ist das! Wenn ich auch schon darüber geredet habe, so kann doch gar nicht zu oft über dieses wichtige Thema gesprochen werden.

1. *Der Segen einer Mutter.* Wie manche gläubige Hausfrau hat wohl schon mit einem gewissen Neidgefühl auf ihre unverheirateten Schwestern geblickt und gedacht: »Ach, wieviel Zeit habt ihr, für den Herrn zu wirken und zu arbeiten! Wie frei und ungebunden seid ihr! Mein Leben ist ein stetiges Einerlei von lauter

Kleinigkeiten und geringen Dingen. Ich muß kochen und backen und braten; die Küche und die Kinder lassen mir keine Zeit für etwas Höheres! Ach, wenn ich doch auch so wirken könnte wie ihr!«

Darfst du so sprechen, liebe Hausfrau? Ist dein Leben wirklich so wertlos und zwecklos, wie man dir einreden will?

Denke doch, deine Schwestern können sich nur die eine oder andere Stunde in der Woche der Arbeit für den Herrn widmen. Aber du hast den ganzen Tag Arbeit für den Herrn zu tun! Du hast die große und herrliche Aufgabe, deine Kinder dem Kinderfreund Jesus zuzuführen – wie groß und herrlich ist das!

Ist das etwas Geringes? Aus deinen Söhnen werden einmal Männer werden, solche, von denen Ernst Moritz Arndt spricht: »Wer ist ein Mann? Wer beten kann und Gott dem Herrn vertraut!« – Dann hast du wahrlich eine gesegnete und eine große Arbeit getan! Mag auch dein Name vergessen werden von den Menschen – er steht mit unvergänglichen Lettern im Buch des Lebens als einer Großen im Reich Gottes.

Liebe Mutter, wieviel hat Gott dir anvertraut! Während der Mann im Dienst ist, in seinem Büro, in seiner Fabrik, in seiner Grube, auf seinem Acker, sollst du daheim die Kinder erziehen. Unsterbliche Seelen hat Gott deiner Führung und Leitung anvertraut.

Bist du dir der ganzen Größe und Verantwortlichkeit dieser Aufgabe schon bewußt geworden? Dann weißt du auch, daß viel Weisheit und viel Gebet dazugehört, um ihr nachzukommen.

Was wir brauchen in unsern Tagen, hat mal einer gesagt, das sind Männer, ganze Männer! Mit demselben Recht könnte man sagen: Was wir brauchen, das sind Mütter, die ihre Aufgabe verstehen und ihre Kinder für Gott erziehen!

Man kann es einem Menschen noch im späteren Leben

anmerken, was er für eine Mutter gehabt hat, ob sie ihm den Weg des Friedens gezeigt hat oder ob sie ihn vernachlässigt und verwahrlost hat. Die Mütter haben die Zukunft des Volkes in ihrer Hand. Kein Lehrer und Pastor kann so viel wirken und ausrichten wie eine Mutter. Die Heilige Schrift weiß viele Geschichten zu erzählen von treuen Müttern. Sie kennt aber auch welche von Müttern, die ihren Kindern nicht zum Segen gewesen sind.

Zu ihnen gehört auch die Mutter Michas. Wenn ihr Sohn ihr Geld weggenommen hat, so ist das *ein* Beweis, daß ihre Erziehung nicht viel taugte. In den meisten Fällen wenigstens trägt die Erziehung die Schuld, wenn Kinder sich an fremdem Eigentum vergreifen. Und wenn sie den Sohn selber zum Bilderdienst und zur Abgötterei verführte, so ist das ein *zweiter* Beweis, daß sie ihre Pflicht nicht getan hat.

Aber wie herrlich, wenn ein Kind dir noch in der Ewigkeit dankt, daß du ihm den Weg des Lebens gezeigt hast! Die Krone einer treuen Mutter wird in der Herrlichkeit leuchten mit besonderem Glanz.

2. *Der Unsegen einer Mutter.* In Michas Elternhaus hatte das Leben einen durchaus frommen Anstrich. Aber es war eben nur ein Anstrich. Die Mutter hielt an Jehova und Seinem Gesetz fest. Die Äußerlichkeiten des herkömmlichen Gottesdienstes wurden treu erfüllt. Als der Sohn der Mutter eine beträchtliche Summe Geldes genommen hat, hält er es sogar für seine Pflicht, sie zurückzugeben, weil die Mutter vor seinen Ohren einen Fluch darüber gesprochen hat. Wer das Entwendete nach einem solchen Fluch nicht zurückgibt, der ist nach 3. Mose 5, 1 »unrein«. Also nicht der Diebstahl machte ihn »unrein«, sondern das Zurückbehalten des Geldes hätte ihn »unrein« gemacht! Welch eine Verwirrung der Begriffe! Aber heutzutage gibt es dieselben Vorstellungen von »rein« und »unrein«, nur sagt man heute »ehren-

haft« oder »ehrlos« dazu. Wenn jemand einem Mann eine Uhr stiehlt, dann ist es »ehrlos«, wenn er ihm aber seine Frau verführt, also den Frieden seines Hauses und die Ehre seines Namens stiehlt, dann bleibt er »ehren-haft«.

Michas Mutter führt den Namen des Herrn bei jeder Gelegenheit im Munde. Ja, sie möchte gern ein Gottes-bild in ihrem Haus haben, um ihm ihre besondere Verehrung kundzutun. Sie läßt es sich ein gutes Stück Geld kosten, in ihrem Haus Gottesdienst einzurichten. Und dabei bedenkt sie gar nicht, daß ihre ganze Fröm-migkeit nur Götzendienst ist! Wenn dies alles auch schon lange her ist, so ist es doch um nichts anders geworden in der Welt. Auch in christlichen Gemeinden gibt es Leute, die vom Christentum geradesoviel verstehen, wie die Mutter Michas von der Verehrung Jehovas. So wie sie halten auch viele, die den Namen Christen tragen, an den Äußerlichkeiten der Religion fest. Sie sind getauft und konfirmiert worden, sie haben ihre Ehe kirchlich einseg-nen und ihre Kinder taufen lassen, sie bezahlen ihre Kirchensteuer – also sind sie doch Christen. So meinen sie. Und sie sind sehr beleidigt, wenn man ihr Christen-tum mit einem Fragezeichen versieht. Wer ist denn ein Christ? Paulus schreibt (Röm. 8, 9): »Wer Christi Geist nicht hat, der ist nicht Sein.« Also umgekehrt: Wer Christi Geist hat, der ist Sein! Um ein Christ zu sein in Tat und Wahrheit, muß man also Christi Geist haben. Darauf kommt es an.

Mit einem Christentum, dem der Geist Christi fehlt, vereinigt sich ganz gut die Liebe zur Welt. Man kann »fromm« sein und doch Gottesdienst und Götzendienst miteinander verbinden.

Wieviel Götzendienst gibt es auch in christlichen und kirchlichen Häusern!

Welch eine Verantwortung, wenn eine Mutter ihr Kind statt im rechten Gottesdienst – im Götzendienst unterrichtet und anleitet! Wie wichtig ist es doch, daß Eltern ihren Kindern christliche Vorbilder und Beispiele sind!

Ein Vater, der dem Wein sehr zusprach, wurde einst durch ein Wort aus dem Mund seines Sohnes zur Besinnung gebracht. Es war Schnee gefallen. Da ging der Sohn ganz vorsichtig hinter dem Vater her und sagte. »Vater, ich trete in deine Fußstapfen!« Das Wort traf den Vater wie ein Blitz. »Um Gottes willen«, sagte er sich, »wenn der Junge in meine Fußstapfen tritt, dann wird er ja auch ein Trinker wie ich!« Und das Wort ließ ihm keine Ruhe, bis er ein anderer geworden war.

Lieber Vater, liebe Mutter, wenn du dich nicht um deiner selbst willen klar und entschieden zum Herrn bekehren willst, dann tu es doch um deiner Kinder willen! Jung gewohnt, alt getan! Bist du ein rechtes Vorbild? Bedenke doch, dein Kind tritt in deine Fußstapfen! Gehen deine Fußstapfen auf dem schmalen Weg, der himmelan führt?

Welch ein Jammer, wenn die Eltern, die Gott zum Segen ihrer Kinder setzen will, ihnen zum Unsegen werden! Soll das auch bei deinen Kindern so sein? Sollen auch deine Kinder Götzendiener werden wie Micha?

Wenn du ihnen gerne zum Segen sein möchtest, dann ist dies der Weg: Glaube an den Herrn Jesus Christus, so wirst du und dein Haus selig!

Naemi

Aus einer rauhen und gesetzlosen Zeit erzählt uns das Buch Ruth eine liebliche Geschichte. Sie ist wie ein freundlicher Sonnenblick an einem trüben Tag. Ist es doch eine der Ahnmütter unseres Heilandes, von der das Buch uns erzählt. Darum müssen wir hier ein Weilchen haltmachen und ihrem Bild die Beachtung schenken, die ihm gebührt. Zuvor aber müssen wir uns mit ihrer Schwiegermutter *Naemi* beschäftigen, von der wir auch mancherlei lernen können.

1. *Eigene Wege.* Im 1. Kapitel des Buches Ruth lesen wir: »Zur Zeit, da die Richter regierten, ward eine Teuerung im Lande. Und ein Mann von Bethlehem-Juda zog wallen in der Moabiter Land mit seinem Weibe und seinen zwei Söhnen. Der hieß Elimelech und sein Weib Naemi und seine zwei Söhne Mahlon und Chiljon, die waren Ephrater von Bethlehem-Juda. Und da sie kamen ins Land der Moabiter, blieben sie daselbst. Und Elimelech, der Naemi Mann, starb, und sie blieb übrig mit ihren zwei Söhnen.«

»Zur Zeit, da die Richter regierten.« Diese wenigen Worte entrollen das Gemälde einer trüben, traurigen Zeit. Soviel Durchhilfen auch Israel von seinem Gott erfahren hatte, es ging doch immer wieder eigene Wege. Mit Züchtigungen und Gerichten suchte der Herr Sein Volk in unermüdlicher Geduld und erbarmender Liebe wieder zurechtzubringen. Bald gab Er es in die Hand der Feinde, daß es, geängstigt und gedemütigt, um Gnade schrie und sich wieder auf den vergessenen Gott besann, bald waren es Heimsuchungen anderer Art, die Er verhängte, um das abtrünnige Volk zur Besinnung zu bringen. So war auch die Teuerung, von der hier die

Rede ist, ein Werkzeug in Gottes Hand, durch das Er Sein Volk zur Buße führen wollte.

So ist der Herr unermüdlich darauf aus, bald durch Güte, bald durch Ernst, uns zur Erkenntnis der Wahrheit und zum Erfassen Seiner Retterhand zu bringen. Denn Er sehnt sich danach, daß Er uns gnädig sei und sich über uns erbarme.

Da war nun aber ein Mann in Bethlehem, der bestand diese Prüfung nicht. Anstatt sich demütig unter die gewaltige Hand Gottes zu beugen, zog er es vor, der Not zu entfliehen. Sein Name hieß zwar Elimelech, das heißt: »mein Herr ist König«, aber er unterwarf sich diesem Könige doch nicht in völligem Gehorsam. Er wollte sich Ihm entziehen. Er ging eigene Wege.

Ins Land der Heiden wanderte er, um dort bei den götzendienerischen Moabitern sein Durchkommen und seinen Unterhalt zu suchen.

Die natürliche Vernunft findet nichts Unrechtes darin. Wenn in Kanaan eine Hungersnot ist, dann zieht man eben fort und geht dahin, wo es Brot genug gibt. Gewiß, auf den ersten Blick sieht es ganz harmlos und erlaubt aus. Und es sind doch, genauer besehen, eigene Wege, auf denen man sich selbst zu helfen trachtet, und eigene Wege sind ein Greuel vor Gott.

Ganz ähnlich war es, als Abraham eben in Kanaan angekommen war. Da kam eine Teuerung, wie wir schon beim Bild der Sara gesehen haben. Und Abraham, anstatt den Beweis zu erbringen, daß ein Kind Gottes auch in Prüfungen unerschrocken und unerschütterlich aushält – flieht nach Ägypten. Es ist kein Zufall, daß er dort in Ägypten von Stufe zu Stufe herunterkommt, daß er ein Lügner wird, der sich von dem heidnischen König die Wahrheit sagen lassen muß. Es waren eigene Wege, die er gegangen war. Und solange er auf diesen eigenen Wegen ging, entzog ihm Gott das Gefühl Seiner Nähe. Sonst lesen wir, daß Abraham, wohin er kam, dem Herrn einen Altar baute und den Namen des Herrn predigte. Aber in Ägypten ist sein Mund stumm gewesen: Er war nicht im reinen mit seinem Gott!

Auch die Geschichte des Elimelech und der Naemi läßt klar erkennen, daß sie eigene Wege gehen. Es währte gar nicht lange, da wird Elimelech von einer Krankheit befallen. Er hat dem Hunger daheim entrinnen wollen – nun läuft er in Moab dem Tode in die Arme.

Eigene Wege, so leicht es ist, sie einzuschlagen, führen nie ans rechte Ziel.

Wenn eine Frau es schwer hat bei ihrem Mann, dann ist das Davonlaufen viel leichter als das Dableiben. Aber wenn sie ihren Mann verläßt, dann geht sie eigene Wege; und die eigenen Wege führen nie zum Glück und zur Freude.

Darum, wenn du schwere Verhältnisse durchzumachen hast, entziehe dich ihnen nicht. Lauf deinem Gott nicht aus der Schule. Er will gerade diese schwierigen Verhältnisse gebrauchen, um dich zu segnen, um dich zu erziehen. Und du bringst dich selber um viel Segen, wenn du fahnenflüchtig wirst.

Entlaufen kannst du deinem Gott ja doch nicht, auch wenn du Flügel der Morgenröte nähmest und bliebest am äußersten Meer! Jona wollte auch gern seinem Gott entlaufen. Er setzte sich in ein Schiff und fuhr aufs Meer hinaus, nur um Gott zu entfliehen. Aber Gott kriegte ihn doch, und Er wußte ihn durch Züchtigungen und Heimsuchungen dahin zu bringen, daß Jona die eigenen Wege aufgab und den Weg Gottes ging.

Eigene Wege ging auch Lot, als er nach Sodom zog. Und darum geriet er mit in die Gefangenschaft, als Kedor-Laomor kam und die Stadt eroberte. Und als er noch nichts gelernt hatte, als er wieder nach Sodom zog, da mußte Gott mit noch schwereren Gerichten eingreifen, um ihn doch wenigstens wie einen Brand aus dem Feuer zu retten.

Darum bitte ich dich, gehe keinen eigenen Weg! Der Herr hat gesagt: »Ich will dir den Weg zeigen, den du wandeln sollst; ich will dich mit Meinen Augen leiten.« Er will es und Er wird es auch! Laß dir nur von Ihm den Weg zeigen! Sein Weg ist nicht immer glatt und gebahnt; er geht wohl mal durchs Dunkel hindurch – aber ein seliger Weg ist es immer! Es ist wunderbar, wenn man sich vom Herrn einfach führen läßt, so daß man bekennen kann: Er führet mich auf *rechter Straße* um Seines Namens willen.

2. *Trübsal ist Segen.* Was? Trübsal soll Segen sein? Ja, ganz gewiß: Trübsal ist Segen!

Schwere Wege wurde Naemi von Gott geführt. Erst stand sie an der Bahre ihres Gatten. Fern von der Heimat mußte sie ihn begraben; nicht im Boden Kanaans, sondern im Heidenland war sein Grab.

Aber als ihr Mann starb, da hatte sie doch noch zwei Söhne, die ihre Stütze und ihr Trost waren. Wenn Gott ihr auch viel genommen hatte, Er hatte ihr doch noch viel gelassen.

Etliche Jahre vergehen. Ihre Söhne heiraten. Jetzt kommt wieder ein Sonnenstrahl von Glück ins Haus. Zwar sind es heidnische Frauen, die die Söhne ihr zuführen, aber was soll man anders machen! Man muß sich ins Unabänderliche schicken.

Noch schweigt Naemis Gewissen. Der erste Schlag hat sie noch nicht zur Erkenntnis gebracht. Gott muß zu andern Mitteln greifen, um Eindruck auf ihr Herz zu machen, um die verirrte Tochter Israels auf den rechten Weg zu bringen.

Die Ehen der beiden Söhne bleiben kinderlos. Allmählich gibt Naemi ihr Hoffen auf, Enkelkinder auf ihren Knien zu halten, als ein Jahr nach dem andern vergeht.

Ob nicht schon in dieser Zeit Gott an Naemis Herz geklopft hat? Wo Kinder einem Hause fehlten, da fehlte ja nach israelitischer Anschauung der Segen Gottes.

Aber wenn auch durch dieses Versagen des göttlichen Segens Naemis Herz noch nicht gebrochen wurde, so geschah es um so schmerzlicher und völliger, als, einer nach dem andern, die beiden Söhne krank wurden – und starben.

»Not lehrt beten«, sagt unser Sprichwort. Das hat auch Naemi gelernt.

Wie ein Ertrinkender nach einem Felsstück greift, das im Wasser aufragt, so klammerte sich Naemi mit verzweifelter Entschlossenheit an Gott. So wie Jakob einst am Jabbok mit Gott rang, so rang sie mit Gott in heißem Flehen.

Du fragst, ob das so in der Geschichte steht? Ja, das steht da. Als Ruth der Schwiegermutter sagt: »Wo du hingehst, da will ich auch hingehen, wo du bleibst, da bleibe ich auch«, da gibt sie auch sogleich an, was sie so sehr mit Naemi verbunden hat. Dies ist der Grund: »*Dein Gott ist mein Gott.*«

In der schweren Zeit, als Mahlon krank lag, als immer mehr die Hoffnung schwand, daß er wieder gesund werden würde, da merkte Ruth, daß Naemi an Jehova doch einen ganz anderen Halt hatte als sie an ihren Heidengöttern. Während sie selbst ganz fassungslos war, blieb Naemi nicht nur selber ganz getrost, sondern sie konnte auch andere trösten. Da erkannte Ruth: Naemi hat einen lebendigen Gott.

Das war der Segen der Trübsal, daß Naemi sich auf den Gott ihrer Väter besonnen hatte und mit Ihm wieder in Gemeinschaft gekommen war.

Und das ist stets die Absicht, die Gott mit der Trübsal verfolgt. Er will segnen.

»Zwar, wenn die Trübsal da ist«, schreibt der Apostel, »so dünkt sie uns wohl Traurigkeit zu sein; danach aber wird sie geben eine friedsame Frucht der Gerechtigkeit denen, die dadurch geübt sind.«

Man erfährt es gerade in der Trübsal, wie Gott uns

nahe ist, zum Segnen bereit. So wie ein Silberschmied, der das Silber in den Tiegel getan hat, um es zu schmelzen und zu läutern, sich ganz dicht danebensetzt und auf den Augenblick wartet, wo das flüssige Metall sich beruhigt, bis seine spiegelklare Oberfläche sein Bild widerstrahlt, so setzt sich auch der himmlische Meister ganz dicht daneben, wenn Er uns in das Läuterungsfeuer und in den Trübsalstiegel hineingetan hat. Er wartet auch auf den Augenblick, wo unsere Unruhe und Ungeduld, wo unser Klagen und Zagen ein Ende haben, wo wir ganz stille geworden sind und – Sein Bild widerstrahlen. Dann ist es genug, dann zieht Er den Trübsalstiegel vom Feuer weg.

Er will uns im Ofen des Elends zu Auserwählten machen. Denke an dies Ziel, das Er verfolgt, wenn du leiden mußt. Er hat seine Absichten dabei, und zwar sind es Liebesabsichten und Friedensgedanken! Er meint es gut mit dir! Er macht keine Fehler. Wenn du auch Seine Wege nicht immer gleich verstehst, wenn du auch nicht immer gleich die Antwort weißt auf dein: Warum, Herr, warum? – Es bleibt doch dabei: Was Gott tut, das ist wohlgetan.

Das soll deine Losung sein, oder sie soll es werden: »Näher, mein Gott, zu Dir, näher zu Dir!«

»Darum klage und zage nicht, wenn der Herr dich heimsucht und züchtigt. Gott ist die Liebe! Er will dein Bestes – Er will dein Glück! Und »wenn die Stunden sich gefunden, bricht die Hilf mit Macht herein«.

3. *Ein lieblicher Streit.* Als Naemi nun allein dasteht in der Fremde, als auch ihre beiden Söhne gestorben sind, da erfaßt sie die Sehnsucht nach der Heimat. Was soll sie als alleinstehende Witwe hier im Heidenlande? Sie beschließt, wieder zurückzukehren.

Welch eine Wanderung! Damals, als sie kam, da hatte sie einen Mann, da hatte sie zwei Söhne – jetzt zieht sie einsam und traurig ihre Straße. Das können die beiden

Schwiegertöchter nicht mitansehen. Sie gehen mit ihr, um sie nicht allein ziehen zu lassen.

So gehen sie denn miteinander, die drei trauernden Frauen. Ihr Herz war so schwer, wie das der Frauen, die in der Frühe des Ostermorgens zum Grabe Jesu gingen. Das Glück ihres Lebens war ja gestorben.

Nachdem sie ein Stück Weges gegangen sind, macht Naemi Halt und spricht: »Gehet hin und kehret um, eine jegliche zu ihrer Mutter Haus! Der Herr tue an euch Barmherzigkeit, wie ihr an den Toten und an mir getan habt. Der Herr gebe euch, daß ihr Ruhe findet, eine jegliche, in ihres Mannes Hause. Und sie küßte sie. Da hoben sie ihre Stimme auf und weinten und sprachen: Wir wollen mit dir zu deinem Volk gehen. Aber Naemi sprach: Kehret um, meine Töchter, warum wollt ihr mit mir gehen? . . . Kehret um, meine Töchter und gehet hin! Wie wollet ihr verziehen, daß ihr nicht Männer solltet nehmen? Nicht, meine Töchter, denn mich jammert euer sehr: denn des Herrn Hand ist für mich ausgegangen. Da hoben sie ihre Stimme auf und weinten noch mehr. Und Orpa küßte ihre Schwiegermutter; Ruth aber blieb bei ihr. Naemi aber sprach: Siehe, deine Schwägerin ist umgewandt zu ihrem Volk und zu ihrem Gott, kehre du auch um, deiner Schwägerin nach. Ruth antwortete: Rede mir nicht ein, daß ich dich verlassen sollte und von dir umkehren. Wo du hingehst, da will ich auch hingehen, wo du bleibst, da bleibe ich auch. Dein Volk ist mein Volk, und dein Gott ist mein Gott. Wo du stirbst, da sterbe ich auch, da will ich auch begraben werden. Der Herr tue mir dies und das, der Tod muß mich und dich scheiden. – Als sie nun sah, daß sie fest im Sinn war, mit ihr zu gehen, ließ sie ab, mit ihr davon zu reden. Also gingen die beiden miteinander, bis sie gen Bethlehem kamen.«

Ist das nicht ein Streit voller Liebe, den diese Frauen miteinander führen? Ich möchte wünschen, daß man sich öfter in dieser Weise miteinander stritte! Naemi streitet mit ihren Schwiegertöchtern darüber, wer – am selbstlosesten ist, wer am opferwilligsten ist.

Wie selbstlos ist Naemi! Die beiden bieten ihre Begleitung und ihre Hilfe an, die sie in den Tagen des Alters gut gebrauchen könnte; aber sie lehnt dieses Opfer ab. »Weshalb wollt ihr euer junges Leben vertrauern bei mir alten Frau? Kehrt doch nach Hause zurück und verheiratet euch wieder. Ihr seid zu jung, um euer Leben lang dem entschwundenen Glück nachzutrauern.«

Nicht wahr, da steht Naemi als das Muster einer Schwiegermutter vor uns. Es ist Mode, über das Verhältnis einer Schwiegermutter zu ihren Schwiegerkindern schlecht zu reden. Es ist leicht erklärlich, wenn das Verhältnis in so manchem Falle gespannt ist. Die Mutter hat ihr Kind, sei es nun Sohn oder Tochter, lange Jahre ausschließlich als ihr Eigentum angesehen. Jetzt kommt ein Mann und wirbt um der Tochter Hand; jetzt wählt der Sohn eine Lebensgefährtin – da hat die Mutter nicht mehr den ersten Platz im Herzen ihres Kindes. Da steht nun ein anderes Bild an erster Stelle, wie es doch natürlich – und auch biblisch ist. Denn es steht geschrieben: »Ein Mann wird seinen Vater und seine Mutter verlassen und seinem Weibe anhangen.«

Jetzt entsteht aber sehr leicht im Herzen der Mutter ein empfindliches Gefühl der Zurücksetzung. Mit Eifersucht wacht sie darüber, ob wenigstens ihrem Kind die gebührende Liebe und Achtung und Fürsorge zugewendet wird. Und wenn sie nur das Geringste sieht, das die Meinung erwecken könnte, daß ihr Kind zu kurz käme, dann stellt sie sich schützend und schirmend auf die Seite ihres Kindes und – stört vielleicht dadurch den Frieden der bis dahin so glücklichen Ehe.

Um eine gute Schwiegermutter sein zu können, braucht man *selbstlose Liebe*. Und die hat Naemi gehabt. Gott hatte sie ihr gegeben. Das ist auch eine Frucht der

Trübsale gewesen, in die Gott sie hineingeführt hatte. Selbstlose Liebe wächst nicht auf dem Baum unseres eigenen Lebens. Er muß veredelt sein. Sonst bringt er nur Holzäpfel, aber keine Früchte, die etwas taugen. Wir müssen »veredelt« werden, das heißt, durch wahren Glauben Glieder des Leibes Christi werden, dann wirkt Er in uns gute Frucht.

Wie selbstlos ist Naemi, daß sie ihren Schwiegertöchtern so dringlich zuredet, doch eine neue Ehe zu schließen. Das ist ja mit das allerschwerste für eine Schwiegermutter, wenn ihr Kind, sei es Sohn oder Tochter, gestorben ist und der überlebende Teil einen neuen Ehebund schließt. Wie schnell ist dann das Wort gesprochen: Ich hätte nicht gedacht, daß du ihn oder sie so schnell vergessen hättest! – Und wie ungerecht und schmerzlich ist solcher Vorwurf!

Wenn es das Wesen der Liebe ist, sich auf den Standpunkt des andern zu stellen, sich lebendig in seine Lage zu versetzen, dann kann man nicht so sprechen. Wer sich liebevoll in die Lage des andern hineindenkt, der sieht auch ein, daß ein Mensch, der von Liebe umgeben war und sich eines häuslichen Glückes freute, sich danach sehnt, daß solcher Friede ihn wieder umgeben möchte.

Es ist sehr verbreitet, Witwer oder Witwen zu verurteilen, die bald wieder heiraten. Ich bekenne offen, daß ich es früher auch getan habe. Aber wer ein trautes Familienglück, wer Glaubens- und Gebetsgemeinschaft gehabt hat, und das alles nun entbehren muß, der dankt Gott, wenn Er das zerstörte Haus wieder aufbaut und dieser Einsamkeit mit ihren Gedanken ein Ende macht.

In ihrer Selbstlosigkeit und Liebe dringt Naemi in die Töchter, umzukehren, um in der Heimat ein neues Band zu knüpfen.

Aber die beiden Schwiegertöchter streiten dagegen. Sie wollen sie begleiten. Sie wollen ihren Lebensabend erhellen, sie wollen für sie arbeiten und für sie sorgen.

Ein liebevoller Streit!

Wer ist die Edelste, die Selbstloseste von ihnen? Das ist die Frage, um die es sich hier handelt. Orpa unterliegt. Sie gibt nach. Sie nimmt gerührt Abschied von Naemi, dann geht sie heim. Aber Ruth und Naemi, das sind zwei Gegnerinnen, die sich gewachsen sind. Die eine gibt der andern nichts nach.

Das alte Nibelungenlied erzählt uns von dem Streit zweier Königinnen. Kriemhild und Brunhild streiten vor der Kirchentür miteinander, wer zuerst hineingehen soll. Jede will den Vorrang haben. Und keine will ihn der andern lassen, weil jede meint: Mein Mann ist mehr als dein Mann!

Hier haben wir auch einen Streit zweier Königinnen, zweier königlicher Seelen, die beide groß sind in der Liebe, denn sie sind von Gott geliebt.

Wieviel Zanken und Streiten gibt es heutzutage, das aufs Haar dem Streit jener Königinnen vor der Kirchentür gleicht. Jede will mehr sein, und nun muß die andere um jeden Preis unterdrückt und schlecht gemacht werden.

Es ist ein trauriges Bild, wenn Männer sich schlagen; aber es ist noch viel trauriger, wenn Frauen sich zanken. Welch böse Worte fliegen da hinüber und herüber! Und die Kinder stehen dabei und hören diesem Zanken und Keifen zu! Und die Nachbarinnen kommen in die Türen und stemmen die Hände in die Seite und lauschen oder schüren wohl gar noch den verderblichen Brand, der von der Hölle entzündet ist.

Kommt das auch bei dir vor? Hast du es schon mal so gemacht? Dann schäme dich dessen vor deinem Gott. Dann bitte Ihn um die Gnade, zu schweigen, wenn du gereizt und herausgefordert wirst. Bitte Ihn, dir Feindesliebe ins Herz zu geben, daß du segnen kannst, anstatt zu fluchen.

Blicke auf Jesus – und lerne von Ihm! Er ist sanftmütig

und von Herzen demütig. Er kann dich und Er will dich auch so machen – wenn du nur willst.

Wie schrecklich ist es doch, daß so viele Menschen sich das Leben durch Zank und Streit verbittern. Oder sie verderben es sich durch ihren Neid und ihre Mißgunst. Da hat eine Familie eine Unterstützung bekommen – gleich räsoniert die andere Familie und sagt: »Die haben keine Unterstützung verdient!« Ach ja, herzliche Liebe und Selbstlosigkeit sind selten auf der Welt. Und, Gott sei's geklagt, sie sind auch selten genug unter Gläubigen!

Auch christliche Gruppen und Verbände klagen über Uneinigkeit und Zank. Ja, wenn man darüber stritte, wer der Kleinste und Demütigste wäre! Aber man streitet, wie die Jünger einst, wer der Größte ist. Jeder möchte am liebsten im Vorstand sein, jeder möchte gern etwas zu sagen haben. Hat uns Christus so ein Vorbild gelassen! Wahrlich nicht! Hat Er uns nicht das neue Gebot gegeben, daß wir einander lieben sollen? Und wie ermahnt Tersteegen?

> Ein jeder sei der Kleinste,
> doch auch wohl gern der Reinste
> auf unsrer Bahn!

Das ist der rechte Wettstreit. Aber alles Zanken und Schelten und Streiten und Keifen ist ein Greuel vor Gott.

Naemi und Ruth streiten sich – und die Engel im Himmel freuen sich.

Aber wenn heutzutage zwei Frauen sich streiten, dann frohlocken die Teufel, und die Engel verhüllen ihr Antlitz, weil die »Geringsten«, die Kinder, geärgert und verdorben werden.

Luther gab seiner Käthe, die manchmal auch ein bißchen hitzig war, den guten Rat, jedesmal erst ein Vaterunser zu sprechen, wenn die Lust zum Schelten sie überkomme.

Der Rat ist weiter zu empfehlen. Je mehr gebetet wird,

desto weniger wird gezankt. Wo der Heilige Geist wohnt, da muß der Zankteufel fliehen.

4. *Die Heimkehr*. Es gibt großes Aufsehen in Bethlehem, als Naemi ankommt. Wie ein Lauffeuer geht es durch den ganzen Ort: Naemi ist wieder da!

Naemi selber aber wird durch die alten Erinnerungen, die in Bethlehem auf sie einstürmen, aufs tiefste bewegt und gebeugt. Hier hat sie einst die glücklichen Jahre an der Seite ihres Gatten verlebt, hier haben ihre beiden Knaben gespielt. Jeder Baum, jedes Haus erweckt wehmütige Erinnerungen in ihrer Seele. Alles ist noch ganz so wie damals; nur sie selber ist eine ganz andere geworden. Und darum sagt sie, als der Name Naemi in aller Munde ist: »Ach, heißt mich nicht Naemi, sondern Mara; denn der Allmächtige hat mich sehr betrübt. Voll zog ich aus, aber leer hat mich der Herr wieder heimgebracht. Warum heißt ihr mich denn Naemi, so mich doch der Herr gedemütigt und der Allmächtige betrübt hat?«

Eine traurige Heimkehr – und doch auch eine selige Heimkehr! Als eine Naemi, eine Liebliche, wie der Name besagt, zog sie aus; als eine Mara, eine Betrübte, eine Trauernde, kommt sie wieder heim. »Voll zog ich aus«, sagt sie. Ja, das Herz voller Wünsche und Hoffnungen, voll Verlangen nach Glück und Freude, so ist sie damals ausgezogen. »Voll zog ich aus.« Für Gott war damals kein Raum in ihrem Herzen; Er hatte sie nicht beraten, sie hatten sich selbst beraten. Sie hatten nicht gefragt: Herr, was willst Du, daß wir tun sollen! Sie hatten ohne Ihn und Seine Zustimmung die Heimat verlassen und waren ins Moabiterland gezogen.

»Voll zog ich aus – aber leer hat mich der Herr wieder heimgebracht.«

Nicht wahr, das klingt ganz anders. Sie ist ausgezogen ohne Gott, aber sie kommt heim mit Gott. Sie ist ausgezogen auf eigenen Wegen – sie kommt heim, vom Herrn an der Hand geführt.

Wenn es auch eine traurige Heimkehr ist, weil sie *so leer* wiederkommt, so ist es doch auch eine selige Heimkehr, weil der *Herr* es ist, der sie heimbringt.

So ist auch der verlorene Sohn ausgezogen, voll von Hoffnungen und Plänen; er wollte das Glück suchen und sein Leben genießen. Er ist auch leer geworden in der Fremde. Seine Hoffnungen hat er begraben, das Glück hat er nicht gefunden; seine Tasche ist leer, sein Rock ist zerrissen, seine Füße sind wund, als zerlumpter, verhungerter Bettler kommt er zurück – aber: es ist der *Herr*, der ihn heimbringt. Er hat ihm die Trübsal in der Fremde gesegnet, Er hat ihm das Bild der Heimat vor die Seele gehalten, und nun ist er wieder daheim. Was tut's, daß er so abgerissen kommt – es ist dem Vater genug, daß er ihn wieder hat. Er schilt nicht, er macht ihm keine Vorwürfe, er schließt ihm mit seinen Küssen den Mund und weint Freudentränen an seinem Halse. »Bist du wieder da, mein Junge? Nun ist alles, alles gut, da der Herr dich heimgebracht hat!«

Wie viele haben schon mit großen Hoffnungen die Heimat verlassen. Voll zogen sie aus – und wie kamen sie heim? Ach, manche kamen gar nicht heim. Der Sturm hatte ihr Schifflein gepackt und auf die Klippen geworfen, da war es zerschellt und gescheitert! Schiffbrüchig!

Jahr um Jahr treten zu Ostern große Scharen von Kindern an den Altar, um dem Herrn ihre Nachfolge zu versprechen. Was wird aus ihnen allen? Das Herz tut einem weh, wenn man daran denkt! Wie viele sind es, die sich mit ihrer Konfirmation dem Herrn nicht zu-, sondern von ihm abwenden. Sie stürzen sich in den Strudel der Welt und ihrer Lust – und gehen darin unter!

Und daheim weint eine gebeugte Mutter um ihr verlorenes Kind!

So frage ich dich: Bist du schon heimgekehrt? Hast du dem Herrn schon dein Herz und dein Leben übergeben?

»Komm heim, o du irrende Seel!«

»Aber«, so spricht mancher, »so leer kann ich doch nicht heimkommen. Da müßte ich mich ja schämen. Etwas möchte ich mir doch erst verdienen, um nicht so ganz bettelarm zu kommen.«

Nein, denn so, »wie du bist, so darfst du kommen und wirst freundlich aufgenommen«. Komm nur leer und arm: Er wird dich füllen. Das Feierkleid ist schon bereitgelegt, der Ring wartet auf dich, die Schuhe stehen schon da! Komm nur, komm nur endlich!

Es ist so selig, heimkehren zu dürfen an des Herrn Hand. Das ganze Elend der Sündenknechtschaft liegt dahinten, vergeben und vergessen. Es ist wie ein böser Traum, den man geträumt hat, und nun ruht man im Vaterhaus und am Vaterherzen!

5. *Bekennen und Mißbrauchen des Namens Gottes*. Die heimgekehrte Naemi gibt sofort mit ihren Worten zu erkennen, daß sie eine andere geworden ist. Sie bekennt den Namen des Herrn.

Es ist gut, wenn man das gleich tut, nachdem man zum Glauben gekommen ist. Zu dem Glauben des Herzens muß auch das Bekennen des Mundes hinzukommen. Der Herr erwartet und verlangt es von den Seinen. Er spricht: »Wer Mich bekennt vor den Menschen, den will ich auch bekennen vor Meinem himmlischen Vater; aber wer Mich verleugnet vor den Menschen, den will ich auch verleugnen vor Meinem himmlischen Vater.«

Es ist viel besser, wenn man gleich offen und ehrlich Farbe bekennt. Wenn man zuerst vor dem Bekennen zurückschreckt, wird es nachher viel schwerer. Wenn man die erste Gelegenheit versäumt, weiß man später keine rechte Gelegenheit zu finden.

Darum sage es frisch und fröhlich, wenn du Jesus als deinen Herrn kennengelernt hast. Du brauchst dich doch des Heilandes wahrlich nicht zu schämen! »Der für dich gab Sein Leben, dich wusch mit Seinem Blut«, der hat doch wohl ein Anrecht darauf, daß du dich getrost und freudig zu Ihm bekennst.

Es ist eine beliebte Redensart: Meine Religion, mein Glaube gehen niemand etwas an; das sind Dinge, die muß man mit seinem Gott in der Stille abmachen!

Wenn du deinen Glauben in deinem Herzen verschließen *kannst*, daß niemand etwas davon merkt, – so ist an deinem Glauben *nichts* gelegen! Wenn die Menschen ihn nicht einmal merken, dann sollte Gott etwas davon merken? Nein, wer wirklich Jesus erfahren und erlebt hat als seinen Erlöser und Heiland, der spricht mit den Aposteln: »Wir können es ja nicht lassen, daß wir nicht reden sollten von dem, was wir gehört und gesehen haben!« Wes das Herz voll ist, des geht der Mund über. Es ist für ein wirkliches Kind Gottes ein Ding der Unmöglichkeit, von seinem Herrn und Meister zu schweigen.

Aber – wieviel Verleugnung gibt es dennoch in der Welt! Wie viele Häuser, in denen nie von Jesus die Rede ist! Über allerlei Dinge wird gesprochen; aber über Jesus schweigt man jahraus, jahrein, als ob es gar keinen Heiland gäbe! Wie viele Eltern, die nie mit ihren Kindern von Jesus reden! Es ist traurig – wenn man von Jesus anfängt, dann gibt es eine peinliche Pause, dann wird das als »taktlos« bezeichnet!

Die Chinesen schämen sich ihrer Götter nicht. Kein Heidenvolk gibt es, das sich seiner Götter schämte – nur die Christen, und zwar gerade solche, die sich evangelisch nennen, schämen sich ihres Heilandes. Welch ein Gericht wird einmal über alle ergehen, die sich Seiner geschämt haben!

Aber wenn man sich dadurch versündigen kann, daß man den Namen Jesu nicht bekennt, so kann man sich auch dadurch versündigen, daß man ihn falsch gebraucht.

Viele führen Seinen Namen oft im Munde – aber sie haben ihn nicht im Herzen. Ich denke jetzt an den leichtfertigen Gebrauch des Namens Gottes, wie er bei sehr, sehr vielen Leuten üblich ist. Es gibt Leute, die können fast keinen Satz aussprechen, ohne daß der Name Gottes darin vorkommt. »Lieber Gott«, mein Gott, nein«, »Herr du meines Lebens«, »Herrje«, »Gott sei Dank«, »o Gott, o Gott« – von solchen Ausdrücken fließt der Mund über. Das ist ein abscheulicher Mißbrauch, vor dem nicht oft genug und nicht ernst genug gewarnt werden kann, »denn der Herr wird den nicht ungestraft lassen, der Seinen Namen mißbraucht«. Es ist eine Sünde gegen das Gebot Gottes, wenn man so leichtfertig mit dem Namen Gottes umgeht.

»Aber«, sagst du, »ich denke mir nichts dabei!«

Um so schlimmer, sage ich. Man sollte nie den Namen Gottes gebrauchen, ohne etwas dabei zu denken. Würdest du es gerne haben, wenn man mit deinem Namen solchen Mißbrauch triebe? Du würdest es dir sehr entschieden verbitten. Darum bitte den Herrn, daß Er dich von dieser Sünde befreie.

Die Gewohnheit ist eine furchtbare Macht. Und es ist sehr schwer, von einer solch eingewurzelten Gewohnheit loszukommen.

Gottes Name ist nicht dazu da, daß er mißbraucht und entweiht, sondern daß er geehrt und gepriesen und mit Freudigkeit bekannt werde!

6. *Das Ende der Wege Gottes.* Der Herr hat im Moabiterlande angefangen, durch seinen Geist in Naemis Herzen zu wirken.

Ruth wird das Weib des Boas. Der Herr gibt ihr einen Sohn, Obed, den späteren Vater Isais und Großvater Davids.

»Und Naemi – ward seine Wärterin.« Was liegt alles in diesen wenigen Worten! Hätte man nicht denken sollen, der kleine Obed wäre Naemi ein fast unerträglicher Anblick gewesen? Sie hätte ja denken können: »Ach, das hätte doch *mein* Enkel sein können! Das hätte doch meines Sohnes Kind sein können!« Wir würden es entschuldigen, wir würden ihr Gefühl verstehen, wenn sie gesagt hätte: »Es ist mir zu schwer, den Knaben anzusehen; er soll mir nie vor die Augen kommen!«

Aber nein, so spricht Naemi nicht. Sie nimmt den kleinen Obed auf den Schoß und wartet sein, als ob er ihr eigenes Enkelkind wäre.

Zu solch selbstloser Liebe gehört – der Glaube im Herzen. Solche Liebe wächst nicht auf unserm Boden. Naemi hatte sich dem Herrn übergeben – und der Herr hat etwas aus ihr gemacht zum Lobe Seiner herrlichen Gnade.

Solche Ziele und Absichten hat der Herr mit all den Seinen. Er möchte Sein Bild in uns ausgestalten. Und Er *wird* es, wenn wir uns Ihm nicht entgegenstellen. Wenn wir Ihm wirklich ganz zur Verfügung stehen, so wird Er Leute aus uns machen, die in Seinen Geboten wandeln und Seine Rechte halten und danach tun.

Womit du Ihn hindern kannst? Wenn du an deiner erkannten Sünde festhältst; wenn du die Aufträge, die dir der Herr gibt, nicht ausführst; wenn du deinen heimlichen Bann nicht bekennst.

Stell dich Ihm zur Verfügung – und Er steht dir zur Verfügung mit der Fülle Seiner Gnaden und mit dem Reichtum Seiner Barmherzigkeit.

Das Ende der Wege Gottes mit den Seinen ist: daß wir Ihm gleich seien.

Orpa

Es ist nicht viel, was uns die Schrift von Orpa erzählt; aber was wir von ihr hören, das weist uns auf eine sehr wichtige Wahrheit hin, die nicht oft und eindringlich genug verkündigt werden kann.

Orpa war die Schwiegertochter Naemis, eine heidnische Moabitin. Als ihr Mann starb, war ihr ebenso wie ihrer Schwägerin Ruth der Glaube Naemis so groß und herrlich vorgekommen, daß sie sich nicht von ihr trennen mochte. Sie hatte die Nichtigkeit ihrer Heidengötter erkannt, die ihr in ihrem Schmerz keinerlei Trost und Hilfe brachten. Da merkte sie den Unterschied zwischen dem lebendigen Gott der Naemi und ihren eigenen toten Götzen.

Darum schloß sich Orpa, ebenso wie Ruth, Naemi an, als diese das Moabiterland verließ, um wieder nach Bethlehem zurückzukehren. Sie wollte mit ihr gehen und bei ihr bleiben.

Nachdem sie eine Strecke Weges zusammen gegangen waren, machte Naemi halt und forderte ihre Schwiegertöchter auf, nun wieder umzukehren, um sich in der Heimat eines neuen Glückes zu erfreuen.

Ihre ersten Worte werden mit Tränen beantwortet. Unter Tränen sprechen sie zu der alten Mutter: »Wir wollen mit dir zu deinem Volke gehen.«

Als Naemi aber weiter in sie dringt, da wird Orpa schwankend. Sie überlegt, was für eine Zukunft ihrer warten wird in dem unbekannten Land. Daß sie sich in Juda noch einmal verheiraten wird, das ist so gut wie ausgeschlossen, weil es den Israeliten ja verboten ist, heidnische Frauen zu nehmen. Also wird sie an der Seite der alternden Frau ein sonnen- und glückloses Leben führen, auf die Arbeit ihrer Hände angewiesen, um ihr täglich Brot zu verdienen. Dagegen wird sie in der Heimat viel eher hoffen dürfen, noch eine glückliche Frau und Mutter werden zu können.

Und eine solche Zukunft sollte sie aufgeben um eines Volkes und eines Gottes willen, die ihr noch ziemlich unbekannt waren? Das war zuviel verlangt, wenn man es recht überlegte! Und es wurde ja auch gar nicht verlangt! Naemi redete ihr ja selber zu, umzukehren. Da konnte man es ihr doch nicht verübeln, wenn sie es nun auch tat.

»Und Orpa küßte ihre Schwiegermutter« – und kehrte um.

Damit verschwindet ihr Name aus der Geschichte. Ob sie in der Heimat das erhoffte Glück gefunden hat? Oder ob sie einsam geblieben ist – wir wissen es nicht.

Aber der Gedanke drängt sich uns auf, wenn wir an Ruths Ausdauer und an ihr späteres Glück an der Seite des Boas denken: Ach, wenn doch Orpa auch mitgegangen wäre! Ach, wenn sie doch auf den schönen Anfang einen guten Fortgang hätte folgen lassen! Sie war schon ausgezogen aus ihrer Heimat; sie hatte schon Abschied genommen – und doch kehrt sie zurück. Wie schade! Wie schade!

Gleichen nicht viele von uns der Orpa? Sie werden einmal »ergriffen«; sie werden bewegt. Da wallt in ihrem Herzen ein begeistertes Gefühl auf: Wir wollen auch zu Jesus gehören. Ich denke an so viele Konfirmanden, denen es gewiß ernst ist, wenn sie Treue geloben. Aber wenn die Bewegung vorüber und eine ruhige Überlegung an ihre Stelle getreten ist, dann denken sie: Es ist doch eine unsichere Sache! Wer weiß, ob im Glauben wirklich ein solches Glück zu finden ist, daß es für all die Entsagungen und Entbehrungen Ersatz bietet. Es ist doch sicherer, sein Leben zu genießen und die Freuden der Welt zu kosten!

Nicht wenige sind schon »hinter sich gegangen«, wie die halben Jünger Jesu, von denen Johannes 6 erzählt! O wie traurig ist das! So nah dem Ziel – und doch wird es nicht erreicht. Es hat gar keinen Zweck, *erweckt* zu werden, wenn keine wirkliche und gründliche *Bekehrung* darauf folgt.

Wie entsetzlich, wenn sich ein Mensch nachher am Ort der Qual Vorwürfe machen muß: Ich war so nahe daran; ich wäre beinahe zum Durchbruch gekommen – aber die Gelegenheit ging vorüber! Es fehlte nur wenig – und nun bin ich ewig verloren! Ach, hätte ich doch! Ach, wäre ich doch!

Bist du deines Heils gewiß! Ist deine Sache mit Gott in Ordnung? Bist du dir darüber ganz klar? Wirklich ganz klar?

> Beinah bekehret, es fehlt nicht viel!
> Beinah bekehret, nahe am Ziel!
> So heißt's in manchem Fall.
> »Geh hin für dieses Mal,
> später treff ich die Wahl,
> heute noch nicht!«
> Beinah bekehret, schnell naht der Tod!
> Beinah bekehret – jetzt, welche Not!
> Beinah, o schlimmer Wahn!
> Beinah reicht nicht hinan –
> nun geht der Jammer an:
> ewig zu spät!

Wenn man Orpa als Vorbild des Menschen nehmen darf, der einen Anlauf nimmt sich zu bekehren, aber wieder zurückgeht, so darf man wohl auch sagen, sie sei eine Vertreterin der fünf törichten Jungfrauen, ebenso wie Ruth dann eine Vertreterin der fünf klugen Jungfrauen ist.

So wie sie beide auszogen aus ihrer moabitischen Heimat, so sind auch die Jungfrauen alle ausgegangen, dem Bräutigam entgegen. Aber nur die Hälfte darf eingehen zu Seiner Hochzeit; die andern, denen es an Öl gebricht, sind zum Krämer gegangen, um neuen Vorrat zu holen. Und während sie mit diesem Geschäft zu tun haben, kommt der Bräutigam – es wird für sie zu spät.

So gibt es Christen, die nicht bereit sind, wenn der Herr kommt. Sie betreten den Weg des Glaubens – und dann fangen sie wie Orpa an zu überlegen, was sie alles aufgeben und opfern sollen –, und ehe sie sich's versehen, sind sie wieder verstrickt und gefangen. Der Herr warnt so eindringlich und ernsthaft davor. »Hütet euch aber, daß eure Herzen nicht beschwert werden mit Fressen und Saufen und mit Sorgen der Nahrung, und komme dieser Tag schnell über euch; denn wie ein Fallstrick wird er kommen über alle, die auf Erden wohnen« (Lk. 21, 34.35).

Das ist ein Meisterstück des Teufels, wenn es ihm dann und wann gelingt, Kinder Gottes, die einen schönen Anfang gemacht und einen guten Anlauf genommen hatten, im Lauf aufzuhalten und von der rechten Bahn abzubringen. Und diese Gefahr ist größer, als man gewöhnlich glaubt. Denn fünf Jungfrauen waren klug und fünf töricht. Also die *Hälfte* der gläubigen Christen ist nicht bereit, wenn der Herr kommt!

An die Galater schreibt Paulus: Ihr lieft fein – wer hat euch aufgehalten? Über den Demas klagt er mit Wehmut, daß er von ihm gegangen sei und die Welt wieder liebgewonnen habe.

Bitte, laß dich durch nichts aufhalten, wenn du einmal deine Füße auf den Weg des Friedens gestellt hast. Laß dich nicht durch irdische Dinge, die nichtig und flüchtig sind, aus der Bahn bringen!

Die alten Griechen hatten eine Sage von einer Königstochter, die eine ausgezeichnete Schnelläuferin war. Von jedem Freier, der sich um ihre Hand bewarb, verlangte sie, daß er sie im Wettlauf besiege; wenn *er* besiegt wurde, dann war sein Leben verwirkt. So hatte schon mancher Prinz sein Leben lassen müssen. Da kam wieder ein Freier an. Wieder wurden ihm die Bedingungen bekanntgemacht, um ihn zum Zurücktreten zu bewegen. Aber er wollte durchaus in den Wettkampf mit der Prinzessin eintreten. Der Lauf begann. Bald hatte die Königstochter den Prinzen überholt. Aber da warf er ihr geschickt einen goldenen Apfel vor die Füße, den er bei sich verborgen gehalten hatte. Sie konnte es nicht lassen sich zu bücken, um den Apfel aufzuheben. Denselben Kunstgriff wandte der kluge Freier noch einmal an – und richtig, er gewann einen Vorsprung und kam als Sieger ans Ziel!

Der Prinzessin dieser Sage gleichen viele gläubige Christen. Sie lassen sich aufhalten durch derlei vergänglichen Tand. Sie fangen an zu spekulieren, sie wollen reich werden, sie bauen Häuser, sie stürzen sich in Sorgen und Unternehmungen, sie machen Pläne und Projekte – und vergessen darüber das Wachen und Beten, und wenn der Tag des Herrn unvermutet kommt, dann sind sie nicht bereit. Und wenn der Herr die Seinen heimholt, dann sind sie nicht dabei!

Laß uns diese wichtige Wahrheit von Orpa lernen, daß es nicht genug ist, einen guten Anfang zu machen, sondern daß es gilt, auszuharren und treu zu bleiben bis auf den Tag Jesu Christi.

Ruth

Wenn wir den Stammbaum Jesu betrachten, wie Matthäus ihn uns gezeichnet hat, so wundern wir uns, wieviel unreines Blut in Seinem Geschlecht vorhanden ist. Mehrere Personen sind in Seinem Geschlechtsregister vertreten, die vor andern in schlechtem Ruf standen, so z. B. Thamar, Rahab, Bathseba. Aber dadurch wird uns eine herrliche Wahrheit gelehrt, daß nämlich Jesus der Sünder Freund und Heiland ist. Er schämt sich nicht, mit Zöllnern und Sündern Gemeinschaft zu machen; sonst würde Er sich auch Seiner Ahnen schämen müssen.

Ebenso finden wir auch heidnisches Blut in Seinem Stammbaum. Rahab, die Kananiterin, und Ruth, die Moabitin. Dadurch wird angedeutet, daß Jesus nicht nur der Juden, sondern auch der Heiden Heiland ist.

Darum haben wir besondere Ursache, das Bild Ruths zu betrachten. Es ist nicht nur ihr Charakter, der uns anzieht, sondern auch das Prophetische und Vorbildliche, das wir in ihren Worten wie in ihrem Wesen finden.

Das erste, was wir von ihr hören, ist ein Wort des Lobes und der Anerkennung aus dem Munde ihrer Schwiegermutter Naemi. Als sie die beiden Schwiegertöchter Orpa und Ruth bittet, wieder nach Hause zurückzukehren, da sagt sie: Der Herr tue an euch Barmherzigkeit, wie ihr an den Toten und an mir getan habt!

1. *Ruths erste Ehe* muß eine glückliche gewesen sein. Es herrschte ein liebevolles Einvernehmen zwischen den Ehegatten. Es zeigte sich ganz besonders in den Tagen und Wochen, als der Mann krank war, wie innig verbunden die beiden waren. Mit rührender Unermüdlichkeit hat Ruth ihren Kranken gepflegt. Sie »tat Barmherzigkeit« an ihm.

Verdient das besonders hervorgehoben zu werden? Ist denn das nicht ganz selbstverständlich?

Das sollte es freilich sein; aber ist es das in der Tat? Wie manches junge Paar redet und rühmt seine große Liebe – und es gibt nachher doch eine unglückliche Ehe. Wenn der erste Rausch vorbei ist, tritt eine Ernüchterung und Entfremdung ein; die erst so heiße Liebe erkaltet nach und nach, man weiß die Quelle nicht, aus der man immer wieder aufs neue Liebe schöpfen kann, um den schwindenden eigenen Vorrat zu ergänzen. Die große Liebe, von der man meinte, daß sie für das ganze Leben ausreichen würde, ist nach und nach erkaltet – da treten Überdruß und Widerwille an Stelle der einst so großen Liebe, der so innigen Zärtlichkeit.

Wenn man so manches Ehepaar beobachtet, dann möchte man wohl fragen: Sind das dieselben Leute, die sich einst Liebe und Treue fürs ganze Leben gelobt haben? Sind das dieselben Leute, die soviel von ihrer Liebe und von ihrem Glück zu sagen wußten? Ach ja, es sind dieselben Leute – aber der Traum von Glück ist längst ausgeträumt. Kalt und fremd gehen die beiden aneinander vorüber, die sich einst so liebgehabt, daß sie alles andere, Gott und Welt, darüber vergaßen.

Wie traurig ist das doch! Wie gemahnt mich das Unglück so vieler Ehen, die Friedlosigkeit so mancher Familie an die ernsten Worte des Dichters:

> O lieb, solang du lieben kannst,
> o lieb, solang du lieben magst!
> Die Stunde kommt, die Stunde kommt,
> wo du an Gräbern stehst und klagst!

Wie schwer ist es, sich, wenn die Reue zu spät kommt, anzuklagen und zu sprechen: »Ach hätte ich doch! Ach wäre ich doch!«

Wie steht es um dich und das Glück deiner Ehe? Ist es auch so ein kaltes Nebeneinander? Ich kenne Ehen, in denen die Frau viel von ihrem Mann zu leiden hat. Von demselben Mann, der einst versprach, daß er sie auf Händen tragen und sie vor allem Ungemach behüten wolle. Und es gibt andere, in denen der Mann viel zu leiden hat von der Frau, die einst so sehr wünschte, ihn glücklich zu machen.

Ich bitte euch, seid barmherzig! Bedenkt: Im vollen Sinne des Wortes kann doch nur *der* Barmherzigkeit erzeigen und erweisen, der selber Barmherzigkeit erfahren hat.

Auch in Häusern, wo ein Ehegatte glaubt und der andere nicht, läßt es der Gläubige oft an der Liebe fehlen. Der bekehrte Mann spricht oft so kalt und lieblos mit seiner Frau und über seine Frau, daß man es kaum anhören kann. Bedenke doch, deine Frau, die du einst lieber gehabt hast als dein eigenes Leben, die ist noch auf dem Wege zum ewigen Verderben! Soll deine Ehe einst so furchtbar auseinandergerissen werden? Sei barmherzig! O habe Geduld mit deiner Frau, bete für sie, wandle ihr vor, beweise ihr, daß es herrlich ist, Christus nachzufolgen, daß sie auch gewonnen und geworben wird für Ihn.

Fehlt es nicht vielleicht an dir und deinem Verhalten?

Moody hat einmal ein sehr scharfes Wort ausgesprochen. Es kam ein Mann zu ihm, der ihn bat, für seine unbekehrte Frau zu beten. »Wie lange sind Sie verheiratet?« fragte Moody. »Fünfundzwanzig Jahre«, war die Antwort. »Und wie lange glauben Sie?«–»Siebenundzwanzig Jahre.«

»Was? Die ganze Zeit wollen Sie ein Kind Gottes gewesen sein, und Ihre Frau ist nicht bekehrt? Sie können kein Kind Gottes sein, denn wenn Sie es wären, wäre Ihre Frau längst bekehrt! Kommen Sie, wir wollen nicht für Ihre Frau, wir wollen *für Sie* beten!«

Es wird so oft gebetet: Bekehre meine Frau, bekehre meinen Mann, meine Kinder – und es geschieht nichts. Warum nicht? Weil der Beter oft selbst die Erhörung seines Gebetes verhindert durch seinen Wandel, der nicht mit der Schrift übereinstimmt. Es ist schlimm, wenn eine Frau ein Recht hat zu sagen: Ja, im CVJM, im Blaukreuzverein, in der Bibelstunde, da kann mein Mann sehr schön sprechen; aber zu Hause kriegen wir nicht viele gute und freundliche Worte zu hören!

Es hat mir einmal sehr viel zu denken gegeben, was ich von der Tochter eines bekannten Predigers hörte. Als man sie fragte, wie denn ihr Vater zu Hause eigentlich sei, da antwortete sie mit leuchtenden Augen: »O mein Vater ist echt durch und durch! Ob in der Konferenz oder zu Hause, er ist immer derselbe!«

Das ist ein schönes Lob. Wollte Gott, es könnte von allen Christen gesagt werden!

Tue Barmherzigkeit an deinen Hausgenossen. Denke daran, daß es unsterbliche, für Gottes Reich bestimmte Menschen sind, mit denen du umgehst, dann wird deine Lieblosigkeit und Kälte ein Ende haben, und du wirst lieben, »solang du lieben kannst«.

Laß die Zeit nicht verstreichen! Es ist mir unvergeßlich, was mir vor Jahren einmal ein lieber Bruder sagte, der schwer an seiner ungläubigen Frau zu tragen hatte. Er sagte: »Daß sie einmal zurechtkommt, das glaube ich gewiß; denn meine Gebete können nicht verlorengegangen sein; aber ob ich es noch erlebe, das weiß ich nicht. Es ist mir manchmal so, als ob sie erst dann zum Glauben käme, wenn man ihr eines Tages meine Leiche ins Haus bringt.«

Noch seid ihr miteinander auf dem Weg, noch könnt ihr wiedergutmachen und von vorne anfangen. Versäumt es nicht, verschiebt es nicht, tut Barmherzigkeit aneinander!

2. *Ein schönes Bekenntnis* legt Ruth ab, als Naemi sie zur Umkehr nötigt. Sie spricht: »Rede mir nicht ein, daß ich dich verlassen sollte und von dir umkehren. Wo du hingehst, da will ich auch hingehen; wo du bleibst, da

bleibe ich auch. Dein Volk ist mein Volk, und dein Gott ist mein Gott. Wo du stirbst, da sterbe ich auch; da will ich auch begraben werden. Der Herr tue mir dies und das, der Tod muß mich und dich scheiden.«

Eine innige, zärtliche Liebe spricht aus diesem Wort, wie sie selten genug ist in unserer kalten, selbstsüchtigen Welt. Und sie ist darum so fest und treu, weil sie auf dem rechten Grund ruht. Ruth liebt Naemi nicht um ihrer selbst willen, sondern um Gottes willen. Ihr ist in der schweren Krankheitszeit klargeworden, daß Naemi einen lebendigen Gott hat, der ihr Stab und ihre Stütze ist im Leid. Und den möchte sie auch haben und kennenlernen als *ihren* Gott.

Die volle Bedeutung und Tiefe gewinnt aber dieses Wort erst, wenn wir es auf das Verhältnis des Menschen zu Jesus anwenden. So wie Ruth zu Naemi geredet hat, so müssen wir zu Jesus sprechen. So unzertrennlich und treu müssen wir an Ihm hängen, wie Ruth an Naemi hing.

»Rede mir nicht ein, daß ich dich verlassen sollte und von dir umkehren.« Während Orpa die Aussichten verglich, die ihrer in Bethlehem oder im Moabiterlande warteten, war Ruth fest entschlossen, sich nicht von Naemi zu trennen.

Ich meine, wer einmal geschmeckt und gesehen hat, wie freundlich der Herr ist, der kann sich nicht wieder von Ihm trennen. Wer im Vaterhaus sitzt und sich an dem Kalb satt ißt, das der Vater in seiner Herzensfreude hat schlachten lassen, der wird sich nicht wieder zurücksehnen nach den Trebern der verlorenen Jahre.

Kannst du Jesus wieder entbehren? Möchtest du von Ihm wieder umkehren und dein Glück wieder in der Welt suchen?

Es gibt durchaus Menschen, die es über das Herz bringen, ihrem Heiland wieder den Rücken zuzuwenden. Aber ob sie glücklich sind? Nimmermehr, denn die Erinnerung an die vorige Zeit geht mit ihnen auf Schritt und Tritt und läßt sie nicht zum rechten Genuß der weltlichen Freuden kommen.

Darum, wenn irgendein Mensch, vielleicht ein geliebter Mensch, oder ein Ding, vielleicht dein Geld und Gut oder Ansehen und Ehre, dich von Jesus abziehen und trennen, dann denke an Ruth und sprich mit fester Entschiedenheit: »Rede mir nicht ein, daß ich Jesus verlassen sollte oder von Ihm umkehren.«

»Wo du hingehst, da will ich auch hingehen; wo du bleibst, da bleibe ich auch.« Der Weg, den Naemi ging, das war auch Ruths Weg. Ruth kannte den Weg nicht, darum schloß sie sich Naemi an und ließ sich von ihr führen. Sie wußte, dann gehe ich den rechten Weg und komme ans rechte Ziel.

Das ist auch ein Wort für uns. Wir wissen auch den Weg nicht. Wir könnten das rechte Ziel verfehlen, wenn wir uns selber führen und leiten würden. Wir müssen einen Führer haben, dem wir uns anvertrauen können: »Wo du hingehst, da will ich auch hingehen; wo du bleibst, da bleibe ich auch!«

Jesus ist ein guter Führer. Er kennt den Weg; ja, Er selbst ist der Weg.

> Die sich Ihn zum Führer wählen,
> können nie das Ziel verfehlen.

Unser Eigensinn und unser Besserwissenwollen will uns oft falsche Wege führen. Wer sich aber Jesus anvertraut hat, der kann sagen: »Er führet mich auf rechter Straße um Seines Namens willen.« Es ist wunderbar, sich von Jesus führen zu lassen. Er führt als der gute Hirte Seine Schafe zu grünen Auen und zum frischen Wasser; Er erquickt ihre Seele.

Wenn du es so gut haben kannst, wenn du dich von Jesus führen läßt, warum willst du dich dann abmühen und abplagen in der Menge deiner eigenen Wege? Wenn du es gut haben kannst, warum willst du das Schlechte wählen? Es ist kein hartes *Müssen*, sondern ein seliges *Dürfen*: Wir dürfen uns führen lassen. Wir brauchen uns nicht mehr selbst führen, sondern Er will die Führung und Leitung deines Herzens und Lebens in Seine durchgrabenen Hände nehmen.

Darum lege deine Hand in Seine Hand und sprich vertrauensvoll und getrost: »Wo Du hingehst, da will ich auch hingehen; wo Du bleibst, da bleibe ich auch.«

Nur das sind gute Wege, auf denen Jesus mit uns geht. Nur da dürfen wir bleiben, wo auch Jesus weilt und bleibt.

Frage dich: Kann Jesus mit mir gehen auf den Wegen, die ich einschlage? Was meinst du, wird Jesus wohl mitgehen auf den Wegen, die du des Sonntags am Nachmittag oder am Abend gehst? Kannst du Jesus da mithinnehmen, wo du am Sonntag oder in der Woche deine Erholung suchst? Wenn du nicht sicher weißt: Jesus geht mit, Jesus ist hier, dann tue doch keinen Schritt mehr auf solchen Wegen, denn es sind falsche Wege.

Ich kannte einen Mann, der wollte ein ernster Christ sein. Aber er ging jeden Abend in sein gewohntes Wirtshaus, in seine gewohnte Gesellschaft. Er blieb nicht lange, er trank auch nicht über den Durst; er unterhielt sich nur eine Weile, dann ging er wieder nach Hause. So war er das gewohnt. Der wurde gefragt: »Meinen Sie, daß Jesus mit an Ihren Stammtisch geht oder daß Er draußen wartet, bis Sie wieder herauskommen? Meinen Sie, daß Jesus die Führung Ihres Lebens übernähme, wo Sie jeden Tag eine Stunde lang sich von Ihm trennen und gewissermaßen zu Ihm sagen: Sei so gut und warte etwas; ich will eben meinen eigenen Weg gehen; dabei brauche ich Dich nicht; aber ich bin schnell wieder da?« Da kam er zur Besinnung, und er gab seinen gewohnten Abendschoppen auf, um sich völlig und ganz der Führung Jesu anzuvertrauen. Da sprach er mit Ruth: »Wo Du hingehst, da will ich auch hingehen; wo Du bleibst, da bleibe ich auch.«

234

»Dein Volk ist mein Volk.« Es gehörte von Ruth ein ernster Entschluß dazu, so zu sprechen. Sie gab ihre Volkszugehörigkeit auf. Die Juden schauten auf die Heiden mit einer gewissen Verachtung herab. Und sich nun diesem Volke anzuschließen, das war nichts Leichtes und Geringes. Dennoch bricht sie die Brücken hinter sich ab und spricht entschlossen: »Dein Volk ist mein Volk.«

Es kostet auch heute einen Entschluß, zu Jesus zu sprechen: »Dein Volk ist mein Volk.« Denn das Volk des Herrn ist eine kleine Herde und ein verachteter Haufe. Die Welt zuckt die Achseln und schüttelt den Kopf über die Anhänger Jesu. Allerlei Schimpf- und Spottnamen müssen sie sich gefallen lassen. Es sind auch meist nur geringe und kleine Leute, die dazugehören. Nicht viel Große und Vornehme und Weise und Reiche gehören dazu. Die Schmach Christi, die nun einmal mit der Zugehörigkeit zu Seinem Volk unzertrennlich verbunden ist, ist ihnen zu schwer, die wollen sie vermeiden.

Aber wenn es auch ein verachtetes Volk ist, es ist doch das Volk des *Herrn*. Es ist doch das Volk, dessen König Jesus Christus ist. Und darum ist es eine selige, eine glückliche Schar. Liebe, herzliche Liebe verbindet die Glieder dieses bunt zusammengewürfelten Volkes. Darum ist es das Bekenntnis der Kinder Gottes, die es gewagt haben, diesen Entschluß zu fassen und sich auf die Seite des Gottesvolkes zu stellen:

> O wie lieb ich, Herr, die Deinen,
> die Dich suchen, die Dich meinen,
> o wie köstlich sind sie mir!
> Du weißt, wie mich's oft erquicket,
> wenn ich Seelen hab' erblicket,
> die sich ganz ergeben Dir!

Wie stehst du zu dem Volk des Herrn? Du wirst mich nie überzeugen können, daß du den rechten Glauben gefunden hast, wenn du deinen Platz im Volke Gottes noch nicht eingenommen hast. Die Bruderliebe ist ein Kennzeichen des wahren Glaubens. Wer sich des Volkes Gottes schämt, der wird sich gewiß auch des Herrn schämen.

Ja, sagst du, ich würde sicher auf die Seite des Volkes Gottes treten; aber ich sehe zu viele darunter, die nicht taugen. Und dann kommen die alten Redensarten: der hat mal dies getan, und die hat mal das gesagt.

Gewiß, es ist sehr bedauerlich, daß so etwas vorkommt. Ich will es auch nicht entschuldigen und abstreiten. Aber Jesus weiß das alles auch. Er kennt die Unvollkommenheit Seiner Gläubigen auch, und doch schämt Er sich nicht, sie Brüder zu heißen (Heb. 2, 11). Wenn Jesus sich nicht schämt, dann brauchst du es auch nicht! Laß dich nicht zurückhalten durch deine Vorurteile und Bedenken. Wenn die Welt sich zusammentut, dann müssen sich auch die Kinder Gottes zusammenschließen. Es ist nicht gut, daß der Mensch allein sei. Wir sind auf Gemeinschaft angewiesen. Darum sprich mit Ruth zu deinem Heiland, trotz allem: »Dein Volk ist mein Volk.«

Und weiter spricht Ruth: »Dein Gott ist mein Gott.« Das war es gerade, was sie so fest mit Naemi verbunden hatte: Sie sah, daß Naemi einen lebendigen Gott hatte, der sich ganz persönlich um sie kümmerte, der ihr Kraft gab, ihr schweres Leid mit Ergebung zu tragen, ja, der ihre Freude war mitten in Not und Tod. Und nach diesem lebendigen Gott stieg ein heißes Sehnen in ihrem Herzen auf.

Bist du schon in dieses persönliche und vertrauensvolle Verhältnis zu Gott gekommen wie Naemi? Kannst du Ihn auch anreden: »*mein* Gott«? Es ist ein großer Unterschied, ob du sagst: *ein* Gott, oder ob du sagen kannst: *mein* Gott! Denn nur das persönliche Verhältnis zu Gott macht uns glücklich und froh.

Aber die allerwenigsten Menschen haben diese persönliche und vertraute Stellung zu Gott. Die meisten haben keine Ahnung davon, daß es so etwas gibt. Wenn sie einem Menschen begegnen, der es rühmt und bekennt, daß Gott *sein* Gott sei, daß Er sich ganz speziell um ihn kümmere, dann sagen sie: Das ist ein überspannter Mensch; mit dem stimmt etwas nicht. Sie meinen, das Christentum bestehe in ziemlich verschwommenen unbestimmten Gefühlen und in allerlei verschiedenen Ansichten und Meinungen über ewige Dinge.

Das ist ein großer Irrtum. Im Christentum ist nichts unklar und verschwommen, sondern da ist alles klar und bestimmt.

Aber natürlich kann nur der von einem persönlichen und vertrauten Verhältnis zu Gott reden, der es wirklich hat. Und in dieses Verhältnis treten wir ein durch den Glauben an Jesus Christus. Wer Ihn aufnimmt, wer an Ihn glaubt, der bekommt die Macht, ein Kind Gottes zu werden, der kann sagen: *mein* Gott, *mein* Vater.

Wie herrlich ist das, daß Gott sich so zu uns herabläßt und ein solch liebevolles Verhältnis mit uns eingeht! In diesem Wörtlein »*mein*« liegt ausgesprochen, daß Er sich um mich kümmert, als um Sein Kind. So wie einer Mutter, einem Vater, nichts bedeutungslos ist, was ihr Kind angeht, so ist nichts unbedeutend für Gott, was Seine Kinder betrifft. Er sorgt für alles, für Großes und Kleines in ihrem Leben. Mit unermüdlicher Fürsorge umgibt Er sie.

Es ist die Freude aller Gottesmänner der Heiligen Schrift gewesen, daß sie dieses persönliche Fürwort auf ihren Gott anwenden durften: mein Hirte; mein Fels, meine Burg; meine Macht, mein Psalm, mein Heil; mein Herr und mein Gott. Darum waren sie glücklich und selig, weil sie wußten: Gott hat uns lieb, Gott wacht über uns. Nicht das war ihnen das Wichtigste, ob es ihnen gut oder schlecht ging, sondern dies, daß sie in diesem persönlichen Verhältnis zu Gott standen: »Wenn ich nur Dich habe, so frage ich nichts nach Himmel und Erde. Und wenn mir gleich Leib und Seele verschmachtet, so bist Du doch, Gott, allezeit meines Herzens Trost und mein Teil.«

Mein Gott! Das gibt Glück im Leben, und das gibt Frieden im Sterben, wenn man das sagen kann.

»Wo du stirbst, da sterbe ich auch; da will ich auch begraben sein.« Mit diesem Wort spricht Ruth aus, wie unzertrennlich und dauerhaft das Liebesband ist, das sie beide umschließt.

Eine noch tiefere Bedeutung gewinnt das Wort, wenn wir es auf Jesus anwenden. »Wo Du stirbst, da sterbe ich auch.« Er starb am Kreuz. Und am Kreuz müssen wir auch sterben. Das eigene Ich muß in den Tod gegeben werden, es muß gekreuzigt werden. Das eigene Ich mit seinen Wünschen und Begierden, das gehört ans Kreuz!

Wer sein Eigenleben festhalten will, der wird nie das Leben aus Gott kennenlernen. Wer sein Ich nicht in den Tod geben will, der wird nie zum fröhlichen Glauben und zum Frieden mit Gott kommen.

Unser Ich muß ans Kreuz! Und es muß am Kreuz *bleiben*!

Das ist der Fehler in manchem Christenleben: Man läßt das Ich nicht am Kreuze. Und es hat ein zähes Leben! Es wird wieder ganz lebendig, wenn du es nicht fest am Kreuze läßt.

Paulus sagt: »Es sei ferne von mir, zu rühmen, denn allein von dem Kreuze Jesu Christi, durch welchen mir die Welt gekreuzigt ist, und ich der Welt.« Das ist der Platz, wohin wir gehören: ans Kreuz! Gestorben sein, gekreuzigt sein für die Welt und die Sünde, das ist Glück und Seligkeit!

»Der Herr tue mir dies und das, der Tod muß mich und dich scheiden.« Mit einem Schwur bekräftigt sie ihre

Aussage. Denn »der Herr tue mir dies und das« war zu jener Zeit eine Schwur- und Bekräftigungsformel.

Hier müssen wir nun von Ruth abweichen. Während sie sich einmal von Naemi trennen mußte, als der Tod kam, brauchen wir uns von unserm Heiland niemals zu trennen. Auch im Tode nicht. Ja, dann erfahren wir Seine Liebe und Gnade sogar erst recht. Dann merken wir besonders, was wir an Ihm haben!

»Ich bin gewiß, daß *weder Tod noch Leben*, weder Engel noch Fürstentümer noch Gewalten, weder Gegenwärtiges noch Zukünftiges, weder Hohes noch Tiefes, noch keine andere Kreatur *mag uns scheiden* von der Liebe Gottes, die in Christus Jesus ist unserm Herrn.«

Ein schönes Bekenntnis haben wir aus Ruths Munde gehört. Es hat uns Ruth liebgemacht. Wir haben unsere Freude an ihr. Nun möchten wir auch gerne hören, wie es weitergeht. Ob ihr Leben auch mit diesem Wort in Übereinstimmung war oder nicht. Wir dürfen uns freuen, daß ihr Leben gehalten hat, was dieses Wort versprach. Sie ist in herzlicher Liebe mit Naemi verbunden gewesen und geblieben. Wir werden davon noch zu sprechen haben.

Oftmals wird dieses Wort aus Ruths Munde als Text zu Traureden genommen. Dann wird dieses schöne Bekenntnis der Braut in den Mund gelegt. Aber ob das spätere Leben wirklich diesem Text der Traurede immer entspricht? Ob aus den schönen Worten nachher auch Taten werden?

Es werden nur dann Taten daraus werden, es wird nur dann eine glückliche Ehe geben, wenn die Braut sowohl wie der Bräutigam dieses Wort Ruths zuerst *zu dem Herrn Jesus* sprechen. Dann mögen sie es auch zueinander sprechen und werden dem Versprechen gemäß leben können: »Wo du hingehst, da will ich auch hingehen; wo du bleibst, da bleibe ich auch. Dein Volk ist mein Volk, und dein Gott ist mein Gott. Wo du stirbst, da sterbe ich auch, da will ich auch begraben werden. Der Herr tue mir dies und das, der Tod muß mich und dich scheiden.«

3. *Ruths Armut und Arbeit*. Naemi ist daheim in Bethlehem. Aber wovon soll sie leben? Ihr Mann ist tot, ihre Söhne sind tot – wer wird nun für sie sorgen? Da tritt Ruth ein. Während Naemi noch in einer dumpfen Unentschlossenheit dahinlebt, erkennt Ruth mit klarem Blick die Notwendigkeit, daß sie für sich und die alte Naemi sorgen muß.

Unverzüglich schickt sie sich an zu arbeiten. Sie sprach zu Naemi: »Laß mich aufs Feld gehen und Ähren auflesen, dem nach, vor dem ich Gnade finde.« Sie aber sprach zu ihr: »Gehe hin, meine Tochter!«

Es war sicher nicht leicht für Ruth, diesen Entschluß zu fassen. Solange ihr Mann lebte, hatte es gewiß in ihrem – noch dazu kinderlosen – Haus niemals an dem Nötigen gefehlt. Jetzt sah sie sich mit einem Male dem Nichts gegenüber. Aber sie füllte ihre Zeit nicht mit nutzlosen Klagen über ihr schweres Schicksal aus, sie erzählte nicht jedem, der es hören wollte, was ihr Vater gewesen und daß ihr so etwas nicht an der Wiege gesungen worden sei, sondern sie sah sich nach Arbeit um. Sie wollte gern ehrlich und redlich durch die Welt kommen.

Ist nicht Ruth geradezu das Ideal einer Armen? Wie viele Arme gibt es, die den Kopf sinken lassen, wenn sie in schwere Verhältnisse gekommen sind. Sie geben sich keine Mühe, sich über Wasser zu halten. Sie lassen sich treiben. Sie denken einfach: Die Stadt oder die Gemeinde oder der Pastor müssen ja helfen.

Armut schändet keinen Menschen; aber Nichtstun, das schändet. Geflickte Kleider verunstalten keinen Menschen; aber zerrissene, die verunzieren ihn.

Nirgends hat die Faulheit und Trägheit eine Verheißung bekommen. Gott kümmert sich nur um Fleißige und Tätige. Was er wohl zu so mancher Stube sagen mag, die man kaum betreten kann, weil der Schmutz überall so dick liegt? Was Er wohl zu zerrissenen Kleidern und zerbrochenen Scheiben sagen mag? Ich weiß es nicht; aber ich fürchte, daß Er nicht zufrieden damit ist. Ein wenig Wasser würde den Schmutz beseitigen; ein wenig Zwirn würde den Kittel geflickt haben – warum fehlt es daran? Fehlt es am Ende an der Lust zur Arbeit?

Ruth geht aufs Feld des Boas. Er ist ein reicher Mann. Sie fängt an, Ähren aufzulesen, was den Armen durch das Gesetz erlaubt war. Es war ein mühsames Tagewerk, den ganzen Tag in sengender Glut mit gebücktem Rücken über das Feld zu gehen und die Ähren aufzulesen. Sie hätte es leichter haben können. Sie brauchte ja nur zu Boas zu gehen und ihm zu sagen: »Ich bin Ruth, Elimelechs Schwiegertochter. Also bin ich deine Verwandte. Und nun siehe, wir sind in großer Not. Bitte, laß uns eine kleine Unterstützung zukommen.« Und wenn er irgendwie gezögert hätte, dann konnte sie ihm sagen: »Ich war eine Moabitin, aber nun habe ich mich deinem Volke, Israel, angeschlossen. Jetzt wollen meine früheren Volksgenossen nichts mehr von mir wissen. Nicht wahr, du hilfst mir doch?«

Heutzutage wird es von sehr, sehr vielen so gemacht. Kommt irgendeine Not, so geht man zu einem, der helfen kann. Und dann wird, wenn es ein Gläubiger ist, gleich gesagt: »Ich gehöre auch zum Blauen Kreuz«, oder: »Ich war neulich in der Bibelstunde«, oder dergleichen.

Wie traurig macht mich das jedesmal, wenn man auf solche Weise eine Unterstützung erbittet!

Gott will durch solche Notlagen mit den Menschen reden. Er will sie dahin bringen, daß sie Ihm völlig vertrauen sollen. Aber viele lernen nichts; sie setzen ihr Vertrauen auf Menschen. Arme haben einen großen Vorzug vor den Wohlhabenden. Sie sind viel abhängiger von Gott. Sie sind viel mehr darauf angewiesen, Gott in Anspruch zu nehmen, als andere, die Geld genug haben. Es ist herrlich und köstlich, von Gott alles erbitten und erwarten zu dürfen. Ich habe es oftmals erfahren, nicht nur im Leben anderer, auch in meinem eigenen Leben, wie Gott hilft und Seine Kinder nicht in der Not stecken läßt.

Wenn du das nicht glaubst, dann kommt es nur daher, daß du noch kein einfältiges Kind Gottes geworden bist, daß du Gott noch nicht als deinen Vater kennengelernt hast. Wer zu Jesus kommt, der ist geborgen und versorgt. Der muß auch sagen wie die Jünger, als der Herr sie fragte: »Habt ihr auch je Mangel gehabt?« – Und sie antworteten: »Herr, niemals!«

Wie viele, wie viele haben es mir schon mit leuchtenden Augen gesagt, daß Gott sie wunderbar und väterlich versorgt habe.

Still und fleißig tut Ruth ihr Werk. Rastlos tut sie ihre Arbeit, kurz ist ihre Ruhepause, mäßig ihr Essen. Sie fällt Boas auf, als er kommt, um nach der Ernte zu sehen. Was er von ihr hört, das gefällt ihm. Er geht zu ihr hin und spricht zu ihr: »Du sollst nicht gehen auf einen andern Acker, aufzulesen, und gehe auch nicht von hinnen, sondern halte dich zu meinen Dirnen, und siehe, wo sie schneiden im Felde, da gehe ihnen nach. Und so dich dürstet, so gehe hin zu dem Gefäß und trinke von dem, was meine Knechte schöpfen.«

Hier sehen wir, wie freundlich der Herr den sauren Weg Ruths ebnet!

Und was tut Ruth? Sie fällt auf ihr Angesicht und dankt ihm bewegten Herzens für seine Güte.

Ruth hat ein dankbares Gemüt. Und darin können wir von ihr lernen. Wie oft nehmen wir Gaben von Gott und Menschen so als etwas Selbstverständliches hin, und wie schnell haben wir die erfahrene Güte vergessen!

Dankbarkeit steht uns allen wohl an. Sei es nun, daß Gott uns etwas direkt darreicht oder daß Er sich der Vermittlung von Menschen bedient – wir wollen das Danken nicht vergessen.

Es gibt Leute, die haben eine merkwürdige Auffassung. Sie erwarten und erbitten, was sie brauchen von Gott und meinen darum, wenn nun Gott ihr Flehen durch menschliche Vermittlung erhört, daß sie den Menschen nicht danken brauchten oder nicht danken dürften. Ich glaube nicht, daß das recht ist. Wenn es zur guten Erziehung gehört, daß unsere Kinder das Dankesagen lernen, so vergeben wir uns auch nichts, wenn wir den Menschen, die uns Gutes erweisen, unsern Dank abstatten.

Tag um Tag tat Ruth dasselbe Werk. Solange die Gerstenernte und die Weizenernte dauerte, so lange war sie fleißig auf Boas' Felde. Mit welcher Freude lieferte sie jeden Abend ihren Ertrag ab! Wie frisch und fröhlich machte sie das Bewußtsein, für die alte Naemi zu sammeln, was sie bedurfte.

Jeden Tag konnte sie sammeln. Sie kam dem Boas nicht zu oft. Er wurde nicht ungeduldig, wie wir es wohl einmal werden, wenn man uns so oft in Anspruch nimmt. Nein, er lud sie sogar noch besonders ein, immer wieder zu kommen und nur auf seinen Feldern zu lesen.

So macht es auch der Herr mit uns. Wir dürfen tagtäglich kommen, und wir kommen Ihm nie zu oft. Ja, Er freut sich darüber, wenn wir von Seiner Erlaubnis reichlichen Gebrauch machen.

Nicht wahr, es würde keine Ehre für Boas gewesen sein, wenn Ruth auf anderer Leute Felder gegangen wäre? Denkt euch einmal, das hätte sie getan. Da begegnet ihr Boas unterwegs. »Nun«, sagt er und bleibt bei ihr stehen, »du warst ja heute nicht auf meinem Acker?« – »Ach nein«, sagt sie. »Warum denn nicht?« – »Ach, ich dachte, ich würde dir doch lästig fallen, wenn ich jeden Tag käme.« – »Habe ich es dir denn nicht besonders erlaubt?« fragt er. »Ja, das hast du wohl; aber ich dachte, es sei dir doch nicht so ganz ernst damit gewesen!«

Nicht wahr, das hätte den guten Boas gekränkt? Nun, geradeso kränkt es deinen Heiland, wenn Er dir erlaubt, alles von Ihm zu erbitten und zu erwarten, Ihn in jeder Lage in Anspruch zu nehmen – und du machst keinen Gebrauch davon! Betrübe Ihn nicht durch deine zaghafte Zurückhaltung. Komm mit Freimütigkeit zu Ihm. Sein Acker ist groß genug, dich zu versorgen und all deine Bedürfnisse zu befriedigen.

Möchten wir doch auch dies von der lieben Ruth lernen, uns vor Gott arm zu wissen, aber den großen und reichen Heiland in Anspruch zu nehmen und Seinem Wort unbedingtes, völliges Vertrauen zu schenken!

4. *Ruths Ausdauer.* Boas hatte zu Ruth gesagt: »Du sollst nicht gehen auf einen andern Acker, aufzulesen.« Von dieser Erlaubnis machte Ruth Gebrauch. Solange die Gerstenernte und die Weizenernte dauerten, stellte sie sich jeden Tag auf Boas' Acker ein, um Ähren zu lesen.

Warum hätte sie auch auf einen andern Acker gehen sollen? Sie hatte nicht nur ihr Auskommen; sie hatte sogar ihr reichliches Auskommen bei Boas. Denn er hatte seinen Leuten den Auftrag gegeben: »Laßt von den Haufen übrigbleiben, und laßt liegen, daß sie es auflese.« Und dann hätte sie den guten Boas betrübt, wenn sie von seiner Freundlichkeit keinen Gebrauch gemacht hätte.

Nicht wahr, es erscheint uns ganz selbstverständlich, daß Ruth beharrlich auf dem Acker des Boas blieb? Aber nun wollen wir einmal an uns denken, ob Ruth nicht auch hierbei für uns ein Vorbild sein kann.

Boas, dieser treffliche Sohn Abrahams, ist ein Hinweis auf Jesus, den Sohn Abrahams nach dem Fleisch. Jesus hat den Seinen versprochen, daß sie bei Ihm völlige Genüge finden sollen. Er hält Sein Wort.

Als Er Seine Jünger fragte: »Habt Ihr je Mangel gehabt?«, da haben sie geantwortet: »Herr, nie!«

Und gewiß ist das die Erfahrung aller Jünger und Jüngerinnen Jesu. Ich habe noch nie gehört oder gelesen, daß jemand, der Jesus kannte, ein Wort der Klage oder der Enttäuschung über Ihn gesagt hätte.

Es ist ganz gewiß: Wir brauchen nichts und niemand außer Ihm. »Wer Ihn hat, ist still und satt; wer Ihm darf im Geist anhangen, braucht nichts mehr verlangen.« Das hat schon Tersteegen gewußt. Und es ist die Wahrheit. Es gibt kein Heil und kein wahres Glück ohne Jesus, aber in Ihm gibt es völliges Heil und dauerndes Glück.

Aber – nun frage ich die Kinder Gottes: Geht ihr nie auf einen andern Acker? Bleibt ihr bei Jesus und Seinem Volk?

Ach, es gibt Christen, die können noch auf den Acker der Welt gehen! So, als ob Jesus keine volle Genüge böte! Sie fangen an zu sorgen, sie spekulieren, sie wollen reich werden, sie wollen noch ein Vergnügen mitmachen, sie wollen noch diesen Genuß oder jene Freude auskosten – sie verlassen den Acker des Boas-Jesus und gehen auf einen andern Acker.

Besinne dich! Womit hat Jesus verdient, daß du Ihm diese Schande zufügst? Was hat Er versäumt, daß du Ihm den Rücken kehrst! Hast du Mangel gehabt an irgendeinem Gut? Hat Er es an irgend etwas fehlen lassen?

Halt einmal inne! Du bist auf den Acker der Welt gegangen. Bist du glücklich? Du *kannst* nicht glücklich sein, denn wer einmal die Freundlichkeit Jesu geschmeckt hat, der hat, wenn er Ihm den Rücken zuwendet, einen Stachel im Gewissen, der ihm keine Ruhe läßt. Ein Gedankenloser kann die Weltfreuden ohne Gewissensbisse genießen, ein ernsthaft Glaubender nicht. Wenn der verlorene Sohn bei den Schweinen aufgewachsen wäre, dann würde ihn die elende, magere Kost nicht so angewidert haben; aber er hatte einst bessere Tage gesehen. Und die Erinnerung an seine glücklichere Kindheit ließ ihm keine Ruhe, bis er – wieder zu Hause war.

Satan hat dir allerlei Versprechungen gemacht, um

dich auf seinen Acker zu locken. Im Versprechen ist er groß. Aber er hält nicht viel. Sag an, ist das nicht eine erbärmliche Behandlung, die du bei ihm erfährst? Ist er nicht ein harter Herr, ein Tyrann?

Komm, es ist noch nicht zu spät, dein Unrecht wieder gutzumachen. Aber es ist Zeit!

Du sagt, ich kann doch den Herrn nicht immer und immer wieder in Anspruch nehmen. Warum denn nicht? Hat Er es dir denn nicht erlaubt?

Es ist falsche Bescheidenheit, wenn du meinst, du könntest nicht immer zu Jesus kommen und nicht alles von Ihm nehmen. Je häufiger du kommst und je mehr du von Ihm erbittest und erwartest, um so mehr ehrst du Ihn. Und es ist das Allerbeste, wenn du gar nichts mehr ohne Jesus kannst, wenn du in allen Dingen Ihn und Seine Hilfe, Seine Kraft, Seinen Trost und Seine Gnade brauchst.

Ruth ziert sich nicht, sie nimmt mit Dank die Güte Boas' an. So nimm auch du mit demütigem Dank die Freundlichkeit des Herrn an! Es ist ja Seine Lust und Freude, den Menschenkindern wohlzutun.

Bleibe bei Ihm, halte aus! Laß dich durch kein Drohen und Locken dazu bewegen, den Acker des Boas-Jesus zu verlassen. Er wird dich versorgen mit allem, was du bedarfst und brauchst. Wenn du das bisher noch nicht erfahren hast, dann lag die Schuld sicherlich nicht an Ihm, sondern daran, daß du dich Ihm noch nicht völlig und ganz anvertraut hattest, daß du wohl auf Seinen Acker gingst, aber auf den Acker des Teufels auch, daß du es wohl mit Jesus hieltest, aber mit der Welt auch!

Nein, wir brauchen keinen andern Herrn. Wir haben an Jesus genug. Seine Gnade reicht aus für uns. Wir wollen nicht mehr nach dem Weltacker schielen, und wenn Gold darauf gefunden würde, wir wollen bei Jesus bleiben.

Komm, wir sprechen mit Petrus: »Herr, wohin sollen

wir gehen? Du hast Worte des ewigen Lebens. Und wir haben geglaubt und erkannt, daß du bist Christus, der Sohn des lebendigen Gottes!«

5. *Der rechte und der unrechte Erlöser.* Nach jüdischem Recht war der Schwager oder der nächste Verwandte verpflichtet, die Witwe des verstorbenen Bruders oder Verwandten zu heiraten, damit der Stamm des Verstorbenen nicht ausstürbe. Derjenige, der diesem Gesetze gemäß die Witwe zum Weibe nahm und sie aus ihrer Not befreite, hieß der Goël oder Erlöser.

Für das israelitische Empfinden ist Jehova ein Goël, der Sein Volk aus Ägypten oder aus der babylonischen Gefangenschaft erlöst oder es aus der Hand irgendwelcher Feinde und Gefahren errettet. Wer einen Sklaven aus der Sklaverei befreit, ist ein Goël. Wer verkauftes Eigentum wiedererwirbt, ist ein Goël. Nach einem Goël schaute Hiob in seinem Elend aus, und er zweifelte nicht, daß sein Goël, sein Erlöser, lebe. Aber auch derjenige, der eine verwitwete Schwägerin aus der Nacht ihrer Schmerzen und ihrer Einsamkeit herausführt und sorgt, daß ihr Name und Erbteil in Israel nicht erlöschen, ist ein Goël. So war der Goël die Persönlichkeit, nach welcher der Israelit in allen peinlichen und schmerzvollen Lagen ausschaute, auf die er den letzten Anker seiner Hoffnung setzte.

Wenn Naemi in ihrem Witwenelend noch eine Hoffnung hatte, so war es der Goël. Und als dieser Erretter und Erlöser erschien ihr Boas.

Boas ist bereit, der Goël zu sein. Denn er hat Ruth liebgewonnen. Alles, was er von ihr gehört und gesehen, hat ihn für sie eingenommen, namentlich die Entschiedenheit, mit der sie sich auf die Seite des Volkes Israel gestellt hat.

Aber – es ist ein Verwandter da, der noch näher verwandt ist als Boas. Wenn der seine Ansprüche aufgeben will, dann ist Boas der Goël.

Er verhandelt mit dem Erben unter dem Stadttor und fragt ihn vor Zeugen: »Willst du das Stück Feld, das unseres Bruders Elimelech war, beerben, so kaufe es; wo aber nicht, so sage es mir.« Der Erbe sprach: »Ich will es beerben.«

Boas fährt fort: »Wenn du aber das Feld haben willst, so mußt du auch die hinterlassene Witwe Ruth heiraten, damit Elimelechs Stamm nicht ausstirbt.«

Da erklärt der Erbe: »Dann will ich es nicht beerben.« Er gibt seine Ansprüche und Anrechte auf. Und vor den Zeugen erklärt sich nun Boas bereit, das Erbe zu übernehmen mit dieser darauf ruhenden Verpflichtung.

Wenn wir schon letzthin sahen, daß Boas ein Bild Christi ist, so ist er das ganz besonders in diesem Fall.

Der nächste Erbe, so kann man sagen, ist ein Bild des Gesetzes; Boas ist ein Bild der Gnade.

Der Erbe will das Feld wohl haben, er will fordern, aber nichts geben. So macht es auch das Gesetz. Es fordert, aber es gibt nichts. Wer Trost und Frieden und Ruhe sucht beim Gesetz, der sucht umsonst. Das Gesetz fordert vom Menschen, er solle durch Gehorsam Gott gefallen; aber der Mensch ist sündig und ungehorsam, so kann das Gesetz ihn nur verdammen. Da ist keine Hoffnung, da konnten keine Kinder Gottes gezeugt und geboren werden.

O gib dich nicht mit dem Gesetz ab: Es ist der unrechte Erlöser! Du bringst es nie zum völligen Glück und zum wahren Frieden, solange du dich durchs Gesetz erlösen willst. Im Gegenteil, je mehr du dich bemühst, um so mehr siehst du dein Unvermögen ein, den Forderungen des Gesetzes zu entsprechen.

Gott sei Dank, daß wir einen andern, einen besseren Goël und Erlöser kennen, den Herrn Christus!

An dem Feld Elimelechs liegt Boas nichts, er hat Felder genug. Der Grund, weshalb Boas sich der Ruth zuneigt, ist nicht das Erbe Ruths oder irgend etwas, was

Ruth hat, sondern der Grund ist seine, des Boas, Liebe. Boas hat Ruth lieb, das ist der Grund, und darum neigt er sich zu ihr und wird ihr Goël, ihr Erlöser aus dem Witwenelend.

So ist auch nichts in *uns*, was den Herren bestimmen könnte, uns zu erlösen. Es ist *Seine* Liebe. Er sieht unser Elend, unsere trostlose, hilflose Lage, und da jammert Ihn des armen Menschengeschlechts. Er fordert nichts, Er verlangt nichts, Er will geben und schenken; Er gibt Friede und Freude, Er gibt Leben und Seligkeit; Er gibt Sich selbst!

Das Gesetz muß sich bankrott erklären gegenüber der Gnade. Das Gesetz muß seinen Anspruch an uns aufgeben und uns der Gnade überlassen.

Wie viel glücklicher und seliger sind wir, wenn wir nicht mehr unter dem Gesetz, sondern unter der Gnade sind! »Frei vom Gesetz, o glückliches Leben!«

Aber hat denn nun das Gesetz uns nichts mehr zu sagen? Geht es uns denn nichts mehr an? Nein und ja. Der Herr hat gesagt: »Ich bin nicht gekommen, das Gesetz aufzulösen, sondern es zu erfüllen.« Wie sollen wir das Wort verstehen? Ich denke so: Ein Brautpaar macht Hochzeit. Bisher hat die Verlobung bestanden. Am Hochzeitstag kommt nun etwas Neues. Sind die jungen Eheleute noch verlobt? Nein, verlobt sind sie nicht mehr, sie sind nun verheiratet. Ist die Verlobung aufgelöst? Nein, sie ist erfüllt. An die Stelle der Verlobung, die eine niedrigere Stufe darstellt, ist die Ehe als eine höhere Stufe getreten. Sie sind nicht auseinandergelaufen, als ob nun der eine den andern nichts mehr anginge, sondern jetzt kommen sie erst recht zusammen. Die Verlobung ist nicht aufgelöst, sondern erfüllt. Die völligste Lebens- und Liebesgemeinschaft ist an die Stelle des Getrenntseins und Sehnens getreten.

So ist das Gesetz für Kinder Gottes ein überwundener Standpunkt geworden. Aber nicht in dem Sinne, als ob sie nun tun und lassen könnten, was sie wollten, sondern Christus ist ihr Gesetz geworden. Er ist ihr Leben und ihre Liebe. Er bestimmt und regelt all ihr Tun und Verhalten. Und er fordert nicht, Er *gibt*.

Mögen alle Christen ihren richtigen Standpunkt einnehmen, nicht mehr unter dem Gesetz, sondern unter der Gnade! –

Boas nimmt nicht, er gibt. Alle seine Äcker und Wiesen gehören nun auch Ruth. Nichts gehört Boas, das nicht auch Ruth gehörte!

So macht es auch der Herr Jesus. Alles teilt Er mit den Seinen. Die ganze Fülle Seines Reichtums, Seine überschwengliche Gnade und Liebe ist für Seine Braut da.

Er ist für *uns* da, der ganze Heiland. Nun sollen wir aber auch ebenso für *Ihn* da sein.

Nicht wahr, es wäre schimpflich und abscheulich gewesen, wenn Ruth neben ihrem Boas nun noch irgendeinen andern Mann gehabt hätte. Das wäre um so nichtswürdiger gewesen, je mehr ihr der Mann geschenkt und gegeben hatte.

Ach, und was muß sich Jesus oft für eine Behandlung gefallen lassen! Ich rede nicht von Ungläubigen. Ich rede von Kindern Gottes. Wie oft reden und tun sie so, als ob ihr Heiland ihnen nicht genug wäre. Als ob sie neben Ihm noch etwas anderes zum Glücklichsein nötig hätten! Und wenn sie nicht mit der Welt buhlen, dann geben sie sich mit dem falschen Goël ab, mit dem Gesetz!

Wir brauchen niemand und nichts – außer Jesus!

Wie reich wurde Ruth! Sie fand bei Boas, was sie in Moab nie und nimmer gefunden hätte: eine wahre Heimat, einen sicheren Schutz, ein Leben, reich an Segnungen in Gegenwart und Zukunft, sie bekam einen Sohn, der ein Stammvater des Heilandes wurde!

So finden auch wir beim Herrn selige, völlige Genüge. Wir können sagen: Das Los ist mir gefallen aufs Liebliche; mir ist ein schön Erbteil geworden.

Komm und lerne von Ruth. Laß das Moab der Welt dahinten; brich durch alles, was dich zurückhalten und hindern will, hindurch; komm nach Kanaan, ins Land der Verheißung. Dort wartet auf dich das Glück und der Frieden, die Liebe und der Segen deines Goël, deines Erlösers. Seine Arme stehen offen; Sein Herz schlägt für dich. Komm, wirf dich an dies treue Herz! Er erlaubt es dir, Er lädt dich ein:

> Laß ab vom eignen Ringen;
> an Meinem Herzen ruh!

Wende dich Ihm zu, und du wirst es erfahren: »Gutes und Barmherzigkeit werden mir folgen mein Leben lang, und ich werde bleiben im Hause des Herrn immerdar!«

Hanna

Wenn wir das Bild der Hanna betrachten, das uns in den beiden ersten Kapiteln des 1. Buches Samuel gezeichnet ist, dann fällt uns zuerst auf, daß Hanna eine treue Beterin ist. In den beiden Kapiteln, die von ihr handeln, ist dies jedesmal die Hauptsache. Sie tut nichts ohne Gott. Da haben wir gleich eine Lektion für uns. Man könnte sie überschreiben:

1. Sage es Jesus! Hanna lebte in sehr schweren häuslichen Verhältnissen. Ihr Mann Elkana hatte zwei Frauen genommen. Wenn das auch nicht oft vorkam, so geschah es doch hin und wieder. Das Gesetz hatte die Vielweiberei nicht aufgehoben und verboten, sondern nur eingeschränkt. So bestand sie denn fort. Aber jedesmal war sie eine Quelle häuslichen Elends und Unglücks. Wir haben schon davon gesprochen, als wir von Ada und Zilla sprachen, den beiden Frauen Lamechs. Dann begegneten wir der Vielweiberei wieder bei Abraham, der neben seiner Gattin Sara noch die ägyptische Magd Hagar nahm. Auch in Jakobs Haus finden wir sie. In all diesen Fällen zerrüttete und zerstörte die Doppelehe das Glück und den Frieden des Hauses. Zwist und Zwietracht waren an der Tagesordnung. Darum ist sie auch immer seltener geworden, so daß wir in den Tagen Jesu der Doppelehe oder der Vielweiberei nicht mehr begegnen. Jetzt wurde es zum Grundsatz: *eines* Weibes Mann.

Hanna hatte auch unter dieser Doppelehe Elkanas viel zu leiden. Denn Peninna, die andere Frau, hatte Kinder, und Hanna war kinderlos. Kinderlosigkeit aber galt damals als eine Schmach, als eine Strafe von Gott. Darum setzte sich Peninna über Hanna hinweg. Es war schwer, ihre Verachtung zu tragen. Diese täglichen Nadelstiche zu erdulden, das war nicht leicht.

Was tat Hanna nun?

Was tun heutzutage viele Frauen, die sich in schwierigen häuslichen Verhältnissen befinden? Sie gehen einfach auf und davon. Sie laufen ihrem Mann fort. Vielleicht ist der Mann ein Trinker, der nicht für die Familie sorgt, der wohl gar seine Frau mißhandelt. Die Hauswirtschaft geht den Krebsgang. Da sagt die Frau: »Ich kann es nicht mehr aushalten.« Und sie geht zu ihren Eltern oder Verwandten zurück.

Wollen wir solche Frauen verurteilen? Ich möchte keine Steine auf sie werfen. Wenn man nicht in solchen Verhältnissen gewesen ist, kann man ja gar nicht recht verstehen und beurteilen, wie schwer so ein Leben ist, wie furchtbar das tägliche Leid und Unglück sind. Ich verstehe es wohl, daß jemand endlich mürbe wird und sagt: »Ich kann es nicht mehr aushalten.«

Aber – und das muß doch mit großer Entschiedenheit betont werden – wenn wir es auch verstehen und entschuldigen können, wenn eine Frau ihren Mann verläßt, *recht* ist es nicht. Gottes Wort erlaubt es nicht.

Es ist ja immer viel leichter, davonzulaufen als dazubleiben. Das ist gewiß. Aber Gott will haben, daß wir dableiben.

Wie leichtfertig geht man heute mit der Ehe um! Wenn zwei sich nicht mehr leiden mögen, dann laufen sie zum Gericht und lassen sich scheiden. »Unüberwindliche gegenseitige Abneigung« geben sie als Grund an. Welch ein Jammer, diese vielen Ehescheidungen in unsern Tagen! Ohne Gott fängt man an; ohne Gott lebt man miteinander; ohne Gott läuft man wieder auseinander. Die Heiligkeit der Ehe ist für viele nur noch ein Spott.

Am traurigsten aber ist es, daß diese Laxheit in bezug auf die Ehe sogar in christliche Kreise eindringt. Daß man auch da, wenn man zu der Erkenntnis kommt, daß der Gatte ein sündiger, fehlender Mensch ist, denkt, man könne nun einfach wieder nach Hause gehen.

Hanna lief nicht davon, soviel sie auch von der Peninna zu leiden hatte. Hanna blieb. Sie ging mit ihrem Kummer und ihren Klagen zum Herrn. Vor Ihm schüttete sie ihr Herz aus.

Sieh, das möchte ich dir auch sagen, wenn du auch so eine geplagte Hanna bist: Laß dich nicht verbittern, sondern: *Sage es Jesus!* Lauf nicht davon, sondern geh zum Herrn und sage Ihm, was dich bedrückt und quält. Wenn du das tust, dann wirst du auch anbetend bekennen:

> Welch ein Freund ist unser Jesus!

Ja, der Dichter hat recht, wenn er sagt:

> Wer kann sagen und ermesssen,
> wieviel Heil verloren geht,
> wenn wir nicht zu Ihm uns wenden
> und Ihn suchen im Gebet!

Jesus ist der beste Berater. Er ist ein besserer als deine Verwandten, ein besserer sogar als deine eigene Mutter! Menschen verderben so leicht etwas, auch wenn sie die besten Absichten haben und es ganz gut meinen. Aber Jesus hat noch nie etwas verdorben.

Ich las neulich in einem Geschäft den Spruch: »Sind Sie zufrieden, sagen Sie's andern; sind Sie unzufrieden, sagen Sie's uns!«

Ganz recht, sage es nicht andern, wenn du unzufrieden bist, wenn du zu klagen hast über deinen Mann, über deine Frau. Sage es nicht deinen Nachbarn, sage es nicht deinen Verwandten, sage es nicht dem Gericht, sondern: *sage es Jesus*!

> Wirf Sorgen und Schmerz
> ins liebende Herz
> des mächtig dir helfenden Jesus!

2. »*Eine gelinde Antwort stillet den Zorn.*« Als Hanna im Tempel zu Silo dem Herrn ihr Herz ausschüttet und ihre Not klagt, da wird sie von dem Hohenpriester Eli beobachtet. Er sieht, wie sich ihre Lippen bewegen, ohne daß ein Ton über die Lippen kommt. Und es währt lange. So lange hat er noch kaum jemand beten gesehen. Da denkt er: Die Frau ist betrunken. Mit barschen Worten fährt er sie an, daß sie in den Tempel gekommen sei in diesem Zustand.

Wie ungerecht war dieser Vorwurf! Wie tief mußte er sie verwunden!

Was wird Hanna nun tun?

Ich möchte erst fragen: Was würdest du getan haben? Wenn uns so etwas passiert, dann sind wir sehr entrüstet und tief gekränkt. Dann heißt es: »Was fällt Ihnen überhaupt ein? Ich verbitte mir das! Wie können Sie so etwas sagen?«

Das ist unsere natürliche Art: Wenn uns etwas ärgert, dann schlagen wir zu, dann brausen wir auf.

Hanna hat es besser verstanden. Sie bedachte: »*Eine gelinde Antwort stillet den Zorn.*« Sie antwortet ohne Empfindlichkeit und Gereiztheit: »Nein, mein Herr, ich bin ein betrübtes Weib. Wein und starkes Getränk habe ich nicht getrunken, sondern ich habe mein Herz vor dem Herrn ausgeschüttet. Du wollest deine Magd nicht achten wie ein loses Weib; denn ich habe aus meinem großen Kummer und Traurigkeit geredet bisher.« Da ist Eli sofort entwaffnet. Er spricht: »Gehe hin mit Frieden! Der Gott Israels wird dir geben deine Bitte, die du von Ihm gebeten hast.«

Einst kam ich in einer Straße an zwei Frauen vorbei, die sich beschimpften. Sie standen etwa zehn oder zwanzig Schritte voneinander entfernt und warfen sich Schimpfwörter zu. Was für entstellte Gesichter! Was für drohende Gebärden! Was für gemeine Worte! Und was schrie gerade die eine der andern zu? »Ich bin brav! Ich lasse das nicht auf mir sitzen!«

Ob sich wohl »Bravsein« so äußert? Ob diese keifende Frau ihr »Bravsein« nicht besser durch Schweigen und Stillesein hätte beweisen können? Auf *diese* Weise wurde jedenfalls die Gegnerin nicht von ihrem »Bravsein« überzeugt!

Es gibt eine sprichwörtliche Redensart, die lautet: »Ein Hund beißt sich nicht allein; es müssen immer zwei da sein.« So ist es auch beim Schimpfen und Zanken. Es gehören immer zwei dazu.

Willst du eine von den zweien sein? Wenn du nicht ebenfalls schimpfst und nicht heftig antwortest, wenn du geschimpft wirst, dann wird deine Gegnerin ganz sicher bald die Lust verlieren. Es hat gar keinen Reiz, jemand zu beschimpfen, der nicht dagegen schimpft.

»Ja, aber«, sagst du, »wenn man mir doch zu Unrecht etwas vorwirft, das brauche ich doch nicht auf mir sitzen zu lassen! Ich brauche mir doch nicht alles gefallen zu lassen!«

Ich möchte dich noch einmal auf Hanna hinweisen. Ihr wurde auch ein sehr ungerechter und kränkender Vorwurf gemacht. Sie war eine ehrbare, fromme Frau, und sie wurde als Säuferin angeredet. Das war doch sehr ungerecht. Und doch hat sie sanftmütig geantwortet.

Und wenn dir Hannas Beispiel und Vorbild noch nicht genug ist, dann denke an Jesus. Wie hat man Ihn ausgeschimpft! Einen Weinsäufer hat man Ihn genannt; der Sünder und Zöllner Geselle wurde Er geschimpft; für besessen hat man Ihn erklärt – und: »Er schalt nicht wieder, da Er gescholten ward; Er stellte es aber dem anheim, der da recht richtet.«

Mach du es auch so! Er hat darum ein Vorbild für uns gelassen, daß wir Seinen Fußstapfen nachfolgen sollen. Räche dich nicht selber. Wenn du dich selbst rächst, dann stiehlst du Gott etwas, was Ihm gehört. Denn es steht geschrieben: »Die Rache ist *Mein*; Ich will vergelten, spricht der Herr.« Die Rache gehört Gott und nicht uns!

Wenn eine Tür auch furchtbar kreischt und knarrt – ein Tropfen Öl kann den Schaden kurieren und ihr das Kreischen abgewöhnen. So ist auch im täglichen Leben und im Verkehr der Menschen untereinander ein Tropfen Öl besser als ein Faß voll Essig. Essig brennt, aber Öl lindert.

Und wenn die Schrift sagt: »Habt Salz bei euch, und habt Liebe untereinander«, so ist Salz etwas anderes als Pfeffer. Manche Leute haben immer Pfeffer bei sich, scharfe, beißende Worte. Das taugt nichts. Das hat Jesus uns nicht gelehrt.

Willst du nicht hierüber noch etwas weiter nachdenken – und vor allen Dingen: Willst du diesen Rat, den dir Hanna heute gegeben hat, nicht befolgen? Sicherlich würdest du es nicht bereuen!

3. *»Bezahle dem Höchsten deine Gelübde.«* Als Hanna den Herrn um einen Sohn bat, da tat sie ein Gelübde und sprach: »Herr Zebaoth, wirst Du Deiner Magd Elend ansehen und an mich gedenken und Deiner Magd nicht vergessen und wirst Deiner Magd einen Sohn geben, so will ich ihn dem Herrn geben sein Leben lang und soll kein Schermesser auf sein Haupt kommen.«

Unser Gott verlangt von uns keine Gelübde. Er hört unser Flehen, auch wenn wir Ihm keine Versprechungen machen. Aber *wenn* wir ein Gelübde getan haben, dann müssen wir es auch halten. Das verlangt Er.

Die Menschen sind stets geneigt, Gott Versprechungen zu machen, aber sie sind noch viel geneigter, sie – zu brechen. Aber es ist wahr, was jenes Wort sagt: »Ein gebrochenes Versprechen ist ein gesprochenes Verbrechen.«

In dem bekannten Blättchen »Für Alle« stand einmal eine Geschichte von einem Heiden, der mit seinem kleinen Boot über einen breiten Fluß fahren wollte. Unterwegs erhebt sich ein so heftiger Sturm, daß das Schiff in Gefahr kommt. Da geht er in der Angst seines

Herzens in die Ecke, wo er seinen hölzernen Götzen aufgestellt hat. Er gelobt ihm zwanzig Ochsen, wenn er ihn glücklich ans andere Ufer brächte. – Er kam ans andere Ufer. Aber die zwanzig Ochsen kamen ihm nun doch zu teuer vor. Er ging zu seinem Götzen und sagte, er möge entschuldigen, aber die Ochsen könne er ihm doch nicht opfern, die wären zu teuer, er wolle ihm aber zwanzig Ziegen geben. Nach einer Weile wurde ihm das auch leid, und er dachte: Zwanzig Nüsse tun es auch. Als er im Begriff war, die Nüsse zu bringen, da schlug er eine auf, um sie zu probieren. Sie schmeckte ihm so gut, daß er die andern auch aß. Und der Götze bekam nachher – die leeren Schalen!

Wie oft muß sich unser Gott auch mit den leeren Schalen begnügen!

Ich habe ziemlich oft schon die Versprechungen gehört: »Wenn ich wieder gesund werde, dann will ich auch ein neues Leben anfangen.« Aber wenn die Krankheit gewichen war, dann – fing auch das alte Leben wieder an.

Hat es nicht auch in deinem Leben schon Gelübde gegeben, die du nicht bezahlt hast? Gelübde sind so häufig wie die Kieselsteine im Bach! Aber Gelübde *halten*, das ist ein selten Ding.

Ich will dich jetzt nicht an solche Notgelübde erinnern, die du in der Angst und Furcht getan hast, um Gott zu veranlassen, dir zu helfen. Es hat in deinem Leben auch einige Gelübde gegeben, die du nicht in plötzlicher Angst und Not getan hast, sondern nach reiflicher Überlegung.

Da ist das *Konfirmationsgelübde*. Du hast damals das Versprechen gegeben, du wolltest deinem Heiland nachfolgen. Du wolltest dich treulich zu Gottes Wort halten. Was ist aus diesem Gelübde geworden?

Wenn ich an die Konfirmationen denke, die ich gehalten, und an den Unterricht, den ich erteilt habe, dann wird mir das Herz schwer. Ich hatte oft das Gefühl, der Konfirmandenunterricht sei reine Sisyphus-Arbeit. Die griechische Sage erzählt von Sisyphus, daß er in der Unterwelt dazu verurteilt war, einen schweren Felsblock einen Berg hinaufzuwälzen. Aber wenn er ihn beinahe oben hatte – da entglitt der Fels seinen Händen und stürzte mit Donnergepolter wieder hinab. So meinte ich bei jeder Klasse, die ich auf die Konfirmation vorbereitete: Diesmal wird es mir gelingen; diesmal werden die jungen Menschen es ernst nehmen und treulich halten, was sie versprechen. Und – wieder entglitt der Fels den Händen, und die Arbeit fing von neuem an. Man war um eine herbe Enttäuschung reicher geworden.

Laß dich fragen, der du dieses liest: Was ist aus deinem Konfirmationsgelübde geworden? Versprechen macht Schulden. Du hast dein Gelübde noch nicht bezahlt. Noch immer hast du dem Heiland dein Herz nicht geschenkt. Noch immer lebst du ohne Ihn in der Welt. Wie lange soll das so fortgehen? Ich mahne dich: *»Bezahle dem Höchsten deine Gelübde!«*

Und ein anderes heiliges Gelübde hast du getan. Es war das *Traugelübde*. Du legtest deine Hand in die Hand des Gatten, und als du gefragt wurdest, ob du in Freud und Leid mit ihm aushalten und den Bund der Ehe heilig und unverbrüchlich halten wolltest, da hast du ja gesagt.

Und jetzt? Wie geht es in deiner Familie zu? Wo ist die damalige Liebe hin? Kalt und fremd geht ihr aneinander vorbei. Das Band der Ehe ist längst ein schweres Joch geworden. Unfriede und Unglück sind eingekehrt.

Und wer trägt die Schuld?

Ist nur der andere Teil schuld? Bist du nicht auch schuld? Du mit deinem bösen Mund, du mit deinem heftigen Wesen, du mit deiner schlechten Haushaltsführung, du mit deiner Unsauberkeit und Unordnung?

Hast du dein Gelübde gehalten? Nein, nein, du hast es fehlen lassen. Das hat dir dein Gewissen schon längst gesagt. Nun, so gib der Stimme des Gewissens endlich Gehör.

Es ist vielleicht schon zu spät geworden; aber es ist noch nicht zu spät für dich. Bring die Sache mit deinem Gatten ins reine, fang von vorne an. *»Bezahle dem Höchsten deine Gelübde!«*

Und noch ein Gelübde rufe ich in deine Erinnerung zurück, das *Taufgelübde.* Du hast einst versprochen, du wollest dein Kind aufziehen in der Zucht und Vermahnung zum Herrn. Wie hast du das gehalten? Wie bist du diesem Gelübde nachgekommen? Bist du deinem Kind ein christliches Beispiel und Vorbild gewesen? Bist du das?

Ich kenne Eltern, die sagen zu ihren Kindern: »Daß du mir ja nicht in die Jungschar gehst!« Und dieselben Eltern haben einst gelobt, sie wollten ihr Kind zum Herrn kommen lassen. Dieselben Eltern!

Kannst du es noch gutmachen? Dann eile! Damit nicht dein Kind einmal dein Ankläger werde in der Ewigkeit! *»Bezahle dem Höchsten deine Gelübde!«*

4. *Dürfen Frauen öffentlich beten?* Das ist eine vielbehandelte Frage. Das Beten der Hanna gibt eine ganz klare Antwort darauf.

Als sie den Knaben in den Tempel gebracht hat, um ihn dem Dienst des Herrn zu weihen, da spricht sie zu Eli, dem Hohenpriester: »So wahr deine Seele lebt, mein Herr, ich bin das Weib, das hier bei dir stand, zu dem Herrn zu beten. Um diesen Knaben bat ich. Nun hat der Herr meine Bitte gegeben, die ich von Ihm bat. Darum gebe ich ihn dem Herrn wieder sein Leben lang, weil er vom Herrn erbeten ist.« *Und sie beteten daselbst den Herrn an. Und Hanna betete und sprach . . .* Als sie sich zum Gebet vereinigen, da nimmt also auch Hanna das Wort, um aus der Tiefe ihres Mutterherzens und aus der Fülle des Heiligen Geistes heraus den Herrn zu preisen und zu loben. Der Hohepriester selbst ist dabei – und er hat nicht Einhalt geboten. Er spürte, daß hier Gottes Geist war, und er wollte den Geist nicht dämpfen.

Nirgends in der Heiligen Schrift wird das öffentliche Beten der Frauen verboten. Als der Apostel Paulus einige Mißstände rügte, die sich in Korinth eingeschlichen hatten, auch beim Beten der Frauen, da verbot er es durchaus nicht; er tadelte nur, daß sie mit unbedecktem Haupte beteten. Das gezieme sich nicht für Jüngerinnen Jesu. Also nur eine Äußerlichkeit beim Beten tadelt er; gegen das Beten der Frauen selbst sagt er kein Wort.

Aber was für Frauen dürfen öffentlich beten? Hanna konnte darum öffentlich beten, weil sie gewohnt war, in der Stille zu beten. Wir haben schon gesehen, daß sie eine Beterin war, die in langem, stillem Gebet ihr Herz vor Gott ausschüttete. Weil sie viel leise betete, darum konnte sie auch laut beten.

Man hört es ziemlich leicht heraus, wenn Frauen – und auch Männer – in Gebetskreisen beten, wer von ihnen auch zu Hause Umgang mit dem Herrn pflegt und wer nicht. Wenn man so endlos lange Gebete hört, dann kann man mit ziemlicher Sicherheit darauf schließen, der oder die betet zu Hause nicht viel; das soll nun im Gebetskreis nachgeholt werden.

Erst ein Gebetsleben daheim und in der Stille und dann, wenn der Heilige Geist dich treibt, auch im Gebetskreis. Aber nicht das zweite ohne das erste!

Hannas Gebet ist ein vorbildliches Gebet. Maria, die Mutter Jesu, hat sich in ihrem Lobgesang an das Gebet der Hanna erinnert; sie hat sich manches ihrer Worte zu eigen gemacht; nur hat sie dieselben noch mehr vertieft.

Wenn Hanna für die Maria ein Vorbild sein konnte, dann wird sie auch für dich ein Vorbild sein können. Möge uns der Herr viele Mütter schenken, die sind wie Hanna, dann würden wir auch Kinder haben wie Samuel, von Gott geliebt. Und beides tut uns not. Der Herr gebe sie uns!

Michal

Von Ahinoam, der Gattin Sauls, erzählt uns die Heilige Schrift nichts. Sie tritt ganz und gar hinter ihrem Manne zurück. Wir können höchstens aus der Erziehung der Kinder auf die Mutter schließen. Und danach scheint es so, als ob Ahinoam eine Frau gewesen ist, die einen guten Samen in die Herzen ihrer Kinder gestreut hat. Sowohl im Leben Jonathans als auch im Leben Michals finden sich Andeutungen und Hinweise, daß sie eine gute Mutter hatten, die ihre Kinder aufzog in der Zucht und Vermahnung zum Herrn.

Was Michal angeht, Sauls Tochter, so ähnelt ihr Leben in merkwürdiger Weise dem Leben ihres Vaters. Saul machte einen so schönen Anfang. Wir gewinnen den trefflichen jungen Mann lieb, der ausging, seine Eselinnen zu suchen und dabei eine Krone fand. Aber wie verdüstert sich das Bild! Er ist ungehorsam gegen Gott. Und immer weiter entfernt er sich von der rechten Straße, bis er schließlich ein Ende mit Schrecken nimmt.

Ganz ähnlich verläuft das Leben Michals. Ihr Anfang ist gut. Aber es folgt kein guter Fortgang darauf – und das Ende ist traurig.

1. *Ein schöner Anfang.* Wir lesen 1. Samuel 18, 20 und 27: »Michal, Sauls Tochter, hatte David lieb.« Das ist etwas Großes an ihr. Sie war die königliche Prinzessin, und David war ein Mann aus dem Volke, zwar berühmt geworden durch den Sieg über den Riesen Goliath; aber es war doch immer eine bedeutende Kluft, die ihn von der Königstochter trennte.

Wenn sie dennoch ihr Herz dem jungen David schenkt, so wird das wohl einen besonderen Grund gehabt haben. Was sie zu David hinzog, das war nicht seine Kühnheit und Tapferkeit als vielmehr sein festes Gottvertrauen. Als es bekannt wurde, daß David ohne Waffen, lediglich im Vertrauen auf die Hilfe des Herrn, den gefährlichen Kampf mit dem Riesen gewagt hatte, da fühlte Michal sich zu ihm hingezogen. Da gewann sie ihn lieb um seines Glaubens willen.

Das war zumindest der Grund, weshalb Jonathan den David liebgewann und sein Freund wurde. Darum dürfen wir wohl auch annehmen, daß es bei Michal ebenso war.

Wir begegnen öfter in der Schrift Beispielen, daß entschiedene Männer Gottes einen solchen Eindruck auf ihre Umgebung machen, daß sich auch Ungläubige und Halbgläubige ihnen anschließen. So ging Lot mit seinem Oheim Abraham, dessen Glaubenshaltung ihm imponierte. So schloß sich Gehasi an Elisa an und Judas Ischariot an den Herrn.

Es ist schon etwas, wenn sich jemand an einen Christen anschließt, dessen Glaube ihm Eindruck gemacht hat. Das ist immerhin schon ein Anfang. Aber es ist nur ein Anfang. Es ist schon etwas, wenn man sich diesem oder jenem gläubigen Prediger anschließt, der das Wort entschieden verkündigt und in seinem Leben Beweise gibt von der Liebe und Macht des Heilands. Es ist doch die Hoffnung vorhanden, daß der gläubige Zeuge den noch unbekehrten Verehrer und Anhänger zum Glauben hinführen wird. Aber wenn diese Menschen dabei stehenbleiben, den *Menschen* zu lieben und zu bewundern, dann hat das gar keinen Wert.

Gibt es nicht viele heutzutage, die in diesem Stücke Michal gleichen? Woher kommt es, daß für gewöhnlich *die* Kirchen, in denen entschiedene Zeugen das Wort verkündigen, besser besucht sind als andere? Das klare, geistesmächtig gepredigte Wort übt immer seine Wirkung aus; es zieht die Menschen an. Doch wie viele bleiben bei dem Pastor stehen – und kommen nicht zu Jesus!

Michal hatte David lieb; aber zu Davids Gott trat sie in kein persönliches Verhältnis.

Gehörst du am Ende auch zu denen, die sich an einen Menschen hängen? Dieser Menschenkult ist sehr gefährlich! Wie nun, wenn dieser gefeierte und verehrte Mensch einmal von dir genommen wird? Wie nun, wenn du ihn einmal verlassen mußt? Dann zeigt es sich, daß dein Glaube nicht rechter Art war! Dann bist du trostlos und hilflos, weil dir dein Berater fehlt.

Es kommt darauf an, daß wir in lebendige und persönliche Verbindung mit Jesus selbst kommen! Begnüge dich mit nichts anderem! Es geht dir sonst wie Michal! Hüte dich vor Menschenvergötterung und Personenkult!

2. *Ein trauriger Fortgang.* Woher kam es, daß Michal nicht vorankam? Daß sie stehenblieb und zurückging? Sie konnte keine klare Entscheidung treffen. Sie wollte und konnte ihre Götzen nicht aufgeben.

Saul schickte in seiner Wut Boten, um David zu fangen und umzubringen. Da ließ Michal ihn durchs Fenster hinab und sagte, er sei krank. Um das glaubhafter zu machen, legte sie ein großes Götzenbild in sein Bett, welches die Verfolger dann auch wirklich täuschte.

Im Hause Davids – ein Götzenbild! Nun wundert es uns nicht mehr, daß das Leben Michals so verlaufen ist. Wer seine Götzen nicht aufgeben will, den kann Gott nicht segnen.

Erschwerend kam noch hinzu, daß Michal mit einem Mann nach dem Herzen Gottes zusammenlebte. Gewiß hat David sie manchmal gebeten, Ernst zu machen mit ihrer Hingabe an den Herrn; gewiß ist er ihr auch selber ein Vorbild und Beispiel gewesen. Aber es war alles umsonst. Sie konnte sich von ihrem heimlichen Götzendienst nicht trennen.

Ist das nicht der Grund, weshalb so viele Leute heutzutage nicht zum Frieden und zur Freude kommen? Sie können ihre Götzen nicht lassen. Sie werden ermahnt,

ihre Götzen auszuliefern; sie erkennen ihren Götzendienst; sie gestehen ein, daß es unrecht ist, dies und jenes
zu tun – aber sie können nicht davon lassen, ihr Götze ist
ihnen zu lieb.

Ich frage dich: Steckst du vielleicht auch in solchem
Götzendienst?

Es gibt noch viele, viele Götzendiener, auch inmitten
der Christenheit!

Wenn dir der Heilige Geist solche Gebundenheiten
zeigt, wenn Er dir deinen Götzendienst aufdeckt, zau-
dere nicht, sei gehorsam! Fort mit dem Götzen!

Es ist gefährlich, dem Heiligen Geist zu widerstehen.
Das kann man oft beobachten. Da mahnt ein treuer
Zeuge wiederholt, diese oder jene Gebundenheit aufzugeben. Aber man will nicht. Da heißt es dann: »Der ist zu
scharf; der geht zu weit; den mag ich nicht mehr hören!«
Und man geht dem Wort des getreuen Mahners einfach
aus dem Wege.

Wie viele machen es so! Wie viele fühlten sich durch
das Wort getroffen, aber waren nicht bereit, die gezeigte
Sünde aufzugeben! Und mit der Verehrung und Liebe
war es vorbei; jetzt wurde über den Zeugen Gottes
räsoniert. Man ging ihm ängstlich aus dem Weg.

So ging es auch mit Michal. David wurde ihr auf die
Dauer unangenehm. Sein Wort und Wesen strafte ihren
götzendienerischen Sinn. Da war es mit ihrer Liebe bald
vorbei. Und als Saul sie aus dem Hause Davids wegholte
und sie einem andern Mann gab, dem Phalti von Gallim
(Kap. 25, 44), da gab sie den ersten Mann auf und lebte in
glücklicher Ehe mit dem andern zusammen.

So geht es! Wer sich nicht ganz für den Herrn entscheidet, wer nur halb an Ihm hängt, der wird früher oder
später die Welt wieder liebgewinnen und wieder in die
Sünde zurückfallen.

Sieh zu, daß es dir nicht gehe wie Michal! Das Ende
trägt die Last.

3. *Ein schlimmes Ende.* Die letzte Szene, welche die Bibel uns aus Michals Leben schildert, zeigt, wohin ein Mensch kommen kann, der einmal einen guten Anfang gemacht hat.

Mit feierlichem Gepränge holt David die Bundeslade aus dem Hause Obed Edoms nach Jerusalem. In der Freude seines Herzens wirft er seinen Königspurpur ab und tanzt im Reigenschritt vor der Lade einher. Das sieht Michal aus dem Fenster des Palastes mit an. Sie wendet sich mit Verachtung von dem Bilde ab. Und als er nachher heimkommt, empfängt sie ihren Gatten mit beißendem Spott. Wo das ganze Volk jubelt und jauchzt über den Einzug Jehovas, da hat Michal nur Spott und Verachtung.

Das ist das Ende. Soweit kommt es, wenn man sich nicht Gott ergibt. Man entfernt sich immer weiter von Gott; es geht immer rascher bergab auf der schiefen Ebene. Das Ende ist Spott und Verachtung Gottes.

Die Strafe bleibt nicht aus. Sie ist angedeutet in dem letzten Vers von 2. Samuel 6, 23: »Aber Michal, Sauls Tochter, hatte kein Kind bis an den Tag ihres Todes.« Das war die größte Schmach für eine Frau jener Zeit, kinderlos zu sein. Denn damit erlosch ihr Andenken. Sie verschwand aus der Erinnerung der Nachgeborenen. Keine Kinder und Kindeskinder erzählten ihre Treue und rühmten ihre Liebe. Sie hatte kein Erbteil und Anrecht an dem Lande der Verheißung, weil sie keine Nachkommen hatte.

So wird auch die Strafe nicht ausbleiben, wenn einer die Wege Michals geht und sich immer weiter von Gott entfernt, bis zur Verstockung und Verhärtung. Das Erbe heißt, keinen Anteil haben an dem himmlichen Reich, seines Erbteils verlustig gehen und – vergessen, verloren werden auf ewig. Und dieses Verderben wird um so furchtbarer sein, die Verdammnis wird um so schrecklicher empfunden, je näher man der Gnade gestanden hat.

Wie nahe war Michal dem Herrn an der Seite Davids – und fand doch so ein Ende. Säume nicht, wenn Gott dir nahe tritt, sondern wirf dich Ihm zu Füßen, gib dich Ihm zu eigen, und dann mach es zu deiner Losung für dein ganzes Leben:

> Näher, mein Gott, zu Dir
> näher zu Dir!

Abigail

Wenn Michal, deren Bild wir zuletzt betrachteten, geradezu als abschreckendes Beispiel betrachtet werden kann, so ist das Bild der Abigail um so erfreulicher, so daß wir gern bei ihr verweilen. Gerade auf dem dunklen Hintergrund ihrer unglücklichen Ehe hebt sich ihr Bild um so heller und leuchtender ab.

1. *Die Gefahr der Schönheit.* Wir lesen in 1. Samuel 25, 2 und 3: »Und es war ein Mann zu Maon und sein Wesen zu Karmel; und der Mann war sehr großen Vermögens und hatte 3000 Schafe und 1000 Ziegen . . . Und er hieß Nabal; sein Weib aber hieß Abigail und war ein Weib guter Vernunft und schön von Angesicht; der Mann aber war hart und boshaft in seinem Tun.«

Schönheit pflegt für ein großes Gut gehalten zu werden. Wer ein hübsches Gesicht hat, der hält sich für gewöhnlich nicht wenig darauf zugute. In der Bibel sehen wir des öfteren, daß die Schönheit sehr gefährlich ist. Ich erinnere nur an Sara. Als Abraham mit ihr nach Ägypten zog, da fürchtete er, es würde ihn das Leben kosten, wenn er als der Mann einer so schönen Frau bekannt würde. Darum gab er sie für seine Schwester aus. Und in der Tat zog Sara die Aufmerksamkeit so auf sich, daß der König sie holen ließ, um sie seinem Harem einzuverleiben.

Ich könnte noch andere Beispiele aufführen, um zu beweisen, daß die Schönheit immer eine gefährliche Gabe gewesen ist. Die Schönheit des Leibes entwickelt sich sehr oft auf Kosten der Seele. Die häßliche Lea ist uns viel sympathischer als die hübsche Rahel, deren Lebensbild so garstige Stellen aufweist.

Wie kommt es, daß schöne Menschen – nicht immer,

aber doch oft – keinen guten Charakter und keine guten Eigenschaften haben? Das ist sehr leicht zu erklären. Ein hübsches Kind wird von jedem geliebt und verwöhnt. Jeder Besucher, der in das Haus kommt, fühlt sich verpflichtet, dem Kind etwas Angenehmes zu sagen. »Ei«, sagt der eine, »bist du aber ein hübsches Mädchen!« – »Hast du aber ein feines Kleid an!« sagt der andere. Und so machen es alle.

Hast du es nicht auch schon so gemacht? Es ist eine weit verbreitete Sitte, aber es ist eine richtige Unsitte. Dadurch werden die Kinder eitel gemacht und eingebildet. Ich bitte dich, tue es nicht wieder! Du schadest dem Kind mit deinen Schmeichelworten. Es ist viel besser, das Kind weiß gar nichts davon, daß es hübsch ist. Gefällt uns das bescheidene Veilchen nicht viel besser als die aufdringliche Tulpe?

Aber so manche Mutter, so mancher Vater begeht den großen Fehler, das hübsche Kind besonders zu schonen. Es könnte seiner Schönheit Abbruch tun, wenn es diese oder jene gröbere Arbeit täte – da tut die Mutter die Arbeit lieber selbst, damit die Tochter sich pflegen kann. Die feinen weißen Hände würden ja leiden, wenn sie Kartoffeln schälen oder dicke Bohnen aus den Schoten holen müßte! Ist es da ein Wunder, wenn die Tochter sich besser dünkt als die eigene Mutter?

Ihr Eltern, hütet eure Kinder besonders, wenn sie schön von Angesicht sind! Die Schönheit hat ihre besondere Gefahr. Man möchte fast von einem »Fluch der Schönheit« sprechen.

Ein paar junge Mädchen unterhielten sich einmal darüber, wer von ihnen die schönsten Hände hätte. Jede wollte die schönsten Hände haben. Da kam der alte Großvater in den Garten. Der sollte entscheiden. Der Alte nahm die Hände der Mädchen bedächtig in seine runzlige Hand, dann sagte er: »Wer die schönsten Hände hat? Danach müßt ihr mich nicht fragen. Das können die

Armen und Kranken besser beantworten. Wer gern hilft und Liebesdienste erweist mit seiner Hand, der hat die schönste Hand.« –

Die arme Abigail war durch ihre Schönheit in eine traurige Lage geraten. Als ein reicher Freier kam und um sie warb, da haben ihre Eltern sie ihm sofort zugesagt und verlobt. Nabal war ja eine »gute Partie«. Gewiß war sie noch zu jung und unerfahren, um selbst urteilen zu können, oder sie hat sich in kindlichem Gehorsam dem Willen der Eltern gefügt. So wurde sie die vielbeneidete Frau des reichen Nabal.

Aber die Nabal näher kannten, die wußten, wie wenig beneidenswert Abigails Los war. Nabal war ein »boshaftiger« Mensch; er war ein »heilloser« Mann, wie seine Knechte sagten, ein Mann, der sich nichts sagen ließ. Dabei war er dem Trunk ergeben. Wie es scheint, war er auch einige Jahre älter als seine Frau. Aus alledem geht hervor, wie es um Abigails Glück bestellt war.

Welche Verantwortung hatten ihre Eltern auf sich geladen! Sicherlich hatten sie ihre Tochter glücklich machen wollen, als sie die Verbindung mit Nabal zustande brachten. Aber sie hatten sich gründlich verrechnet, wenn sie das große Vermögen des Mannes für die Garantie einer glücklichen Ehe hielten. Sie haben sie glücklich machen wollen; aber unglücklich ist sie geworden.

In wie vielen Fällen gibt auch heutzutage das Geld den Ausschlag beim Heiraten! Die Frage: »Hat er was?« ist in sehr vielen Fällen bestimmend. Wenn er »was« hat, dann werden üble Charaktereigenschaften übersehen, dann wird sein Vorleben gleichgültig. Ob er sonst die Gewähr bietet, eine Frau zu beglücken, danach wird nicht gefragt. Er hat ein gutes Geschäft, eine flotte Kundschaft, eine angesehene Stellung, und »das ist die Hauptsache«.

Wie manche Tochter wird verkauft oder verkauft sich

selbst – um schnödes Geld! Auch in gläubige Kreise ist die leidige Sucht eingedrungen, Geld und Gut durch die Heirat zu erlangen. Wir traurig ist es doch, wenn gläubige Leute, anstatt zu fragen: »Ist er bekehrt?« – nur die Frage stellen: »Hat er was?«

Wie schrecklich sind die zahllosen Heiratsgesuche in den Zeitungen! Und worauf kommt es an? Fast in allen Fällen wird angegeben, wieviel Vermögen erwünscht ist. Die »Meistbietende« wird dann genommen. Wie schimpflich und erniedrigend ist das! Wenn bei manchen Heidenvölkern die Frau richtiggehend verkauft wird, dann entrüstet man sich sehr darüber. Aber ist es bei uns viel anders?

Wenn du Vater oder Mutter bist und dieses liest, dann leite doch deinen Sohn, deine Tochter richtig an, daß sie ihr Augenmerk nicht auf solche Äußerlichkeiten richten, daß sie nicht auf ein schönes Angesicht und viel Vermögen sehen bei der Wahl eines Gatten. Und wenn du ein Junge oder ein Mädchen bist, dann bitte ich dich sehr herzlich: Laß dich nicht blenden durch äußeren Schein! Das Ende trägt sonst die Last! Was erst als lachendes Glück erscheint, stellt sich oft genug nachher als Unglück und Herzeleid heraus.

2. *Der Beweis des Glaubens.* Es ist gewiß kein leichtes Leben gewesen, das Abigail an der Seite eines solchen Gatten wie Nabal führte. Aber gerade in dem Feuer dieser häuslichen Leiden wird das Gold ihres Glaubens bewährt. Wenn ihr Mann durch sein barsches Wesen die Leute gegen sich aufbrachte, dann machte sie es durch ihre Freundlichkeit wieder gut. Wenn die Knechte zu ihr kamen und sagten: »Es ist mit dem Herrn nicht mehr auszuhalten; kein Mensch kann sich so eine Behandlung gefallen lassen«, dann redete sie zu und sagte: »Das müßt ihr so schlimm nicht nehmen; ihr wißt ja wohl, wie er ist; er hat gerade seinen bösen Tag gehabt; es wird auch mal wieder anders kommen.« Und dann waren die Leute auch wieder zufrieden und gingen wieder an ihre Arbeit.

Ich weiß von einer vornehmen Frau, die mit einem wüsten Trinker verheiratet ist. Es ist furchtbar schwer für sie, die eine gebildete und zartfühlende Frau ist, mit diesem Manne zusammenzuleben. Als man sie einmal fragte, wie sie das nur fertigbrächte, da sagte sie: »Ich fange jeden Morgen aufs neue mit ihm an. Ich versuche immer wieder, in Liebe und Freundlichkeit mit ihm umzugehen.«

Das ist Heldentum! Es gibt viel Heldentum, wovon keine Weltgeschichte etwas weiß. Das ist das Heldentum solcher Frauen wie Abigail, die in unermüdlicher Geduld und Liebe sich um einen Nabal mühen! Und gewiß gehört zum Tragen von solchem häuslichen Jammer mehr Aufopferung und Selbstverleugnung als zu einer kühnen Tat, von der die Blätter der Geschichte zu rühmen wissen.

Es mag schwer genug für Abigail gewesen sein, als sie sich in jungen Jahren als Herrin eines so großen Hofes sah. Aber mit Klagen kommt man nicht weiter, das sah sie bald ein. Darum bemühte sie sich treulich, alle Pflichten kennenzulernen, welche von der Hausfrau in einem solchen Anwesen zu erfüllen waren. Sie kümmerte sich um alles, und bald war sie die wirkliche Leiterin des ganzen Betriebes. Alles ging durch ihre Hand; alles fragte sie um Rat. »Mit Nabal kann man ja nicht sprechen«, sagten die Knechte.

Es ist eine weitverbreitete Meinung, daß entschiedenes Christentum faul und träge mache. Aber wenn es wirkliches wahres Christentum ist, dann macht es nicht träge, sondern arbeitsam und tätig, dann macht es tüchtig und treu. Ich kannte ein junges Mädchen, das hatte nur »für den Herrn gelebt«, wie man das so nennt. Sie hatte Kranke und Alte besucht, hatte Schriften verteilt und Sonntagsschule gehalten und dergleichen mehr. Um die Küche hatte sie sich nicht gekümmert. Als Gott ihr nun einen Bräutigam zuführte, da wurde der von manchen

geradezu bemitleidet. »Eine Hausfrau gibt das nie!«
sagten die Leute. Er ließ sich nicht bange machen. Er
hatte gesehen, daß ihr Christentum echt war, daß sie
nicht bloß mit dem Munde, sondern mit ihrem ganzen
Herzen und Wesen ihren Glauben lebte. Und richtig, aus
dem jungen Mädchen, das gar nichts von der Küche
verstand, wurde in kurzer Zeit eine umsichtige und
tüchtige Hausfrau und nachher eine fürsorgliche und
treue Mutter.

Wer wirklich sein Leben als Christ ernst nimmt, der
bringt auch den Beweis des Glaubens durch treues
Erfüllen seiner Berufspflichten.

Ob Nabal wußte, was für einen Schatz er in seiner
Abigail besaß? Ob er ihr wenigstens zuweilen für ihre
Sorgfalt dankte, mit der sie alles zusammenhielt? Wohl
kaum, aber Abigail tat ihre Schuldigkeit, wenn ihr
auch kein Wort der Anerkennung dafür zuteil wurde.

Sie erzielte auch keinen Dank, als sie ihrem Mann mit
ihrer freundlichen Fürsorge sogar das Leben rettete. Das
kam so: David hielt sich mit seinen Leuten in der Gegend
auf, in der Nabal wohnte. Früher waren öfter räuberische
Überfälle auf Nabals Besitz gemacht worden; aber seit
David da war, kamen kein Schaf und keine Ziege fort. So
hielt Davids Name und Truppe die Räuber und Feinde in
Furcht. Da war es wohl nicht unbillig, daß David sich
dafür eine Belohnung ausbat, als Nabal bei der Schaf-
schur ein großes Fest veranstaltete. Daß er es feiern
konnte, das verdankte er doch wesentlich der Hilfe
Davids. Aber als Davids Boten Nabal seine Bestellung
überbrachten, da kamen sie übel an. Mit barschen Worten jagte er sie fort.

Da kamen die Knechte und erzählten Abigail, was
vorgefallen war. Sie erschrak. Aber sie verlor den Kopf
nicht. Sie verschwendete keine Zeit damit, ihrem Manne
zwecklose Vorhaltungen zu machen. Sie überlegte viel-

mehr, wie sie den gefährlichen Folgen von Nabals Torheit vorbeugen könnte. Sie ließ ein größeres Geschenk von den Festvorräten aufladen, um damit Davids Zorn zu beschwichtigen.

Es war die höchste Zeit. Als David von Nabals Grobheit hörte, schwor er, blutige Rache zu nehmen und keinen Mann auf Nabals Hof am Leben zu lassen. Schon war er nicht mehr weit entfernt, da begegnete ihm Abigail mit ihren Gaben. Sie fiel vor ihm nieder, so daß der ganze Trupp in dem Hohlweg haltmachen mußte.

In rührender Weise nahm sie Nabals ganze Schuld auf sich, und dann bat sie ihn, ihr zu erlauben, diese Schuld wiedergutzumachen. »Wie würde es dich schmerzen«, sagte sie, »wenn du einst Herr des ganzen Volkes geworden bist und dein Gewissen klagte dich an, du hättest dir einmal mit eigener Hand geholfen!«

Welch eine Tiefe der Erkenntnis spricht aus diesen Worten! Was mancher Christ noch heute nicht weiß, das wußte damals schon Abigail: daß ein Gläubiger sich nicht selbst helfen darf, daß alle eigenen Wege ins Unglück führen. Das war auch eine Frucht ihrer schweren Lernjahre an Nabals Seite.

Abigails Worte machen Eindruck auf David. Er kehrt um. Sie hat David vor unüberlegter Selbsthilfe bewahrt; sie hat ihres Mannes Leben gerettet. Ja, wer mit seinem Herzen glaubt, der erfährt, daß der Herr auch seine Worte segnet.

3. *Ende gut, alles gut.* Als Abigail heimkam von der Begegnung mit David und ihrem Mann alles erzählen wollte, da – konnte sie es nicht. Er war viel zu betrunken, als daß sie hätte mit ihm reden können.

Wenn doch alle Frauen in solcher Lage warten könnten bis zum andern Morgen! Aber da wird der Mann mit einer Flut von Vorwürfen überfallen; sein Unrecht wird ihm in den grellsten Farben vor Augen gemalt – da ist es kein Wunder, wenn der Mann böse wird und sich gar zu Tätlichkeiten hinreißen läßt.

Abigail wartet, bis Nabal seinen Rausch ausgeschlafen hat, bis er wieder nüchtern geworden ist. Dann erzählt sie ihm, was geschehen ist. Als er hört, in welcher Gefahr er gewesen, und wie Abigail ihn mit einer Tributgabe gerettet hat, da regt er sich so auf, daß er einen Schlaganfall bekommt.

Beinahe übermenschlich ist es, was Abigail nun zu leisten hat in der Pflege des bewußtlos daliegenden Mannes. Aber sie bleibt treu auf ihrem Posten. Unermüdlich kühlt sie die Stirn ihres Mannes mit nassen Tüchern, oder sie flößt ihm durch die geöffneten, verdorrten Lippen stärkende Brühe oder labende Milch ein.

Zehn Tage dauert dieser Zustand, dann stirbt er. So lange hat Abigail sich aufrecht gehalten. Jetzt bricht sie zusammen. Und wenn sie es sich auch nicht gesteht, es ist doch ein Seufzer der Erleichterung, der sich ihrer Brust entringt, als die drückende Ehefessel sich gelöst hat.

Wenn du auch im Trübsalsofen dich befindest, harre aus: »Ihr werdet Trübsal haben zehn Tage.« Das heißt: eine bestimmt begrenzte Zeit. Keinen Tag und keine Stunde länger wird die Trübsal dauern, als Gott es haben will. Und der Ofen wird keinen Grad zu heiß sein, dafür sorgt Gott.

> Wenn die Stunden sich gefunden,
> bricht die Hilf mit Macht herein;
> um dein Grämen zu beschämen,
> wird es unversehens sein.

Auf irgendeine Weise schafft Gott Seinen bedrängten Kindern Luft. Entweder so, daß Er den Bedrücker und Verfolger bekehrt, wie Er es mit Saul von Tarsus getan hat, oder so, daß Er ihn beseitigt. Ich habe es einmal erlebt, daß ein Mann, der sich bemühte, das Reich Gottes aufzuhalten, mit einem Male aus dem Weg geräumt wurde. Es kamen allerlei böse Dinge ans Licht, sodaß er seine Stellung verlor. Niemand wollte mehr mit ihm zu tun haben. Nun konnte er das Werk des Herrn nicht mehr hindern. Gott hatte Luft geschafft.

Als Nabals Tod dem David zu Ohren kommt, da säumt er nicht lange; er schickt Boten zu Abigail und läßt sie bitten, seine Frau zu werden. Sie sagt nicht nein. Sie dankt Gott, daß Er ihr an Davids Seite bescheren will, was sie bei Nabal nicht gefunden hat: ein liebliches, sonniges Glück.

So wollen wir lernen: »Und auch in den schwersten Tagen niemals über Lasten klagen!« Es geht durch Nacht zum Licht, durchs dunkle Tal zur sonnigen Höhe. Darum sei still und laß das Klagen!

> Es kann dir nichts geschehen,
> als was Er hat ersehen
> und was dir selig ist.

Das Zauberweib von Endor

Jene Frage, ob die Menschen mit den Geistern der Abgeschiedenen in Verbindung treten können, ist schon von jeher viel erwogen worden. In grauer Vorzeit hat man sich schon bemüht, die Toten zu fragen. Und heute sind diese Versuche keineswegs eingestellt. Im Gegenteil, die Zahl derer, die einen Verkehr mit der Geisterwelt unterhalten oder zu unterhalten vorgeben, ist heutzutage größer denn je zuvor. Rechnet man doch, daß es gegenwärtig etwa 20 Millionen Spiritisten gibt.

Ist der Spiritismus weiter nichts als Betrug? Ist der ganze Verkehr mit der Geisterwelt, dessen er sich rühmt, nichts als Schwindel? Sicherlich ist sehr vieles im Spiritismus Lug und Trug; immer wieder werden ja Medien als Schwindler entlarvt. Aber ein Kern von Wirklichkeit steckt doch im Spiritismus.

Wenn es überhaupt nicht möglich wäre, die Toten zu befragen, dann – würde es in Gottes Wort sicherlich nicht verboten sein. Etwas Unmögliches braucht man nicht zu verbieten.

Aber in 5. Mose 18 steht ein deutliches Verbot des Geisterbeschwörens und des Totenbefragens. Es heißt da in den Versen 9–12: »Du sollst nicht lernen tun die Greuel dieser Völker, daß nicht unter dir gefunden werde, der seinen Sohn oder Tochter durchs Feuer gehen lasse, oder ein Weissager oder ein Tagewähler, oder der auf Vogelgeschrei achte oder ein Zauberer oder Beschwörer oder Wahrsager oder Zeichendeuter, oder der die Toten frage. Denn wer solches tut, der ist dem Herrn ein Greuel.«

Es ist ein dunkles Kapitel, aber Gottes Wort gibt Licht auch in diese Finsternis hinein.

Wenn auch so mancher Geisterspuk auf Betrug und Täuschung beruht, so kann man das doch nicht in jedem Falle sagen. Es ist noch nicht lange her, daß das berühmte »Blumenmedium« Anna Rothe in Berlin als Betrügerin entlarvt wurde. Da wurde die Erinnerung wach an jenes Medium, welches im Jahr 1884 durch den österreichischen Erzherzog Johann bei seinem Betrug ertappt wurde. Als nämlich der »Geist« in den Saal trat, ließ der Erzherzog schnell die Flügeltüren hinter ihm schließen; da stellte sich heraus, daß der gefangene »Geist« Fleisch und Bein hatte.

Die Geschichte von dem Zauberweibe zu Endor (1. Sam. 28) freilich lehrt uns, daß es echte Totenbefragung gibt. Saul ist durch die Philister in große Bedrängnis geraten. Er befragt Gott, aber Gott schweigt. Ist jemand ungehorsam und geht eigene Wege, dann zieht Gott Seine Hand von ihm ab. Wird der Heilige Geist betrübt, so zieht Er sich zurück und überläßt den Menschen sich selbst und seiner eigenen Führung.

In seiner höchsten Not erkundigt sich der König, ob es nirgends im Lande eine Person gebe, die sich auf das Befragen der Toten verstehe. Einst hatte er solche Beschwörer und Wahrsager (Vers 9) dem Worte Gottes gemäß verfolgt und ausgerottet; jetzt nimmt er selbst ihre Hilfe in Anspruch! Seine Leute wissen ihm eine Person zu nennen, die Verkehr mit der Geisterwelt unterhält. Sofort macht er sich auf, um die Frau in Endor zu besuchen.

Er hat eine Verkleidung angelegt, um nicht als der König erkannt zu werden. Sonst wird die Frau seinen Wunsch nicht erfüllen und ihr verbotenes Gewerbe nicht treiben. Es ist Nacht, als er in Endor ankommt und bei ihr anklopft. Solch finsteres Treiben erfordert die Nacht; das kann man bei Tag nicht tun.

Als der verkleidete König sein Gesuch vorgetragen hat, lehnt das Weib ab. Sie will sich erst ihrer Besucher sicher sein. Sie erinnert ihn an Saul, und wie streng er dieses Tun bestrafe. Da schwört er ihr einen Eid, daß ihr nichts geschehen solle.

Da sprach das Weib: »Wen soll ich dir denn heraufholen?« Er sprach: »Bringe mir Samuel herauf.«

Die Frau fängt an, Beschwörungsformeln zu murmeln, und siehe da – es steigen »Götter« herauf, d. h. ein göttliches Geistwesen. Nur für die Frau ist die Erscheinung sichtbar, weil nur sie im Zustand des Hellsehens ist. Saul und seine Begleiter sehen nichts. Die Frau schaut den König an, und in ihrem Hellsehen erkennt sie ihn trotz seiner Verkleidung. Sie schreit laut auf aus Angst, daß der König nur gekommen sei, sie auf frischer Tat zu ertappen. Der König beruhigt sie und läßt sich die Erscheinung beschreiben. Sie sprach: »Es kommt ein alter Mann herauf und ist bekleidet mit einem Priesterrock.« – »Da vernahm Saul, daß es Samuel war, und neigte sich mit seinem Antlitz zur Erde und fiel nieder.«

Samuel macht dem König zunächst Vorwürfe, daß er ihn beunruhigt habe; aber dann beantwortet er doch seine Frage und teilt ihm mit, daß sein Heer geschlagen werde in der bevorstehenden Schlacht, und daß er selbst mit seinen Söhnen tot auf der Wahlstatt liegen werde. Als Saul das hört, stürzt er ohnmächtig nieder.

Es geschah denn auch am andern Tage genau so, wie der Geist Samuels es vorausgesagt hatte. Seine Prophezeiung traf buchstäblich ein. Das Weib zu Endor ist damit als wirkliches Medium bestätigt, das Verkehr mit der Geisterwelt hatte.

Diese Geschichte zeigt uns, daß es wirklich möglich ist, mit Toten in Verbindung zu treten. Das Weib von Endor besaß diese Fähigkeit, weil sie einen Wahrsagergeist hatte, wie die Bibel sagt, ähnlich wie jene Magd in Philippi, mit der Paulus zu tun bekam (Apg. 16).

Es ist selbstverständlich, daß das ein böser Geist war; denn ein guter Geist kann unmöglich etwas tun, was Gott so streng verboten hat. Solche spiritistischen Medien sind also, wenn sie nicht Betrüger sind, Personen, die von einem bösen Geist besessen sind. Ihr Satansdienst zerfrißt für gewöhnlich auch die Kraft und Gesundheit ihres Leibes, so daß es meistens auch seelisch kranke, nervös zerrüttete, arme, bedauernswerte Menschen sind. So erklärt es sich auch, daß ihre »Offenbarungen« und »Enthüllungen« so wenig Sinn haben, und daß sie selber oft grundverlogen, gewinnsüchtig, unsittlich und gotteslästerlich sind.

Es ist ein trauriges Zeichen unserer Zeit, daß sich so viele Menschen heutzutage mit dem Spiritismus beschäftigen, obwohl doch Gott klar gesagt hat, daß all solches Tun und Treiben Ihm ein Greuel sei. Ja, so weit ist man abgeirrt, daß dieser spiritistische Unfug sogar in christlichen Kreisen Eingang gefunden hat, die gar nichts Schlimmes darin finden. Demgegenüber muß mit großer Entschiedenheit betont werden, daß die Beschäftigung mit dem Spiritismus vor Gott ein *Greuel* ist. Ein wirkliches Totenbefragen und Geisterbeschwören kommt eben nur zustande durch Verbindung mit finstern Mächten.

Mit diesen spiritistischen Geistererscheinungen darf man jedoch die Erscheinungen nicht verwechseln, die da und dort einem Menschen ungesucht zuteil werden. »Es werden Fälle erzählt«, so sagt Pastor Herbst in seinem Büchlein: »Was haben wir vom Spiritismus zu halten?«, »daß Tieftrauernde durch die Erscheinung ihrer verstorbenen Angehörigen im Traum oder sogar im wachen Zustande getröstet und ermuntert worden sind. Das merkwürdige und zugleich auf zweifelloser Wahrheit beruhende Beispiel ist der jahrelang fortgesetzte Verkehr des bekannten Pfarrer Oberlin vom Steintal mit dem Geiste seiner verstorbenen Frau. Lassen wir ihn darüber selbst erzählen. »Ich habe«, so berichtet er einem Freunde, dem bekannten Pfarrer Dr. Barth, »in meiner Gemeinde mehrere Familien, welche das Vermögen, Geister zu sehen, gleichsam erblich besitzen. Als ich hierher kam, wurde mir eine Nachricht um die andere von solchen Erscheinungen hinterbracht. Ich ärgerte mich darüber, und weil ich nicht daran glaubte, so predigte ich dagegen. Allein die Leute lachten mich aus. ›Wir müssen es doch besser wissen als er, was wir gesehen und gehört haben‹, war ihr Urteil. Ich wurde nachdenklich und konnte endlich nicht umhin, den vielen Berichten redlicher und bewährter Leute Glauben zu schenken. Und was geschah? Meine eigene Frau bekam eine Erscheinung ihrer verstorbenen Schwester, welche ihr sagte, daß sie bald sterben werde. Sie machte hierauf ihren Kindern doppelte Kleider, richtete alles für die Beerdigung zu, nahm abends gerührten Abschied von mir und meinen Kindern und starb am andern Morgen. Gleich in der folgenden Nacht aber«, so erzählt Oberlin weiter, »erschien sie mir im Traum und sagte: ›Ich werde erstaunend um dich sein.‹ Von da an sah ich sie neun Jahre lang fast alle Tage träumend und wachend. Sie erschien aber nicht nur mir, sondern auch meinen Hausgenossen und vielen Personen in der Gemeinde und warnte sie vor einem bevorstehenden Unglück. Nach neun Jahren berichtete ein Glied meiner Gemeinde, das ebenfalls viele Erscheinungen mit Geistern hatte, meine Frau sei jetzt in einen höheren Ort versetzt worden und könne hinfort nicht mehr auf der Erde erscheinen. Von da an sah man sich nicht wieder.«

Oberlin selbst erblickt hierin eine besondere Herablassung Gottes zu seiner Schwachheit, weil sich sonst seine heftige Natur durch das Übermaß der Schmerzen aufgerieben hätte. Er hatte seine Frau so innig geliebt, daß er nach ihrem Tode ganz von Kräften kam und sich längere Zeit an den Wänden halten mußte, um nicht umzusinken; nur ganz allmählich vermochte er sich zu fassen. Auf der anderen Seite empfanden es beide, er und seine Frau, als einen Mangel, als eine Unvollkommenheit, daß sie so sehr aneinander hingen, daß selbst der Tod das Band zwischen ihnen nicht zu lösen vermochte. So sagt er einmal in seinem Tagebuch: »Aus der übermäßigen Freude über die Erscheinung meiner Frau sah ich, daß ich meine liebe Frau noch mehr liebe als Jesus Christus.« Er erkannte es also für seine und seiner Frau wie für aller Christen Pflicht, sich loszumachen von den Banden irdischer, fleischlicher Liebe, und er konnte sich nur dann auf eine rechte, wahrhaft gottgefällige Wiedervereinigung mit der Entschlafenen Hoffnung machen, wenn wirklich in beiden Ehegatten die Liebe Jesu den Sieg davongetragen hatte.

Mit Recht sagt Herbst weiter: »So wenig wir also eine solche auch nach dem Tode fortgesetzte Verbindung mit den Geistern abgeschiedener Angehöriger als richtig und begehrenswert hinstellen können, so wenig dürfen wir doch einen derartigen *ungesuchten Verkehr* unter das von der Schrift so streng verbotene Totenbefragen rechnen. Denn hier ist ja von keiner *Totenbeschwörung* die Rede.«

Eine Frage wird jetzt wach, die viele Gemüter schon beschäftigt hat: Kümmern sich die Toten noch um die Schicksale der Hinterbliebenen auf Erden?

Die Schrift hat einige Stellen, aus denen Schlüsse zur Beantwortung dieser Frage gezogen werden können. Da ist zunächst wieder das Kapitel 1, Samuel 28. Samuel hat Kenntnis von den Dingen, die auf Erden geschehen; er sagt dem König Saul seinen bevorstehenden Tod und die Niederlage seines Heeres vorher. Dann kann die Geschichte der Verklärung Jesu hierfür herangezogen werden. Mose und Elia reden mit dem Herrn über den Ausgang, den es mit Ihm nehmen solle zu Jerusalem. Auch sie haben einen Blick für die Zukunft. Dann denke ich an die Erzählung Jesu von dem reichen Mann, der sich in der Hölle und in der Qual um seine fünf Brüder bekümmerte, die noch in der Welt standen.

Die Geister der Verstorbenen nehmen also wohl Anteil an den Geschicken der Menschen; aber wie es scheint, ist die große Frage nach dem Seligwerden oder Verlorengehen die einzige, die sie im Blick auf die Menschen bewegt. Daß sie sich um das tägliche Ergehen und um irdische Kleinigkeiten sorgen, dafür haben wir keinen Anhaltspunkt in der Bibel.

Eine vierte Stelle könnte man vielleicht noch hinzufügen. Das Wort Jesu: »Es wird Freude sein bei den Engeln Gottes im Himmel über einen Sünder, der Buße tut« – läßt doch auch den Schluß zu, daß die Seligen durch die Engel von ihrer Freude in Kenntnis gesetzt werden, und so von dem, was auf Erden geschieht, Kunde erhalten.

Wenn es auch interessant sein mag, über diese Fragen nachzudenken, so ist doch die Beschäftigung damit nicht ohne Gefahr. Man kann darüber leicht den klaren Blick für die Aufgaben der Zeit vergessen.

Auf ein anderes Thema müssen wir in diesem Zusammenhang noch zu sprechen kommen. Es ist das sogenannte Sympathietreiben oder Besprechen, wie man es auch nennt. Es gibt Gegenden, in denen man wenig davon weiß; in andern ist es dafür um so mehr verbreitet. Es tut not, auf die Gefährlichkeit des Treibens aufmerksam zu machen, weil viele sich durch Unkenntnis zu dieser Sünde verleiten lassen. Das Nennen der drei höchsten Namen, das dabei geschieht, täuscht auch manche und erweckt die Meinung, es handle sich um gar nichts Schlimmes.

Es kann nicht bestritten werden, daß durch Besprechen allerlei Kuren gemacht und manche Heilungen erzielt werden. Namentlich zum Stillen des Blutes bei Verwundungen wird dieses Mittel oft angewandt. Aber es ist keine göttliche Kraft. Sowohl der, der bespricht als auch der, der sich einer solchen Behandlung unterzieht, begeht die Sünde der Zauberei.

Wer solche Sympathie schon an sich oder an Familienmitgliedern hat treiben lassen, vielleicht ohne zu wissen, daß es Sünde war, der komme eilends unter das Blut Jesu, das auch blutrote Sünden waschen und tilgen kann.

Wer sich mit Sympathie abgegeben hat, der steht unter einem Bann, und dieser Bann muß weg, ehe Gott, der Herr, ihn segnen kann. Diese Sache ist sehr ernst! Laß dich nicht durch solche listigen Netze Satans fangen und um deine Seligkeit bringen! Gewöhnlich äußert sich dieser Bann in Lästergedanken, Selbstmordplänen, Schwermut und Besessenheit.

Ich weiß nicht, wie es in der Gegend steht, in der du wohnst. Vielleicht gibt es dort auch Leute, die sich auf solche Kuren verstehen. Halte keine Gemeinschaft mit ihnen, wenn dir dein Friede etwas wert ist. Sei auf der Hut vor den Listen des Feindes! –

Und endlich muß ich noch auf ein Gebiet zu sprechen kommen. Es tut wahrlich not in unserer glaubensarmen Zeit. Ich meine das große Gebiet des *Aberglaubens*.

Man sollte nicht glauben, was auf diesem Gebiet in der sogenannten Christenheit vorkommt, wie man sich vor Zahlen und Tagen fürchtet, vor allerlei Tieren und Stimmen und Tönen!

Die Furcht vor der Zahl 13 ist weit verbreitet. Viele, die sich Christen nennen, hegen diese abergläubische Furcht. In einer Gesellschaft von 13 Personen zu Tische zu sitzen, das erscheint ihnen höchst lebensgefährlich, weil dann einer von ihnen bald sterben muß. Vielleicht kommt die Furcht vor der Zahl 13 von dem letzten Abendmahl her, das Jesus mit Seinen Jüngern hielt. Man sollte doch eher meinen, durch die Gemeinschaft der sich um ihren Meister scharenden Jünger sei die Zahl 13 geweiht und geheiligt. Aber nein! Es gibt Gasthöfe, in denen kein Gastzimmer diese Zahl trägt; es gibt Städte, in denen kein Taxi mit dieser Nummer versehen ist. Ist das nicht ein trauriger Aberglaube?

Andere wieder – vielleicht auch dieselben – fürchten

sich vor bestimmten Tagen. Der Freitag gilt vielen als ein Unglückstag, an dem man kein Werk beginnen und keine Reise antreten darf. Oder es ist der Montag, der gefürchtet wird. »Montag wird nicht wochenalt« ist ein in vielen Gegenden bekanntes Sprichwort.

Das Schreien der Eulen ist erst recht ein unheilvolles Vorzeichen. Der Schrei des kleinen Käuzchens wird ausgelegt als »Komm mit!« – und dann muß bald jemand sterben!

Das Sterben wird überhaupt auf die verschiedenste Weise vorhergesagt. Man sieht daraus, daß ein Mensch ohne lebendigen Glauben eine große Angst vor dem Tode hat. Wenn ein Apfelbaum im Herbst noch einmal blüht, das bedeutet, daß jemand sterben muß, und wenn sich unter den Bohnen eine gelbe befindet, ist das ebenso schlimm. Wenn ein kleines Käferchen im alten Holz bohrt, wodurch ein leise pochendes Geräusch entsteht, dann wird auch bald ein Sarg aus dem Haus getragen.

Wie es Unglückszeichen gibt, so gibt es natürlich auch einige Dinge, die Glück anzeigen. Ein vierblättriges Kleeblatt soll Glück bedeuten; darum tragen viele Damen es als Broschen oder an der Uhrkette; auf Postkarten steht es gedruckt, auf Gläsern gemalt. Ob die wirklich alle glücklich sind, die sich mit solchem Tand schmücken? Gottlob, daß das Glück nicht in solchen Äußerlichkeiten und Nichtigkeiten besteht, sondern daß man es tief im Herzen tragen kann, daß es ein unverlierbares und unzerstörbares Glück gibt, das heißt: Jesus.

Ebenso glücklich soll man werden, wenn man ein Hufeisen findet, oder wenn man rechts an einer Schafherde vorübergeht, oder wenn man am Mittag eine Spinne sieht.

Diese Dinge könnte ich noch um viele vermehren. Ich will es nicht tun. Vielfach wird über solche Dinge gelächelt und geschertzt. Aber das kann und darf man nicht. Denn der Aberglaube ist nicht nur eine Torheit, er ist auch *Sünde*.

Wenn ein Herz das rechte Vertrauen zu Gott hat, wenn ein Mensch weiß: Mein Leben steht in Gottes Hand; »es kann mir nichts geschehen, als was Er hat ersehen und was mir selig ist«, dann braucht er sich vor den Eulen im Baum nicht zu fürchten und sich vor der Zahl 13 nicht zu ängstigen. Darum ist es eine alte Erfahrungstatsache, daß der Aberglaube dort am meisten in Blüte steht, wo der Glaube an den lebendigen und persönlichen Gott abhanden gekommen ist.

Wie ruhig und getrost ist ein Kind Gottes, das sich geborgen weiß in der Fürsorge und Obhut seines Vaters! Sein Leben ist Christus, und Sterben ist Gewinn. Da haben abergläubische Furcht und Angst keinen Raum.

Wer sich mit abergläubischen Befürchtungen abgibt, der raubt Gott Seine Ehre, dem mangelt es an dem kindlichen Vertrauen, das wir haben können und haben sollen.

Glauben – oder Aberglauben! Das ist ein Entweder-Oder. Beides zusammen verträgt sich nicht. Du mußt wählen. Wie willst du dich entscheiden?

Die Kinder des Aberglaubens sind und bleiben ihr Leben lang Knechte der Furcht und der Todesangst; die Kinder des Glaubens sind fröhlich und getrost, sind glücklich und selig im Leben und im Sterben. Ich meine, da wäre die Wahl nicht schwer.

Bathseba

Wenn es auch wieder ein dunkles Kapitel ist, an das wir jetzt kommen, so wollen wir doch nicht daran vorübergehen. Wir werden auch hieraus etwas lernen können. Denn die ganze Schrift, von Gott eingegeben, ist zu irgend etwas nütze, entweder zur Lehre, oder zur Strafe, oder zur Besserung oder zur Erziehung in der Gerechtigkeit.

Wir wissen von Bathsebas Charakter nicht viel; aber wir können doch manches zwischen den Zeilen lesen, was uns in den Stand setzt, uns ein Bild von ihr zu machen.

»Zur Zeit, wenn die Könige pflegen auszuziehen«, – da zog der König David nicht aus, sondern er sandte nur seinen Feldherrn in den Krieg und blieb selbst zu Hause. Wenn er doch mitgezogen wäre! So aber war bei ihm der Müßiggang seines Lasters Anfang.

Und wie bei ihm, so war es auch bei Bathseba. Sie hatte auch nichts zu tun, denn ihr Mann machte den Feldzug mit. Auch sie hatte zu viel Zeit. Und das war schlimm.

Gewiß ist die Hauptschuld auf Davids Seite. Aber die Veranlassung zu seiner Sünde hat Bathseba ihm doch gegeben. Wir lesen, daß David am Abend von seinem Lager aufstand und sich auf dem Dach seines Palastes erging, und da sah er »ein Weib sich waschen; und das Weib war sehr schöner Gestalt«.

Wenn sie mehr Zurückhaltung und Schamgefühl besessen hätte, so würde sie sich vergewissert haben, daß sie vor neugierigen Augen sicher war. Aber an taktvoller Zurückhaltung hat es ihr offenbar gefehlt. Und doch ist diese das Beste und Edelste an einer Frau. Wenn eine

Frau schamlos wird, so hat sie nicht nur etwas, sondern alles verloren. Mit Abscheu wendet man sich ab.

Ihr Mütter, erzieht eure Kinder zur Schamhaftigkeit! Pflanzt früh in ihre Herzen eine natürliche Zurückhaltung ein! Wartet nicht damit, bis sie heranwachsen, sondern fangt beizeiten an.

Das erste und wichtigste ist natürlich: seid selbst Vorbilder und Beispiele. Gebt ihnen keinerlei Anstoß, weder mit Worten noch mit Werken. Wenn die Eltern es an der rechten Zurückhaltung fehlen lassen, dann ist es kein Wunder, wenn die Kinder nicht geraten.

Vielfach begehen Eltern auch den Fehler, daß sie ihre Kinder viel zu lange zusammen schlafen lassen. Es ist sehr gefährlich, wenn heranwachsende Jungen und Mädchen dasselbe Schlafzimmer haben. Wieviel Elend kommt aus der Wohnungsnot der großen Städte.

Aber manchmal ist gar keine Wohnungsnot vorhanden; es ist nur Gedankenlosigkeit, wenn man die Kinder noch immer zusammen schlafen läßt. Und nachher wundert man sich dann und erschrickt, wenn man bei dem halberwachsenen Sohn oder bei der Tochter entdeckt, daß sie ein gestörtes Verhältnis zum andern Geschlecht haben.

Kain hat gefragt: Soll ich meines Bruders Hüter sein? Eltern können nicht so fragen. Die sollen ihrer Kinder Hüter sein. Sie haben einmal Rechenschaft darüber zu geben, was aus ihren Kindern geworden ist.

Aber wie oft erziehen Mütter ihre Töchter geradezu zur Schamlosigkeit! Oder ist die Kleidung vieler junger Mädchen, nicht nur auf den Bällen, sondern auch auf der Straße, nicht oft schamlos zu nennen? Hat solche Kleidung nicht oft geradezu den Zweck, die Aufmerksamkeit der Männer zu erregen?

Laßt uns darum unsere Verantwortung nicht zu leicht nehmen! Der Teufel geht – in unsern Tagen ganz besonders – umher wie ein brüllender Löwe und sucht, uns zu verschlingen. Und wie viele junge Leute fallen ihm zur Beute! Auch Gläubige sollen nicht meinen, sie wären gefeit gegen seine Macht und List. Es ist wahr: Wir haben nicht mit Fleisch und Blut zu kämpfen, sondern mit Fürsten und Gewaltigen. Und der Feind kennt keinen größeren Triumph, als wenn er ein Kind Gottes in den Schlamm der Sünde stürzen kann. Niemand ist vor ihm sicher. Wer da steht, der sehe wohl zu, daß er nicht falle.

Hüte dich vor Müßiggang! Das ist die beste Gelegenheit für den Feind, seine feurigen Pfeile zu schießen. Sei besonders vor ihm auf der Hut, du junge Frau, wenn dein Mann im Büro oder in der Fabrik oder gar auf Reisen ist. Sieh, Uria war fort – und da geschah die Sünde des Ehebruchs.

Wenn man den Ehebruch heutzutage auch nicht für so schlimm ansieht, wenn man ihn in allerlei Theaterstükken und Filmen entschuldigt und verherrlicht, er ist und bleibt eine schwere Sünde. Und es steht geschrieben: »Die Ehebrecher werden das Reich Gottes nicht ererben.« –

David hat Buße getan, als Gott den Nathan zu ihm schickte. Hoffentlich hat auch Bathseba ihre Sünde gegen Gott und Uria bereut und Vergebung erlangt.

Mit was für Empfindungen mag sie die Nachricht vom Tode Urias aufgenommen haben! Sie müßte ja ein Herz von Stein gehabt haben, wenn sie bei dieser Botschaft nicht zusammengebrochen wäre; wenn ihr da ihre Schuld nicht mit Zentnerschwere aufs Gewissen gefallen wäre! Aber, wenn die Sünde auch vergeben wurde, die Folgen der Sünde wurden damit nicht aufgehoben.

Das Kind der Sünde wird krank. Alles Bitten und Flehen ist umsonst. Es stirbt.

So geht es oft auch heute noch. Wenn auch die Sünde selbst vergeben ist, so gehen die Folgen der Sünde doch ihren Gang. Ich kannte einen Mann, der in seiner Jugend in einer großen Stadt den Verlockungen nicht widerstehen konnte. Später kam er zum Glauben. Aber die Folge seines Sündenlebens war ein Rückenmarksleiden, an dem er langsam dem Tode entgegensiechte. Wenn auch seine Seele gerettet war, sein Leib trug lebenslang die Folgen der Sünde.

Und wie viele andere Folgen hat die Sünde Davids und Bathsebas gehabt! Was für eine Kette von Kummer und Herzeleid hat sein Haus heimgesucht. Mord und Ehebruch hatte der Vater begangen – seine Söhne machten es ihm nach. –

Das ist das Bild Bathsebas. Es ist kein schönes Bild. Wir sind geneigt, uns von ihr abzuwenden, da sie so schändlich an ihrem ersten Mann gehandelt hat und durch die Sünde zur Macht emporgestiegen ist. Aber wenn die Menschen, in denen ein mehr oder weniger großes Stück Pharisäertum steckt, sich auch von ihr abwenden, – Jesus schämt sich ihrer nicht. Auch Bathseba steht, wie Thamar und Rahab, im Stammbaum unseres Heilandes.

Das ist eine tröstliche und köstliche Botschaft: Jesus ist niemand zu schlecht. Ja, das ist Seine besondere Freude, sich der Sünder anzunehmen und ihnen aufzuhelfen. Und so steht denn der Name der Ehebrecherin Bathseba im Geschlechtsregister Jesu als ein Beweis Seiner unendlichen Barmherzigkeit, in der Er als Mensch gekommen ist, um Sünder selig zu machen. Gelobt sei Sein heiliger und herrlicher Name!

Das Weib von Thekoa

Zwar kennen wir den Namen des Weibes von Thekoa nicht, von welcher uns das 14. Kapitel im 2. Buch Samuel erzählt; aber sie verdient es doch, daß wir uns mit ihr bekannt machen.

Absalom hatte seinen Halbbruder Amnon erschlagen, weil er sich an seiner Schwester Thamar versündigt hatte. Danach war er nach Gessur geflohen, um der Strafe für den Brudermord zu entgehen.

Das Volk trug schwer daran, daß Absalom außer Landes war, denn es hatte den Prinzen ins Herz geschlossen. David wollte aber von Begnadigung nichts hören. Da sann Joab eine List aus, um den König zur Versöhnung mit seinem Sohn zu bewegen.

In Thekoa wohnte eine Frau, die berühmt war wegen ihrer Klugheit. In allerlei schwierigen Angelegenheiten holte man ihren Rat ein. Sie erschien dem Feldhauptmann Joab am geeignetsten, ihm bei Ausführung seines Planes behilflich zu sein. Er ließ sie holen und besprach mit ihr seine List. Und in der Tat: Keinen besseren Händen konnte er diese Sache übergeben.

Sie wurde vom König in Audienz empfangen. Sie hatte Trauer angelegt, als ob sie um einen Toten trauere, und erzählte nun dem König ihre klug vorbereitete Geschichte. »Zuerst starb mein Mann«, so klagte sie, »dann blieb ich mit meinen Söhnen allein zurück. Aber wie es nun so geht, wenn keine väterliche Autorität mehr da ist, dann meinen die Söhne, sie könnten sich etwas herausnehmen. Eines Tages bekamen sie Streit miteinander, und da hat der eine den andern erschlagen. Aber, als ob ich noch nicht unglücklich genug wäre – ein Sohn tot und der andere ein Brudermörder –, so steht nun die

Verwandtschaft meines Mannes auf und verlangt, ich sollte meinen noch lebenden Sohn ausliefern, damit er zur Sühne für den Mord, den er begangen, auch getötet würde. Aber dann bin ich ja ganz allein, dann habe ich ja niemand mehr auf der Welt, der für mich sorgt.«

Den König rührte die Geschichte des Weibes, und er sagte ihr freundlich zu: »Gehe hin, ich will für dich gebieten.«

Aber damit war die Frau noch nicht zufrieden. Die Rede ging hin und her, bis endlich David einen Eid schwur, daß dem Sohn kein Haar gekrümmt werden sollte.

Jetzt hatte die kluge Frau ihn da, wo sie ihn haben wollte. Jetzt hatte er sich mit einem Eid gebunden, daß dem Brudermörder nichts geschehen sollte – nun machte sie die Anwendung auf den König und sein Verhältnis zu Absalom. Wenn er ihrem Sohn Gnade zusicherte, konnte er doch seinen eigenen Sohn nicht zur Rechenschaft ziehen für dasselbe Verbrechen!

Der König gibt sich gefangen. Sein Schwur nötigt ihn, auch dem Sohn gegenüber Gnade walten zu lassen.

Das hat die Frau mit ihrer klugen Rede erreicht. Sie hat den Frieden zwischen Vater und Sohn vermittelt. Es ist eine hohe und schöne Aufgabe, Frieden zu stiften. Kinder Gottes haben diese Aufgabe. Der Herr sagt in der Bergpredigt: »Selig sind die Friedfertigen (wörtlich: die Friedensstifter), denn sie werden Gottes Kinder heißen.«

Um zwischen andern aber Frieden stiften zu können, muß man selbst Frieden haben. Wenn jemand Frieden vermitteln will, der selber keinen Frieden im Haus hat, dann sagen die Leute mit Recht: Kehr du vor deiner eignen Tür!

Und nicht nur zwischen verfeindeten Menschen, sondern auch zwischen den Menschen und Gott, möchten Gotteskinder den Frieden herstellen. Wer selber erfahren hat, was Paulus bekennt: »Nun wir denn sind gerecht geworden durch den Glauben, so haben wir Frieden mit Gott«, der trachtet danach, daß auch andere die Seligkeit dieses Friedens erfahren und erlangen möchten.

Wie schön, wenn jemand durch unser Zeugnis dahin gebracht wird, Frieden zu machen mit Gott, wenn eine Seele zum Frieden kommt! Es gibt keine reinere und seligere Freude, als die über gerettete und begnadigte Sünder!

Bist du schon jemandem behilflich gewesen, zum Frieden zu kommen?

Ich weiß von einem Pfarrer, der schon eine Reihe von Jahren in einer Gemeinde gearbeitet hatte. Da wurde er gefragt, ob schon Menschen durch ihn zum Glauben gekommen wären – und man wußte von keinem einzigen! Ist das nicht traurig? Aber es ist nicht bloß traurig, wenn ein Pfarrer niemandem zur Seligkeit verhilft, es ist ebenso traurig bei jedem anderen Christen.

O laß dich von dem himmlischen Friedefürsten mit Seinem Frieden füllen, daß dein Friede wird wie ein Wasserstrom – dann wird auch Frieden von dir ausgehen und ausstrahlen. Du wirst Frieden um dich her verbreiten.

Aber zuerst – muß sich ein Kind Gottes auf Unfrieden gefaßt machen. Jesus hat gesagt: Ich bin nicht gekommen, Frieden zu bringen, sondern das Schwert. Wenn in einer Familie jemand zum Glauben kommt, da werden die Hausgenossen für gewöhnlich sehr aufgeregt. Da ist es um den – wenn auch nur faulen und toten Kirchhofsfrieden geschehen. Da ist der Mann gegen die Frau oder die Frau gegen den Mann, da sind die Eltern gegen das Kind oder die Kinder gegen die Eltern. Das kann nicht anders sein. Jesus ist nun einmal gesetzt zu einem Zeichen, dem widersprochen wird.

Wenn du dich jetzt in einer solchen Lage befindest, dann harre geduldig aus und sei getreu! Beweise dich als ein Friedenskind, das Spotten und Höhnen, Lachen und Beleidigungen ruhig und gelassen hinnimmt. So werden die Gegner am ehesten gewonnen, und es wird das Wort wahr: So jemandes Wege Gott gefallen, so macht Er auch seine Feinde mit ihm zufrieden.

Zuerst nickt der Mann mürrisch, wenn die Frau sagt, daß sie in die Versammlung gehen wolle.

Nach einer Weile, wenn die Frau sich als ein Kind des Friedens bewiesen hat, ist es schon anders. Dann sieht der Mann nach der Uhr und sagt: »Wenn du heute in die Bibelstunde willst, wird es Zeit.«

Und wieder nach einer Weile nimmt er Hut und Stock und – geht mit.

Ja, selig sind die Friedensstifter! Dann laufen Tränen seliger Freude über die Backen, wenn der Mann zum Frieden gekommen ist, und – seine Frau hat ihm dazu verholfen.

Das ist das zweite, was wir von dem Weibe von Thekoa lernen wollen. Sie hat ihr Vaterland und ihren König lieb, darum macht sie den Weg zu ihm. Es wird öfter so getan und geredet, als ob Kinder Gottes keine guten Patrioten wären. Ja, wenn der Patriotismus nur im Biertrinken und im lauten Diskutieren besteht, dann sind sie keine guten Patrioten. Denn da tun sie nicht mit. Jedenfalls ist sicher, daß die Regierenden mehr davon haben, wenn sich Hände zum Gebet falten, als wenn sie beim Hurrarufen erhoben werden, und daß es besser ist, seine Knie für das Vaterland zu beugen, als sich aus Patriotismus zu betrinken.

Wir wollen es uns als Kinder Gottes nicht nachsagen lassen, daß wir keine Vaterlandsfreunde wären. Wir wollen es beweisen durch fleißige Fürbitte für unser Volk und Vaterland.

Aber können denn auch Frauen etwas tun fürs Vaterland? Die neue Zeit hat ihnen ja auch das Wahlrecht gebracht. Davon müssen sie Gebrauch machen. Aber die

Zeit ist so ernst, und die Not in der Welt ist so groß, daß alle gutgesinnten Elemente mithelfen müssen. Darum müssen auch die Frauen wählen.

Die Öffentlichkeit ist aber nicht der von Gott der Frau zugewiesene Wirkungskreis, sondern viel eher das Haus. Und ich meine, da könnte die Frau ein größeres Werk der Vaterlandsliebe tun, wenn sie ihre Kinder recht erzieht, daß sie ebenso brauchbare Söhne des irdischen Vaterlands wie Bürger des Himmelreiches werden. Das ist eine sehr große und heilige Aufgabe. Die Zukunft unseres Volkes liegt – in der Hand der Mütter! Was die Mutter für einen Grund legt im Herzen der Kinder, ist in den meisten Fällen entscheidend.

Möge es unserm Volk und Vaterland nie an solchen Müttern fehlen, die das heranwachsende Geschlecht, des Volkes Zukunft und Hoffnung, erziehen in der Zucht und Vermahnung zum Herrn!

Die Königin von Reicharabien

1. *Eine suchende Seele*. Das war die Königin im fernen Arabien, von der uns in 1. Könige 10 erzählt wird. Das Gerücht von Salomos Reichtum und Weisheit, von seiner Macht und seiner Pracht ging durch die Lande, bis es auch nach Arabien kam. Es war ein sehr unglaublich klingendes Gerücht. Wenn man es hörte, dann dachte man: Wer weiß, ob etwas Wahres an der Sache ist; wenigstens haben die Leute allerlei hinzugefügt. Es geht ja oft so, daß eine Kleinigkeit im Mund der Leute eine ungeheure Gestalt annimmt. Jeder fügt etwas hinzu, jeder übertreibt und steigert die Sache noch etwas, bis man schließlich gar keine Ähnlichkeit und keinen Zusammenhang mehr zwischen dem Gerücht und der Veranlassung zu demselben erkennen kann.

Die Königin von Arabien dachte ähnlich, als ihr das Gerücht von Salomo zu Ohren kam: Es wird wohl so großartig nicht sein. Aber noch etwas anderes wurde ihr gesagt »von dem Namen des Herrn«. Und das versetzte eine Saite ihres Herzens in lebhafte Schwingung. Von dem Namen des Herrn hätte sie gern mehr gehört und gewußt. Danach trug sie ein tiefes Verlangen im Herzen.

So manche Fragen bewegten sie, auf die sie keine Antwort fand. Wo kommt der Mensch her, und wo geht er hin? Was ist der Zweck und die Bestimmung des Menschen? Werden wir nur geboren, um wieder zu sterben? Sind dann nicht die Tiere auf dem Felde zu beneiden, die doch wenigstens nicht wissen, daß sie einmal sterben werden?

Solche und ähnliche Fragen gingen ihr durchs Herz, und – sie fand keine Antwort.

Da hörte sie von Salomos wunderbarer Weisheit, von

seinen Liedern und Sprüchen – vielleicht konnte er ihr doch ihre Fragen beantworten und ihre Rätsel lösen. Und wenn er das nicht konnte, dann konnte er ihr doch wenigstens etwas von dem Namen des Herrn sagen, dann konnte er ihr doch gewiß etwas über das Wesen Gottes sagen, der sich ja in Israel besonders geoffenbart haben sollte.

Als sie das Gerücht hörte, war ihr Entschluß gefaßt: Ich muß hin und mit Salomo sprechen. Dieser Gedanke ließ sie nicht mehr los. Er ging mit ihr Tag und Nacht.

Endlich sprach sie mit ihren Ministern darüber, daß sie außer Landes gehen wollte. Das Ministerium riet ab. Es war ja ein ganz unerhörter Fall, daß ein König oder eine Königin das Reich verließ. Man kann ja eine Gesandtschaft schicken, schlug man ihr vor. Nein, sagte sie, damit ist mir nicht gedient; ich muß selbst hin und sehen und hören.

Aber das Land kann doch nicht so lange ohne seine Herrscherin sein, wagte man einzuwenden. Werden sich die Feinde diese Zeit der Abwesenheit der Königin nicht zunutze machen? Wird im Innern nicht alles in Unordnung geraten, wenn die regierende Hand fehlt, die alles leitet und lenkt?

Aber die Königin blieb bei ihrem Vorhaben.

Ihr habt ganz recht, sagte sie. Aber hier handelt es sich für mich um mehr als um meine Krone. Es handelt sich um den Frieden meines Herzens, um die Ruhe meiner Seele. Ich muß Antwort haben auf meine Fragen. Ich muß etwas hören von dem Namen des Herrn.

Da schwiegen die Minister. Wenn sie auch nicht zu spotten und zu schelten wagten, so war doch ihr Spott und ihr Unmut deutlich auf ihrem Gesicht zu lesen. Mit kluger Umsicht ordnete die Königin alles für die Zeit der Abwesenheit an. Sie setzte eine Regentschaft ein, der sie die Geschäfte übergab.

Es war kein kleines Unternehmen. Es war eine Reise,

die sie monatelang von ihrem Land fernhalten würde, von der sie vielleicht nie wiederkäme. Aber mochte das Opfer auch noch so groß sein, sie brachte es gern, um Klarheit zu bekommen über den Namen des Herrn, um in ihrem Herzen zur Ruhe zu kommen.

Sie nahm Abschied und reiste ab. –

Geht nicht auch durch unsere Tage ein Gerücht von einem großen und herrlichen König? Wird nicht geredet und gerühmt von dem liebevollen, barmherzigen, allweisen und allmächtigen König Jesus?

Ganz gewiß hast du auch schon von Ihm gehört. Du hast schon Wunderdinge von Ihm erzählen hören. Was hast du da gesagt? Viele, die so eine Erzählung hören, sagen einfach: Das wird wohl nicht so sein! Das glaube ich nicht! Und damit beruhigen sie sich. Damit ist die Sache abgetan.

Sei auch du eine suchende Seele, wie die arabische Königin! Ach, wie viele leben in den Tag hinein; sie sind nur um irdische Dinge besorgt. Die große Ewigkeitsfrage: »Was soll ich tun, daß ich selig werde?« – ist ihnen nie wichtig geworden. Das Rätsel des Lebens, wozu Gott uns geschaffen und bestimmt hat, erweckt in ihnen kein Interesse. Essen und trinken, schlafen und arbeiten, genießen und amüsieren, das füllt ihr Leben aus.

Es wird gepredigt »von dem Namen des Herrn«; aber das läßt die Herzen kalt. Verächtlich sagen sie: Was der predigt, das weiß ich schon längst.

Ich weiß nicht, was trauriger ist: Es gibt Gegenden, da ist Verlangen nach dem Brot des Lebens; aber es gibt niemand, der es den Hungrigen reicht. Und es gibt auch Gegenden, da wird das Brot des Lebens dargeboten; aber es sind keine Hände da, die es annehmen!

Beschämt diese arabische Königin auch *deine* Gleichgültigkeit und Interesselosigkeit religiösen und ewigen Fragen gegenüber? Hast du auch so ein brennendes Verlangen nach Klarheit und Wahrheit wie sie? Oder denkst du: Ach, das ist ja unwichtig und nebensächlich! Damit muß man sich nicht zuviel abgeben, da kann man nur verwirrt drüber werden!

Was machte die Königin für eine Reise, um von dem Namen des Herrn zu hören! Und du? Du wohnst so nah bei deiner Kirche, wo Gottes Wort verkündigt wird. Aber dir ist selbst dieser Weg zu weit.

Die Königin scheute die monatelange Reise nicht durch die Gluthitze der Wüste, durch den Sonnenbrand Arabiens, um Antwort und Aufschluß zu bekommen. Aber du bleibst schon zu Hause, wenn ein paar Tropfen Regen fallen, oder wenn irgendeine Kleinigkeit dich hindert. Es ist dir kein wirkliches Herzensbedürfnis, von dem Namen des Herrn zu hören.

Ich kannte einen alten Bruder, der brach schon in der Nacht um 3 Uhr auf und machte dann eine Wanderung von fünf Stunden über die Berge, um am Sonntagmorgen eine entschiedene Predigt zu hören, und um dann wieder mit seinem »Sack voll« heimzukehren. Nicht wahr, der ließ es sich etwas kosten?

Aus der Heidenwelt kommen oft Nachrichten, daß man sagen muß: Die Heiden beschämen die Christen. Was für Opfer bringen sie; was für Entbehrungen lassen sie sich gern gefallen, um »von dem Namen des Herrn« zu hören!

Und wie viele Häuser gibt es in der Christenheit, wo die Vorhänge an den Schlafstubenfenstern noch heruntergelassen sind, wenn die Glocken zum Hauptgottesdienst rufen! Oder wo der Hausvater in seinem Büro sitzt und Rechnungen schreibt, oder wo er in Hemdsärmeln durch den Garten wandert und gar nicht daran denkt, daß er jetzt unter die Kanzel gehörte!

Und ein Hauptgrund, weshalb manche nicht kommen, durch deren Herz vielleicht dann und wann ein Sehnen nach Frieden geht, ist der: Man fürchtet den Spott und das Gerede der Leute. Man ist so besorgt, was die Leute sagen würden, daß man darüber ganz zu fragen vergißt, was Jesus zu solcher Feigheit und Menschenfurcht sagen wird. Er sagt: »Wer Mich verleugnet vor den Menschen, den will Ich auch verleugnen vor Meinem himmlichen Vater.« Er sagt: »Wer nicht absagt allem, was er hat, der kann nicht Mein Jünger sein.« Er sagt: Will Mir jemand nachfolgen, der verleugne sich selbst und nehme sein Kreuz auf sich und folge Mir.«

O diese feige Menschenfurcht! Dieses falsche Rücksichtnehmen! Wie viele lassen sich dadurch zurückhalten und kommen darum nie zum Frieden!

Mach es wie Zachäus! Der begehrte Jesus zu sehen, wer Er wäre. Er durchbrach alle Hindernisse, die sich ihm entgegenstellten. Es war eine heilige Entschlossenheit in dem Mann: Ich *muß* Ihn sehen, der auch Zöllnerherzen glücklich machen kann! Und er sah Ihn! Und er wurde von Ihm gesehen!

Mach es wie die Königin von Arabien. Brich durch die Hindernisse durch, laß die Leute sagen, was sie wollen, wenn du nur zu Jesus kommst und glücklich wirst!

»Komm zu dem Heiland, komme noch heut!«

2. Die Begegnung. So weit die Reise auch war, endlich ging sie doch zu Ende. Endlich war die Königin am Ziel. Im Schein der Sonne lag die Stadt Jerusalem vor ihren staunenden Blicken.

Aber nicht dazu war sie hergekommen, um die Stadt Jerusalem zu bewundern, um das »goldene Haus« anzustaunen, sie wollte mehr, sie wollte zu Salomo selbst.

Gewiß nahmen die Großen des Reiches sie in Empfang, die Salomo ihr bei der Kunde von ihrer Ankunft entgegengeschickt hatte.

Aber sie begnügte sich nicht damit, sich mit Salomos Ministern zu unterhalten. Sie hatte die Reise gemacht, um ihn selber kennenzulernen.

»Und sie kam gen Jerusalem mit sehr vielem Volk, mit Kamelen, die Spezerei trugen und viel Gold und Edelsteine. Und da sie zum König Salomo hineinkam, redete sie mit ihm alles, was sie sich vorgenommen hatte.«

Wir können von dieser Entschlossenheit, mit der die Königin auf ihr Ziel losging, viel lernen. Sie ließ sich durch nichts aufhalten und hindern. Sie wollte Salomo kennenlernen. Das war ihre Absicht. Und sie rastete nicht, bis sie bei ihm war.

Wie viele bleiben auf halbem Wege stehen und kommen nie zum Frieden, weil sie nie zu Jesus selbst kommen!

Salomo heißt auf deutsch etwa soviel wie Friedrich, der »Friedereiche«. *Unser* Friedefürst, unser Friede ist Jesus. Wer Frieden haben will, der muß zu Jesus kommen, der muß mit Ihm eine Begegnung haben.

Hast du schon eine Begegnung mit Jesus gehabt? Oder bist du auch auf halbem Wege stehengeblieben wie so viele andere?

Salomo besuchen, das ist noch etwas mehr als *Jerusalem* besuchen. So ist es auch nicht ein und dasselbe, ob man zur *Kirche* oder ob man zu *Jesus* kommt. Man kann ein regelmäßiger Kirchgänger sein – und man hat doch noch keine persönliche Begegnung mit Jesus gehabt! Man begnügt sich mit allerlei Äußerlichkeiten, man macht kirchliche Feiern und Gebräuche mit, man singt und betet, man hört die Predigt – und doch: wie oft bleibt bei alledem das Herz kalt und leer und ohne Frieden!

Salomo besuchen, das ist noch etwas mehr als seine *Minister* besuchen. So ist es auch ein Unterschied, ob man zu einem *Pastor* oder ob man zu *Jesus* kommt. Viele Leute haben eine Vorliebe für irgendeinen Pastor; seine Art sagt ihnen besonders zu; sie hören ihn gern. Aber – wenn sie auch in alle Predigten und in alle Stunden kommen, so ist damit noch lange nicht gesagt, daß sie zu Jesus kommen!

Wie viele bleiben bei der Kirche stehen! Die Kirche tritt völlig an die Stelle des Herrn. Sie glauben an eine allein seligmachende evangelische Kirche; aber sie dringen nicht durch bis zu dem allein seligmachenden Heiland. Oder ihr Christentum ist Personenkult und Abhängigkeit von Menschen.

Und wenn es auch der entschiedenste und treueste Zeuge wäre, der dir das Wort des Lebens verkündigt, bleib nicht bei ihm stehen. Er kann dich nicht selig machen. Komm zu dem König selbst! Laß dieses Ziel nie aus dem Auge!

Vor einer Reihe von Jahren sprach ich einmal irgendwo mit einem Bauersmann; ich fragte ihn auch nach seinem Verhältnis zu Gott. Was antwortete er mir? »In meinem Haus haben schon zwölf Pastoren Kaffee getrunken.« Und darauf gründete der Mann allen Ernstes seinen Anspruch auf den Himmel!

In weiten Kreisen, namentlich auf dem Lande, wird es für eine besondere Ehre gehalten, wenn der Pastor in einem Haus einkehrt. Ich glaube, wenn der Pastor immer einen wirklich seelsorgerlichen Besuch machte, dann würde man es vielerorts bald nicht mehr für eine besondere Ehre halten, von dem Pastor besucht zu werden. Wenn der Pastor die Leute nach ihrem Verhältnis zu Gott fragte, und ob sie Vergebung der Sünden und Frieden mit Gott hätten, dann würden manche lieber auf den Besuch verzichten. Aber wenn der »Herr Pastor« mit den Leuten so recht gemütlich plaudert und über alles mögliche spricht, nur nicht über das Heil ihrer Seelen, dann fühlen sie sich freilich sehr »geehrt«. Und dann schließen sie nicht zu Unrecht: Es kann doch mit uns gar nicht so schlecht stehen; der Herr Pastor ist doch so freundlich mit uns gewesen. Es wird wohl so wichtig nicht sein mit dem, was er auf der Kanzel predigt. Sonst würde er doch wohl bei dem Besuch davon angefangen haben!

Die Königin von Reicharabien ließ sich durch nichts vom Ziel abbringen. Sie kam hinein zu Salomo und redete mit ihm über alles, was sie sich vorgenommen hatte. All die Fragen, die ihr auf dem Herzen lagen, sagte sie ihm. Ihr ganzes Herz schüttete sie vor ihm aus. Dieselbe Erlaubnis haben wir auch. Wir dürfen zum König hinein. Niemand wird hinausgestoßen, der zu Ihm kommt. Und wir dürfen Ihm alles sagen und klagen, Ihn alles fragen. Und Er hört geduldig zu, bis das volle, schwere Herz erleichtert ist.

Hast du schon erfahren, wie gut das tut, wenn man seinem Heiland alles sagt und anvertraut?

David sagt im 142. Psalm: »Ich schütte meine Rede vor Ihm aus und zeige an vor Ihm meine Not.« Ja, da wird das schwere Herz leicht, wenn man all seine Bedürfnisse und Anliegen dem Herrn bringt. All deinen Kummer, all deine Sorgen,

> all dein heimlich Grämen,
> alles, was dich quält,

kannst du Ihm im Gebet übergeben. Tust du das auch? Oder zermarterst du deinen Kopf mit rastlosen Sorgen, wie du durchkommen sollst, was du tun und anfangen könntest, um dir aus dieser schwierigen Lage herauszuhelfen? Das ist umsonst! Was dir das Herz bedrückt, sage es Jesus!

> Wirf Sorgen und Schmerz
> ins liebende Herz
> des mächtig dir helfenden Jesus!

Es gibt keine Frage, die Er nicht zu beantworten verstände. Es gibt keine Lage, in der Er nicht Rat wüßte. Es gibt keine Not, in der Er nicht helfen könnte. Es gibt keine Schwierigkeit, die für Ihn unüberwindbar wäre. Darum vertrau Ihm getrost. Klopf nicht erst an die Türen der Menschen, um dir Rat zu holen, geh gleich an die rechte Adresse zu dem Herrn. Der weiß Rat.

»Und Salomo sagte es ihr alles, und war dem Könige nichts verborgen, das er ihr nicht sagte.«

Wenn schon Salomo alle Fragen beantworten konnte, die die Königin an ihn richtete, wieviel mehr ist dann Jesus dazu imstande! Wahrlich, Jesus ist mehr denn Salomo! Er ist der Abglanz der Herrlichkeit, das Ebenbild Gottes, der eingeborene Sohn, der in des Vaters Schoß war. Es ist unmöglich, daß eine Bitte, und wäre es die kühnste, Ihn jemals in Verlegenheit brächte, oder daß Er auf eine Frage keine Antwort wüßte!

Wir haben einen so herrlichen Heiland! Wunderbar, das ist Sein Name.

Hast du Ihn schon kennengelernt? Schon selbst mit Ihm geredet? Dein Herz vor Ihm ausgeschüttet? Alle Fragen Ihm gesagt?

Als ich noch im Siegerland war, stand oft in der Zeitung die Anzeige eines Weidenauer Kaufmanns, der seine Waren anpries. Und darunter standen die Worte: »Der Weg nach Weidenau lohnt sich.«

Ich weiß nicht, ob auch die Kunden des Geschäfts in dies Wort einstimmten, wenn sie dort gekauft hatten; aber das weiß ich, daß die Königin von Reicharabien gesagt hätte: Der Weg nach Jerusalem lohnt sich!

Und das sagt auch jeder, der zu Jesus kommt. Wenn die Schwierigkeiten, zu Ihm zu gelangen, auch noch so groß sind, wenn es auch gilt, allerlei aufzugeben und zurückzulassen, es ist doch ganz gewiß: Der Weg lohnt sich.

Davon wollen wir noch mehr miteinander reden.

3. Genaue Untersuchung. Die Königin von Arabien ging der Sache auf den Grund. Sie verschaffte sich eine gründliche Kenntnis. Denn wir lesen (1. Kön. 10, 4 und 5): »Da aber die Königin von Reicharabien sah alle Weisheit Salomos und das Haus, das er gebaut hatte, und die Speise für seinen Tisch und seiner Knechte Wohnung und seiner Diener Amt und ihre Kleider und seine Schenken und seine Brandopfer, die er dem Hause des Herrn opferte, konnte sie sich nicht mehr enthalten.«

Nichts entging ihrer Aufmerksamkeit. Nicht nur den König selbst stellte sie auf die Probe, sondern seine Diener und Beamten auch. Sie besuchte sie in ihren Häusern, ja sie beachtete sogar die Kleider, die sie trugen. Sie wollte wissen, ob die ganze Pracht nur vor den Augen des Volkes oder vor ihren Augen entfaltet würde, oder ob wirklich alles gut und gediegen wäre. Und siehe da, sie fand nichts auszusetzen. Wie leicht hätte es doch vorkommen können, daß sie in dem Haus eines Beamten Unordnung getroffen hätte, daß sie Kinder mit zerrissenen Kleidern gefunden hätte! Aber nein, sie fand nichts, was den Gesamteindruck des Bildes gestört und beeinträchtigt hätte. Keine unordentliche Stube, kein ungewaschenes Kind, kein zerrissenes Kleid! Wie war das möglich? Jeder Diener und jeder Beamte Salomos wußte: Ich bin des Königs Diener; darum muß ich in jeder Beziehung fleckenlos und ohne Tadel wandeln, sonst mache ich dem Könige Schande!

Dieselbe genaue Untersuchung, die die Königin von Arabien in Jerusalem anstellte, nimmt auch heute noch die uns umgebende Welt vor. Um Jesus, den König, auf die Probe zu stellen, untersucht sie Seine Anhänger. Es ist eine genaue Untersuchung. Nichts entgeht ihr. Sie untersucht den Wandel der Kinder Gottes. Sie erkundigt sich, wie die Gläubigen ihrem Beruf nachgehen, ob sie gewissenhaft und treu ihre Berufspflichten erfüllen; sie forscht nach, wie es in den Häusern der Christen zugeht, ob Friede herrscht zwischen Mann und Frau, ob die Kinder gut erzogen werden, ob es Reinlichkeit und Sauberkeit bei ihnen gibt oder Staub und Schmutz, ob die Kinder heile Sachen anhaben oder ob der Ellbogen durch den Ärmel schaut.

Es ist eine genaue Untersuchung! Hast du sie nicht zu fürchten? Kannst du dein Haus, deine Familie, deine Berufsarbeit vor jedermanns Augen offen hinlegen? Kann sich wirklich dein Leben vor den Leuten »sehen lassen«?

Es gibt Häuser von Gläubigen, da herrscht Unordnung, da sind die Kinder verwahrlost und verkommen. Kann die Welt vor so einem Christenhaus Achtung haben?

Oder es fehlt im Wandel. Das Leben stimmt mit den Worten nicht überein. Man kann die Sprache Kanaans *sprechen* und doch in Ägypten *wohnen*!

Wenn die Welt solche Entdeckungen macht, dann sagt sie: An dem König ist nichts gelegen! Seine Diener sind Heuchler, sind fromme Schwätzer – geht mir weg mit eurem Jesus! Wenn *das* Nachfolge Christi heißt, dann danke ich dafür! Da bin ich doch viel besser als diese sogenannten Kinder Gottes!

Hat die Welt nicht oft recht, wenn sie so spricht? Es ist ein Jammer, daß sie so oft recht hat; daß es Christen gibt, die es gar nicht oder doch viel zu wenig bedenken: Ich bin des Königs Diener, darum muß ich vorsichtig wandeln, sonst mache ich meinem König Schande! Manche Leute kommen nur darum nicht zum Glauben an Jesus, weil sie an dem Wandel der Kinder Gottes Anstoß nehmen, der nicht mit ihren frommen Worten übereinstimmt.

Ich wünschte, daß wir alle diese Untersuchung durch die Welt nicht zu fürchten brauchen, sondern mit Jesus sprechen können: »Es kommt der Fürst dieser Welt – und *hat nichts an Mir*«!

Nur dann wird die Welt zu dem Bekenntnis und Geständnis genötigt, wie die Königin von Arabien.

4. Ein ehrendes Geständnis legt die Königin ab, als sie ihre Unterhaltung beendet hat. Sie sprach zum König: »Es ist wahr, was ich in meinem Lande gehört habe von deinem Wesen und von deiner Weisheit. Und ich habe es nicht wollen glauben, bis ich gekommen bin und habe es mit meinen Augen gesehen. Und siehe, *es ist mir nicht die Hälfte gesagt*.«

Nicht wahr, ein schönes Bekenntnis?

Das ist auch das Bekenntnis eines jeden, der Jesus kennenlernt. Soviel wir auch von Ihm gehört hatten – Er ist viel herrlicher, als alle Erzählungen von Ihm. Auch die vortrefflichste Predigt und der begabteste Prediger können nicht sagen, wie Jesus ist. Aber man kann Ihn kennenlernen und erfahren.

Ein Missionar hatte einem kleinen heidnischen Jungen, der bei ihm gearbeitet hatte, einmal ein Stückchen Zucker gegeben. O schmeckte das prächtig. Natürlich wollte er seinem Vater davon berichten. Er kam nach Hause und sagte ihm, der Missionar habe ihm etwas zu essen gegeben, das habe sehr schön geschmeckt. Der Vater fragte: »Wie schmeckte es denn? Wie Reis?« »Nein, viel süßer!« »Ja, wie denn?« Und der Vater riet alles durch, was er kannte, aber jedesmal sagte der Junge: »Nein, viel süßer!« Plötzlich läuft der Junge fort zum Missionar und bittet ihn um noch ein Stück Zucker. »Was willst du denn damit?« fragte der Missionar. »Das will ich meinem Vater bringen, damit der auch erfährt, wie süß das ist.«

Ganz ähnlich ist es, wenn man einem Menschen sagen will, wie es bei Jesus ist. Es ist unmöglich, zu sagen, wie gut man es bei Ihm hat, und wie Seine Nähe erquickt und beglückt. Aber wir können sagen: Lernt Ihn kennen, dann erfahrt ihr es selber, wie lieb und gut Er ist!

Und wer Ihn selber kennenlernt, der bekennt dann auch wie die Königin: »Nicht die Hälfte hat man mir gesagt!«

Möchtest du nicht mit dazu beitragen, daß Menschen in dieses Bekenntnis einstimmen? Möchtest du nicht auch gern Leute mit Jesus bekannt machen? Nun, dazu gehören dein *Wort* und dein *Wandel*.

5. *Gaben und Gegengaben* wechselten die Königin und der König miteinander, ehe sie wieder Abschied nahmen. So gut es ihr auch in Jerusalem gefallen hatte, sie mußte doch wieder abreisen. Die Pflicht rief sie. Sonst

wäre sie gewiß gern geblieben. Denn sie sagte: »Selig sind deine Leute und deine Knechte, die allezeit vor dir stehen und deine Weisheit hören!«

Aber was sollte dann aus ihrem Reiche werden?

Ehe sie jedoch abreiste, gab sie dem König, was sie an Schätzen mitgebracht hatte. »Sie gab dem König 120 Zentner Gold und sehr viel Spezerei und Edelsteine.«

Der König aber »gab der Königin von Reicharabien alles, was sie begehrte und bat, außer was er ihr von selbst gab«.

Was meint ihr, wird mehr gewesen sein? Was die Königin gab – oder was der König Salomo gab? Ich bin gewiß, der König Salomo hat mehr gegeben. Er gab ihr alles, was sie begehrte, und er gab ihr noch dazu aus eigenem Antrieb. Die Königin konnte nicht sagen: Ich habe Salomo reich gemacht. Gegen die Gaben, die sie empfing, traten ihre eigenen ganz zurück. Die verschwanden ganz neben den Geschenken des Königs.

Bei Jesus ist es ganz genauso. Gib Ihm dein ganzes Herz, gib Ihm alles, was du hast und bist, gibt Ihm dich ganz, ohne Rückhalt, bedingungslos. Aber wisse, wieviel du Ihm auch gibst – es ist *gar nichts* gegen Seine Gaben!

Er gibt dir *alles*, was du begehrst: Trost im Leid, Geduld in der Trübsal, Dankbarkeit im Glück, Rat in der Verlegenheit, Geld in der Armut, Bewahrung in der Gefahr, Durchhilfe in der Not, Weisheit im Beruf, Kraft für jeden Tag, alles, alles, alles.

Und dazu gibt Er noch aus eigenem Antrieb aus dem Reichtum Seiner Liebe, aus der Fülle Seiner Barmherzigkeit; Er gibt in so königlicher Fülle, daß dein Herz und dein Haus kaum Platz für Seinen Segen haben.

David konnte schon bekennen: »Der Herr ist mein Hirte; mir mangelt *nichts*.« Josua schon erfuhr: »Es fehlte *nichts* an allem Guten, das der Herr dem Hause Israel verheißen hatte; *es kam alles*.« Die Jünger haben es bekannt: »Wir haben nie Mangel gehabt.«

Er ist *reich* für alle, die Ihn anrufen. Er *füllt* die Hungrigen mit Gütern. Gutes und Barmherzigkeit folgen dem, der sich Ihm anvertraut, sein Leben lang, und er wird bleiben im Hause des Herrn immerdar!

Darum komm zu Jesus:

> Auf, auf, gib deinem Schmerze
> und Sorgen gute Nacht,
> laß fahren, was das Herze
> betrübt und traurig macht!

Gib Ihm deine Sünden und deine Sorgen, gib Ihm dein Herz und dein Leben, gib Ihm deine Familie und deine Stellung, gib Ihm alles – und dann bitte von Ihm, was du willst! Seine Fülle ist deine Fülle; Sein Reichtum ist dein Reichtum.

Sprichst du zu Ihm: »Was mein ist, das ist Dein«, dann antwortet Er: »Und was Mein ist, ist dein.« Aber Er ist der Reichere. Er ist ein König.

6. Wieder daheim. »Und sie wandte sich und zog in ihr Land samt ihren Knechten.« Weiter erzählt uns die Bibel nichts. Und doch steht viel zwischen den Zeilen zu lesen. Sie hatte gesucht und gefunden. Das Verlangen ihres Herzens war gestillt. Sie hatte »von dem Namen des Herrn« gehört, und da war ihre Seele zur Ruhe gekommen.

Als sie nun wieder daheim war, da hat sie von dem Gott Israels geredet und ihn gerühmt, da hat sie Ihm einen Altar gebaut und selbst von dem Namen des Herrn gepredigt.

Woher ich das weiß?

Viele Jahre und Jahrhunderte später, kam ein Mann aus demselben Land nach Jerusalem mit demselben Verlangen im Herzen. Es war einer von den Großen des königlichen Hofes. Es war der Kämmerer aus dem Mohrenland, von dem die Apostelgeschichte erzählt. Woher wußte der etwas von dem wahren, lebendigen

Gott? Ich denke mir, daß die Erinnerung an jene Reise der Königin noch nicht ganz erloschen war im Volk, daß von jenen alten Zeiten her noch immer eine gewisse Kenntnis von dem Namen des Herrn geblieben war.

Es war nur ein erlöschender Schimmer. Aber er trieb den Kämmerer auf die weite Reise. Er fand in Jerusalem nicht, was er suchte. Da war kein Salomo in Glanz und Pracht, da herrschte der römische Landpfleger über ein unterjochtes Volk. Aber auf dem Heimweg, da fand er den, der mehr ist als Salomo. Da fand er Jesus, den Heiland aller Welt.

Das war eine späte Frucht des Bekenntnisses der arabischen Königin. Das Gedächtnis der Gerechten bleibt im Segen.

Die Witwe von Zarpath

Eine Geschichte vom Gottvertrauen, so kann man die Geschichte von der Witwe von Zarpath nennen, die uns 1. Könige 17 erzählt wird.

Es war ein wunderlicher Auftrag, der Elia am Bache Krith zuteil wurde. Allmählich machten sich auch hier die Folgen der langen Dürre bemerkbar, mit der Gott das abgefallene götzendienerische Volk heimsuchte. Immer niedriger wurde der Stand des Wassers im Bach. Nun ragten einige größere Steine aus dem Wasser hervor. Dann netzte das Wasser auch die kleinen nicht mehr. Endlich war der Bach, der erst so munter plätscherte, nur noch ein trockenes Bett voll bleicher Steine.

Was soll nun werden? Wohin soll sich Elia nun wenden?

»Da kam das Wort des Herrn zu Ihm und sprach: Mache dich auf und gehe gen Zarpath, welches bei Sidon liegt, und bleibe daselbst; denn Ich habe daselbst einer Witwe geboten, daß sie dich versorge.«

Ins Land Ethbaals, des Vaters der Königin Isebel, soll er gehen? Da wird er seines Lebens doch weniger sicher sein, als irgendwo anders! Und eine Witwe soll ihn versorgen, die gewiß selbst kaum ihr Auskommen hat? Und wie soll er in der Stadt Zarpath gerade *die* Witwe finden, die ihn versorgen soll? War doch Zarpath bekannt durch seine Glashütten und Schmelzöfen, und die Industrie machte so manche Frau vor der Zeit zur Witwe. Aber alle diese Gedanken, die uns vielleicht gekommen wären, kamen Elia nicht. »Und er machte sich auf und ging gen Zarpath«, denn *er vertraute Gott*. Er hatte am Krith zu wunderbar die Durchhilfe Gottes erfahren, als daß er Ihn jetzt durch Mißtrauen hätte beleidigen und verunehren können.

Es war eine traurige Wanderung, die Elia durch das verdorrte und versengte Land machte. Die Wiesen und Weiden waren braun, der Erdboden war grau und rissig. Menschen und Tiere verschmachteten. Schlug Elia nicht das Gewissen, als er sich sagen mußte, daß er diese furchtbare Not herbeigebetet hatte? Wenn ihm auch das Elend des Volkes zu Herzen ging, so wußte er doch, daß Gott aus dieser Trübsal einen Segen hervorgehen lassen würde. *Er vertraute Gott.*

Nach langer Wanderung kam Elia staubig und müde vor den Toren der Stadt Zarpath an. Da sah er im Gebüsch eine ärmlich gekleidete Frau Holz auflesen. Er hatte schon so viel von den wunderlichen Wegen Gottes gesehen, daß er nicht zweifelte, diese Ärmste der Armen sei die Frau, die ihn versorgen sollte. Er ging auf sie zu und sprach zu ihr: »Hole mir ein wenig Wasser im Gefäß, daß ich trinke.« Das war kein ganz leichter Auftrag, denn auch hier, im Lande der Phönizier, in den Grenzgebieten, herrschte dieselbe Teuerung und Dürre wie in Israel; aber dienstfertig und gefällig schickt sie sich sofort an, zur Stadt zu gehen, um dem Wanderer einen Trunk Wasser zu holen. Da wird es Elia zur Gewißheit, daß er die rechte Witwe schon gefunden hat. Er ruft ihr nach: »Bringe mir auch ein wenig zu essen mit.« Seitdem er den Krith verlassen hatte, hatten die Raben ihn nicht mehr mit Speise versorgt. Bei dieser Bitte Elias bricht der ganze Jammer der armen Frau hervor. Sie wendet sich zu ihm um, richtet ihre tiefliegenden Augen, die keine Tränen mehr haben, auf ihn und spricht: »So wahr der Herr, dein Gott, lebt, ich habe nichts Gebackenes, nur eine Handvoll Mehl im Kad und ein wenig Öl im Kruge. Und siehe, ich habe diese Reiser aufgelesen und will mir und meinem Sohn zurichten, daß wir essen und sterben.«

Was für ein Jammer spricht doch aus diesen Worten! Seit dem Tode ihres Mannes hat sie sich wohl immer nur kümmerlich durchgeschlagen und von der Hand in den

Mund gelebt; aber diese furchtbare Teuerung hat es ihr unmöglich gemacht, ihren täglichen Unterhalt mit ihrer Hände Arbeit zu verdienen. Da schränkte sich eben jeder nach Möglichkeit ein. Es gab noch keine Kassen und Renten wie heutzutage, die eine arme Witwe versorgen, wenn sie es ihnen auch nicht ersparen, um ihr Brot zu arbeiten. So sah sie sich verzweifelnd dem Hungertode preisgegeben.

Aber Gott kennt ihre Not. Er sieht in ihrem Herzen das Suchen und Fragen nach dem Gott Israels. Wenn sie auch noch nicht »*mein* Gott« sagen kann, so sagt sie doch: »So wahr der Herr, *dein* Gott, lebt.« Nun will Gott Seinen Elia durch diese Witwe und diese Witwe durch Elia versorgen.

»So spricht der Herr«, sagt Elia zu ihr, »das Mehl im Topf soll nicht verzehrt werden, und dem Ölkruge soll nichts mangeln bis auf den Tag, da der Herr regnen lassen wird auf Erden.« So unwahrscheinlich diese Ankündigung auch war, sie war mit solcher Gewißheit ausgesprochen, daß etwas von der Zuversicht Elias sich auf die Witwe übertrug. »Sie ging hin und machte, wie Elia gesagt hatte.« *Sie vertraute Gott.*

Es ging wirklich, wie Elia ihr zuvor gesagt: sie hatten jeden Tag soviel, wie sie brauchten. Wenn es keine auserlesenen Genüsse waren, so wurden sie doch alle Tage satt. Was war das für eine schöne und selige Zeit in der Hütte der Witwe! Frei von aller Not, und jeder Sorge um die Zukunft enthoben, wohnten sie still und glücklich zusammen. Während die Witwe das wenige, das sie von Gott bekam, hergab zur Beköstigung ihres Gastes, gab Elia ihr von dem Brot des Lebens. Er erzählte ihr und ihrem Sohn von den großen Taten des lebendigen Gottes, und während er mit ihnen darüber sprach, wurde er selbst noch fröhlicher und gewisser in seinem Glauben an Gottes Hilfe und endlichen Sieg. So wurde das Häuschen der Witwe eine Hütte *voll Gottvertrauen.*

Aber passieren denn solche Geschichten auch heute noch? Ganz gewiß! Welcher Gläubige hätte in seinem Leben nicht schon ähnliche Durchhilfen und Bewahrungen erfahren?! Ich will hier keine alten Geschichten erzählen, die man auch anderswo lesen kann, sondern aus meinem eigenen Leben. Wenn es mir auch nicht ganz leicht wird, diese Geschichte zu erzählen, so möchte ich sie doch nicht verschweigen, weil andere dadurch in ihrem Gottvertrauen gestärkt werden können.

Es war vierzehn Tage vor dem Heimgang meiner ersten Frau. Sie war monatelang krank. In der letzten Zeit konnte sie nur künstlich am Leben erhalten werden. Sie bekam oft Herzkrämpfe, und dann wieder solche Herzschwäche, daß sie jeden Tag etwa zwei Flaschen Champagner trinken mußte, damit das Herz durch die Schwächezustände hindurchgebracht würde. So kostete jeder Tag eine bedeutende Summe. Wovon sollte das bei der langen Dauer der Krankheit bezahlt werden?

Eines Montagnachmittags kommt Besuch aus der Umgebung. Nach längerem Gespräch zieht der Bruder drei Goldstücke aus der Tasche und legt sie mir hin. Aber wie wir Menschen sind, ich wies die Gabe weit ab, als ob ich sie gar nicht nötig hätte. Da sagte der Bruder: »Sie müssen es aber nehmen; es ist unseres Gottes Geld. Ich will Ihnen auch sagen, wie ich dazu komme, das Geld zu bringen. Ich war gestern morgen bei Ihnen in der Kirche. Die ganze Nacht habe ich mich mit Ihnen beschäftigt. Immer wieder hieß es in mir: Pastor M. ist in Not, du mußt ihm helfen. Ich sagte mir aber, wie schickt sich das, daß ich ihm helfen soll! Aber ich bekam keine Ruhe. Bald war ich entschlossen, zu Ihnen zu gehen, bald wieder nicht. Dieser Streit in mir dauerte durch den ganzen Vormittag. Da, gegen Mittag, kommt ein Bruder aus unserm Ort eilig zu mir. ›Wie geht's Dir?‹ ruft er mir zu. ›Ach‹, antwortete ich, ›ich habe die ganze Nacht nicht geschlafen; mir geht immer Pastor M. im Kopf herum.‹ ›Was?‹ ruft der Bruder, ›geradeso war es ja mit mir; ich habe auch kein Auge zugetan und immer an ihn gedacht; ich will dir was sagen, du fährst heute nachmittag hin und bringst ihm Hilfe.‹ Damit warf er ein Goldstück auf den Tisch. ›Ja‹, entgegnete ich, ›so hat es in mir auch geheißen, aber ich traute mich nicht.‹ ›Was?‹ sagt er, ›so hat es in dir auch geheißen, und du bist noch hier? Hier, du rundest diese Summe noch ein bißchen ab und setzt dich in den nächsten Zug und bringst ihm das. Ich will doch wieder ruhig schlafen können.‹ – Und da bin ich nun, und hier ist das Geld.«

Da wurden mir die Augen naß, und ich sagte: »Lieber Bruder, wenn es so steht, dann will ich das Geld gern annehmen und Sie als Gottes Zahlmeister anerkennen. Und ich will Ihnen auch gestehen, daß wir heute das letzte Zwanzigmarkstück gewechselt hatten.«

Hatte ich damit zuviel gesagt? Ich weiß es nicht. Aber das weiß ich, daß jetzt die Gaben nur so zu fließen anfingen. Diese drei Goldstücke waren nur die ersten Tropfen eines wunderbaren Regens gewesen. Unter der Haustür hergeschoben fand sich ein Briefumschlag, darin lag ein Fünfzigmarkschein. Der Geldbriefträger kam und brachte Geld von auswärts; ein paar Herren aus der Stadt kamen und brachten einen verschlossenen Umschlag, er war voll Geld, mehrere hundert Mark. Dann wurden ein paar Säcke Kartoffeln gebracht, ebenfalls Äpfel und Gemüse, ein großer Vorrat. Anfangs habe ich das Geld, das mir so wunderbar zufloß, gezählt, nachher nicht mehr; aber es waren sicher fast achthundert Mark, die uns auf diese Weise zuflossen.

Genau soviel brauchte ich, um die großen Kosten dieser schweren Zeit bezahlen zu können. Als die Wunderhilfe kam, dachten wir, diese äußere Hilfe in der Not sei uns eine Verheißung auf noch mehr: auf die Wiederherstellung meiner Frau. Darin hatten wir uns getäuscht.

Gott wollte uns diesen Beweis Seiner Macht und Seiner Liebe geben, um uns stark zu machen für die Last, die Er uns auflegen wollte.

Eins aber habe ich in jener Woche der Wunderhilfe gelernt: Gottvertrauen. Wenn es auch schon vorher meine Losung war seit meiner Bekehrung: »Befiehl dem Herrn deine Wege und hoffe auf Ihn, Er wird's wohl machen«, so ist doch durch diese Erfahrung mein Gottvertrauen viel fester geworden, und ich hoffe, daß es dem Feind nie gelingen wird, es zu erschüttern. An Versuchungen läßt er es nicht fehlen. Wie oft werde ich z. B. aufgefordert, mein Leben oder das Leben meiner Kinder in eine Versicherung einzukaufen. Nachdem ich solche Erfahrungen von der väterlichen Fürsorge meines Gottes gemacht habe, würde ich es mir als Sünde anrechnen, wollte ich nicht ganz und völlig Ihm vertrauen. Ich will einer sein, der Gott vertraut. –

Das Gottvertrauen der Witwe von Zarpath wird auf eine harte Probe gestellt, und bei dieser Probe zeigt es sich, daß es noch nicht auf dem richtigen Fundament ruht. Sie hat wohl äußere Hilfe erfahren; aber noch keine Hilfe an ihrer Seele. Das wird jetzt deutlich:

Der blaue Himmel dieses friedlichen Hauses wird plötzlich von dunklen Sorgenwolken umhüllt. Der Sohn der Witwe, der ihre Freude ist, wird krank. Die Krankheit nimmt schnell einen tödlichen Verlauf.

Darin erkannte das Weib eine Züchtigung und Strafe Gottes. Sie sprach zu Elia: »Was habe ich mit dir zu schaffen, du Mann Gottes? Du bist zu mir hereingekommen, daß meiner Missetat gedacht und mein Sohn getötet würde!«

Es war viel Falsches in dieser Auffassung. Sie will etwa sagen: solange ich mit meinem Sohn allein lebte, kümmerte sich Gott nicht um mich arme Frau; aber jetzt natürlich, wo du in mein Haus gekommen bist, hat Gott Seine Augen auf mein Haus gerichtet, und da hat Er gesehen, daß ich ein armes sündiges Weib bin. Wärest du nicht in mein Haus gekommen, dann wäre ich in meiner Verborgenheit geblieben, und mein Sohn wäre nicht gestorben.

Wenn der Gedanke auch falsch war, daß Gott sie vorher übersehen und vergessen hatte, so war es richtig und gut, daß ihr durch diese Heimsuchung ihre Sünden zum Bewußtsein kamen. Alle Heilsgewißheit ruht auf dem Grund erfahrener Gottesgnade, und zur Erfahrung der Gnade Gottes kommt es wiederum erst, wenn es durch die Tiefe der Selbst- und Sündenerkenntnis hindurchgegangen ist. Diesen rechten Grund wollte Gott in dem Herzen der Witwe legen. Das ist sehr oft die Absicht, die Gott mit solchen Heimsuchungen und Züchtigungen verfolgt. Er will uns in die Wüste führen, aber dann freundlich mit uns reden. Er verwundet und zerschlägt uns, um uns ganz genesen zu lassen. Unser Gott macht keine Fehler. Das sollten doch alle Christen in ihrem Leben gelernt haben, damit sie, wenn Trübsale kommen, nicht murren und hadern, sondern *Gott vertrauen.*

Hast du schon so manchmal die Durchhilfe und Bewahrung Gottes erfahren, so *vertraue* Gott, wenn Er dich in neue Dunkelheit schickt.

Hast du bisher Glück und gute Tage aus Seiner Hand hingenommen, so *vertraue Gott,* auch wenn Tage kommen, die dir nicht gefallen.

Hat Gott dich bisher über sonnige Höhen der Anerkennung und Ehren geführt, so *vertraue Gott,* wenn es einmal durch den dunklen Tunnel der Verkennung und Verleumdung geht.

Die Trübsal im Witwenhaus hatte ihren Zweck erreicht. Die Witwe war zur Erkenntnis ihrer Sünden gekommen; sie hat offen und ehrlich ihre Sünde bekannt; jetzt konnte Gott ihr helfen. Elia nahm den toten Knaben von dem Schoß der Mutter, ging mit der Leiche in seine Kammer oben auf dem Söller und rang mit Gott um das Leben des Knaben. Er hält Gott vor, daß Er doch Seinen Zweck erreicht habe. Er möge darum doch den Tod des Knaben wieder rückgängig machen. Sonst käme Gott in den Verdacht, daß Er die Seinem Knechte erwiesene Gastfreundschaft schlecht gelohnt habe. Um der Ehre Seines heiligen Namens willen und um der Ehre Seines Propheten willen und um der Seele des armen, gebeugten Weibes willen möge Gott doch den Knaben wieder ins Leben zurückrufen.

Und Gott hörte und erhörte das Gebet Seines Knechtes, »und die Seele des Kindes kam wieder zu ihm; und er ward wieder lebendig«.

Als die unglückliche Mutter ihren Sohn wieder frisch und gesund ans Herz drücken durfte, da brach sie in die Worte aus: »Nun erkenne ich, daß du ein Mann Gottes bist, und des Herrn Wort in deinem Mund ist Wahrheit!«

Jetzt hatte ihr Gott die Worte Elias durch dieses mitfolgende Zeichen bestätigt und bekräftigt. Jetzt hatte Er sich ihr als der lebendige und persönliche Gott erwiesen. Nun vertraute sie Ihm in überströmender Dankbarkeit. Sie hatte Ihn kennengelernt. Jetzt galt es von ihr in einem viel tieferen Sinne als vorher: Sie *vertraute Gott.*

Wenn doch dies das Ergebnis all der Liebesbeweise Gottes bei uns allen wäre, daß wir, auf dem Boden persönlicher Heilserfahrung stehend, unserm Gott immer völliger, immer kindlicher, immer fröhlicher *vertrauen* lernten. Er ist es wahrlich wert.

Möchte einst auch auf deinem Grabstein stehen können, was über der Geschichte der Witwe von Zarpath steht: *Eine, die Gott vertraute!*

Isebel

Wer kennt sie nicht, die berüchtigte Königin Isebel, die Gemahlin Ahabs, die so viel Unheil über Israel gebracht hat? Es ist ein dunkles Wegstück, an das wir kommen; aber wir können doch nicht an dem Bild der Isebel vorbeigehen, ohne wenigstens einen Blick darauf geworfen zu haben. Auch das Bild Isebels steht nicht umsonst in der Bibel.

1. *Eine unerlaubte Heirat.* Wie streng hatte Gott dem Volk Israel befohlen, sich nicht mit heidnischen Frauen einzulassen! Wieviel Unheil war schon durch heidnische Frauen über Israel gekommen! Wie hatte Simson, der Gottesgeweihte, sein Leben verdorben und die auf ihn gesetzten Hoffnungen enttäuscht, weil er nicht von heidnischen Weibern lassen konnte! Aber es geht fast jedem Menschen so, daß er nur durch eigenen Schaden, aber nicht durch die Erfahrungen anderer klug wird.

So kümmerte sich auch Ahab wenig um das Verbot Gottes und um die traurigen Erfahrungen, die andere gemacht hatten, sondern »nahm Isebel, die Tochter Ethbaals, des Königs zu Sidon, zum Weibe«.

Eine schlimmere Wahl hätte er gar nicht treffen können. Isebel war eine fanatische Verehrerin des phönizischen Götzen Baal. Und als sie ihren Einzug in Samaria hielt, da brachte sie in ihrem Gefolge eine große Schar von Priestern des Baal und der Aschera mit. Sie ging auch sogleich daran, den Baalskult zur Staatsreligion zu machen.

Das würde Ahab nicht getan haben. Aber er war zu schwach, um seiner energischen Frau irgendwelchen Widerstand entgegenzusetzen. Sie beherrschte ihn völlig. Fast all die schrecklichen Geschehnisse, welche die

Regierung Ahabs auszeichnen, sind auf die Rechnung der Königin Isebel zu setzen.

Sie war es, die die Verfolgung der Propheten Jehovas betrieb, um sie auszurotten. Wie viele mögen damals ihren Glauben mit dem Tode besiegelt haben! Denn nur hundert kamen in diesen Tagen des Schreckens mit dem Leben davon, weil der gläubige Hofmeister Obadja sie in Höhlen und Schlupfwinkeln verbarg und sie dort versorgte, solange das Blutvergießen andauerte. Vielleicht hätte sie auch den Hofmeister selber gern beseitigt; aber da scheint Ahab einmal nicht nachgiebig gewesen zu sein, weil er wußte, daß er sich auf Obadja verlassen konnte. Aber so grausam und so allgemein war die Verfolgung der Propheten und Anhänger Jehovas, daß nur noch 7000 im ganzen Land übrigblieben, die ihre Knie nicht vor Baal beugten. Aber sie retteten auch nur dadurch ihr Leben, daß sie ihren Glauben ganz geheim hielten, so daß Elia nachher meinte, er sei der einzige, der noch an dem lebendigen Gott festhalte.

Isebel wiederum war es, die die Reformation des Elia, die mit dem Sieg auf dem Karmel so glorreich angefangen hatte, im Keime erstickte. Auf Ahab hatte das Eingreifen Gottes tiefen Eindruck gemacht. Er war bereit, mit seinem Volk anzuerkennen: »Der Herr ist Gott; der Herr ist Gott!« Er hatte sich darum auch nicht widersetzt, als die Priester Baals am Kison niedergemacht wurden. Aber als er nun nach Hause kam und seiner Frau alles erzählte, da entbrannte sie in furchtbarer Wut gegen den Mann, der ihre Priester hingeschlachtet hatte. Sie schickte Elia einen Drohbrief, in dem sie ihm mitteilte, daß er keine 24 Stunden mehr zu leben habe.

Gewiß war es nicht recht von Elia, daß er vor ihrer Wut flüchtete. Derselbe Gott, der sich so wunderbar auf dem Karmel zu ihm bekannt hatte, würde ihn auch vor der wütenden Isebel geschützt haben. Aber nach der ungeheuren Erregung des Tages auf dem Karmel und der Tage vorher, die er im Gebet zugebracht hatte, war Elia zusammengebrochen. Da hatte die Königin leichtes Spiel.

Das Volk wartete voll Ungeduld auf den Reformator, der kommen sollte – aber er kam nicht. Isebel hatte ihn vertrieben und die gesegnete Erweckung vereitelt.

Und zum drittenmal wird Isebel zum bösen Geist ihres Mannes. Er möchte gern Naboths Weinberg kaufen, weil dadurch sein Besitztum so schön abgerundet würde. Aber Naboth ist nicht willens, das Erbe seiner Väter zu veräußern. Ahab kehrt heim und ist verdrießlich. Er zieht sich in seine Gemächer zurück; er kommt nicht zum Essen, wie ein trotziges Kind, das seinen Willen nicht bekommen hat.

Da kommt Isebel zu ihm und erkundigt sich nach dem Grunde seines Unmuts. Als sie die Geschichte von Naboth gehört hat, sagt sie wegwerfend: »Was wäre das für ein Königreich in Israel, wenn du nicht deinen Willen durchsetztest! Ich will dir den Weinberg schon verschaffen!«

In ihren Mitteln ist sie nicht wählerisch. Sie fälscht ein paar Briefe, die sie mit des Königs Siegel versieht, beauftragt die Ältesten, falsche Zeugen gegen Naboth aufzustellen und ihn steinigen zu lassen. Es dauert nicht lange, da bekommt sie die erwünschte Nachricht: Naboth ist gesteinigt und tot.

Dazu hätte Ahab nicht den Mut gehabt. Sicherlich wäre der Justizmord an Naboth nicht geschehen, wenn Isebel nicht gewesen wäre.

Welch ein Unheil hat diese unerlaubte Heirat über Israel gebracht! Wenn Ahab eine andere Frau gehabt hätte, wer weiß, was aus ihm geworden wäre! Ebenso wie er sich jetzt von Isebel auf böse Wege führen ließ, würde er sicher mit einer gläubigen Frau Gott nachgefolgt sein.

Es kann nicht oft genug und nicht ernst genug gesagt

werden, wie nötig es ist, eine so wichtige Sache wie das Heiraten in Gottes Hand zu legen. Wie bitter rächt es sich, wenn einer da eigene Wege geht! Ich bekam neulich einen Brief von einer jungen Frau, der mich tief erschütterte. Als Tochter gläubiger Eltern aufgewachsen, fand sie früh zum Glauben. Sie verlobte sich in jungen Jahren, obwohl der Bräutigam nicht gläubig war. Ihr Gewissen sagte ihr wohl, daß sie nicht recht tue. Dann ging das Verlöbnis für eine Weile zurück. Ihre Großmutter aber, die das junge Mädchen sehr gern hatte, ruhte nicht eher, bis sie eine Versöhnung zwischen den beiden zustande gebracht hatte. Die Braut brachte ihr Gewissen zum Schweigen und gelobte Gott, alles zu ertragen, wenn ihr Bräutigam nur zum Glauben käme.

Aber ein junges Mädchen weiß nicht, was es zu ertragen gibt in einer unglücklichen Ehe, an der Seite eines gottlosen Mannes! Der Mann wurde immer ablehnender, bis der Herr die jungen Leute schwer heimsuchte. In drei Wochen starben zwei ihrer Kinder schnell dahin. Der Mann selber kam durch wiederholten Blutsturz an den Rand des Grabes. Es schien, als ob diese Trübsale ihn zur Besinnung brächten, als ob der Mann jetzt ein neues Leben anfangen würde. Oft sprach er es aus, wie er sich freue, die beiden Kleinen bei Gott zu wissen, ja er sagte sogar, er gebe dem Herrn auch gern die beiden andern Kinder, die ihnen noch geblieben waren.

Da – stellte Gott ihn auf die Probe. Die Älteste erkrankte schwer an Lungen- und Rippenfellentzündung. Und der Mann, der kurz vorher sich bereiterklärt hatte, dem Herrn auch die beiden letzten Kinder zurückzugeben, warf nun sein Gottvertrauen, seinen Glauben, soviel er davon besaß, gänzlich über Bord, lästerte und spottete, daß es entsetzlich war. Das Kind erholte sich wunderbar schnell wieder; aber das Glaubensleben des Mannes erholte sich nicht.

Er wurde jetzt ein solcher Wüterich gegen seine Frau, daß es unmöglich ist, all die Mißhandlungen auch nur zu nennen, denen sie jetzt ausgesetzt war. Die Eltern wollten sie von ihm fortholen; aber sie fühlte sich durch ihr Gelübde an ihn gebunden. Wie lange wird diese Hölle auf Erden noch dauern?

Und am Rande des Briefes standen die Worte: »Lieber Herr Pastor, warnen Sie doch, wenn Sie wissen, daß ein Geschöpf im Begriff steht, eine Ehe mit Ungläubigen einzugehen. Erzählen Sie meine Geschichte!«

Man sagt und denkt so gern: Ich kann ihm – oder ihr – ja zum Segen gereichen. Aber ich habe es noch nie gehört oder erlebt, daß der gläubige Partner dem Ungläubigen zum Segen gewesen wäre. Aber umgekehrt habe ich es schon oft erlebt, daß der Gläubige durch den ungläubigen Gatten seinen Glauben verloren hat. Und wenn auch das nicht geschähe, wieviel Kummer und Herzeleid gibt es dann doch in einer solchen Ehe!

Ihr Väter und Mütter, warnt eure Kinder davor! Es ist eine furchtbare Sache um – *eine unbedachte Heirat!*

2. *Gott hält Wort.* Es sieht zuweilen so aus, als ob Gott Sein Wort nicht halte, als ob dem Gottlosen alles ungestraft durchgehe, während Er es mit einem Kind Gottes sehr genau nimmt.

Lange Jahre setzte Isebel ihr götzendienerisches Treiben fort, rottete die Propheten Jehovas fast völlig aus, vertrieb Elia aus dem Lande – und Gott schwieg. Man hätte meinen können, Gott habe Sein Volk verlassen und vergessen. Wenn es nach dem Willen Elias gegangen wäre – und wir hätten ihm gewiß auch zugestimmt –, dann hätte Gott Feuer vom Himmel fallen lassen, um die Urheberin so mancher Greuel zu vernichten. – Aber nein – Gott läßt sie eine Weile gewähren. Das Maß ihrer Sünden soll erst voll werden.

Ja, eine Warnung läßt Er ihr sogar erst zukommen. Er reißt sie nicht ungewarnt und unvermutet aus ihrem

Sündenleben heraus. So gnädig ist Gott, daß Er auch einer Isebel die Gnadenfrist noch verlängert.

Aber ist das denn nicht ungerecht und grausam gegen Seine Kinder? Hätte Er Isebel nicht doch eher beseitigen sollen, um Seinen verfolgten Gläubigen Luft und Licht zu schaffen? Gewiß, die Gläubigen hatten es schwer unter Isebel. Sie mußten sogar ihr Leben lassen in der schrecklichen Verfolgung, welche Isebel betrieb. Aber ist es so furchtbar, das Leben zu lassen um des Glaubens willen? Unser Heiland sagt: »Fürchtet euch nicht vor denen, die wohl den Leib töten können, aber die Seele nicht zu töten vermögen.« Auch Luther sagt:

> Nehmen Sie den Leib,
> Gut, Ehr, Kind und Weib,
> laß fahren dahin!
> Sie haben's kein'n Gewinn:
> das Reich muß uns doch bleiben!

Das hat Gott Seinen Kindern nicht immer erspart; im Gegenteil: Tausende und aber Tausende haben bis in unsere Tage für ihren Glauben ihr Leben gelassen.

Es ist auch den Gläubigen zur Zeit Isebels nicht erspart geblieben. Viele sind Ihm in der Zeit der Verfolgung treu gewesen und geblieben bis in den Tod.

Aber auch göttliche Geduld geht einmal zu Ende. Auch die Langmut Gottes hört einmal auf. Als Naboth auf Betreiben der Isebel unter den Steinwürfen seiner Henker stirbt, da fließt das Maß ihrer Schuld und Sünde über.

In dem Weinberg, der auf so furchtbare Weise in den Besitz des Königs gekommen war, begegnet Elia dem König. Und nun fangen die Donner der göttlichen Gerichte an zu rollen.

»An der Stätte, da Hunde das Blut Naboths geleckt haben, sollen auch Hunde dein Blut lecken.«

Ahab erzitterte bei dem Donnerschlag dieser Drohung. Und schon rollte ein neuer Donner über sein Haupt hin: »Ich will Unglück über dich bringen und deine Nachkommen wegnehmen und will von Ahab ausrotten, was männlich ist.«

Und zum drittenmal kracht der Donner, furchtbarer als die ersten Schläge: »Die Hunde sollen Isebel fressen an der Mauer Jesreels.«

Ahab beugt sich, in tiefster Seele erschrocken über die Androhung solcher Gerichte. Er zerreißt seine Kleider und legt einen Sack an und fastet und tut Buße.

Und Gott, o dieser liebe, gnädige, barmherzige Gott nimmt diese, wenn auch nur oberflächliche Buße in Gnaden an und läßt Ahab sagen: Weil er sich vor Gott gebeugt habe, solle das Unglück nicht zu seinen Lebzeiten hereinbrechen, sondern erst nach seinem Tode.

Wenn Gott so freundlich die Buße Ahabs annahm – dann hätte Er auch Isebel noch angenommen, wenn sie sich jetzt vor Ihm gedemütigt hätte. Aber nein, Isebel beugt sich nicht. Es wäre noch Zeit gewesen; aber Isebel läßt die Gnadenzeit verstreichen.

Ahab erschrickt über die Ankündigung; aber Isebel hat nur ein spöttisches Lachen darüber. Es klang ja auch sehr unwahrscheinlich, was Elia gesagt hatte. Es sah wirklich fast so aus, als ob er in der Aufregung zu viel gesagt hätte, als ob der Wunsch, wie man zu sagen pflegt, der Vater des Gedankens gewesen wäre. Eine Königin – und von Hunden gefressen werden! Es mußte doch seltsam zugehen, wenn sich das Wort erfüllen sollte!

Jahre vergingen. Trotz der Mahnung durch den Propheten Micha war Ahab gegen Ramoth in Gilead in den Krieg gezogen. Um die Unglücksprophezeiung zunichte zu machen, hatte der König die Rüstung eines gewöhnlichen Soldaten angelegt. Nun glaubte er sich ganz sicher. Aber siehe da: Ein feindlicher Soldat spannte den Bogen und schoß von ungefähr in die israelitischen Scharen hinein, und er traf den König Ahab zwischen Panzer und

Wehrgehänge. Und der Pfeil drang tief in den Unterleib ein und verwundete den König tödlich. Am Abend der Schlacht starb er.

Der Streitwagen des Königs aber war so voll Blut aus seiner Wunde, daß er gewaschen und gereinigt werden mußte. Und – da leckten die Hunde das Blut des Königs – wie Elia zuvor gesagt hatte.

Sollte Isebel nun nicht erschrecken und erkennen, daß Gott Sein Wort hält? Die erste furchtbare Drohung war ja bereits in Erfüllung gegangen. Aber nein, sie dachte an keine Buße. Sie lebte nach wie vor in ihrer Feindschaft gegen Gott.

Eins nach dem anderen erfüllte sich jedes Wort, das Gott gesagt hatte. Ahasja, der Sohn Ahabs, starb nach nur zweijähriger Regierung an einer Wunde, die er sich durch einen unglücklichen Sturz zugezogen hatte. Dann kam Joram auf den Thron. Noch zwölf Jahre Gnadenfrist hatte Isebel. Aber auch die zwölf Jahre gingen zu Ende.

Jehu wird zum Vollstrecker des Strafgerichts gesalbt. Joram stellt sich ihm entgegen; aber ein Pfeilschuß streckt ihn nieder. Seine Leiche wird auf Naboths Acker geworfen.

Wie ein Lauffeuer geht das Gerücht von dem Geschehenen vor Jehu her. Aber noch ist die alte Königin nicht gebeugt und gebrochen. Sie schminkt vielmehr ihr Angesicht und schmückt ihr Haupt, um das Nahen Jehus zu erwarten.

Warum tut sie das? Nicht, um auf den Rächer Eindruck zu machen, um ihn durch Anwendung von Schönheitsmitteln zu fangen, wie manche meinen. Sie mußte sich doch sagen, daß diesem Manne gegenüber solche Mittel der Koketterie nichts nützen würden. Sie war doch auch schon älter. 22 Jahre lang saß sie an Ahabs Seite auf dem Thron Israels; zwei Jahre regierte Ahasja, und zwölf Jahre herrschte Joram. Also muß sie wenigstens in der Mitte der fünfziger Jahre gestanden haben. Und eine

Frau in dem Alter schmückt sich doch nicht, um einen Mann zu bestricken, der sich über die Leichen des Königs und seiner Verwandten einen Weg zum Thron bahnt.

Wir werden ihr Schminken und Schmücken wohl so zu verstehen haben, daß sie ihre Todesverachtung dadurch ausdrücken will. Sie weiß, daß jetzt ihre Stunde gekommen ist. Da schmückt sie sich zum Tod, wie sie einst sich für ihr Hochzeitsfest geschmückt hat.

Ihr letztes Wort ist darum auch keine Bitte um Gnade – wie wäre das möglich bei einer Isebel! –, sondern ein Hohnwort: »Ist es Simri wohlgegangen, der seinen Herrn erwürgte?«

Simri hatte auch einen König umgebracht. Er hatte den König Ela ermordet, um selber König zu werden. Aber seine Herrlichkeit dauerte nur kurze sieben Tage. Da machte man den General Omri, Ahabs Vater, zum König. Und als der mit dem Heere gegen Simri heranzog, verbrannte er sich mit seinem Palast.

Daran erinnert Isebel Jehu. Sie ruft ihm höhnend zu: »Wie lange wird es mit dir dauern, du Königsmörder?«

Jehu schaut hinauf zu dem Fenster, woher diese Worte kommen, dann gebietet er: »Stürzt sie herab!«

»Und sie stürzten sie hinab, daß die Wand und die Rosse mit ihrem Blut besprengt wurden; und sie ward zertreten.«

Über ihre Leiche ritt der Sieger mit seinen Scharen in die Stadt ein.

Und als er nach dem Festbankett hinschickte, um ihre Leiche aufzuheben und sie begraben zu lassen, da »fanden sie nichts von ihr denn den Schädel und Füße und ihre flachen Hände«.

Die Hunde hatten den Leichnam der einst so mächtigen Königin aufgefressen.

Gott hatte Seine Drohung wahrgemacht.

Er wartet lange; aber wenn Er Seine Gerichte vollzieht, dann kommen Schrecken und Entsetzen die an, die es sehen.

Ich habe nichts mehr hinzuzufügen. Die Geschichte spricht für sich selbst. Gott hält Sein Wort, die Drohungen geradeso wie die Verheißungen! Hüte dich! David hat von Ihm gesagt (Ps. 7, 13):

»Will man sich nicht bekehren, so hat Er Sein Schwert gewetzt und Seinen Bogen gespannt – und zielt!«

Die verschuldete Witwe

Im 2. Buche der Könige, im 4. Kapitel werden uns zwei Frauenbilder gezeichnet, die wohl einer Betrachtung wert sind. Zuerst wird uns von der verschuldeten Witwe erzählt, die durch den Propheten Elisa Hilfe erfuhr, dann von der Sunamitin, die den Gottesmann so gastlich aufnahm. Wir beschäftigen uns zuerst mit dem Bild der verschuldeten Witwe.

1. *Schulden.* Die Geschichte fängt an mit den Worten: »Es schrie ein Weib unter den Weibern der Kinder der Propheten zu Elisa.« Was haben wir darunter zu verstehen?

Die »Kinder der Propheten«, wie Luther übersetzt, das waren Prophetenschüler. Es gab damals ja sogenannte Prophetenschulen, d. i. Gemeinschaften derer, die Jehova verehrten und anbeteten, die sich um einen Gottesmann scharten, um sich von ihm in das Wort Gottes einführen zu lassen. In diesen Prophetenschulen oder Gemeinschaften der Gläubigen wurde in schweren Zeiten der alte Glaube an den lebendigen Gott aufrechterhalten.

Sie können mit den Gemeinschaften der »Brüder vom gemeinsamen Leben« verglichen werden, die schon vor der Reformation von Holland her auch in Deutschland Eingang gefunden hatten. Auch bei uns haben die verachteten und verfolgten Konventikel der »Stillen im Lande« denselben Dienst getan, und in einer Zeit, da ein öder Vernunftglaube auf den Kanzeln herrschte, den lebendigen Glauben bewahrt und gerettet.

Aber was für eine Not bewegt diese gläubige Frau, daß sie zu Elisa kommt und zu ihm »schreit«?

Es war nicht die Not, daß ihr Mann gestorben war. Das

war wohl eine große Not, namentlich in der damaligen Zeit, wo es noch keine Fürsorge für Witwen und Waisen gab. Aber diese Not bewegte sie jetzt nicht. Sie hatte ja auch einen köstlichen Trost in dem Bewußtsein, daß ihr Mann selig gestorben war. Sie kann den Propheten daran erinnern, daß er wisse, wie ihr Mann den Herrn gefürchtet habe. Das ist Freude mitten im Leide, wenn man weiß: der liebe Verstorbene ist im Frieden mit Gott heimgegangen. Dann läßt sich das Leid um den Toten viel leichter tragen, wenn man nicht am Grabe stehen muß als einer, der keine Hoffnung hat.

Eine *neue Not* hat die arme Witwe überfallen. Als ihr Mann starb, da hinterließ er ihr nur – Schulden. Und jetzt drängte sie der Gläubiger und verlangte Bezahlung. Er drohte, wenn sie bis zu einem bestimmten Termin nicht bezahlt haben würde, ihre beiden Söhne als leibeigene Knechte zu nehmen. Dazu war er nach dem Gesetz berechtigt. Aber was sollte sie dann anfangen, wenn sie ihrer Söhne beraubt war, auf denen ihre ganze Hoffnung für die Zukunft ruhte?

Schulden bei einem gläubigen Mann und einer gläubigen Frau? Wo kommen die Schulden her?

Es gibt eine alte Legende, die das sehr schön erklärt. Sie erzählt uns, diese verschuldete Frau sei die Witwe des Hofmeisters Obadja gewesen, der bei König Ahab in Diensten stand. Als die Verfolgung der Gläubigen losbrach, versteckte Obadja hundert der Verfolgten in Höhlen und Schlupfwinkeln und versorgte sie mit dem Nötigen, solange die Verfolgung dauerte. Dieser Liebesdienst aber hatte eine große Summe Geldes gekostet. Obadja hoffte, daß er sie allmählich von seinem Gehalt abzahlen könne. Aber er verlor seine Stellung. Er wurde seines Amtes enthoben, weil dem König Ahab der gläubige Hofmeister doch auf die Dauer nicht paßte. Nun war guter Rat teuer. Er schloß sich mit den Seinen einer Prophetenschule an. Aber ehe er die Schuld abzahlen konnte, ereilte ihn der Tod. So hinterließ er seiner Witwe nichts als Schulden.

Es ist eine schöne Erklärung, die diese Legende enthält. Aber es ist nur eine Legende. Vielleicht ist nichts Wahres daran.

Wie dem auch sein mag, jedenfalls haben die Schulden einen guten Grund. Sie werden nicht aus Leichtsinn gemacht worden sein, sondern aus Not. Wie oft kommt es noch heute vor, daß eine Familie durch Krankheit in drückende Not gerät. Da muß man Mitleid haben und seine Nächstenliebe mit der Tat beweisen.

Aber es gibt auch viele Schulden, die aus keinem guten Grund gemacht worden sind, sondern weil man über seine Verhältnisse lebt, weil man zuviel Geld für die eigenen Bedürfnisse ausgibt. Mit solchen Schuldenmachern hat man kein Mitleid. Ja, es ist geradezu geboten, daß diese Leute erst einmal in die äußerste Not geraten, damit sie von ihrem Leichtsinn kuriert werden. Solch leichtsinnigen Schuldenmachern helfen, das hieße soviel, wie Wasser in ein Sieb gießen.

Aber nach Möglichkeit sollte jedes Kind Gottes sich hüten vor dem Schuldenmachen. Es steht doch nun einmal geschrieben: »Seid niemand nichts schuldig.« Lieber die äußerste Einschränkung, als Schulden machen. Denn das Abzahlen ist immer eine sehr schwierige Sache. Wer in der Vergangenheit nicht mit seinem Geld auskommen konnte, der wird gewiß auch in Zukunft nicht auskommen. Wenn in der Vergangenheit Krankheitsfälle größere Ausgaben verursachten – wer bürgt dafür, daß sich das in Zukunft nicht wiederholt?

Die Welt schaut auf die Kinder Gottes, und sie will auch ordentliche, treue Haushalter in ihnen sehen!

Dann gibt es noch andere Schulden. Und das sind die schlimmsten von allen, nämlich die Sünden. Sündenschulden haben wir alle so viel gemacht, daß wir uns unfähig erklären müssen, sie zu bezahlen. Wir sind bankrott. Gottlob, daß es Hilfe gibt.

2. *Bezahlung.* Elisa hört die Klagen der Witwe an. Dann fragte er sie: »Sage mir, was hast du im Hause?« Sie antwortete: »Nur einen Ölkrug.« Alles andere war verkauft, um den drängenden Gläubiger zu bezahlen und das Leben kümmerlich zu fristen.

Da gab Elisa ihr einen sonderbaren Auftrag: »Leihe dir soviel Gefäße zusammen, wie du bekommen kannst, und – gieße sie voll.

In der Tat, ein seltsames Wort! Was würdest du wohl für ein Gesicht gemacht haben, wenn dir das gesagt worden wäre? Aus ihrem Ölkrug, der, wie es scheint, auch noch leer war, soll sie die Gefäße vollgießen? Da hättest du vielleicht gesagt: Aber Elisa, das geht ja nicht! Du verlangst Unmögliches von mir!

Nein, die Witwe zweifelt nicht im geringsten. Mag ihr das Wort auch sehr seltsam vorkommen, sie geht nach Hause, um den Auftrag auszuführen.

Aber warum wandte sie sich nicht an Gott selbst? Da müssen wir bedenken, daß die Geschichte sich zur Zeit des Alten Bundes zugetragen hat. Da hatte man noch keinen offenen, freien Zugang zu Gott, wie wir ihn durch Jesus Christus haben.

Damals wandte man sich an Männer wie Mose, Josua, Samuel, Elia oder wie sie sonst heißen, damit diese für die Menschen einträten. Jetzt aber brauchen wir keinen menschlichen Vermittler mehr, weder einen Priester noch einen Pastor, wir dürfen direkt zu Gott gehen. Jesus hat uns den Weg freigemacht. Der Zugang zum Gnadenthron steht jedem offen.

Es geschieht, wie Elisa gesagt hat. Die Witwe leiht sich Gefäße zusammen, dann schließt sie die Tür zu und beginnt das Werk. Und siehe da, aus ihrem halb oder ganz leeren Ölkrug gießt sie ein großes Gefäß voll, und dann noch eins und wieder eins. Ihre Söhne können kaum rasch genug neue Gefäße herreichen, so schnell fließt das Öl aus ihrem Kruge, bis alle Gefäße voll sind. Da hört das Öl auf zu fließen.

Was würdest du nun getan haben? Ich glaube sicher, du hättest die Hände über dem Kopf zusammengeschlagen und gerufen: Nein, wie ist das möglich?

Die Witwe hat sich gar nicht so sehr darüber gewundert. Und warum nicht? Sie hatte eine wunderbare Hilfe *erwartet*. Man wundert sich nur über etwas Unerwartetes. Aber diese Frau hatte so bestimmt auf die Hilfe Gottes gerechnet, daß sie gar nicht aus der Fassung geriet, als die Hilfe nun wirklich kam. Sie hatte es ihrem Gott zugetraut, daß Er ihr auf eine wunderbare Weise helfen würde. Wenn wir uns über eine Gebetserhörung so sehr wundern, sieht das aus, als ob wir es eigentlich doch nicht geglaubt hätten, daß Gott uns erhören würde.

Nein, wir wollen von der verschuldeten Witwe lernen, wirklich von Gott die Hilfe zu *erwarten*.

Sie geht zu Elisa und fragt: Was nun? Er gebietet: »Verkaufe das Öl und bezahle deinen Schuldherrn; du aber und deine Söhne nähret euch von dem übrigen.«

Das Öl ist von besonderer Güte, wie sich herausstellt. Was Gott macht, das ist immer gut. Der Wein, den Jesus auf der Hochzeit zu Kana schuf, war auch von der allerbesten Qualität. Gott gibt nie etwas Schlechtes und Minderwertiges, sondern stets wie ein König.

So löst sie eine schöne Summe aus dem Verkauf des Öls. Sie ist groß genug, um ihren Gläubiger zu befriedigen, und es bleibt auch noch etwas übrig, daß sie mit ihren Söhnen davon leben kann.

Darin liegt noch eine tiefe und herrliche Wahrheit.

Viele Christen meinen, Jesus sei nur dazu da, uns die Sünden zu vergeben. Sie nehmen Ihn immer wieder nur dazu in Anspruch, daß Er ihnen die Sünden vergibt. Dann wäre die Erlösung doch nur Stückwerk, wenn es so wäre. Nein, Er bezahlt nicht nur unsere Sündenschulden, sondern Er gibt uns Kraft und Gnade, daß wir leben können, ohne immer wieder neue Sündenschulden zu machen. Er stellt uns Seinen Reichtum zur Verfügung, aus dem wir Gnade um Gnade nehmen können. Wir sollen und können, der Sünde gestorben, der Gerechtigkeit leben. Dazu gibt der Herr die Kraft und die Möglichkeit.

Wenn Elisa nur für die Bezahlung der Schulden der armen Frau gesorgt hätte, so hätte sie alsbald wieder neue Schulden machen müssen, denn sie wollte doch mit ihren Söhnen leben! Darum bezahlt Gott nicht nur ihre Schulden, sondern Er gibt ihr auch so viel, daß sie davon leben kann.

So einen freundlichen, väterlich besorgten Gott haben wir!

Faß doch auch völliges Zutrauen zu Ihm und lebe Ihm, der dich erlöst und errettet hat! Dann hätte die Geschichte von der verschuldeten Witwe auch für dich ihren Segen!

Die Frau von Sunem

Es ist eine reiche Frau, deren Bild wir nun betrachten wollen. In Sunem wohnte sie, einer kleinen Stadt, mitten zwischen den Bergen Karmel, Gilboa und Tabor gelegen. Sie war nicht nur reich, sondern sie hatte auch Jehova lieb. Beides zusammen war damals und ist noch heutzutage eine Seltenheit. Für gewöhnlich ist es so, daß die reichen Leute keinen Gott und keinen Heiland nötig zu haben glauben. Darum hat auch der Herr Jesus so oft und so nachdrücklich vor den Gefahren des Reichtums gewarnt.

Die Frau von Sunem hat ihr Hab und Gut recht angewandt. Oft, wenn der Prophet Elisa durch Sunem kam, war es ihr eine Freude, wenn er bei ihr einkehrte und bei ihr aß. Er teilte ihr dann so viel mit aus dem reichen Schatz seiner Erfahrungen, daß ihr die Abschiedsstunde immer viel zu früh schlug. Da sprach sie zu ihrem Mann: »Laß uns ihm eine kleine bretterne Kammer oben machen, und ein Bett, Tisch, Stuhl und Leuchter hineinsetzen, auf daß er, wenn er zu uns kommt, dahin sich tue.«

So geschah es denn auch. Der Mann machte oben eine bescheidene, aber freundliche Stube zurecht, die mit allem Nötigen versehen wurde.

Wie freute sich der Prophet, als er das nächstemal nach Sunem kam und in das traute Prophetenstübchen geführt wurde! Wie erquickte es ihn, hier Menschen zu begegnen, die sich auf sein Kommen freuten, weil sie Worte des Lebens aus seinem Munde hören konnten!

Und wie freuten sich die lieben Leute, als Elisa nun nicht nach kurzer Rast wieder weiterwandern mußte! Den ganzen Abend konnten sie mit ihm zusammensitzen und ihm zuhören. Das waren schöne Stunden der Gemeinschaft.

So gut wie in *der* Nacht hatte Elisa lange nicht geschlafen. Sprach doch aus allem eine herzliche Liebe, die ihm so wohltat. Während viele in jener Zeit ganz gleichgültig oder gar feindselig waren gegen Jehova, war hier »eine Hütte Gottes bei den Menschen«.

Wenn wir etwas lernen wollen von der Frau von Sunem, so zunächst:

1. *Ihre Gastlichkeit.* Wie gerne beherbergt sie! Aber auch, wie bescheiden ist ihre Gastlichkeit, so daß es ihr nicht drückend und dem Gast nicht lästig ist.

Die schöne alte Sitte der Gastlichkeit ist mehr und mehr im Schwinden begriffen. Überall gibt es Gasthäuser und Hotels, wo man für Geld Unterkunft und Verpflegung findet. Aber so ganz ist sie doch noch nicht ausgestorben. Namentlich im Kreise der Christen wird sie noch geübt. Wenn irgendwo größere christliche Versammlungen gehalten werden, dann öffnen sich noch immer viele Häuser, um die Gäste von nah und fern zu beherbergen.

Es liegt ein großer Segen auf solcher Gastlichkeit. Ohne es zu wissen, sagt die Schrift, haben manche schon Engel beherbergt. Und das ist gewiß eine Ehre und ein Segen für ein Haus. Der Herr sagte zu den Jüngern, als Er sie als Seine Herolde vor sich herschickte, sie sollten, wenn sie in ein Haus kämen, dem Hause Frieden wünschen. Wenn sie gastliche Aufnahme fänden, so würde der Gottesfriede mit einkehren und auf dem Hause ruhen.

Unser Gott läßt sich nichts umsonst geben. Wer einen Seiner Knechte aufnimmt, der wird dafür Seinen Sohn empfangen. Und unser Gott weiß immer überschwenglich und königlich zu lohnen.

Ist auch dein Haus offen für den Herrn und Sein Volk? Ist auch dein Haus ein »selig Haus«? An so mancher

Wand hängt der Spruch: »Ich und mein Haus wollen dem Herrn dienen«; aber es bleibt oft bei dem »*wollen*« – es wird keine Tat daraus. Sie *wollen* dienen – aber sie *dienen* nicht wirklich. Steht es auch so bei dir? Oder beweist du es mit der Tat, daß du mit deinem Haus dem Herrn dienst?

Eines verdient bei der Gastlichkeit der Frau von Sunem besonders hervorgehoben zu werden: Sie ist so bescheiden, daß sie gar nicht bedrückend wirkt.

Das ist heute so oft ganz anders. Wenn man irgendwo zu Gast ist, hat man nicht selten das Gefühl: »Was haben die Leute für Umstände gemacht!« Und das ist ein bedrückendes Gefühl. Wo es so zugeht, da geht man nicht gerne wieder hin, weil man doch nicht zur Last fallen möchte.

Wie alles und jedes ausartet und entstellt wird, so auch die Gastlichkeit. An ihre Stelle ist teilweise Geselligkeit getreten, die eher eine Unsitte als eine Sitte genannt werden muß. Oft ist diese sogenannte Geselligkeit nichts anderes als eine große »Abfütterung«. Da wird aufgetragen, als ob die Gäste tagelang nicht gegessen hätten; ja, als ob es den Gästen nur aufs Essen ankäme; als ob Essen die Hauptsache im Leben wäre.

Das ist ein Zerrbild der Gastlichkeit. So soll man es nicht machen.

Wenn der Apostel Petrus sagt: »Seid gastfrei untereinander«, so fügt er hinzu: »ohne Murren«. Entweder man beklagt die Kosten, die der Abend verursacht hat, oder man bereut die Gespräche, auf die man sich eingelassen hat, kurz, es wird »gemurrt«. Und dann ist kein Segen da.

Am besten und schönsten ist Gastlichkeit da, wo man fühlt: hier sind keine Umstände gemacht worden. Und nur da werden keine Umstände gemacht, wo man das Essen und Trinken nicht für die Hauptsache hält. Und nur da hält man das Essen nicht für die Hauptsache, wo man den Wert der *Seele* erkannt hat. Und nur da kennt man den Wert einer Seele, wo man die Größe des Opfers Jesu Christi kennt und Ihn liebt.

Darum, ihr Kinder Gottes, pfleget die Gastlichkeit, aber pfleget und übet sie recht!

2. *Ihre Zufriedenheit.* Elisa ist so erfreut darüber, daß er den Gastgebern auch gern einen Gefallen tun und ihnen einen Wunsch erfüllen möchte. Er läßt durch seinen Gehilfen Gehasi die Frau fragen, womit er ihr dienen könne. Ob sie vielleicht – es war eine rauhe und gewalttätige Zeit – irgendeinen Prozeß habe, irgendeine Sache, in der er ihr raten oder helfen könne.

Aber sie hat keinen Prozeß. Sie lebt in Frieden mit ihrer Nachbarschaft. Sie antwortet auf die Frage mit dem schönen Wort: »Ich wohne unter meinem Volk.« Damit will sie eben sagen: Wir haben keinerlei Beschwerde über irgend etwas zu führen. Wir wohnen ja hier in Sunem unter lauter guten Leuten.

Kannst du auch so eine Antwort geben? Lebst du auch in Frieden mit deiner Umgebung? Oder bist du am Prozessieren und Klagen? Um welcher Geringfügigkeiten willen wird oft zum Gericht gelaufen! Wie traurig ist das!

Vor allem für ein Kind Gottes schickt es sich gar nicht, zu prozessieren. Für Gläubige steht das Wort in der Bibel: Warum läßt du dich nicht lieber übervorteilen?

Und noch einen andern Sinn wird das Wort haben, das die Frau von Sunem zur Antwort gibt. Daß sie so zufrieden war und keinen Grund zum Klagen hatte, das kam gewiß daher, daß die Bewohner von Sunem auch an dem alten Väterglauben festhielten. Sonst hätte sie, die bekannt war als Gläubige, gewiß keinen Frieden gehabt.

3. *Gottes Lohn.* Die Frau von Sunem hat den Propheten Gottes aufgenommen. Damit hat sie Gott selber ihre Liebe erwiesen. Denn jeden Dienst, der einem »Seiner Geringsten« getan wird, sieht der Herr an, als wäre er Ihm selbst getan. Darum folgt nun Gottes Lohn auf die gastliche Aufnahme Elisas.

Die Frau hatte einen Herzenswunsch. Aber sie hat ihn aufgegeben, als Jahr um Jahr verging, ohne daß diese Hoffnung sich erfüllt hätte. Sie hätte gerne Kinder gehabt.

Das war es, was ihr Glück an ihres Mannes Seite zuweilen beeinträchtigte.

Sie fühlte sich oft so einsam. Aber nun hatte sie, wenn auch mit schwerem Herzen, diesen Lieblingswunsch begraben und sprechen gelernt: Dein Wille geschehe!

Vielleicht werden diese Zeilen auch von solchen gelesen, die den gleichen Wunsch haben wie die Frau von Sunem. Denen möchte ich sagen: Es ist eine Tatsache der Erfahrung, daß Gott unsere Wünsche oft erst dann erfüllt, wenn wir sie aufgegeben haben! Gott will uns freimachen von leidenschaftlicher Hoffnung. Durch Stillesein und Hoffen werden wir stark sein, sagt Gottes Wort.

Und wenn Gott dir deinen Wunsch nicht erfüllt, dann wird es gewiß zu deiner Erziehung und Zubereitung gut sein. Denn was Gott tut, das ist immer wohlgetan.

Die Frau von Sunem hat ihren Herzenswunsch Gott geopfert – da bekommt sie ihn erfüllt. Genau wie einst Abraham seinen Isaak behalten durfte, als er bereit war, ihn Gott zu opfern.

Elisa kündigt ihr an, daß sie übers Jahr einen Sohn haben würde. Sehr wahrscheinlich war es nicht, denn ihr Mann war schon recht alt. Darum spricht sie zunächst auch: »Ach nicht, mein Herr, du Mann Gottes, lüge deiner Magd nicht!« Was ihr der Prophet sagt, das ist zu schön, um wahr zu sein, so denkt sie. Aber dann glaubt sie dem Wort.

Wie groß war ihre Freude und ihr Glück, als das Wort des Elisa sich erfüllt hatte, als sie einen herzigen Knaben an die Brust drücken konnte! Jetzt war ihr Glück und ihre Freude erst vollkommen geworden. In ganz Sunem gab es keine glücklichere Frau und zärtlichere Mutter.

Dann, nach einigen Jahren, bezieht sich plötzlich der heitere Himmel ihres Glücks mit schwarzem Gewölk. Ihr Junge, der so glücklich heranwuchs und der Eltern Freude war, ging eines Tages zum Feld hinaus, wo die Ernte im Gange war. Es war ein sehr heißer Tag. Als er bei seinem Vater auf dem Felde ankam, klagte er über Kopfschmerzen. Der Vater ließ ihn schnell nach Hause tragen; aber der Sonnenstich, den er bekommen hatte, verlief tödlich. Bereits am Mittag starb der Junge in den Armen der Mutter.

Aber so sehr der plötzliche Tod ihres Lieblings sie auch erschütterte, sie verzagte nicht. Sie *glaubte*, daß Gott ihn ihr wiedergeben würde. Hatte Gott ihr den Sohn geschenkt, als sie ihn sich gar nicht mehr wünschte, so konnte Er ihn ihr doch auch jetzt nicht wieder nehmen. So folgerte sie denn in gläubiger Einfalt, daß es Gottes Sache sei, ihren Sohn wieder ins Leben zu rufen.

Sie eilte ohne Zögern nach dem Karmel zu Elisa, um ihn herbeizuholen. Elisa wollte erst nur Gehasi mitgehen lassen; aber sie ließ nicht nach, bis er selber mit ihr ging. Und das war gut, denn dem eitlen Gehasi mißlang sein Versuch vollständig. Er wollte zeigen, was der Gehasi könne, und da zeigte Gott, daß der Gehasi nichts konnte. Es kostete sogar Elisa einen ernsten Gebetskampf, bis das Leben des Jungen wieder in den Körper zurückkehrte, bis er zu der Mutter sagen konnte: »Da nimm hin deinen Sohn!«

Da hatte ihr Gott wieder einen wunderbaren Lohn zuteil werden lassen.

Und zum dritten- und viertenmal hat Gott durch den Propheten Elisa die Frau von Sunem gesegnet.

Eine große Teuerung brach über Israel herein. Da gedachte Gott der Frau von Sunem, die inzwischen zur Witwe geworden war. Er ließ ihr durch den Propheten sagen, daß sie das Land verlassen solle, solange die Teuerung währe.

Aber, so sagt man hier vielleicht, das ist doch eine ungleiche Behandlung! Die arme Witwe in Zarpath blieb doch während der Teuerung im Lande! Und die verschuldete Witwe, welcher Gott nachher durch die Ölvermehrung so wunderbar half, die mußte doch auch durch Armut und Trübsal hindurch!

Ganz recht! Gott führt die Menschen ganz verschieden, auch Seine Kinder. Wir sind so geneigt, alles über *einen* Kamm zu scheren und alles nach *einer* Schablone zu beurteilen; aber Gott führt nicht zwei Menschen ganz gleich. Doch Er führt jeden, der sich führen läßt, auf *rechter* Straße, das ist sicher. Den einen führt Er durch die Trübsale hindurch, um ihn zu läutern und zu stärken. Den andern bewahrt Er vor der Trübsal, daß Er gar nicht hineinkommt. Er weiß ja, von welcher Art wir sind. Und Er weiß, wie Er jedes Seiner Kinder zu behandeln hat.

Darum soll man auch keine Gesetze machen, wie sich ein Kind Gottes zu verhalten hat. Dem einen mag vielleicht etwas gestattet sein, was mir nicht erlaubt ist; der eine mag die Erkenntnis bekommen, der Teuerung aus dem Weg zu gehen, während ich sie vielleicht ertragen muß. Wenn ich nun die Teuerung ertragen muß, dann bin ich sofort geneigt, ein Gesetz zu machen: Jedes Kind Gottes muß die Teuerung durchmachen! Aber das ist gar nicht richtig. Es kommt auf die *persönliche Führung* des Herrn an, dann gibt es keine Fehler. Ein Christ fragt Gott: Herr, was willst Du, daß ich tun soll? Dann wird der Herr schon entscheiden.

Als aber die Teuerung um war und die Frau mit ihrem Sohn nach Sunem zurückkehrte, da war ihr Haus und Hof inzwischen eingezogen und anderweitig verpachtet oder verkauft worden. Das war große Not.

Einst war es ihre Freude gewesen, daß sie keine Ansprüche an andere zu stellen hatte. Das war nun anders geworden. Jetzt wohnte sie nicht mehr »unter ihrem Volk«. Die Teuerung hatte vieles in der Stadt verändert.

Sie ging zum König, um ihm ihre Sache vorzutragen und ihn um Herausgabe ihres Hofes zu bitten. Und auch bei dieser neuen Not leistete ihr wieder der Prophet Elisa einen wesentlichen Dienst, obwohl er selber nicht einmal dabei war. – Das ging so zu:

Nach der Heilung des Feldmarschalls Naeman war Gehasi, der Gehilfe Elisas, mit dem Aussatz bestraft worden, weil er Naeman belogen und betrogen hatte. Nun konnte er nicht mehr bei dem Propheten sein. Mit einigen andern Aussätzigen wohnte er in elenden Hütten draußen vor den Toren Samarias.

Aber da kamen sie in große Not. Die Syrer zogen einen so engen Belagerungsring um die Stadt, daß in ihr eine schreckliche Hungersnot ausbrach. Da fiel natürlich für die Aussätzigen draußen nicht mehr viel ab.

Sie sagten sich eines Tages: Wir wollen zu den Syrern gehen, vielleicht geben die uns etwas zu essen. Und schlagen sie uns tot, dann ist es auch gut.

Sie kamen ins Syrerlager – und siehe da: Es war leer. Die Syrer hatten in der Nacht »ein Geschrei von Rossen, Wagen und großer Heereskraft« gehört, da war eine Panik entstanden, und sie waren in wilder Flucht davongelaufen.

Nachdem sie sich satt gegessen und getrunken und allerlei Kostbarkeiten für sich versteckt hatten, kehrten die Aussätzigen zur Stadt zurück, um ihre Entdeckung mitzuteilen.

Der König ließ Gehasi kommen, um von ihm einen genauen Bericht zu erhalten.

Als er ihn sah, kam er ihm bekannt vor. »Habe ich dich nicht schon einmal gesehen?« fragte er. »Jawohl, Majestät. Ich war früher der Gefährte Elisas. Als seinerzeit Feldmarschall Naeman hier war, bin ich im Palast Eurer Majestät gewesen, um den Marschall zu Elisa zu rufen.«

»Ganz recht! Ja, ich erinnere mich. Was macht denn dein Herr Elisa jetzt?«

»Majestät, das ist ein wunderbarer Mann, der hat Macht über Leben und Tod der Menschen. Was Elisa sagt, das tut Gott. Er macht Aussätzige gesund und Gesunde aussätzig. Sogar Tote macht er lebendig!«

»Was sagst du da? Er macht Tote lebendig? Das glaube ich nicht!«

»Ganz gewiß, Majestät. Ich bin selber einmal dabei gewesen (– draußen im Vorhofe hört man eine Frauenstimme mit dem Diener reden –), als er einen Knaben, der am Sonnenstich gestorben war, vom Tode erweckte. Es war in Sunem. Da wohnte eine Frau, die den Gottesmann immer freundlich aufnahm. Auf Elisas Gebet hin hat Gott ihr einen Sohn geschenkt. Der war plötzlich erkrankt – und gestorben. Da kam sie zu Elisa und bat ihn einfach, er solle ihren Sohn wieder auferwecken. So groß war das Vertrauen, das sie auf ihn setzte.«

»Was geht denn da draußen vor?« unterbrach der König das Gespräch. Noch immer hörte man das angstvolle Flehen einer Frauenstimme.

»Elisa kam denn auch und betete, und der Junge wurde wieder lebendig. Ich bin selbst dabeigewesen!«

In diesem Augenblick trat der Diener ein und meldete: »Majestät, draußen ist eine Frau, die durchaus vorgelassen zu werden begehrt. Sie will sich nicht abweisen lassen!«

»Nun, so laß sie hereinkommen!«

Kaum aber trat die Frau ins Gemach, von einem jungen Mann gefolgt, da rief Gehasi:: »Mein Herr König, dies ist das Weib, und dies ist ihr Sohn, den Elisa lebendig gemacht hat!«

Das war ein merkwürdiges Zusammentreffen. Oder meinst du, es wäre ein Zufall gewesen? Sicherlich nicht, sondern es war das wunderbare Walten der göttlichen Vorsehung.

Der König war so überrascht, daß er sofort Befehl gab,

die Frau wieder in ihr Recht einzusetzen und ihr ihr Hab und Gut zurückzugeben.

So hatte Elisa der Frau geholfen, obwohl er selber nicht einmal dabei war!

Ja, Gott lohnt, was »einem Seiner Geringsten« geschieht. Und wenn Er schon so wunderbar segnet, wenn man eins Seiner Kinder gastlich aufnimmt, wieviel mehr wird Er segnen, wenn man Seinem geliebten Sohn Jesus Haus und Herz öffnet! Wo man ihn aufnimmt, erfährt man es: »Wo Jesus Christus ist der Herr, wird's alle Tage herrlicher!«

Hast du ihm schon aufgetan? Ist Er schon bei dir eingekehrt, oder steht Er immer noch draußen vor der Tür und klopft an? Sprich doch endlich zu Ihm: Komm herein, Du Gesegneter des Herrn, warum stehst Du draußen?

Die junge Dirne aus Israel

An dem Bilde der »jungen Dirne« können wir, wenn es auch strenggenommen kein *Frauenbild* ist (was aus 2. Könige 5, 2 und 3 hervorgeht), nicht vorbeigehen.

Nur zwei Verse erzählen uns von ihr. Aber in diesen zwei Versen steht mehr als in manchem dicken Roman. Und es ist auch viel wichtiger. Denn hier wird uns Wahrheit und Wirklichkeit erzählt, während die Romane nur erdichtete Geschichten erzählen.

Es ist *die Geschichte eines Dienstmädchens*, die uns hier erzählt wird. Das ist das Schöne an der Bibel, sie berichtet von Knechten und Mägden ebenso wie von Königen und Feldmarschällen. Vor Gott gilt kein Ansehen der Person. Die Seele einer armen Frau ist Ihm geradeso wertvoll wie die Seele einer Königin.

Aber die Geschichten der Bibel sind merkwürdigerweise so, daß sie *jedem* etwas sagen und bieten. So denke ich, wird auch die Geschichte dieses Dienstmädchens allen etwas zu sagen haben.

1. *Ihre Aussteuer.* Das junge Mädchen aus Israel, das wir als Dienstmädchen im Hause des Feldmarschalls Naeman treffen, hat viel Schweres in seiner Jugend erlebt. Es sind so wenig Worte; aber was für eine Fülle von Leid und Tränen ist in ihnen enthalten: »Die Kriegsleute aber in Syrien waren herausgefallen und hatten eine junge Dirne weggeführt aus dem Lande Israel.«

Der Dichter Schiller sagt: »Ein furchtbar grausam Schrecknis ist der Krieg.« Wir haben erlebt, wie wahr dies Wort ist. So war es auch damals. Im tiefsten Frieden hatten die Leute gelebt. Da, mit einemmal bricht eine feindliche Schar ins Land. Brennende Dörfer, verwüstete Felder bezeichneten den Weg, den sie genommen. Der König Joram tut nichts, um sein Volk zu schützen.

Gegenwehr ist umsonst bei den offenen, mauerlosen Orten. Und gerade auf solche Orte haben es die Feinde abgesehen.

Es ist eine furchtbare Nacht. Die Männer stellen sich zur Wehr. Eine Weile wogt der Kampf in den Straßen; aber die Übermacht der Syrer ist zu groß. Die wenigen Verteidiger sind bald erschlagen. Nun beginnt das Plündern. Das Vieh wird aus den Ställen getrieben; alles, was Wert hat, wird als gute Beute zusammengeschleppt. Und nicht genug damit. Die Gefangenen werden gemustert, und wer sich als brauchbar und kräftig erweist, wird mitgenommen, um auf dem Sklavenmarkt zu Damaskus verkauft zu werden.

Was für ein Jammer! Die Stadt ist ein rauchender Trümmerhaufen; die Familien sind zerrissen – die Männer erschlagen, die Frauen und Mädchen in langen Sklavenkarawanen zusammengekoppelt.

Das kleine Mädchen war auch darunter. Was für ein Abschied war das aus dem Elternhause! Vielleicht war der Vater gefallen bei der Verteidigung, die alternde Mutter umgekommen im brennenden Haus. – So ist es den armenischen Kindern ergangen, als die Kurden und Türken mit Sengen und Morden in die friedlichen Dörfer hereinbrachen.

Unaufhaltsam wurden die Gefangenen vorwärtsgetrieben. Die Füße – ungewohnt des langen Wanderns – brannten dem jungen Mädchen. Aber noch heißer brannten seine Augen, die nicht mehr weinen konnten. Und brennend fraß der Gram an seinem Herzen!

Aber auch wenn kein Herz auf Erden mit ihr fühlte – ein Herz schlug doch für sie in treuer Liebe: das Vaterherz ihres Gottes. Seine Nähe erfuhr sie besonders in ihrem Unglück. Sie konnte auch sagen: »Wenn Dein Wort nicht mein Trost gewesen wäre, ich wäre vergangen in meinem Elend!«

Es kommt für jeden Menschen wohl früher oder später die Stunde, wo Abschied vom Elternhaus genommen werden muß. Durch die Jahre der Kindheit haben die Eltern für die Kinder gesorgt, haben sie gehegt und gepflegt. Aber endlich müssen die Kinder die Kinderschuhe ausziehen und sich auf eigene Füße stellen. Aus dem Hafen des Elternhauses geht es hinaus auf das bewegte, klippenreiche Meer des Lebens.

Da kommt alles darauf an, was für eine Ausrüstung der Sohn, was für eine Aussteuer die Tochter mitbekommt beim Scheiden aus dem Elternhaus.

Das junge Mädchen hatte eine treffliche Aussteuer bekommen. Zwar hatten ihr die Eltern bei dem schrecklichen Abschied nichts mitgeben können. Sie hatte keine Kiste und keine Kommode, als sie bei Naeman in Dienst ging. Sie trug ihre ganze Ausstattung auf dem Leibe. Und doch war das Mädchen reich. Ihre Mitgift war dennoch besser als eine gefüllte Börse und ein Koffer mit Leinen: Sie hatte Glauben an den lebendigen Gott.

Mitten in einer Zeit des allgemeinen Abfalls hatte Gott einen treuen Zeugen erweckt, den Bauernsohn Elisa von Abel-Mehola. Und die Taten, die der vollbrachte, bewiesen, daß der alte Gott noch lebte. Auch im Elternhaus des Mädchens war viel von Elisa die Rede gewesen und darum auch von dem Gott Israels, der sich so wunderbar zu Elisa bekannte.

Wie gut, daß das Mädchen ein solches Elternhaus gehabt hatte! Was hätte sonst aus ihr werden sollen, als sie nun so in die weite Welt hinausgestoßen wurde!

Ihr Väter und Mütter, was für eine Ausstattung gebt ihr euren Kindern mit fürs Leben? Sehen sie an euch ein Vorbild? Gebt ihr ihnen ein gutes Beispiel? Weist ihr sie hin auf das eine, das nottut? Oder kümmert ihr euch nicht sonderlich um das Heil ihrer Seele?

Wie viele Eltern sorgen dafür, daß die Kinder einmal ein Vermögen von ihnen erben! Sie sparen und darben wohl gar, um ihnen einmal ein Kapital zu hinterlassen, das doch so vergänglich ist. Die beste Mitgift, die beste Aussteuer, das ist nicht Geld und Gut, das sind keine Sparkassenbücher und Lebensversicherungspolicen, sondern das ist der lebendige Glaube an den Herrn.

Und wenn deine Kinder ihn nicht haben, bist du frei von Schuld? Hast du getan, was du konntest? Du wirst einmal Rechenschaft geben müssen für deine Kinder. Du wirst einmal gefragt werden: Wo sind die, die Ich dir gegeben habe?

Aber freilich, es liegt nicht allein an den Eltern. Es liegt auch an den Kindern. Und jeder trägt für sich selbst die Verantwortung.

Fehlt es uns etwa an Gelegenheit, das eine, was not ist, zu hören? Haben wir nicht eine ganze Fülle von Gelegenheiten? Wie benutzt du die Gnadenzeit, die du hast?

Das junge Mädchen hatte es nicht so gut. Fast das gesamte Volk um sie her diente den Göttern der Heiden. Die paar Gemeinschaften, die es im Lande gab, die sogenannten Prophetenschulen, waren Oasen in der Wüste. Wieviel besser haben wir es doch! Allüberall wird in unseren Tagen Gottes Wort verkündigt. Und wenn es nicht von Pastoren geschieht, dann geschieht es von schlichten Männern aus dem Volk. In vielen Orten bilden sich Gemeinschaften, in denen sich die zusammenschließen, die mit Ernst Christen sein wollen.

Aber gerade, wo Gottes Wort nicht rar ist, da wird oft viel Gnade Gottes vergeblich empfangen. Da gibt es viele, die laufen nur so mit; aber sie kommen nicht zu einem persönlichen, eigenen, selbständigen Glauben.

Aber nur ein persönlicher Glaube kann uns retten und selig machen.

Was hätte es diesem Mädchen geholfen, wenn sie gläubige Eltern gehabt hätte, wenn sie mit ihnen in eine Prophetenschule gegangen wäre, wenn sie nicht selbst Glauben gehabt hätte? In der Lage, in die sie geraten war, brauchte sie unbedingt eigenen, selbständigen Glauben.

So wird es auch in deinem Leben Situationen geben, wo der Glaube deiner Eltern, deines Lehrers, deines Pastors dir nicht hilft; du mußt mit Gott selber in lebendige Verbindung und Beziehung kommen.

Das ist die beste Ausstattung fürs Leben.

Hast du die?

2. *Ihr Dienst.* In Damaskus wird großer Sklavenmarkt gehalten. Wie sonst um ein Stück Vieh gehandelt wird, so wird hier mit Menschen gehandelt. Sie werden geprüft und abgeschätzt – unwürdig eines nach Gottes Ebenbild geschaffenen Menschen!

Tief läßt das junge Mädchen ihr verhärmtes Gesicht auf die Brust herabhängen. Heiß steigt ihr die Scham in die Wangen, so am Pranger zu stehen vor den Augen der Menschen.

Da rollt ein Wagen heran. Ein beträßter Diener öffnet den Schlag. Eine vornehme Dame steigt heraus. Es ist die Frau des Feldmarschalls Naeman. Die Krankheit ihres Mannes, der vom Aussatz befallen ist, bedingt eine Vergrößerung ihrer Dienerschaft. Die bisherigen Dienstboten reichen nicht mehr aus. Da will sie selber eine Sklavin kaufen. Dienstbeflissen preisen die Händler ihre Ware an. Aber sie geht vorüber. Wie kommt es, daß sie gerade bei der jungen Israelitin stehenbleibt?

Wenn es einen Zufall gäbe, dann würde ich sagen: Ein glücklicher Zufall! So aber muß ich sagen: Das ist Gottes Finger. Gott will das junge Mädchen als Missionarin gebrauchen im Hause Naemans.

So kommt das Mädchen in Dienst. Anfangs ist es ihr gewiß schwer genug gewesen, daß sie nun im Hause des Mannes war, vor dessen Namen ihr Heimatland so oft gezittert hatte. Aber sie ging mit Gottes Hilfe ans Werk. Und da ging es ihr, wie einst Joseph, als er im Hause Potiphars war. Der Herr war mit ihr, und zu allem, was sie tat, gab der Herr Glück.

Sie kannte Kummer und Leid aus eigener Erfahrung. Und hier kam sie in ein Haus voll Kummer, da überwand sie den eigenen leichter. Das war von jeher ein gutes Heilmittel, wenn man traurig ist: wenn man andere sieht, die noch schwerer zu tragen haben und noch tiefere Wege geführt werden.

Es war ein großes Leid, das sie mit ansah. Naeman, dieser treffliche Mann – war aussätzig! Der Kummer der Frau schnitt ihr durchs Herz. Wie manchmal wird sie in ihrem Kämmerchen gebetet haben, um den Gott Israels um Hilfe zu bitten für ihren Herrn! Aber alles war umsonst. Alle Doktoren und Professoren hatten ihre Kunst versucht – hier war Menschenkunst zu Ende.

Da gab Gott dem kleinen Dienstmädchen den rettenden Gedanken ins Herz. Mit einemmal fiel ihr ein: Wenn sonst kein Mensch helfen kann – so kann Elisa doch helfen! Gott hat durch seine Hand schon so große Taten getan! Hat er den Sohn der Sunamitin auferwecken können, dann kann er auch meinen Herrn Naeman heilen. Und es wurde ihr immer gewisser: Elisa wird helfen!

Endlich offenbart sie sich ihrer Herrin. Schüchtern klopfte sie an ihre Tür. Freundlich fragt die bekümmerte Frau: »Nun, liebes Kind, was willst du?« Und da stottert das Mädchen seine Botschaft heraus: »Ach, daß mein Herr wäre bei dem Propheten zu Samaria, der würde ihn von seinem Aussatz losmachen!«

In diesem einen Wörtlein »Ach!« offenbart sich das ganze Mitgefühl ihres Herzens. Der Kummer ihrer Frau ist auch ihr eigener Kummer.

Wie schön, daß sie so »der andern Last« trägt!

Die Knechte würden nicht so zärtlich besorgt um ihren Herrn Naeman sein, wenn er ihnen nicht ein freundlicher, gütiger Herr gewesen wäre. Als er nachher den Rat Elisas nicht ausführen will, da bitten sie ihn: »Lieber

Vater, wenn der Prophet dich etwas Großes hätte geheißen – solltest du es nicht tun? Wieviel mehr, so er doch nur gesagt hat: Wasche dich, so wirst du rein!«

Und so ein herzliches Verhältnis, wie zwischen dem Herrn und den Knechten, bestand auch zwischen der Frau und ihren Mägden.

Steht es so auch in deinem Hause? Steht es so auch in deiner Familie und in deiner Nachbarschaft? Oder heißt es da mit Kains Worten: »Soll ich meines Bruders Hüter sein?« Haben wir alle solche herzliche Liebesgesinnung gegen die andern, die um uns sind? Wenn ein Glied leidet, dann leiden alle – steht es so in deinem Herzen?

Das Elend der Welt liegt auch Kindern Gottes oft noch so wenig am Herzen! Sie können noch so gut schlafen, obwohl Tausende und aber Tausende ringsumher sterben und verderben. Kannst du mit dem Propheten sprechen: »Ach, daß ich Wasser genug hätte in meinem Haupte, und daß meine Augen Tränenquellen wären, zu beweinen die Erschlagenen in meinem Volk!«? Hat dir das Elend der Welt schon mal wie eine Last auf dem Herzen gelegen und dir Tränen verursacht?

Wir müssen uns verantwortlich fühlen für das Leid der andern. Wie können wir am besten helfen? Wenn unsere Arbeit an andern aus einem liebevollen, betenden Herzen kommt. Wenn wir das Elend so schmerzlich mitempfinden, daß es uns ins Gebet treibt, dann haben wir auch das rechte Wort. Wir werden nur dann etwas ausrichten können, wenn unser Dienst mit diesem »Ach« herzlicher Liebe und Anteilnahme geschieht!

»Ach, daß mein Herr wäre bei dem Propheten zu Samaria!« Das ist doch ein seltsamer Rat. Naeman, der syrische Feldherr, soll als Bittender in die feindliche Hauptstadt gehen? Das ist doch unmöglich! Wo alle Kunst der Ärzte erfolglos ist, da soll ein schlichter Mann aus dem Volke Rettung bringen? Das ist doch unmöglich!

Aber hinter dem Wort des Mädchens steht der lebendige Gott, der an Naeman ein Wunder der Macht und der Liebe tun will. Er macht das geringe Wort der Magd lebendig.

Ein Hoffnungsstern geht auf in der langen, bangen Kummernacht. »Was sagst du da, Kind? Beim Propheten in Samaria, sagst du? Was ist es mit dem Manne? Erzähl mir von ihm!« Und da erzählt sie von all den herrlichen Gottestaten, die der Herr durch Seinen Propheten gewirkt hat.

Und es geschieht, wie sie angegeben hat: Naeman ergreift diesen letzten Ausweg. Er zieht nach Samaria.

Nicht wahr, die Herrschaft mußte Vertrauen zu dem Worte des Dienstmädchens haben? Wenn sie eine Schwätzerin gewesen wäre, die es mit ihren Worten nicht so genau genommen hätte, so würde ihr Wort keinen Glauben gefunden haben. Aber man wußte aus Erfahrung: Auf das Wort der jungen Israelitin kann man sich verlassen; die lügt und übertreibt nicht!

Wie steht es um dich? Ist dein Mund allem losen Geschwätz ebenso abhold? Kennt man dich als zuverlässig und treu, daß man sich unter allen Umständen auf dein Wort verlassen kann?

Leider gibt es so·viel Geschwätz, auch so viel frommes Geschwätz! Das hat oft keine andere Wirkung, als die Sache des Herrn in Mißkredit zu bringen. Habe acht auf dich selbst und auf die Worte, die aus deinem Munde gehen!

Aber natürlich ist die Verantwortung besonders groß, wenn du Jesus liebhast. Da erwarten die Leute mehr von dir als von den andern. Wenn du aber geradeso eitel bist wie andere Mädchen, geradeso schwatzhaft wie andere, dann machst du dem Herrn keine Ehre!

Darum denk an deine Verantwortung, daß du dem Herrn Ehre machen sollst.

Das hat die kleine Israelitin getan. Welch eine Hilfe

war sie im Hause Naemans, als er nun abgereist war! Gewiß war sie die Vertraute ihrer Herrin geworden. In den langen, schweren Wochen seiner Abwesenheit – wie oft wird die Herrin nach ihr gerufen haben! »Komm, erzähle mir noch einmal von dem Mann in deiner Heimat!«

3. *Ihr Lohn.* Der herrlichste und schönste Tag im Leben des Mädchens war es gewiß, als das Gerücht wie ein Lauffeuer durch die Stadt ging: Naeman kommt! Er ist geheilt! Da empfing die junge Israelitin ihren Lohn.

Was war das für eine Heimkehr! Während unten die Gattin den ihr wiedergeschenkten Gemahl in die Arme schloß, während die Kinder sich jubelnd um den Vater drängten, lag das Mädchen auf den Knien vor ihrem Gott und weinte Tränen seliger Freude, daß Er sich so zu ihrem Gebet bekannt hatte.

Aber horch, da ruft man nach ihr. Was soll es? Naeman will sie sehen, sie sprechen.

Da steht sie vor ihm, dem Gewaltigen, und er gibt ihr die Hand und dankt ihr: »Liebes Kind, es war dein Rat, daß ich nach Samarien gehen sollte. Darum muß ich dir besonders danken. Aber ich habe dir auch etwas mitgebracht von der Reise. Eine Last Erde von dem Boden deiner Heimat. Und darauf wollen wir dem Gott Israels einen Altar bauen. Denn – dein Gott ist auch mein Gott geworden!«

Da brechen die Tränen aus den Augen der Magd, da dankt sie Gott für den großen Kummer ihres Lebens, wie sie noch nie dafür gedankt hat. Da ist ihr die Fremde zur Heimat geworden. Nicht nur ihre Frau, nun auch ihr Herr beten zum Gott Israels.

Ein wunderbarer Lohn für die Botschaft ihrer Liebe: »Ach, daß mein Herr wäre bei dem Propheten zu Samaria!«

Ihr Name steht droben geschrieben im Buche des Lebens. Und es wird einmal heißen: »Ei, du fromme und getreue Magd, du bist über wenigem getreu gewesen, Ich will dich über viel setzen, gehe ein zu deines Herrn Freude!«

Die Kindesmörderin

Wenn wir von allen Frauen der Bibel miteinander sprechen, dann wollen wir auch an dem dunklen Stück nicht vorbeigehen, das uns am Schluß des 2. Buches der Kön., Kap. 6, erzählt wird. Es ist eine entsetzliche Geschichte von der furchtbaren Macht der Sünde.

»Nach diesem begab es sich«, so Gottes Wort, »daß Benhadad, der König in Syrien, all sein Heer versammelte und zog herauf und belagerte Samaria. Und es war eine große Teuerung zu Samaria. Sie aber belagerten die Stadt, bis daß ein Eselskopf 80 Silberlinge (200 Mark!) und ein Viertel-Kab Taubenfutter 5 Silberlinge (12 Mark!) galt. Und da der König Israels auf der Mauer einherging, schrie ihn ein Weib an und sprach: Hilf mir, mein Herr König! Er sprach: Hilft dir der Herr nicht, woher soll ich dir helfen? Von der Tenne oder von der Kelter (d. h. zu essen oder zu trinken)? Und der König sprach zu ihr: Was ist dir? Sie sprach: Dies Weib sprach zu mir: Gib deinen Sohn her, daß wir heute essen; morgen wollen wir meinen Sohn essen. So haben wir meinen Sohn gekocht und gegessen. Und ich sprach zu ihr am andern Tage: Gib deinen Sohn her und laß uns essen; aber sie hat ihren Sohn versteckt. Da der König die Worte des Weibes hörte, zerriß er seine Kleider, indem er auf der Mauer ging. Da sah alles Volk, daß er darunter einen Sack am Leibe anhatte.«

Entsetzlich! Das tiefste Gefühl eines Menschenherzens ist sonst das der Mutterliebe. Eine Mutter ist bereit, das eigene Leben zu opfern, um das Leben des Kindes zu retten. So tief ist dies Gefühl, daß Gott Seine eigene Liebe damit vergleicht. Er fragt: Kann auch ein Weib ihres Kindleins vergessen, daß sie sich nicht erbarme über den Sohn ihres Leibes? Und ob sie gleich sein vergäße, so will Ich doch deiner nicht vergessen. »Vergäße«, sagt Gott, um einen geradezu unmöglichen Fall zu setzen. Es ist doch ausgeschlossen, soll das heißen, daß ein Weib ihres Kindleins vergißt. Aber selbst, wenn das Unmögliche geschähe, dann würde Ich doch deiner nicht vergessen, spricht Gott.

Aber so tief die Mutterliebe auch im Herzen wurzelt, es gibt doch etwas, was sie herausreißen kann: die wilde Leidenschaft.

Hier in der Geschichte bringt der nagende *Hunger* das Schreckliche fertig, daß eine Mutter sich an ihrem eigenen Kind vergreift. Noch viel häufiger ist es der brennende *Durst*, der alle Mutterliebe tötet und eine Frau unter das Tier erniedrigt.

Ich weiß von einer Frau, die dem Alkohol verfallen war. Das kleine Kind bekam Diphtherie. Der Arzt machte den Luftröhrenschnitt und setzte dem armen Kind eine silberne Kanüle ein, damit es nicht erstickte. Diese silberne Kanüle aber stach der Mutter in die Augen. Ihre Gier wurde immer größer, bis sie endlich die Kanüle aus dem Hals des Kindes nahm, um sie – zu versetzen oder zu verkaufen. Für das gelöste Geld kaufte sie sich Branntwein. Das Kind starb natürlich, aber die entmenschte Mutter hatte ihren Schnaps bekommen!

Von einer andern Frau berichteten die Zeitungen vor kurzem, daß sie mit ihrem Manne zusammen betrunken auf der Straße umhergetaumelt war. Sie trug ein etwa vier Monate altes Kind auf dem Arm. Als sie es nicht mehr tragen wollte, wollte sie es dem Manne geben; aber der nahm es nicht. Da warf die betrunkene Mutter das unglückliche Geschöpf einfach aufs Straßenpflaster! Eine mitleidige Frau erbarmte sich des schreienden kleinen Wesens und nahm das Würmchen in ihre Obhut. Da bemerkte sie, daß es furchtbar nach Schnaps roch, den die Eltern dem Kind wohl eingeflößt hatten, um es zu beruhigen!

Wer empört sich nicht bei solch unmenschlichen Taten? So weit kann es die Sünde bringen, die wilde Gier, die ungezügelte Leidenschaft, daß sogar das Leben des Kindes nichts mehr gilt! Keine Teufelei, deren die Menschen nicht fähig wären! Wir wollen uns nicht pharisäisch über solche Sklavinnen der Leidenschaft erheben; wir wollen darüber trauern, daß unser menschliches Geschlecht solcher Abscheulichkeiten fähig ist. Kein Tier bringt das fertig, was ein Mensch fertigbringt, der haltlos geworden ist. Ein Tier liebt seine Jungen; es kämpft für seine Jungen. Aber der Mensch bringt das Entsetzliche fertig, das eigene Kind hinzumorden!

Man könnte die Kindesmörderin in Samaria vielleicht entschuldigen. Man könnte sagen: Die Versuchung war so furchtbar groß. Das Elend war so ungeheuerlich. Gewiß war die Hungersnot ganz schrecklich. Aber es gab doch viele andere Mütter in Samaria, die lieber gehungert, als etwas so Unmenschliches getan hätten. Sogar die Freundin dieser Mörderin, von der dieser Mordplan ursprünglich ausging, weigert sich nachher, ihren Sohn herzugeben. Aber diese Frau tut die furchtbare, himmelschreiende Sünde – und kommt jetzt zum König, um ihn zu bitten, daß er dafür sorge, daß sie sich weiter mit Menschenfleisch sättigen könne!

Wir sahen schon, daß andere Frauen in Samaria dieser Versuchung widerstanden haben. Auch dieses Weib hätte die Tat nicht begehen *müssen*. Kein Mensch *muß* sündigen! Es ist Gnade da, die bereit ist, uns in jedem Falle zu bewahren. Es gibt keine Lage, in der ein Mensch zum Sündigen gezwungen wäre. Nein, Jesus kann helfen.

Darum wollen wir uns Seiner Bewahrung anvertrauen. Wir wollen unser Herz und Leben in Seine Hand geben. Denn wir können uns selber nicht bewahren. Es ist so, wie der Dichter sagt:

> Nirgends als bei Dir allein
> kann ich recht bewahret sein!

Auch die Frauen, von denen ich zuvor berichtet habe, haben nicht als solche verkommenen Trinkerinnen *ange-fangen*. Die Sünde fängt immer klein und harmlos an. Aber immer mehr umstrickt sie den Menschen. Immer fester bindet sie ihn. Immer mehr zieht sie ihn bergab auf der Bahn des Verderbens.

Darum ist es so wichtig, ihr in den ersten Anfängen zu widerstehen. Solange es noch ein Funke ist, der da glüht, kann er leicht ausgelöscht werden, aber wenn das Haus erst brennt, sind alle Rettungsversuche umsonst.

Wenn du auch glaubst, du seiest gar nicht in Gefahr, in solche Sünden zu geraten –: denke an diese Beispiele! Dahin *kann* es kommen auch mit dir, wenn du Jesus nicht zum Gebieter deines Herzens und Lebens machst, wenn du dich Ihm nicht zur Bewahrung übergibst.

Wir wollen doch auch aus dieser Geschichte lernen, wie notwendig es ist, sich dem Herrn zu übergeben mit der Bitte:

> Nimm mein Leben! Jesu, Dir
> übergeb ich's für und für!

Athalja

Es ist ein Bild voll blutigen Greueln, das die Heilige Schrift uns von der Königin Athalja zeichnet. Man könnte auf den ersten Blick meinen, es sei so schrecklich, daß es sich kaum lohne, es zu betrachten. Aber *alle* Schrift, von Gott eingegeben, ist nütze zu irgendeinem Zweck. Und so können wir auch von der Athalja manches lernen. Wir sehen:

1. *Ihre schlechte Kindererziehung.* 2. Chronik 22, 2 f. heißt es: »Zweiundzwanzig Jahre alt war Ahasja, da er König ward, und regierte ein Jahr zu Jerusalem. Seine Mutter hieß Athalja, die Tochter Omris. Und er wandelte auch in den Wegen des Hauses Ahab; denn seine Mutter hielt ihn dazu, daß er gottlos war. Darum tat er, was dem Herrn übel gefiel.«

Was für ein furchtbares Wort ist das doch: *Seine Mutter hielt ihn dazu, daß er gottlos war.* Sollte man es für möglich halten, daß eine Mutter so handeln kann? Wie kam es, daß Athalja ihren Sohn zur Gottlosigkeit erzog? Sie war von ihren Eltern auch zur Gottlosigkeit erzogen worden. Sie war eine Tochter von Ahab und Isebel (2. Kön. 8, 18), die den Götzendienst zur Staatsreligion gemacht hatten. Wenn sie hier in 2. Chronik 22 eine Tochter Omris genannt wird, so heißt das, daß sie aus dem Hause Omri stammte, welcher die Dynastie begründet hatte. Ihre Eltern hatten ihr Haß und Verachtung gegen Jehova beigebracht; nun setzte sie als Königin und als Mutter ihre Anschauungen in Taten um. »Sie hielt ihren Sohn dazu, daß er gottlos war.«

Wie groß ist doch die Verantwortung einer Mutter! Eine hohe und herrliche Aufgabe hat Gott einer Mutter übergeben. Sie soll ihre Kinder erziehen; sie soll die ihr anvertrauten Kinder zum Glauben führen. Kann es eine schönere und wichtigere Aufgabe geben? Aber wehe, wo diese Aufgabe nicht treu und gewissenhaft erfüllt wird! Wehe, wenn eine Mutter ihre Kinder dazu anhält, daß sie gottlos sind! – Kommt das denn auch heute noch vor? Freilich kommt das vor. Ich will nur ein paar Geschichten von solchen Müttern erzählen; aber es gibt viele!

Da war ein junges Mädchen zur Erkenntnis seiner Sünde gekommen. Nun bat es die Mutter um die Erlaubnis, in die Bibelstunde gehen zu dürfen, um dort Antwort auf seine Fragen zu finden. Aber das schlug die Mutter rundweg ab. Sie sperrte das arme Mädchen geradezu ein, um ihm jede Begegnung mit den Frommen unmöglich zu machen. Nun grübelte und dachte das Mädchen in der Einsamkeit über seinen Zustand nach. Niemand war da, der ihm den Weg zum Leben wies, der ihm den Heiland zeigte, der die Sünden aller Welt getragen hat. Sie grübelte und härmte sich, bis sich ihr Verstand umnachtete und sie in eine Irrenanstalt gebracht werden mußte. Jetzt kam die Mutter in die Bibelstunde der »Frommen« und bat um ihre Fürbitte – nun war es *zu spät!*

Und ich weiß von einer andern Mutter, deren Sohn eine Entscheidung für Jesus getroffen hatte. Da nahm sie ihm die Bibel weg und verbot ihm, den CVJM zu besuchen. Ja, er durfte nicht einmal mit seiner gläubigen Schwester sprechen, wenn diese zu Besuch nach Hause kam. Und das Ende vom Liede war, daß das zarte Pflänzlein des Glaubens aus dem Herzen des Jungen wieder ausgerissen wurde – von der Hand der Mutter.

Da ist noch die andere Frau, die lacht, wenn der Sohn dem gebrechlichen alten Vater aus der Bibel vorliest. Und sie lacht und spottet so lange, bis der Junge die Bibel zumacht. Nun ist niemand mehr, der dem Alten, der selber nicht mehr lesen kann, aus Gottes Wort vorliest. Und wenn der Junge gottlos wird, wer ist dann schuld daran?

Ich könnte noch mehrere solcher Geschichten erzählen. Aber ich will es nicht tun. Ich will dich nur fragen: Wie erziehst du deine Kinder? Wozu hältst du sie an? Vielleicht machst *du* es nicht gerade wie Athalja, daß du sie dazu anhältst, gottlos zu sein. Aber erzählst du ihnen von Jesus? Das tust du ebensowenig. Und das ist fast genauso schlimm.

Liebe Mutter, wenn du einst von Gott zur Verantwortung gezogen wirst für das, was aus deinen Kindern geworden ist, wird es dann von dir heißen können: Sie hat getan, was sie konnte? Gib deinen Kindern ein gutes Vorbild! Lebe ihnen vor, daß ein Leben in der Nachfolge Jesu glücklich macht.

2. *Ihre Herrschsucht.* Als Jehu das Strafgericht Gottes an dem Hause Ahabs vollstreckte, da fiel auch Ahasja. Er war zu Besuch bei seinem Oheim, dem König Joram von Israel. Als das Gerücht von der Erhebung Jehus nach Jesreel kam, zogen Joram und Ahasja ihm entgegen. Aber Jehu traf den König Joram mit dem Pfeil, daß er, ins Herz getroffen, tot zusammenbrach. Und auch Ahasja fiel auf der Flucht.

Jetzt hätte der kleine Sohn Ahasjas zum König ausgerufen und für ihn eine Regentschaft eingerichtet werden müssen. Aber das sagte der herrschsüchtigen Königinmutter nicht zu. Sie wollte selbst herrschen. Und da schreckte sie auch vor blutigen Greueln nicht zurück. »Athalja aber, Ahasjas Mutter, da sie sah, daß ihr Sohn tot war, machte sie sich auf und brachte um allen königlichen Samen.«

Es ist entsetzlich, wie die Herrschsucht keine Bedenken kennt, sondern rücksichtslos auf ihr Ziel losgeht. Sie schreitet über Leichen – wenn sie nur zum Ziele kommt!

Haben nicht die großen Welteroberer in Strömen von Blut gewatet und Tausende und aber Tausende von Menschenleben geopfert, um ihre maßlose Herrschsucht zu befriedigen?

Aber wir wollen nicht nur an die großen Eroberer denken; es gibt Herrschsucht in jedem Kreis, in jedem Stand. Und von Natur aus steckt in einem jeden Herzen ein Stück Athalja. Das eigene Ich sitzt auf dem Thron eines natürlichen Menschenherzens und will herrschen. O das eigene Ich ist ein Tyrann. Es führt ein grausames Regiment. Es nimmt keine Rücksichten; es kennt keine Bedenken. Aber – es macht unglücklich. Man wird nie wahrhaft glücklich und wirklich zufrieden, solange das Ich auf dem Thron sitzt.

Wenn du das doch endlich einsehen und das Ich absetzen möchtest! Auf den Thron deines Herzens gehört ein anderer Herrscher – Jesus. Nur der ist glücklich, der mit Paulus sprechen kann: »Ich lebe aber, doch *nun nicht ich, sondern Christus lebt in mir.*«

Wer das eigene Ich noch auf dem Throne hat, der wittert überall Feinde und Verfolger, der ist alle Augenblicke beleidigt und verletzt, der nimmt alles übel und ist immer empfindlich. Der kommt nicht zum Glück und zum Frieden.

Aber selig ist, wer den Herrn zum König gemacht hat! Man hat es gut unter Seinem Zepter und Regiment. Er ist wie Melchisedek ein König der Gerechtigkeit und des Friedens.

Wer sich von Ihm regieren läßt, der strebt nicht mehr nach eigener Ehre, der will sich nicht mehr überall vordrängen, der steht gern auch mal im Hintergrund und wartet, bis man ihn hervorholt.

Bist du schon frei von deinem tyrannischen eigenen Ich?

3. *Du sollst nicht töten!* Dies Gebot übertritt Athalja in ihrer maßlosen Herrschsucht. Sie bringt um »allen königlichen Samen«. Es waren zum Teil ihre eigenen Blutsverwandten; wie es scheint, waren es sogar auch ihre eigenen Enkel, die ihrer Herrschsucht zum Opfer fielen (2. Kön. 11, 2); aber was fragte sie danach, wenn sie nur ans Regiment kam!

Es ist schrecklich, wenn eine Frau sogar vor dem Blutvergießen nicht zurückschreckt! Wie ist das nur möglich, daß eine Frau so handeln kann?

Nicht wahr, so denkst du? Aber urteile nicht zu früh! Ich sage dir jetzt frank und frei: der Athalja gleichst du!

Bitte, wirf nicht gleich unwillig das Buch fort! Lies ruhig weiter!

In der Bergpredigt legt der Herr Jesus die Gebote aus. Da erklärt Er auch das Gebot: Du sollst nicht töten! Er sagt: Nicht nur der hat das Gebot übertreten, der jemanden totgeschlagen hat, sondern auch »wer mit seinem Bruder zürnet, der ist des Gerichts schuldig«. Wenn du dir das überlegst, mußt du dann nicht sagen, daß auch du schuldig bist? Wenn du auch noch niemand getötet oder verwundet hast, so hast du doch schon böse, harte Worte gesprochen mit deinem Mann, mit deinen Kindern, mit deinen Nachbarinnen. Hast du das nicht getan? Bist du noch nie zornig gewesen? Doch! Nun, dann bist du des Gerichts schuldig, dann hast du das Gebot »Du sollst nicht töten!« übertreten.

Man kann es ebensogut mit Worten und mit Gedanken übertreten, wie mit der Tat. Die Menschen haben eine Waage für die Sünden erfunden. Sie wiegen sie ab, und dann unterscheiden sie zwischen »schweren« und »leichten« Sünden. Aber Gott kennt diese Sündenwaage nicht. Jede Übertretung eines Gebotes ist Sünde. Und jede Sünde ist eine Beleidigung der Majestät Gottes und ein Greuel vor Ihm. Gott ist nicht ein Gott, dem gottloses Wesen gefällt; wer böse ist, bleibt nicht vor Ihm.

Darum paß auf! Hüte dich vor bösen Worten und feindseligen Gedanken, sonst gleichst du Athalja, der Mörderin!

Und wenn deine bösen Worte dich anklagen, dann eile und bitte Jesus um Vergebung. Es ist noch Zeit!

4. *Die Gnadenfrist.* Sechs Jahre bekommt Athalja

noch Zeit. Sechs Jahre hat sie ein Regiment des Schrek-
kens geführt. Vielleicht haben manche frommen Israeliten gedacht, Gott könne doch so schrecklichen Greuel
nicht ungestraft hingehen lassen; Er müsse alsbald eingreifen mit Gerichten und Strafen. Aber Gott wartet. Er
ist langmütig und geduldig.

Es ist auch heute noch oft so, daß die Leute Gott nicht
verstehen, daß sie meinen, Er müsse einen Übeltäter
alsbald zerschmettern. Wenn das Sündenmaß eines Menschen voll ist, dann tut Er das auch. Aber bis dahin wartet
Er, ob der unfruchtbare Baum nicht doch vielleicht noch
eine späte Frucht bringe. Es ist eine alte Erfahrung:
Gottes Mühlen mahlen langsam.

Auch du erfreust dich einer Gnadenfrist. Benutzst du
sie auch? Bedenkst du auch zu dieser deiner Zeit, was zu
deinem Frieden dient?

Denn auch die Gnadenfrist geht einmal zu Ende.
Wenn der unfruchtbare Baum nicht endlich Frucht
bringt, dann tritt das Urteil doch in Kraft: Haut ihn ab,
was hindert er das Land? Es ist nur aufgeschoben, aber
nicht aufgehoben.

Ein Jahr nach dem andern vergeht, und immer noch
sitzt Athalja auf dem Throne Judas. Immer lauter seufzt
das Volk unter ihrem Regiment, bis es endlich die Last
abschüttelt und sich selbst befreit.

5. *Ein Ende mit Schrecken.* Bei dem Blutbad, das
Athalja bei ihrer Thronbesteigung anrichtete, ist nur der
kleine einjährige Sohn des Königs Ahasja mit dem Leben
davongekommen. Joseba, seine Tante, hat ihn versteckt
und gerettet. Ihr Mann Jojada, der Priester, hat ihn in
der Stille erzogen. Nun ist er sieben Jahre alt geworden.
Da hält Jojada die Zeit für gekommen, dem Regiment
der Athalja ein Ende zu machen.

Die Priester sind leicht für seinen Plan gewonnen.
Sogar die Trabanten wollen ihn unterstützen. Keiner,
der Partei für Athalja ergriffe!

An einem bestimmten Tag wird der kleine Joas zum König ausgerufen. Alles Volk fällt ihm zu. Schmetternd huldigen ihm die Trompeten, brausend schallt der tausendstimmige Jubel des Volkes: »Glück zu dem Könige!«

Das hört Athalja. Sie fragt, was da vorgehe. Keine Antwort. Da geht sie selbst, um zu sehen. Sie kommt in den Tempel und sieht an ihrem Platz, auf ihrem Thronsitz den Knaben. Da zerreißt sie ihre Kleider und ruft: »Aufruhr, Aufruhr!« Sie weiß, daß ihr Regiment ein Ende hat. Sie hat niemanden, an den sie sich jetzt wenden könnte. Sie hat keine Liebe gesät, nun kann sie auch keine Liebe ernten. Sie hat Wind gesät, nun erntet sie Sturm.

Jojada läßt sie hinausbegleiten, und als sie draußen ist, da – fließt ihr Blut in den Sand. Wer Menschenblut vergießt, des Blut soll wieder durch Menschen vergossen werden!

Ein Ende mit Schrecken folgt auf ein Leben der Sünde. Kann es anders sein?

Denke daran, wie wird dein Ende sein? Du magst vielleicht sanft auf deinem Bett sterben, ohne schweren Todeskampf, und es ist doch ein Ende mit Schrecken, wenn du nicht stirbst im Frieden mit Gott, wenn du nicht versöhnt bist mit Gott durch des Lammes Blut!

Das Blut Jesu Christi allein, das uns rein macht von aller Sünde, verhilft uns zu einem glücklichen Leben und zu einem seligen Sterben. Hast du dies schon erfahren?

Willst du nichts lernen von Athalja? Gib dein Herz und Leben in Seine Hand, dann wirst du ein fröhliches Gotteskind im Leben und ein Erbe Gottes im Sterben!

Joseba

In der Geschichte der Athalja haben wir schon ihren Namen genannt. Als Athalja das ganze königliche Haus tötet, um selbst zu herrschen, da rettet Joseba den kleinen Joas.

In 2. Könige 11, 2 ff. lesen wir: »Aber Joseba, die Tochter des Königs Joram, Ahasjas Schwester, nahm Joas, den Sohn Ahasjas, und stahl ihn aus des Königs Kindern, die getötet wurden, und tat ihn mit seiner Amme in die Bettkammer; und sie verbargen ihn vor Athalja, daß er nicht getötet ward. Und er ward mit ihr versteckt im Hause des Herrn sechs Jahre.«

Um dieser Tat willen kann ich nicht gut an Joseba vorübergehen. Und es ist noch etwas anderes, was mir das Bild der Joseba so anziehend macht. In 2. Könige 12, 3 heißt es: »Und Joas tat, was recht war und dem Herrn wohlgefiel, solange ihn der Priester Jojada lehrte.«

Jojada war der Mann der Joseba. Die beiden zusammen haben den kleinen Joas so erzogen, daß er tat, »was recht war und dem Herrn wohlgefiel.«

Was sollte der Zweck und das Ziel einer jeden Erziehung sein? Daß das Kind tut, was Gott wohlgefällt. Aber dies Ziel wird nicht immer erreicht. Das ist traurig. Aber noch viel trauriger ist es, wenn man dieses Ziel gar nicht *anstrebt*! Und das ist leider auch sehr oft der Fall. Wie viele Eltern erziehen ihre Kinder nur für das Diesseits. Sie statten sie mit allen möglichen Kenntnissen aus, die ihnen das Fortkommen in der Welt erleichtern; aber sie denken nicht daran, sie für die Ewigkeit vorzubereiten und auszurüsten. Das Werk der Erziehung muß bald anfangen. Viele lassen die frühe Kindheit verstreichen und meinen, die Kinder seien noch zu klein. Das ist ein verhängnisvoller Irrtum. Wenn die Erziehung nicht ganz früh anfängt, wird es nie was Rechtes geben. Ich habe einmal das Wort gehört oder gelesen: Wenn ein Kind mit drei Jahren noch nicht erzogen ist, dann kommt die Erziehung überhaupt zu spät. Daran ist gewiß viel Wahres. Wenn die Kinder nicht frühzeitig merken, daß sie mit ihrem Eigenwillen nicht durchkommen, daß sie sich einem andern Willen unterordnen müssen, dann ist es schwer, sie später ans Gehorchen zu gewöhnen.

Das hat Joseba klug bedacht und darum die ersten Jahre benutzt, den kleinen Joas gewissenhaft zu erziehen. Bei allem betonte sie, was dem Herrn gefiel und was nicht. Wenn er unartig war, dann wurde er nicht einfach gestraft, sondern er hörte dann, daß es dem Herrn nicht wohlgefiele.

So macht es eine rechte Mutter bei der Erziehung. Sie macht dem Kind frühzeitig klar, daß es mit seinen Unarten, mit seiner Sünde, den *Herrn* betrübt. Eine rechte Mutter hält ihr Kind nicht nur an, daß es sie um Verzeihung bitten muß, sondern bittet mit dem Kinde gemeinsam um Vergebung.

Nur so bekommt das Kind das Gefühl, daß die Augen Gottes es überall begleiten, und daß es dem Herrn für alles Tun und Lassen Rechenschaft und Verantwortung schuldig ist. –

Als Joas zum König ausgerufen wurde, war er erst sieben Jahre alt. Er war ein frommes Kind, allerdings nur, solange er unter Jojadas Einfluß stand. Nachher zeigte sich, daß er Ahasjas Sohn war, daß das Blut des götzendienerischen Ahab in seinen Adern floß.

Es ist eine traurige Geschichte, daß ein Mann, der so erzogen worden war, sich nachher dem Götzendienst ergab.

Als Jojada gestorben war, im hohen Alter von 130 Jahren, da kamen andere Räte auf, die den König veranlaßten, den früheren Götzendienst wieder einzuführen. Und er tat es.

Gott erbarmte sich über Sein armes Volk und über den König und erweckte den Sohn des Priesters Jojada, Sacharja, daß er als Prophet auftrat und das Volk auf seine Sünde hinwies. Das erbitterte das Volk – der König gab seine Einwilligung – und Sacharja wurde gesteinigt (2. Chron. 24, 17–22).

Es war gut, daß die Mutter Joseba das nicht mehr erlebte! Sonst hätte sie am Ende gesagt: Wenn ich dich doch nicht errettet hätte aus Athaljas Hand! Es wäre ein herber Schmerz für sie gewesen!

Aber ob wir nun Erfolg haben oder nicht, lasset uns wirken, solange es Tag ist. Ob bei unserer Arbeit etwas herauskommt oder nicht, das weiß Gott, der Herr, allein. Joas würde der Tante, wenn sie noch am Leben gewesen wäre, Kummer und Herzeleid bereitet haben. Aber um so größer wäre die Freude über den Sohn Sacharja gewesen, den Gott zu Seinem Propheten berief. Wenn auch in dem einen Herzen der Same des Wortes nicht recht gedeiht, dann wächst er in einem andern um so besser.

Das möchte ich allen sagen, die mit der Jugend zu arbeiten haben, allen Lehrern und Kinderkirchhelfern und Pastoren. Es ist ein mühevolles und schwieriges Arbeiten, weil man so wenig Frucht sieht. Es ist eine Saat der Hoffnung. Wie oft kommt es vor, daß alle Liebesmühe sich als ganz vergeblich erweist, daß ein Herz sich dem Guten durchaus verschließt. Oder es erweckt einen frommen Schein, solange der gute Einfluß dauert; aber sobald der zu Ende ist, dann gewinnen die Verführerstimmen die Oberhand.

Das kann einen oft fast entmutigen. Ich bekenne selbst: am allerschwersten wurde mir immer der Konfirmandenunterricht. Ich wollte so gern, so gern die jungen Menschen zu Jesus führen. Erst war die Gleichgültigkeit und Leichtfertigkeit so groß, daß man ihnen gar nicht nahekommen konnte. Später, vor der Konfirmation, wurden sie zugänglich und offen. Man hoffte und betete. Und dann kam die Konfirmation – jetzt traten die Kinder ins Leben hinaus und – wie schnell war oft der gute Eindruck verwischt!

Und doch, wenn nur *ein* Sacharja unter der Schar ist, dann ist die Arbeit nicht vergeblich gewesen. Wenn nur einer gelernt hat, daß eine völlige Übergabe an den Herrn uns retten und glücklich machen kann, dann ist kein Grund zum Klagen und Zagen vorhanden! Denn jede einzelne Menschenseele hat einen unermeßlichen Wert!

Darum getrost weiter! Und wenn auch viele Blüten sich als taub erweisen und keine Frucht ansetzen, es ist doch nicht alles umsonst.

Darum wollen wir ruhig weiter säen und weiter beten in den Schulen, in den Kindergottesdiensten und im Konfirmandenunterricht. Das Wort hat doch die Verheißung, daß es nicht leer zurückkommen wird, und auch eine Arbeit, wie sie Joseba tat, ist nicht umsonst und vergeblich!

Jedida

Jedida? Wer ist denn Jedida? So werden gewiß viele fragen. Sie steht zwar in der Bibel, aber sie ist vergessen. Aber sie ist zu Unrecht vergessen, denn sie ist eine Große im Reich Gottes gewesen, eine Heldin des Glaubens. Wir wollen ihr heute einen Denkstein setzen. Sie ist es wert, daß man ihrer gedenkt.

Wo steht denn etwas von Jedida?

2. Könige 22, 1 heißt es: »Josia war acht Jahre alt, da er König ward, und regierte 31 Jahre zu Jerusalem. Seine Mutter hieß Jedida, eine Tochter Adajas, von Bozkath.«

Im folgenden Vers wird uns dann erzählt: »Und er tat, was dem Herrn wohlgefiel, und wandelte in allem Wege seines Vaters David, und wich nicht, weder zur Rechten noch zur Linken.«

Aber was ist denn da so Besonderes von Jedida gesagt? Um das zu verstehen, müssen wir einen Blick auf die Zeitverhältnisse werfen.

Manasse, der Sohn Hiskias, war ein gottloser Mensch. Hatte Hiskia die Säulen auf den Höhen zerstört, so richtete Manasse sie wieder auf. Er baute dem Baal und der Aschera, der Göttin der Zügellosigkeit und Wollust, allenthalben Altäre. Ja, sogar der Tempel Jehovas wurde entweiht durch solche Götzenaltäre.

Es war dem König ernst mit seinem Götzendienst. Das bewies er dadurch, daß er seinen eigenen Sohn dem Moloch opferte. Überhaupt galt ein Menschenleben nicht viel zu seiner Zeit. »Er vergoß sehr viel unschuldiges Blut, bis daß Jerusalem aller Orten voll ward.« Und dieses Schreckensregiment dauerte 55 Jahre, mehr als ein halbes Jahrhundert.

Wie kurz war das Regiment, das Napoleon I. einst in

Deutschland führte. Und wie viele Deutsche waren in dieser Zeit französisch geworden! Wie viele gaben sich dazu her, Spione und Agenten des Machthabers zu sein gegen ihre eigenen Volksgenossen! Und Manasses Regierung dauerte 55 Jahre; das sind zwei Menschenalter. Ist es da ein Wunder, daß das Volk seinen Gott vergaß? Daß ein Abfall von Jehova erfolgte, wie es nie zuvor gewesen war?

Manasse tat gründliche Arbeit. Er nahm dem Volk nicht nur seinen Gott, er nahm ihm auch seine Bibel. Es gab ja damals noch nicht viele Bücher, weil sie von Hand geschrieben werden mußten. Da konnten die Leute keine Bibel im Haus haben, wie wir heutzutage; sie waren darauf angewiesen, daß der Priester sie vorlas. Das hörte nun auf. Die Bibel wurde beseitigt. Ein halbes Jahrhundert lang gab es keine Bibel mehr. Sie schien ausgerottet und verschwunden zu sein.

Nach 55 Jahren schloß der König endlich seine Augen. Aber das Volk konnte noch nicht aufatmen, denn sein Sohn Amon, der nun den Thron bestieg, wandelte gänzlich in den Bahnen seines Vaters.

Da riß dem Volk die Geduld. Es bildete sich eine Verschwörung, die den König ermordete und seinen Sohn Josia auf den Thron erhob.

Da setzen die beiden Verse ein, die ich vorhin erwähnt habe. Josia war ein Knabe von acht Jahren, als er König wurde. Und er tat, was dem Herrn wohlgefiel, sein Leben lang.

Wie konnte Josia im Hause eines solchen Vaters und Großvaters als ein Kind voll Glaubens an Jehova heranwachsen? Das war seiner Mutter Werk! Das war Jedidas Verdienst.

Wenn je eine Mutter es schwer hatte, ihre Kinder im Glauben an Gott zu erziehen, dann hatte Jedida es schwer. Bei ihrem Mann fand sie ja offene Feindschaft gegen Jehova. Und ihr Schwiegervater verfolgte den Glauben an Gott, wie und wo er nur konnte.

Und doch hielt Jedida an ihrem Glauben fest. Und doch erzog sie ihren Sohn für Gott. Das war etwas Großes, das war ein Stück Heldentum.

Es war eine Fügung von Gott, daß Josia in so jungen Jahren auf den Thron kam. Wenn er älter geworden wäre, wenn er erst die Luft am Hofe Amons geatmet hätte – wer weiß, ob er nicht auch verdorben wäre! So viele, die einen schönen Anlauf genommen hatten, sind wieder zurückgegangen, wenn sie in schwierige Verhältnisse kamen.

In diesem Alter hatte die Atmosphäre am Hof den kleinen Josia noch nicht vergiften können; da stand er noch ganz unter dem Einfluß seiner frommen Mutter Jedida.

Was hat Jedida für ein großes und gesegnetes Werk getan, als sie ihren Sohn für Gott aufzog! Josia richtete den Dienst Jehovas wieder ein – und gab dem Volke die vergessene Bibel wieder. Und wem dankte das Volk diese gesegnete Zeit? Nächst Gott dem treuen, stillen Werk Jedidas.

Es gibt Menschen, die entschuldigen ihre religiöse Gleichgültigkeit damit, daß sie sagen: Meine Verhältnisse erlauben es mir nicht, für Gott zu leben. Spricht man mit ihnen über ihr erbärmliches weltangepaßtes Christentum, so sagen sie: »Ja, Sie haben gut reden! Wenn Sie in meiner Lage wären, dann sprächen Sie anders!«

Ist das eine Entschuldigung? Nie und nimmer! Ist das eine Entschuldigung, daß dein Mann anderer Ansicht ist? Und nun meinst du, du müssest Rücksicht auf ihn nehmen?

Jedida hatte auch einen Mann, der anderer Ansicht war; aber sie hielt doch an ihrem Glauben fest.

Gewiß sind die Verhältnisse der Menschen sehr verschieden. Die eine lebt in einem gläubigen Haus, an der Seite eines entschiedenen Christen, und die andere ist an einen Trunkenbold gebunden oder an einen Spötter und Flucher. Aber wenn die Verhältnisse auch noch so schwierig sind – es ist dennoch möglich, im Glauben zu leben, das zeigt uns das Bild Jedidas.

Auch die Gegenden sind sehr verschieden. Es gibt Gegenden, wo das Wort Gottes eine Macht ist, wo das Volk Gottes sehr zahlreich ist. Und es gibt andere Gegenden, wo das Wort rar ist, wo auf den Kanzeln liberale Prediger stehen, und wo unter den Kanzeln leere Bänke sind. Da ist es freilich nicht so leicht, ein Leben des Glaubens zu führen, wo man statt Förderung und Anregung nur Hindernis und Verfolgung hat. Aber ist es in solchen Verhältnissen und Gegenden unmöglich, als Christ zu leben?

Es ist eine merkwürdige Tatsache, aber es ist wahr: In Gegenden, wo es viele Kinder Gottes gibt, gibt es auch viel Gleichgültigkeit unter den Gläubigen; aber in Gegenden, wo die Gläubigen durch Verfolgung und Feindschaft hindurch müssen, da gibt es Leute, die ohne Furcht und Zagen ihrem Gott zur Verfügung stehen.

Es gibt Mütter, die darüber klagen, daß sie so wenig für Gott tun können. Ach, sagen sie, die Kinder nehmen mich so in Anspruch; ich kann doch gar nichts für den Herrn tun. Da haben es Unverheiratete doch besser!

Jedida erzog ihren Sohn für Gott. Weiter konnte sie nichts für Ihn tun. Sie konnte die Politik ihres Mannes und ihres Schwiegervaters nicht beeinflussen. Sie konnte nichts Großes und Öffentliches wirken. Aber sie konnte ihren Sohn Gott zuführen.

War das nichts? Ein ganzes Volk wurde dadurch gesegnet!

Und wenn du klagst, du könntest nichts für Gott tun, du Mutter – sei treu in deiner Kinderstube! Erziehe deine Kinder für Gott, gib ihnen die rechte Ausrüstung mit für den Kampf des Lebens. Unsere Zeit ist eine ernste Zeit. Die Finsternismächte nehmen überhand. Da brauchen wir Männer, die fest und treu auf Gottes Seite stehen. Und um solche Männer zu bekommen, braucht Gott Frauen wie Jedida, die ihre Kinder Gott weihen.

Blick nicht auf andere; tu du deine Arbeit, und wenn sie dir auch geringfügig erscheint, für Gott. Die größte Arbeit, die verantwortungsvollste Arbeit ist die Arbeit einer Mutter. Tu deine Mutterarbeit wie Jedida und erziehe deine Kinder für Gott – auch wenn dein Mann ein Ungläubiger ist!

Darum, was du auch zu tun hast, wo du auch stehst, unter was für Verhältnissen du auch lebst, gib dich Gott hin. Er wird eine Jedida aus dir machen, Er wird dich vielen zum Segen setzen! Und wenn dir der Mut auch einmal schwinden will, wenn du zusammenbrechen willst unter der Last deiner Verhältnisse – dann denke an Jedida.

Hulda

In dem vorigen Bild haben wir die Verhältnisse der Zeit bereits kennengelernt, in der Hulda lebte. Ihr Name wird im selben Kapitel genannt, wie der der Königin Jedida. Wir lesen über sie in 2. Könige 22, 14–20.

Als der König Josia den Tempel wiederherstellen, seine Schäden ausbessern und die Götzenaltäre abbrechen ließ, da wurde versteckt und verborgen die Bibel aufgefunden. Man meldete den Fund dem König. Er ließ sie bringen und sich daraus vorlesen.

Wie erschrak er aber, als er Gottes Wort und Willen daraus kennenlernte! Denn er mußte sich sagen, daß sein Leben und vollends das Leben seines Volkes sehr wenig in Übereinstimmung mit dem Worte Gottes gewesen war. Darum fürchtete er den Zorn Gottes, weil Sein Wort so ganz und gar vergessen und verachtet worden war.

Was wird Gott nun tun? Das war die Frage, die ihn bewegte. Darum gebot er seinen Priestern und Beamten: »Gehet hin und fragt den Herrn für mich, für das Volk und für ganz Juda um die Worte dieses Buches, das gefunden ist; denn es ist ein großer Grimm des Herrn, der über uns entbrannt ist, darum daß unsere Väter nicht gehorcht haben den Worten dieses Buchs, daß sie täten alles, was drinnen geschrieben ist.«

Und wie fragten sie den Herrn? »Da gingen hin Hilkia, der Priester, Ahikam, Achbor, Saphan und Asaja zu der Prophetin Hulda, dem Weibe Sallums, des Sohnes Thikwas, des Hüters der Kleider, und sie wohnte zu Jerusalem im andern Teil; und sie redeten mit ihr. Sie aber sprach zu ihnen: So spricht der Herr, der Gott Israels: Saget dem Mann, der euch zu mir gesandt hat: So spricht der Herr: Siehe, Ich will Unglück über diese Stätte und ihre Einwohner bringen, darum, daß sie Mich verlassen und andern Göttern geräuchert haben . . . Aber dem König Judas sollt ihr so sagen: Darum, daß dein Herz erweicht ist über den Worten, die du gehört hast, und hast dich gedemütigt vor dem Herrn . . . und hast deine Kleider zerrissen und hast geweint vor Mir, so hab Ich's auch erhört, spricht der Herr. Darum will Ich dich zu deinen Vätern sammeln, daß du mit Frieden in dein Grab versammelt werdest und deine Augen nicht sehen all das Unglück, das Ich über diese Stätte bringen will.«

Das ist es, was uns die Bibel von der Prophetin Hulda erzählt. Es ist nicht viel. Und doch ist es etwas Großes, was von ihr gesagt wird.

Welch ein Ansehen muß sie im Volke besessen haben, daß die königliche Abordnung, der Priester Hilkia voran, zu ihr geht, um von ihr Gottes Willen zu erfahren! Daraus geht klar hervor, daß sie eine Frau voll des Heiligen Geistes war.

Wenn Manasse und Amon auch meinten, die Anhänger Jehovas seien ausgerottet, so gab es doch noch treue Seelen, die am Glauben der Väter festhielten. Wie Jedida eine treue Bekennerin am Hofe und auf dem Throne war, so war es Hulda im Volke.

Ein Weib voll Heiligen Geistes war Hulda. Bist du das auch? Vielleicht sagst du, wie man so oft hören und lesen kann: Hulda war eine Ausnahme! Ja, gewiß war Hulda eine Ausnahme. Aber in einem andern Sinne, als du meinst. Was im Alten Testament Ausnahme war, das sollte bei uns, die wir dem Neuen Bunde angehören dürfen, die Regel sein. Während es im Alten Bunde nur einige Prophetinnen gab, sollten jetzt alle gläubigen Frauen Prophetinnen sein.

Als am ersten Pfingstfest der Heilige Geist ausgegossen wurde, mußte Petrus einen gehässigen Spott abwehren, der laut wurde. Etliche hatten gesagt: »Sie sind voll süßen Weines.« Da sagte er: »Diese sind nicht trunken, wie ihr wähnet, sondern das ist es, was durch den Propheten Joel zuvor gesagt ist: Und es soll geschehen in den letzten Tagen, spricht Gott, Ich will ausgießen von Meinem Geist auf alles Fleisch; und eure Söhne und eure Töchter sollen weissagen . . ., und auf Meine Knechte und auf Meine Mägde will Ich in denselbigen Tagen von Meinem Geist ausgießen, und sie sollen weissagen.«

Wenn Petrus sagt, daß diese Weissagung des Propheten Joel sich hier erfülle, so ist ganz klar, daß auch Frauen am ersten Pfingstfest weissagend, d. h. predigend, aufgetreten sind. Joel spricht ja davon, daß Gottes Geist auf *alles* Fleisch ausgegossen werden würde, daß nicht nur die Söhne, sondern auch die Töchter, nicht nur die Knechte, sondern auch die Mägde weissagen würden. Wenn *keine* Frauen geredet hätten, dann hätte diese Prophetenstelle ja gar nicht gepaßt.

Es ist nicht Gottes Absicht, einige wenige Frauen als Prophetinnen zu gebrauchen, sondern Er will *alle* dazu machen. Nicht nur eine Gräfin Waldersee, eine Frau Ufer-Held, ein Fräulein Wasserzug, eine Schwester Eva von Tiele-Winckler sollen »weissagen« als Ausnahmen von der Regel, sondern *du* solltest auch weissagen.

Warum gibt es so wenig Prophetinnen in unserer Zeit? Weil es so wenig Frauen gibt – an Männern ist auch kein Überfluß vorhanden –, die sich dem Heiligen Geist öffnen, daß Er in ihnen und durch sie wirken kann.

Solange das Herz voll ist vom Irdischen, Eitlen, Vergänglichen, solange die Sünde das Herz erfüllt in ihren verschiedenen Gestalten und Arten, so lange ist kein Raum für die Fülle des Heiligen Geistes. Man kann nicht voll Geistes werden, wenn das Herz noch mit allen möglichen andern Dingen angefüllt ist.

Ist dein Herz schon leer geworden? Ist der alte Sauerteig weltlichen Wesens und sündigen Lebens schon ausgefegt?

Als Jesus in den Tempel kam und sah, was sich da alles eingenistet und eingeschlichen hatte, da machte Er sich eine Geißel und trieb alles aus, was den Tempel entheiligte und entweihte. Da waren Wechslertische, da waren Taubenkäfige und allerlei, was nicht dahin gehörte. Ohne Gnade trieb Er alles hinaus, was zu dem »Bethaus« nicht paßte.

Wie sieht es in deinem Herzen aus? Stehen da vielleicht auch die Wechslertische? Hängt dein Herz am Geld? Bist du geizig? Du meinst natürlich, du seiest nicht geizig, du seiest nur sparsam. Aber Gott nennt oft das Geiz, was die Menschen Sparsamkeit nennen.

Und gibt es da keine Tauben in deinem Herzen? Ich meine die losen Geschwätze, den leichtfertigen Klatsch, der durch deine ganze Gegend fliegt und so furchtbar viel Schaden anrichtet. Beherbergst du solche Flattervögel in deinem Herzen? Der Klatschgeist ist ein Feind des Heiligen Geistes!

Darum bitte den Heiligen Geist:

> Entdecke alles und verzehre,
> was nicht in Deinem Lichte rein,
> wenn mir's gleich noch so schmerzlich wäre!
> Die Wonne folget nach der Pein.
> Du wirst mich aus dem finstern Alten
> in Jesu Klarheit umgestalten.

Die Prophetin Hulda wohnte im andern Teil der Stadt, so lesen wir. Aber man kannte sie doch. Gerade wie ein scheinendes Licht nicht verborgen sein und bleiben kann, sondern seinen Schein weithin wirft, so kann auch ein Mensch, der mit dem Feuer von oben getauft ist, nicht verborgen bleiben.

Und wahren Gläubigen, deren Frömmigkeit in der Kraft aus der Höhe besteht, denen kann auch die ungläubige Welt ihre Achtung und Anerkennung nicht versagen. Und wärest du auch »nur« eine arme Frau, es wird von dir ein Einfluß ausgehen, wenn du mit deinem Gott in Verbindung stehst. Der Herr wird dich brauchen wie Hulda.

Kaum haben die Abgeordneten sie gefragt, was der Wille Gottes sei, da gibt sie ihnen alsbald die Antwort. Daraus ersehen wir, daß sie sich darauf verstand, mit Gott zu reden und Aufträge und Antworten von Ihm zu erbitten. Sie stand im Gebetsdialog mit Gott. Sie führte ein Leben des Gebets.

Man kann nur dann voll des Heiligen Geistes werden und bleiben, wenn man ein Leben des Gebets führt. Ohne fortwährende Verbindung zu Gott ist es unmöglich, ein Geistesmensch zu sein.

Was ist denn das: ein Gebetsleben führen? Wenn du morgens dein Morgengebet sprichst und abends dein Abendgebet und mittags dein Tischgebet, so ist das noch lange kein Gebets*leben*, das ist Beten, aber noch kein Gebets*leben*. Wer ein Gebetsleben führt, der steht ununterbrochen mit Gott in Verbindung, der tut und sagt und beginnt nichts, auch nicht das Geringste, ohne vorher mit Gott darüber geredet zu haben. Ja, noch mehr, der tut nichts, was Gott ihm nicht aufgetragen hat. Was heißt das? Ich will es noch deutlicher sagen. Manche fangen erst eine Sache an, und dann, wenn sie angefangen haben, bitten sie Gott um Seinen Segen dazu. Wer aber ein Gebetsleben führt, der fängt nichts mehr an, sondern der läßt Gott anfangen. Der fragt: »Herr, was willst *Du*, daß ich tun soll?« Und was Gott dann sagt, das wird einfach ausgeführt.

Ist dein Leben von früh bis spät ein Leben des Gebets?

Es geht eine wunderbare, durchschlagende Macht von solchen Menschen aus, die in ständiger Verbindung mit Gott leben. Da kommt Mose vom Berg – und das Volk tanzt um das Goldene Kalb. Mose ergrimmt und ruft die wenigen Getreuen zusammen: »Her zu mir, wer dem Herrn angehört!« Und diese wenigen erschlagen 3000

Mann. Hatte das Volk nicht die überwiegende Majorität? Warum wagte es denn nicht, gegen Mose vorzugehen? Weil Mose vor Gott gestanden hatte auf dem Berg. Weil der Umgang, in dem Mose mit Gott stand, ihm eine unbesiegbare Kraft verlieh.

Eine andere Geschichte. Da steht auf dem Karmel der Prophet Elia allein dem götzendienerischen Volke mit den Hunderten von Baalspriestern gegenüber. Hätten sie nicht Macht gehabt, kurzen Prozeß mit ihm zu machen und ihren Gegner zu beseitigen? Nein, sie hatten keine Macht; denn hinter ihm stand der allmächtige Gott.

Wie war Paulus ein Mann des Gebets! Geistesmenschen sind stets Gebetsmenschen.

Und man kann kein Gebetsmensch sein ohne Gehorsam. Das ist das andere.

Als Hulda Gott fragt, gibt Gott Antwort. Das ist nichts Wunderbares. Wer betet, der weiß, daß Gott die Gebete Seiner Kinder hört und sie beantwortet. Aber es ist eine furchtbare Antwort, die Gott gibt. Er verheißt dem Volk Untergang und Verderben zur Strafe für seine Gottvergessenheit. Nur soll die Strafe nicht während der Regierung Josias erfolgen, sondern erst nach seinem Tode. So belohnt Gott die Treue des Königs, daß Er ihm den Anblick erspart, wenn Gott Sein Volk züchtigt.

Das war eine furchtbare Antwort, eine schreckliche Ankündigung. Aber Hulda verschweigt kein Wort. Sie hätte vielleicht sagen können: Gott wird um des Königs willen das Volk verschonen und ihm Gnade zuteil werden lassen. Das wäre ja Wahrheit gewesen. Aber es wäre nur die halbe Wahrheit gewesen.

Was auch daraus werden mag, Hulda sagt die ganze Wahrheit. Ob die Leute sie dafür steinigen oder nicht, darum kümmert sie sich nicht.

Das ist ein Kennzeichen von Geistesmenschen. Sie sind gehorsam, ohne nach den Folgen zu fragen. Wer immer ängstlich ist, ob er auch nicht etwas von seiner Beliebtheit verliert, ob es auch keine unangenehmen Folgen für ihn hat, der ist ganz gewiß kein Mensch, der sich vom Geiste Gottes leiten läßt.

Wenn Elia an die Folgen gedacht hätte, die sein kühnes Vorgehen hätten haben können, er wäre nie mit der Meldung zum König Ahab gekommen: »Es soll diese Jahre weder Tau noch Regen kommen, ich sage es denn!«

Und niemals wäre Nathan zu David gegangen mit der Predigt: »Du bist der Mann!«, wenn er daran gedacht hätte, daß er dabei seinen Hals riskierte.

Niemals wäre Johannes der Täufer zu seinem Fürsten gegangen mit der Botschaft: »Es ist nicht recht, daß du deines Bruders Weib hast«, wenn er um sich und seine Zukunft besorgt gewesen wäre.

Geistesmenschen sind gehorsam. Sie richten die erhaltenen Aufträge aus, unbekümmert darum, was daraus wird. Sie denken nicht an ihre Beliebtheit oder daran, daß sie es mit jemand verderben können. Sie stehen nicht vor Menschen; sie stehen vor Gott. Bismarck hat einmal das Wort gesprochen: »Wir Deutsche fürchten Gott und sonst nichts auf der Welt.« Das klingt sehr schön. Aber ist es auch wahr? Ach, wieviel Menschenfurcht ist allüberall zu finden! Wieviel Menschenfurcht auf den Kanzeln! Viele Pastoren wollen nur ja niemand zu nahe treten, darum wickeln sie Watte um das Schwert des Geistes. Nur ja nicht die volle biblische Wahrheit! Nur ja das Wort »Bekehrung« nicht aussprechen! Das könnte jemand übelnehmen! Da könnte sich jemand beleidigt fühlen!

Haben die Apostel auch so gedacht? Hat Stephanus auch so gedacht? Nein, Geistesmenschen fragen nicht: Was folgt daraus? Sie sind einfach ihrem Gott gehorsam.

Nun, fehlt es dir vielleicht auch an Mut? Dann fehlt es dir an Geist! Der Geist macht mutig, das sehen wir an den

Jüngern, die erst so furchtsam hinter verschlossenen Türen saßen und dann so mutig vor allem Volk von dem Gekreuzigten redeten.

Wenn es dir an Mut und Kraft, an Segen und Sieg fehlt, liefere dich deinem Gott völlig aus, daß Er dich lösen kann von allem Eigenen. Dann wirst du eine Prophetin werden, ein Werkzeug des Herrn, eine Vertraute Gottes, der Er Sein Wort und Seinen Willen kundtut.

Wer du auch bist, dir gilt das Wort der Schrift: »Werdet voll Geistes!«

Esther

Das letzte Frauenbild im Alten Testament, bei dem wir verweilen wollen, ist das Esthers. Ein ganzes Buch der Bibel, das ihren Namen trägt, erzählt uns von ihr. Auf den ersten Blick wundert man sich, daß dieses Buch in der Bibel steht, weil so gar nichts Göttliches darin ist; der Name Gottes kommt z. B. nicht ein einziges Mal vor. Aber wenn man genauer hinsieht, so findet man doch, daß es auch Vorbilder und Hinweise enthält, die auf Jesus hindeuten, wie jedes andere Buch der Heiligen Schrift.

Zunächst will ich in kurzen Zügen Esthers Geschichte erzählen.

Der König Ahasverus oder Xerxes hatte ein großes Fest veranstaltet, bei dem es hoch herging. Als seine Freude aufs höchste gestiegen war, gab er Befehl, seine Gemahlin, die Königin Vasthi, zu rufen, damit er sie dem Volke zeige und sich an ihrer Schönheit erfreue.

Aber die Königin Vasthi weigerte sich zu kommen. War es ihr zuwider, in den Kreis der Männer zu kommen, die dem Weine reichlich zugesprochen hatten – war es ihr zuwider, den Blicken einer neugierigen Menge zur Schau gestellt zu werden – oder was es sonst war – kurz, sie verweigerte den Gehorsam und kam nicht.

Das ließ sich der König natürlich nicht gefallen. Und seine Räte bestärkten ihn in seinem Zorn. Sie sagten: Wenn das der Königin ungestraft durchgeht, dann wird nachher keine Frau mehr im ganzen Lande ihrem Manne den schuldigen Gehorsam erzeigen.

Die Königin Vasthi wird zur Strafe für ihren Ungehorsam ihrer Würde enthoben und vom Hofe verbannt.

Wer wird den leeren Thron der Königin nun einneh-

men? In allen Landen sucht man nach einer Nachfolge-
rin, deren Schönheit ihr ein Anrecht auf die Zuneigung
des Königs gibt. Unter den Jungfrauen, die man dem
Könige vorführt, ist auch ein schönes Mädchen aus dem
Volk der Juden, Hadassa, d. i. Myrthe, mit Namen. Ihre
Eltern waren tot. So war sie im Hause ihres Vormunds
und Oheims Mardochai aufgewachsen.

Gott fügte es, daß sie die Liebe des Königs gewann.
Unter dem Namen Esther, d. i. Stern, bestieg sie den
Thron einer Königin von Persien.

Aber ist das denn nicht gegen göttliche Bestimmungen
und Gebote? Hat Gott denn nicht die Vermischung mit
den Heiden aufs strengste verboten? Freilich, das hat Er.
Aber doch war diese Heirat von Gott gefügt, weil Er
besondere Zwecke damit verfolgte. So wie Er den Joseph
in Ägypten haben wollte, um in der Zeit der Teuerung
die Familie Jakobs zu bewahren, so brauchte Er Esther
auf dem Throne Persiens, um das jüdische Volk aus der
furchtbaren Gefahr zu erretten, die durch den Günstling
Haman über die Juden gebracht wurde.

Mit steigendem Neid sah Haman auf die Juden, deren
Einfluß und Reichtum immer mehr wuchs. Und einen
besonderen Haß trug er gegen Mardochai, Esthers
Oheim. Um ihn zu beseitigen, plante er einen vernich-
tenden Schlag gegen das ganze Judenvolk. Es sollte an
einem bestimmten Tage ausgerottet werden.

Er wußte den König durch das Versprechen der großen Beute, die dabei zu machen wäre, zu gewinnen. So
ging der Blutbefehl denn aus, daß im ganzen Reich an
einem bestimmten Tag alle Juden, Männer und Frauen,
alt und jung, getötet werden sollten. Die Regierung gab
das Zeichen zum Morden, und die Soldaten und Offi-
ziere führten den Mordbefehl aus.

Entsetzen und Bestürzung bemächtigte sich der
erschreckten Juden, als an allen Straßenecken Plakate
mit diesem Blutbefehl angeschlagen wurden. Mardochai

ging, um seinem Schmerze Ausdruck zu geben, mit zerrissenen Kleidern, das Haupt voll Asche, durch die Straße, bis unter die Fenster des Palastes, um von Esther gesehen zu werden. Sie sah ihn und erschrak; denn sie wußte von dem Erlaß nichts. In ihren Frauengemächern hatte sie nichts von dem neuen Kurs der Hamanschen Politik gehört. Sie schickte ihm Kleider, die er anlegen sollte; aber er weigerte sich. Er gab dem Kämmerer, den sie ihm gesandt hatte, die Abschrift des Befehls und erzählte ihm alles, was geschehen war. Auch trug er ihm auf, er solle Esther in seinem Namen auffordern, den König um Gnade für ihr Volk zu bitten.

Das war eine Zumutung für Esther! Denn es war streng verboten, daß jemand ungerufen zum König ging. Wer dem König unter die Augen kam, ohne von ihm befohlen und bestellt zu sein, der war ein Kind des Todes.

Das ließ Esther dem Mardochai antworten, um ihm zu sagen, sein Plan sei ganz unausführbar.

Aber Mardochai war unerbittlich. Er ließ ihr zurücksagen: »Gedenke nicht, daß du dein Leben retten wirst, weil du im Hause des Königs bist. Wenn alle Juden sterben müssen, dann wird es auch für dich keine Gnade geben. Du darfst jetzt nicht schweigen; denn um dieser Zeit willen bist du unstreitig zur königlichen Würde gekommen.«

Da faßte Esther einen großen Entschluß. Sie entschloß sich, die Rettung ihres Volkes zu versuchen, und wenn es ihr Leben kosten würde. Aber sie wollte nicht ohne Gottes Hilfe ans Werk gehen. Darum gebot sie Mardochai: »Versammle alle Juden, die zu Susan vorhanden sind, und fastet für mich, daß ihr nicht esset und trinket in drei Tagen, weder Tag noch Nacht; ich und meine Dirnen wollen auch also fasten. Und also will ich zum König hineingehen wider das Gebot. *Komme ich um, so komme ich um.*«

Und so geschah es. Drei Tage lang lag sie vor ihrem Gott und betete, daß Er das Herz des Königs lenken möchte. In den sogenannten Apokryphen ist uns das Gebet der Esther aufbewahrt oder wenigstens ein Gebet, das ihr in den Mund gelegt ist. Es ist so schön, daß ich es mir nicht versagen kann, es hier folgen zu lassen, zumal die meisten Bibeln die apokryphischen Bücher nicht enthalten.

Sie betete zu dem Gott Israels und sprach:

»Herr, der du allein unser König bist, hilf mir Elenden! Ich habe keinen andern Helfer denn Dich; und die Not ist vor Augen. Ich habe von Kind auf in meines Vaters Geschlecht gehört, Herr, daß Du Israel aus allen Heiden gesondert und unsere Väter von alters her zum ewigen Erbe angenommen und ihnen gehalten, was Du geredet hast. Wir haben vor Dir gesündigt; darum hast Du uns übergeben in unserer Feinde Hände. Herr, Du bist gerecht; denn wir haben ihre Götter geehrt. Aber nun lassen sie sich nicht daran genügen, daß sie uns in großem Zwang halten, sondern sie haben ihre Hände gelegt auf ihrer Götzen Hände, daß sie wollen Deine Verheißung zunichte machen und Dein Erbe ausrotten und den Mund derer, so Dich loben, verstopfen und die Ehre Deines Tempels und Altars vertilgen und den Heiden das Maul auftun, zu preisen die Macht der Götzen und ewiglich zu rühmen einen sterblichen König. Herr, gib nicht Dein Zepter denen, die nichts sind, daß sie nicht unsers Jammers spotten, sondern wende ihr Vornehmen wider sie und zeichne den, der das wider uns anrichtete. Gedenke an uns, Herr, und erzeige Dich in unserer Not und stärke mich, Herr, Du König aller Götter und Herrschaften! Lehre mich, wie ich reden soll vor dem Löwen und wende sein Herz, daß er unserm Feinde gram werde, auf daß derselbe samt seinem Anhang umkomme. Und errette uns durch Deine Hand und hilf mir, Deiner Magd, die keine andere Hilfe hat denn Dich,

Herr, allein, der Du alle Dinge weißt und erkennest, daß ich keine Freude habe an der Ehre, die ich bei den Gottlosen habe, auch keine Lust an der heidnischen und fremden Heirat. Du weißt, daß ich's tun muß und nicht achte den herrlichen Schmuck, den ich auf meinem Haupte trage, wenn ich prangen muß, sondern halte es wie ein unreines Tuch und trage es nicht außer dem Gepränge. Auch habe ich nie mit Haman gegessen noch Freude gehabt am königlichen Tisch, noch getrunken vom Opferwein. Und Deine Magd hat sich nie gefreut, seit ich bin hierher gebracht, bis auf diese Zeit, nur Deiner allein, Herr, Du Gott Abrahams. Erhöre die Stimme der Verlassenen, Du starker Gott über alle, und errette uns von der Gottlosen Hand und erlöse mich aus meinen Nöten.«

Als Esther so drei Tage lang ihr Herz vor Gott ausgeschüttet und um Kraft zu ihrem Werke gebeten hatte, ging sie zum König. Und Gott lenkte das Herz des »Löwen«, daß er ihr gnädig war. Statt sie mit dem Tode zu bestrafen, sagte er ihr zu, eine Bitte zu erfüllen.

Sie hatte wohl eine große Bitte im Herzen; aber die rechte Stunde war noch nicht gekommen, sie auszusprechen. Darum lud sie den König und seinen Günstling Haman zum Mahl ein, dann wollte sie ihre Bitte vorbringen.

Haman glaubt jetzt am Ziel seiner Wünsche zu sein. Allein zu Gast geladen zu werden mit dem Königspaar, das ist eine Ehre, die ihm noch nie widerfahren ist. Schon im voraus richtet er einen großen Baum auf, an dem Mardochai aufgehängt werden soll.

Aber es kommt anders. Gott fügt es so, daß der König in der folgenden Nacht nicht schlafen kann. Da läßt er sich aus der Chronik seiner Regierung vorlesen. Und da kommt der Vorleser an den Bericht, wie einst Mardochai eine Verschwörung entdeckt hat, die gegen das Leben des Königs gerichtet war. Er sinnt nach und fragt: Was ist dem Mardochai dafür geworden? Er bekommt die Antwort: Nichts ist ihm dafür geworden. Da denkt der König: Das muß nachgeholt werden. Haman ist gerade zur Hand, so fragt er ihn, wie er mit einem Manne verfahren soll, den er gern ehren wolle. Haman denkt nicht anders, als der König wolle *ihn* auf diese Weise ehren. Darum gibt er allerlei großartige Ehrungen an, die man dem Manne zufügen solle, den der König gern ehren wolle. Aber siehe da, er muß diese Ehren dem Mardochai antun!

Darüber ist er so bekümmert, daß er die Stunde des königlichen Mahles ganz vergißt. Er wird vom königlichen Beamten zur Tafel geholt.

Und bei der Tafel, als der König so recht guter Laune ist und sein Versprechen erneuert, der Königin eine Bitte erfüllen zu wollen, da wagt es Esther, ihren Wunsch auszusprechen.

Sie bittet den König um ihr Leben und um das Leben ihrer Volksgenossen.

Und dabei sagt sie: »Ach, wären wir doch nur zu Knechten und Mägden verkauft, so wollte ich schweigen, so würde der Feind doch dem König nicht schaden. Denn die Juden sind ein tätiges und betriebsames Volk. Wenn sie ausgerottet werden, so wird das der größte Schade für das Reich des Königs sein und für den König selbst. Sie sind die besten Steuerzahler. Darum ist der Anschlag gegen die Juden eigentlich ein verräterischer Anschlag gegen das Reich und gegen den König.«

Von dieser Seite hat der König die Sache noch nicht angesehen. Mit einem Male wird ihm klar, daß er sich von Haman auf einen falschen Weg hat verlocken lassen.

Unwillig steht der König auf und geht durch den Garten. Als er wieder hereinkommt, findet er Haman vor der Königin liegen, die er um sein Leben bittet.

»Was«, denkt der König, »auch die Königin will er antasten?« Und Haman wird an dem Baum aufgehängt, den er für den Mardochai hat errichten lassen. Das ist das Ende des Antisemiten Haman.

Mardochai bekommt die Stellung Hamans. So wunderbar lenkt Gott alles.

Aber der Blutbefehl ist noch nicht aufgehoben. Und das Schlimmste ist, daß er auch nicht aufgehoben werden kann; denn ein königlicher Befehl kann nicht zurückgenommen werden.

Da wagt die Königin noch einen Gang zum König. Die Liebe zu ihrem Volk drängt sie dazu. *»Wie kann ich zusehen dem Übel, das mein Volk treffen würde? Und wie kann ich zusehen, daß mein Geschlecht umkomme?«*

Sie erreicht, daß der König ein Nachwort dem Blutbefehl hinzufügt, in dem den Juden die Erlaubnis erteilt wird, sich zu wehren.

So wird der Tag, der für die Niederlage und Vernichtung des jüdischen Volkes angesetzt war, ein Tag des Sieges und des Triumphes, da Israel siegte über seine Feinde.

Zum Gedächtnis an diese wunderbare Errettung aus der Gefahr feiern die Juden von den Tagen Esthers an bis auf diesen Tag das Purimfest. –

Das ist in kurzen Zügen die Geschichte Esthers, wie sie das Buch Esther uns erzählt.

Wenn wir noch einen Augenblick bei Esther verweilen wollen, so müssen wir von der Entschlossenheit reden, mit der sie für ihr Volk eintritt.

Als Mardochai zum erstenmal das Ansinnen an sie richtet, daß sie den König bitten soll, da fährt sie erschrocken zurück. Da denkt sie: Wie kann ich denn das? Das kann ja mein Leben kosten! Aber dann entschließt sie sich dazu und sagt: »Komme ich um, so komme ich um!«

Und später spricht sie das herrliche Wort: »Wie kann ich zusehen dem Übel, das mein Volk treffen würde? Und wie kann ich zusehen, daß mein Geschlecht umkomme?«

Diese Gesinnung der Königin Esther möchte ich allen gläubigen Frauen – und auch den Männern – wünschen. Denn das war die Gesinnung des Heilands. Warum kam der Sohn Gottes von Seinem Thron herab? Warum verließ Er die Herrlichkeit, die Er beim Vater hatte? Er konnte nicht zusehen, daß das Menschengeschlecht umkam. Es jammerte Ihn des Volkes.

So wie Haman dem Judenvolk Tod und Verderben wünschte, so möchte der alte böse Feind die Seelen der Menschen zugrunde richten. Er hat sich zum Fürsten der Welt zu machen gewußt. Er hat die Herrschaft an sich gerissen. Und es ist ein tyrannisches Regiment, das er führt. Es ist ein Sklavenjoch, in das er seine Untertanen spannt.

Hast du das nicht auch erfahren? Man möchte los, und man kann nicht. Man ist sein eigener Knecht. Man hat gar keinen freien Willen mehr. Und so lebt man dahin – ohne Frieden und ohne Freude, mit einem zerrissenen Herzen und einem beladenen Gewissen. Und wenn kein Helfer kommt, dann wird der Blutbefehl vollstreckt, und man ist verloren für Zeit und Ewigkeit. Aber:

> Siehe da, voll Huld und Gnaden
> kam der Heiland Jesus her.

Er konnte nicht zusehen, daß die Menschen so elend umkamen, weil dieser böse Haman sie zu verderben trachtete. Es war kein leichtes Werk, das Er übernahm. Er wußte, daß es einen Kampf geben würde; Er wußte, daß es Sein Blut kosten würde. Aber Er war auch dazu entschlossen, Sein Leben zu opfern für das Menschengeschlecht. Er sprach mit Entschiedenheit: »Komme Ich um, so komme Ich um!«

Und Er kam um. Er gab Sein Leben hin; aber Er gab es hin zu einer Bezahlung und Erlösung für viele. Nun haben wir die Erlösung durch Sein Blut. Sein Tod brachte uns das Leben. Gelobt sei Sein Name!

Aber nun will der Herr sein Erlösungswerk auf dieser Erde fortführen. Er will die Menschen retten, daß der Herr der Hölle sie nicht ins Verderben stürzen kann. Und da rechnet Er auf unsere Mithilfe. Auch auf deine Mithilfe. Er könnte ganz gut ohne uns Sein Werk treiben. Ganz gewiß. Aber Er erlaubt uns, daß wir Ihm helfen dürfen. Das ist Gnade. Das ist Seligkeit.

Und auf der andern Seite ist es auch eine so furchtbar notwendige Arbeit. Man möchte mit dem Propheten Jeremia in die Worte ausbrechen: »Ach, daß ich Wasser genug hätte in meinem Haupt und daß meine Augen Tränenquellen wären, zu beweinen die Erschlagenen in meinem Volk!«

Ach, wie viele gibt es auch in unserm Volk, die im Rausch ein elendes Ende finden, niedergeschlagen von trunkener Hand! Das schreit gen Himmel.

Hörst du die Stimme des Jammers, die auch dir etwas zu sagen hat? Kannst du zusehen, wie dein Geschlecht umkommt?

Ach ja, man kann oft zusehen und lacht wohl gar darüber, wenn da ein armer Betrunkener der Säuferhölle zutaumelt! Das ist unbarmherzig.

Und ich denke nicht nur an solche Sklaven des Alkohols. Wer hätte nicht in seiner Familie oder in seiner Nachbarschaft solche, die noch nicht gerettet sind, die noch nicht wiedergeboren sind zu einer lebendigen Hoffnung?

Und was tust du, um sie für Gott zu gewinnen? Was tust du, um sie zu retten?

Du sagst vielleicht: »Ich kann nichts tun. Ich bin doch nur eine Frau. Und mein Mann ist nicht für so was.«

Der König Ahasverus war auch nicht »für so was«; aber die Königin Esther versuchte doch die Rettung ihres Volkes. Sie wagte ihr Leben für ihre Brüder. Aber heutzutage ist man oft zu feige, Spott und Hohn und Ausgelachtwerden zu ertragen. Mehr geschieht uns doch heutzutage kaum, wenn wir ein Wort für Jesus sagen.

Es wird eine andere Zeit kommen. Vielleicht ist sie nicht mehr weit entfernt. Die Schrift nennt sie die Zeit der großen Trübsal. Da wird es ans Leben gehen, wenn man Jesus bekennt, wenn man das Zeichen des Tieres nicht annimmt. Da wird wieder Märtyrerblut fließen, da werden wieder Scheiterhaufen lodern.

Die Zeichen der Zeit weisen darauf hin, daß diese letzte Zeit nicht mehr fern ist, daß die letzte Stunde auf der Weltuhr geschlagen hat.

Bist du dafür gerüstet? Wirst du dann, um dein Leben zu retten, mit einstimmen in die Lästerreden der Abtrünnigen und der Empörer, die sich gegen Gott erheben? Oder wirst du dann getrost und unverzagt sprechen: »Komme ich um, so komme ich um!«?

Das wirst du nur dann können, wenn du jetzt dein Herz und Leben deinem Heiland hingibst, wenn du rückhaltlos für Ihn lebst und wirkst. Denn das ist doch ganz klar: Wenn du in kritischer Zeit für Jesus sterben willst, so mußt du in guten Tagen gelernt haben, für Ihn zu *leben*.

Aber dem Herrn sei Dank, wir gehen nicht nur einer Zeit der Trübsal entgegen, sondern – einer großen Errettung. So wie der Tag des Verderbens damals in Persien ein Tag des Sieges und der Errettung für die Juden war, so wird auch für die Kinder Gottes die dunkle Zukunft einen hellen und herrlichen Tag bringen, *wenn Er kommt*.

Wenn die Kinder Gottes sich sehnen und seufzen: »Hüter, ist die Nacht schier hin?« – wenn sie voll Inbrunst flehen und beten: »O komme bald, Herr Jesus!« – dann wird das Zeichen des Menschensohnes in den Wolken erscheinen. Und dann heben Seine Getreuen ihre Häupter auf, weil ihre Erlösung naht.

Wie herrlich, »wenn der Heiland, wenn der Heiland als König erscheint«!

Wartest du auf Ihn?

Wachet und betet, daß ihr fähig seid, vor des Menschen Sohn zu stehen. Wirket, solange es noch Tag ist, weil die Nacht kommt, da niemand wirken kann. Betet und flehet, daß Ihm Kinder geboren werden wie der Tau aus der Morgenröte, daß der Lohn Seiner Schmerzen groß werde und daß Seine Gemeinde bereit sei, den Bräutigam zu empfangen. O daß dein Flehen und Beten wie dein Wirken und Zeugen auf den *einen* Ton gestimmt sein und werden möchte:

Ja, komm, Herr Jesus!

Ich bin eine Frau

In unserer Zeit wird uns Frauen von überall her gesagt, wer wir zu sein haben und warum wir so sind, wie wir sind.

Das Frauenbild von früher, das weitgehend vom Hausfrauenbild geprägt war – der Frau, die daheim in der Familie war, den Haushalt führte, Kinder erzog, dem Ehemann eine Partnerin war – wurde erschüttert und hinterfragt. Man spricht abschätzig von »Nur-Hausfrau«, vom »Heimchen am Herd«, es wird einer solchen Hinterwäldlerin oft Verblödung zwischen Windelwaschen und Kochen garantiert. Es ist auch nicht einfach, den guten Beruf aufzugeben und gegen die Arbeit als Hausfrau einzutauschen.

Wir reden heute von Emanzipation, Frauenbefreiungsbewegung, gleichen Rechten für Mann und Frau, feministischer Theologie. Wir hören, daß die Zugewandtheit der Frau zum Lebendigen, ihre Freude an Kindern, Blumen und Tieren nur anerzogen sei, also eine Rolle oder Schablone sei, in die sie hineingepreßt wurde. Rollen sind aber nicht festgelegt, man kann sie verändern, vertauschen. Man kommt von der Hausfrau zum Hausmann.

Es wird uns bewußtgemacht, daß wir Frauen jahrhundertelang unterdrückt wurden von den Männern und daß wir uns heute gegen diese Versklavung wehren sollen. Wer wird denn heute noch so dumm sein und für den Mann, die Familie den Dreck machen daheim, damit sie es schön haben.

Daneben blüht üppig das Geschäft mit der Frau als Sexobjekt. Eine Zeitschrift zieht doch nicht ohne nackte Frau. Und jedes Auto, Deodorant, jede Krawatte verkauft sich besser, wenn in der Reklame verführerisch lächelnd eine Frauenhand darüber gleitet.

Es kursieren die verschiedensten Frauenbilder, und in unserer Verunsicherung sind wir genötigt, unser Frausein selbst zu definieren und eine eigene Überzeugung zu gewinnen von dem, was wir sind und sein wollen.

Es fällt mir auf, wie viele Frauen heute unglücklich, gestreßt und unzufrieden sind, wieviel Groll und Verbitterung da ist, bis hin zu echten seelischen Leiden und psychischer Krankheit.

Da bestehen Zusammenhänge zu dem Bild, das wir von uns selber haben.

Was denke ich über mich? Wer bin ich? Wie und wer möchte ich sein?

Davon hängt es ab, wie ich mein Leben gestalten werde, wie ich meine Umwelt prägen werde.

Wenn ich jetzt etwas über »Frausein« sage, gehe ich von meinem Frauenbild aus. Ich möchte damit andere Ansichten nicht einfach unter den Tisch wischen, sondern einen Beitrag zum Nachdenken und darüber Sprechen geben.

Wenn bei mir im Haushalt oder Betrieb eine neue Maschine in Gebrauch kommt oder etwas nicht mehr richtig funktioniert, studiere ich die Gebrauchsanweisung und überlege mir, was sich der Erbauer oder Erfinder gedacht hat, wie ich sie richtig, in seinem Sinne, bediene. Wenn ich Salat in der Spülmaschine wasche, kommt er nicht mehr knackig auf den Tisch.

Darum greife ich zurück auf das Frauenbild, das uns in der Bibel gezeigt wird, und orientiere mein Frausein an dem, was Gott über uns sagt. Ich bin überzeugt, daß sich volles, erfülltes Frausein nur in der Annahme des schöpfungsmäßigen Auftrages leben läßt.

Wer bin ich? Ich bin seit meiner Zeugung ein Mensch weiblichen Geschlechts, also eine Frau. Ich bin das nicht zufällig, sondern Gott wollte mich so.

Im Laufe meines Lebens darf ich entdecken, was es heißt: Frau zu sein, meinen Auftrag zu erkennen, der mir zugeteilt wurde, die Chancen und Möglichkeiten wahrzunehmen und ihnen Gestalt zu geben.

1. Meine Aufgabe und Chance als eigener Mensch

Im Schöpfungsbericht lesen wir, daß Gott dem Menschenpaar einen hohen Auftrag gab: den der Nachkommenschaft und den der Gestaltung, Herrschaft und Verantwortung über die Erde. Ein aktuelles Thema heute mit unseren brennenden Umweltfragen.

Gestalten, herrschen und Verantwortung tragen kann man nur, wenn man reif genug ist, verantwortlich zu handeln.

Es ist unsere wichtigste Aufgabe, eine eigene, reife Frauenpersönlichkeit zu werden. Ich bin nicht nur Ehefrau, Mutter, Großmutter, Patin, Nachbarin, Bäuerin, Schriftführerin im Frauenverein. Ich bin zuerst und zuletzt die Vreni, ich selber, und trage die Verantwortung für das, was aus mir wird – was ich mache und bin.

Wer sich selber vernachlässigt, hat zuletzt nichts mehr. Das sind die Frauen, die sich dann zu stark an ihre Kinder, an den Mann, an die Arbeit binden müssen, weil sie kein Eigenleben haben.

Reifwerden ist ein Wachstumsprozeß. Wir werden es durch mancherlei Krisen und Neuanfänge hindurch, durch positives Lernen aus Erfahrungen, durch Erkentnisse, die wir im Laufe der Zeit sammeln.

Ich sage bewußt: positives Lernen aus Erfahrungen. Es gibt soviel negatives Lernen: aus Enttäuschungen zieht man Bitterkeit, Rückzug, Haß.

Reifwerden aber heißt: weise werden. Das ist nicht zu verwechseln mit Intelligenz.

Reifwerden heißt auch: eine eigene Meinung gewinnen. Innerlich unabhängig werden von der Meinung des Nachbarn und vom Dorfklatsch. Ein eigener Mensch werden heißt: mich selber entdecken mit meinen Gaben, dem Reichtum, der in mir steckt.

Aber auch die Konfrontation mit unseren Grenzen müssen wir aushalten lernen. Wir sind keine Alleskönner. Jeder hat Grenzen – zum Glück! Die Unvollkommenheit, Begrenztheit, meine Schwächen gehören mit zu mir. Ich darf auch sie bejahen lernen. Je freier ich sie annehme, desto besser kann ich damit umgehen oder sie sogar überwinden.

Ein eigener Mensch werde ich durch die Bejahung meiner selbst. Ich nehme mich an, mit meinem Leib, meiner Seele, meinem Geist, meinem Aussehen, meiner Vergangenheit, meiner Gegenwart, meinem Temperament.

Ein eigener Mensch werden heißt: mich selber auch ernst nehmen in meinen Bedürfnissen. Ich darf mir z. B. auch etwas Gutes gönnen. Vielleicht eine Ruhepause im Liegestuhl oder einen Besuch bei der Freundin oder ein neues Kleidungsstück. Ich habe als Frau die Aufgabe und Chance, ein eigener Mensch zu werden, in das Bild hineinzureifen und zu wachsen, das Gott von mir hat: einer einzigartigen, unverwechselbaren Frau mit einer inneren Schönheit und Würde.

2. Meine Aufgabe und Chance als Ehefrau

Mich fasziniert immer neu der Schöpfungsbericht, wo uns erzählt wird, wie einsam und hilflos sich Adam vorkam und wie er jubelte, als Gott ihm seine Eva schenkte. In der Lutherbibel ist es übersetzt: »Ich will ihm eine Gehilfin machen, die um ihn sei.« Das ist im Laufe der Jahrhunderte oft falsch verstanden worden, minderwertig oder als Haushaltshilfe.

Aber schon Augustinus sagte im 3. Jh.: »Gott wollte die Frau als Partnerin des Mannes, deshalb nahm er sie von der Rippe Adams. Wenn er sie als Herrscherin gewollt hätte, hätte er sie vom Kopfe Adams genommen, wenn er sie als Sklavin gewollt hätte, vom Fuß.«

In der wörtlichen Übersetzung heißt es: »Ich will ihm eine Entsprechung machen, die zu ihm paßt.« Das ist etwas ganz anderes. Gleichwertig, aber nicht gleichartig. Mann und Frau brauchen sich zur Ergänzung, damit ein Ganzes entsteht.

So ist unsere Aufgabe und Chance in der Ergänzung, nicht in der Gleichmacherei und Konkurrenz.

Im Volksmund sagen wir: »Gegensätze ziehen sich an.« Ja, Gegensätze ziehen sich an – und sorgen dann im Ehealltag auch für genügend Spannungen.

Diese Spannungen aus- und durchzuhalten ist nicht einfach. Es gelingt uns besser, wenn wir es uns immer wieder sagen: Wir ergänzen uns in unserer Verschiedenartigkeit.

Mann und Frau sind gleichwertig, aber unterschiedlich!

Es gibt Gegenüberstellungen weiblicher und männlicher Eigenschaften, die auf den Einzelfall angewandt manchmal sehr zweifelhaft sind, insgesamt aber vielleicht doch eine grobe Tendenz aufzeigen:

Mann	Frau
selbstbewußt, aggressiv, mutig,	unsicher, zurückhaltend, ängstlich
ungeduldig in kleinen Sachen	interessiert an Details
Selbstbedauern	ausdauernd in Schmerzen
gebieterisch	ergeben
konsequent	nachgiebig, weich
selbstorientiert	schaut mehr auf andere
logisch, klare Vorstellungen	instinktiv, intuitiv, Empfindungen
den Dingen zugewandt	dem Lebendigen zugewandt
objektiv	subjektiv
bedachter in Entscheidungen	spontaner in Entscheidungen
mathematische Begabung	verbale Begabung

Es ist wichtig, nicht Wunsch- und Idealvorstellungen voneinander zu haben und einander damit zu erdrücken, sondern hinzuzufügen, was fehlt, die Realität anzunehmen. »Heirate nie einen Mann, um ihn zu renovieren, sondern um dich ihm anzupassen.« Unsere schnelle Intuition verführt uns manchmal dazu, Männer gar nicht mehr zu fragen, sie zu übergehen. Damit verbauen wir uns selber den Weg zu einer glücklichen, partnerschaftlichen Ehe. Es liegt aber sehr viel an uns, ob wir durch Bestätigung, Bewunderung und Anerkennung unseren Männern mithelfen können, zu guten Ehemännern heranzureifen.

Vielleicht merken wir plötzlich wie jener Mann, der nach dem Besuch beim Eheberater sagte: »Ich habe immer gemeint, ich brauche eine andere Frau – und jetzt merke ich, daß meine Frau einen anderen Mann braucht.«

Auf dem Bauernhof leben wir in einer besonderen Situation des Aufeinanderangewiesenseins, der Zusammenarbeit. Das ist im Grunde genommen etwas Wunderschönes. Hier kommt das Miteinander von Mann und Frau richtig zum Tragen.

Aber es hat den Nachteil, daß man sich nicht ausweichen kann. Und wenn hier Uneinigkeit, Streit, kein Verständnis füreinander da ist, dann wird unser Alltag dunkel und zu einem Vorhof der Hölle.

Darum lohnt es sich, hier viel einzusetzen. Neuanfänge zu wagen. Geduld zu haben. Es ist eine Investition fürs Leben.

Lernen wir es doch, unseren Gefühlsreichtum zu nutzen und mit Phantasie und Liebe immer neu unserem Mann zu begegnen, unsere Ehe schön zu machen.

Machen Sie doch heute einfach einmal ein feines Dessert, oder laden Sie Ihren Mann ein, draußen auf dem Sitzplatz mit Ihnen zu plaudern, ihm zu erzählen, etwas mit ihm zu spielen, oder die Stille zu genießen, die zwischen Ihnen ist, wenn Sie beide lesen.

Ehe ist nicht etwas Festes, sondern etwas Dynamisches; Ehe ist ein langer Weg, den wir gemeinsam gehen und gestalten.

Eine Ehe geht in den seltensten Fällen einfach gut. Sie geht durch Krisen, aber sie wächst auch in den Krisen und wird schöner.

Liebe ist nicht nur ein Gefühl, sondern Willen.

»Glück ist nur, daß man sich findet; daß man beieinander bleibt und es gut hat, ist harte Arbeit am eigenen Charakter.«

Gien Karssen
Frauen der Bibel
Pb., 240 S., Nr. 71 253, DM 22,80

25 Frauengestalten der Bibel lernen Sie hier kennen. Eine hervorragende Anregung für persönliches Bibelstudium, für Bibelkreise in Haus und Gemeinde. Mit weiterführenden Fragen und praktischen Tips.

Vreni Theobald
Ich bin eine Frau
Pb., 100 S., Nr. 56 643, DM 14,80

Ein frisches und anregendes Buch für alle Frauen, die ihren Glauben ganz natürlich im Alltag leben wollen. Gut lesbare, praktische Lebenshilfe mit vielen neuen Beispielen und Denkanstößen zu Themen, mit denen sich jede Frau beschäftigt.

Dieter Theobald
Aus der Stille leben
Pb., 60 S., Nr. 71 273, DM 8,80

Stille – wir brauchen sie gerade in dieser lauten Welt, wenn wir die Mitte des Lebens nicht verlieren wollen. Darum weist der Autor fundierte Wege in die Stille und lädt dazu ein, deren heilende Kraft persönlich zu erfahren.

Bitte fragen Sie in Ihrer Buchhandlung nach diesen Büchern!
Oder schreiben Sie an den Hänssler-Verlag, Postfach 12 20, 7303 Neuhausen-Stuttgart

Elisabeth Motschmann (Hrsg.)
»Nur« Hausfrau?
Pb., 220 S., Nr. 56598, DM 22,80

Zeit haben für die Zukunft unserer Kinder – nach diesem Programm leben die 16 Mütter von 60 Kindern, die hier berichten. Familie, Hausfrau und Mutter sind für sie zentrale Bausteine für das »Haus der Zukunft«, in dem wir morgen leben werden. Was diese Frauen denken, wie sie empfinden und handeln möchte dazu anregen, eine neue Dimension des Lebens zu entdecken.

Elisabeth Motschmann (Hrsg.)
Väter heute
Männer entdecken ihre Vaterrolle
Pb., 180 S., Nr. 56641, DM 19,80

Elf Väter berichten, wie sie inmitten einer »vaterlosen Gesellschaft« die Herausforderung annehmen und ihre Vaterrolle entdecken. Sie begleiten sie in ihrem Familienalltag und erfahren, wie sie Partnerschaft und Erziehung praktizieren. Nicht zuletzt schildert »Väter heute«, wie Männer den Dauerkonflikt zwischen Beruf und Familie zu meistern suchen.

Barbara Jakob
Mehr als nur ein Frühstück
Tb., 176 S., Nr. 100151, DM 7,80

Frauen engagieren sich und werden aktiv. Barbara Jakob schildert, wie die »Frühstückstreffen für Frauen« viel Ungewöhnliches in Bewegung gesetzt haben: Unzählige offene Frauengesprächsgruppen, viele wertvolle Freundschaften und ganz praktische zwischenmenschliche Hilfe gehören zu den Ergebnissen dieser Treffen.

Bitte fragen Sie in Ihrer Buchhandlung nach diesen Büchern!
Oder schreiben Sie an den Hänssler-Verlag, Postfach 12 20,
7303 Neuhausen-Stuttgart